FORSCHUNGSBERICHTE DES LANDES NORDRHEIN-WESTFALEN

Nr. 2524

Herausgegeben im Auftrage des Ministerpräsidenten Heinz Kühn
vom Minister für Wissenschaft und Forschung Johannes Rau

Dr. Manfred Zachcial
Dr. Jörn C. Fitter
Dipl.-Math. Ferdi Solzbacher

Institut für Industrie- und Verkehrspolitik
der Universität Bonn
Wissenschaftliche Leitung: Prof. Dr. Dr. Dr. h.c. Fritz Voigt

Preisbildungstheorie und -politik im Verkehrswesen

Westdeutscher Verlag 1975

Gesamtherstellung: Westdeutscher Verlag

ISBN 978-3-531-02524-7 ISBN 978-3-322-88562-3 (eBook)
DOI 10.1007/978-3-322-88562-3

PREISBILDUNGSTHEORIE UND -POLITIK IM VERKEHRSWESEN Seite

Seite

Verzeichnis der Tabellen Seite

Seite

Seite

Seite

Verzeichnis der Abbildungen

Seite

Einleitung: Abgrenzung und Systematik

Aus der gestellten Thematik leitet sich die Gliederungssystematik der vorliegenden Untersuchung ab. Nach dem einleitenden Kapitel, das die Stellung der Verkehrswirtschaft im Rahmen einer Volkswirtschaft umschreibt, wird im zweiten Kapitel der Versuch unternommen, die Modellansätze der Preistheorie zu systematisieren und auf ihre Anwendbarkeit zur Erklärung der Preisbildungsprozesse im Verkehrssektor zu überprüfen. Vorwegnehmend werden dabei zunächst all jene Fragen angesprochen, die sich aus dem Nebeneinander von privatwirtschaftlichen, öffentlich-rechtlichen bzw. gemischtwirtschaftlichen Unternehmensformen im Verkehrssektor ergeben. Aus diesem Tatbestand erklären sich zum Teil die verschiedenen, mitunter gegensätzlichen Unternehmensstrategien und Zielsetzungen - hier privatwirtschaftlich geprägtes Gewinnstreben, wenn wir an das Beispiel der Trampschiffahrt denken, dort Elemente der Gemeinwirtschaftlichkeit, wie sie heute noch in den Zielvorgaben der Deutschen Bundesbahn anzutreffen sind -, die die Konzeption eines einheitlichen Preismodells für den Gesamtkomplex des Verkehrswesens überaus erschweren, wenn nicht gar unmöglich machen.

Gerade die Komplexität der Unternehmensformen und -strategien, verbunden mit der Problematik extrem schwankender Nachfragemengen, macht die Vielzahl der Erklärungsversuche und Modellansätze im Preisbildungsbereich verständlich. Wir beschränken uns auf fünf Ansatzformen:

- auf den mikrotheoretischen Ansatz mit den wichtigsten Marktformen des Monopols, des Oligopols und des Polypols, wobei wir das Beispiel des Luftfrachtverkehrs als Testfall wählen;

- auf den gesamtwirtschaftlichen Ansatz der Preistheorie, in dessen Rahmen es im wesentlichen um die Formulierung gesamtwirtschaftlicher Optimalitätsbedingungen für die Preisbildung öffentlicher Unternehmen geht, wobei gleichzeitig

Fragen des Nulltarifs und des Kostendeckungsprinzips analysiert und abgeleitet werden;

- auf das Prinzip der Wegekostenanlastung, bei dem es um kostenorientierte Preisbildungsansätze auf der Grundlage der Arbeiten von ALLAIS, OORT und MALCOR geht;

- auf nachfrageorientierte Preisbildungsformen, wie sie kürzlich ROTHENGATTER analysiert hat;

- auf die Theorie des politischen Preises, in dessen Zusammenhang sich erneut die Diskussion um den Nulltarif stellt.

Das dritte Kapitel ist überschrieben mit den "realtypischen Erscheinungsformen bei der Preisbildung ausgewählter Verkehrsbereiche". Relativ ausführlich werden die Preisbildungsvorgänge bei der Binnenschiffahrt, der Eisenbahn, dem Seeverkehr und dem Luftverkehr analysiert. Daneben tritt der Abschnitt über den Straßenverkehr etwas zurück, da er einerseits bereits bei der Darstellung des Prinzips der Wegekostenanlastung im Mittelpunkt stand und andererseits immer wieder bei den beiden anderen Binnenverkehrsträgern Erwähnung fand.

Das vierte Kapitel stellt den Versuch dar, die im zweiten und dritten Kapitel offenkundig gewordenen Besonderheiten und Widersprüche mit Hilfe eines qualitätsorientierten Preisbildungsmodells aufzuheben und einer grundsätzlichen Lösung nahe zu bringen. Wesentliche Elemente des von SOLZBACHER mathematisch formulierten Ansatzes sind die von VOIGT entwickelten Begriffe der Wertigkeiten und Affinitäten. Mit diesem Konzept wird beabsichtigt, die Vektoren der Verkehrsmittelwahl an der Basis der Unternehmensentscheidung zu bestimmen und in mathematisch-praktikable Werkzeuge zu verwandeln. Das vorgelegte Konzept entstammt zwar der Analyse des Güterverkehrs, ließe sich aber ohne Schwierigkeiten auf den Personenverkehr übertragen. Ebenso könnte man die Modellgrundlage von der Basis fortführen und auf die Konzeption eines Verkehrsplans, unter Einbeziehung staatlicher Zielsysteme beziehen. Dies wird weiteren Arbeiten vorbehalten bleiben.

1. Kapitel

Die besondere Stellung der Verkehrswirtschaft im Rahmen der gesamten Volkswirtschaft

Unter dem Begriff "Verkehrswirtschaft" verstehen wir die Erstellung und Bereitstellung von Einrichtungen, die die Raumüberwindung von Personen, Gütern und Nachrichten bezwecken. Die Verkehrsleistungen selbst aber gehören natürlich auch in diese Systematik. Somit gehört der relevante Wirtschaftszweig "Verkehr" in einer arbeitsteiligen Wirtschaft zum Sektor der Dienstleistungen. Das Wesen der Verkehrswirtschaft erschöpft sich aber nicht darin, "Verkehrsbedürfnisse" zu befriedigen, Personenkilometer oder Tonnenkilometer zu produzieren oder andere Leistungen bereitzustellen. Das Verkehrswesen strahlt vielmehr immer wieder entscheidende Impulse auf die Volkswirtschaft, hier vor allem auf wirtschaftliche Entwicklungsprozesse, aus. Andererseits ist aber das Verkehrssystem in der Lage, von anderen Impulsen ausgelöste Entwicklungsprozesse in ihrer Wirksamkeit und Dynamik zu begrenzen.[1)]

A. Die Funktionen des Verkehrs

I. Verkehrsleistungen zur Befriedigung von Konsumbedürfnissen

Ein Teil der Verkehrsleistungen entsteht als unmittelbare Deckung des Konsumbedarfs. Insofern sind sie zum produktiven Sektor einer Volkswirtschaft zu rechnen, als sie als Endprodukte anzusehen sind. Dieser Teil der Verkehrsleistungen als Bestandteil des allgemeinen Konsumbedarfs ist grundsätzlich eine in den Bereich der Haushaltstheorie fallende Problematik. Gesamtwirtschaftlich gesehen, erbringen Verkehrsleistungen in der hier beschriebenen Funktion einen selbständigen Beitrag zum Sozialprodukt. Der Gesamtkomplex der Verkehrsleistungen, die der Befriedigung kaufkräftiger Endnachfrage dienen, kann in zwei Hauptkomponenten untergliedert werden, und zwar in:

- Verkehrsleistungen, die den Charakter eines originären Konsums haben. Bei diesen handelt es sich im wesentlichen um Vergnügungs- und Erholungsfahrten, auf denen die Raumüberwindung als solche, die Freude an der Fahrt, oft auch an der Geschwindigkeit, die wesentlichen Faktoren sind.

- Verkehrsleistungen, die nur zu dem Zwecke dienen, einen nachgelagerten Konsum zu befriedigen. Dies ist bspw. der Fall bei einer Fahrt zum Theater, zu Sportveranstaltungen usw.

II. Verkehrsleistungen als immanenter Bestandteil jeder Arbeitsteilung und jedes Marktes

Ohne Übertreibung kann man sagen, daß eine arbeitsteilige Wirtschaft wie auch das Phänomen und das Funktionieren des Marktes ohne Verkehrsleistungen nicht möglich sind. In dieser Funktion haben sie nicht mehr den Charakter von Endprodukten, sie sind vielmehr die zur Produktion, Beschäftigung und Verteilung im weitesten Sinne benötigten Bedingungen.

Die Kombination der Produktionsfaktoren erfordert die Überwindung des Raumes. Die Qualität und der Umfang der Zusammenarbeit im Wirtschaftsleben hängen von den Möglichkeiten, den Grenzen und der Güte der Transporte und des Nachrichtensystems ab. Durch den Produktionsakt wird ein Gut in eine konsumnähere Lage gebracht. Da zur Überwindung der Distanz zwischen den einzelnen Produktionsorten Verkehrsleistungen erforderlich sind, stellen diese mit eine Voraussetzung für das Erreichen der konsumnäheren Lage dar.[2)] Auf der anderen Seite ermöglichen Verkehrsleistungen erst jenes Phänomen, das man mit "Markt" bezeichnet, gleichgültig, ob es sich um Beschaffungs- oder Absatzmärkte handelt. Die Güte des Marktes hängt neben anderen Bestimmungsgründen unmittelbar von der relevanten Güte des Verkehrssystems ab. Die mögliche Schnelligkeit von Dispositionen, die Anpassungsfähigkeit an veränderte Datenkonstellationen, der Grad der Markttransparenz sind unmittelbare Auswirkungen von Leistungen des Verkehrssystems und bestimmen gleichzeitig die Qualität des Marktes.

Die tatsächlichen und möglichen Verkehrsbeziehungen wirken auf die Wirtschaftsstruktur und ihre Entwicklung ein, und zwar im wesentlichen über die Art der Wettbewerbsbedingungen bzw. die Reichweite der unternehmerischen Überlegenheit.

In der verkehrswissenschaftlichen Literatur spricht man im Falle des in diesem Abschnitt behandelten Teils der Verkehrsleistungen vielfach von abgeleitetem Bedarf. Damit soll zum Ausdruck gebracht werden, daß hier der Verkehr nicht Selbstzweck ist, sondern von der Wirtschaftstätigkeit abhängt. Damit erkennt man aber nicht, daß auch diese Verkehrsleistungsart autonom wirken kann.[3)]

III. Verkehrsleistungen als Voraussetzung der Integration von Staat und Gesellschaft

Der Verkehr übt noch eine dritte Funktion aus, deren Bedeutung oft nicht genügend gewürdigt wird. Es handelt sich dabei um die Art und räumliche Ausdehnung der gesellschaftlichen und staatlichen Integration und ihre Formung durch die Güte des Verkehrssystems.

BÜHLMANN[4)] bringt eine kurze Übersicht über einige Ansichten bezüglich dieses Gesichtspunktes in der Literatur. Er verweist zunächst auf SAX und dessen Auffassung, daß der Verkehr neben seiner Produktionsfunktion eine andere Funktion ausübt, in welcher "er uns als Äußerung des außerwirtschaftlichen gesellschaftlichen Lebens" entgegentritt.[5)] Weiterhin zitiert er SEIDENFUS, demzufolge der Verkehr "Träger interlokaler Kommunikation ... gewissermaßen als unerläßliche Voraussetzung kultureller Entwicklung angesehen werden"[6)] kann. Im Rahmen eines längeren Zitats verweist er auf WEIDENFELD und seinen zurückhaltenden Ausspruch: "Die Wirtschaft ist ja nur ein Teil der menschlichen Betätigung und nicht zuletzt die Gestaltung der Beförderungsangelegenheiten für Menschen und Nachrichten geht aufs Ganze des Menschen."[7)]

Ob der Staat seinen Willen überall durchsetzt, ist nicht zuletzt eine Frage der Qualität des Verkehrs- und Nachrichtennetzes, das ihm zur Verfügung steht. Noch mehr als die Wirtschaft ist der Staat existentiell an einem Funktionieren des Verkehrswesens interessiert, und zwar nicht nur unmittelbar, sondern insbesondere auch durch Sekundärprozesse, die durch das Verkehrssystem ausgelöst werden. Die staatliche Verkehrspolitik greift deshalb nicht nur zufällig weiter in das Verkehrswesen ein als die Wirtschaftspolitik in andere Wirtschaftszweige.[8)]

B. Die Besonderheiten des Verkehrs

In diesem Abschnitt muß danach gefragt werden, ob es Besonderheiten des Verkehrs gibt, die es notwendig machen, eigene ökonomische Gesetzmäßigkeiten für den Verkehr zu formulieren. Wenn auch bereits SAX[9] seine Verkehrsgesetze zum Ausdruck gebracht hat, so dürfen darunter keine den Verkehr kennzeichnenden Eigengesetzlichkeiten verstanden werden, sie bedeuten vielmehr die Anwendung der Gesetze der allgemeinen Wirtschaftstheorie auf die Verkehrswirtschaft.

Obwohl die Verkehrswirtschaft ein integrierter Bestandteil der Volkswirtschaft ist, wäre es unrichtig anzunehmen, eine spezielle Verkehrstheorie wäre unnötig. Dennoch können wir mit MEYER[10] konform gehen, wenn er herausstellt,daß es keine Erkenntnis gäbe, die verkehrswirtschaftlich richtig, volkswirtschaftlich aber falsch wäre. Sinn und Aufgabe der Verkehrstheorie ist es u.E., den Besonderheiten des Verkehrs so Rechnung zu tragen, daß sie eine Vervollkommnung jener Erkenntnisse darstellen, die auf der Basis der allgemeinen Theorie formuliert wurden.

Dort aber, wo aufgrund von Abstraktionen die allgemeine Wirtschaftstheorie die Probleme nicht behandelt, die sich aus der Raumüberwindung ergeben, muß die Theorie des Verkehrs einsetzen. Sie muß bspw. dort tätig werden, wo die allgemeine Theorie die Impulse vernachlässigt, die sich speziell aus der volkswirtschaftlichen Gestaltungskraft des Verkehrssystems ergeben. Somit bedeutet die Theorie der Verkehrswirtschaft keinesfalls eine Besonderheit in dem Sinne, daß durch sie Erkenntnisse der allgemeinen Wirtschaftstheorie außer Kraft gesetzt werden.

I. Die betriebswirtschaftlichen Besonderheiten

Bei den zunächst zu untersuchenden betriebswirtschaftlichen Besonderheiten handelt es sich im wesentlichen um solche Phänomene, die die Verkehrswirtschaft zwar von den meisten anderen Wirtschaftszweigen unterscheiden, die sich aber auch in einigen anderen Bereichen finden. Das hervorstechende Kennzeichen der Verkehrsleistungen ist dabei, bezieht man die Betrachtung auf den Rahmen des Verkehrsbetriebes, ihr Dienstleistungscharakter.

a. Kapazitätsbedarf

Da die Produktion von Verkehrsleistungen und deren Absatz zeitlich zusammenfallen, können Verkehrsleistungen grundsätzlich nicht auf Vorrat produziert werden. Daraus folgt notwendig, daß der Verkehrssektor nicht wie die Bereiche der Güterproduktion Nachfrageschwankungen durch das Instrument der Lagerhaltung ausgleichen kann. Deshalb müssen vorzugsweise Verkehrsunternehmen, die einer Beförderungspflicht unterliegen, ihre Kapazitäten auf den täglichen, saisonalen und sogar konjunkturellen Spitzenbedarf ausrichten.[11)] Andernfalls führt eine mangelnde Angebotsanpassung an die anfallende Nachfrage nach Verkehrsleistungen bspw. zu Zeitverzögerungen im Güterfluß. Bei der Anpassung an die Spitzenbedarfssituationen ist aber auch auf ihre Nachteile hinzuweisen. Da während der Zeit eines Transportbedarfs unterhalb des Kapazitätsmaximums bisweilen erhebliche Transporteinheiten ohne Beschäftigung sind, kommt es vor allem im Bereich der Binnenschiffahrt, wie wir noch genauer zeigen werden[12)], zu einem beträchtlichen Frachtendruck, da bei ihr das Ausmaß der Reservekapazitäten wegen des Zusammenfalls von herbstlicher Nachfragespitze und Niedrigwasserstand groß ist.[13)]

Die kurzfristigen Nachfrageschwankungen finden ihre Ursache im wesentlichen in den Lebensgewohnheiten und in den Anforderungen, die die Berufstätigkeit stellt. So bewirkt im Rahmen des täglichen Verkehrsablaufs der Pendelverkehr die wichtigsten Oszillationen. Die beiden Wellenberge konzentrieren sich dabei auf die Zeit von 6^{00}- 9^{00} Uhr sowie von 16^{00} - 19^{00} . Auffällig ist, daß im Individualverkehr die Verkehrsspitzen grundsätzlich höher liegen als im öffentlichen Personenverkehr und daß beim Individualverkehr die Konzentration auf den Spätnachmittag diejenige der Morgenstunde dominiert. Beim öffentlichen Nahverkehr ist das Verhältnis genau umgekehrt, da sich der Rückstrom des relativ hohen Anteils der Schüler am morgendlichen Nahverkehr auf die Mittagsstunden verteilt.

Abb. 1: Die Verteilung des Individualverkehrs nach Reisezwecken und Tageszeit, dargestellt am Beispiel des Untersuchungsraums Brühl

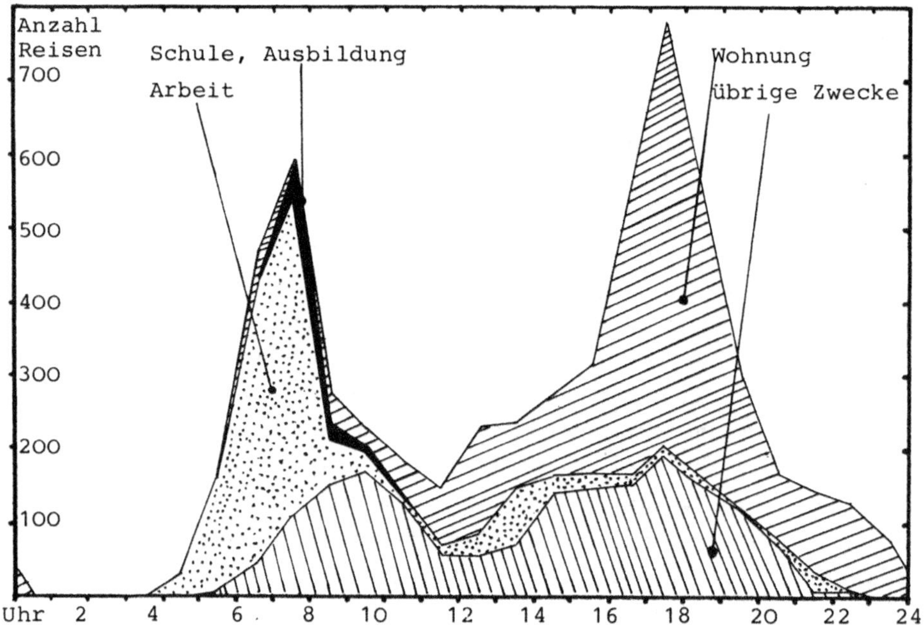

Quelle: KESSEL,P.: Verhaltensweisen im werktäglichen Personenverkehr, in: Straßenbau und Straßenverkehrstechnik, Heft 132; hrsg.v. Bundesminister für Verkehr, S.75 Bonn 1972

Auch die wöchentlichen Schwankungen wirken sich zum Teil auf die Kapazitätserfordernisse aus. Nennen wir bspw. die Wochenendnachfrage der Touristikbranche. HOFFMANN[14] geht in einer Untersuchung über den Ausflugs- und Wochenendausflugsverkehr von der Hypothese aus, daß die Attraktion des Wochenendes für diesen Reiseverkehr als doppelt so hoch einzuschätzen sei wie die der fünf Werktage zusammen. Desweiteren nimmt er an, daß die Attraktion des Sonntags ihrerseits doppelt so hoch sei wie die des Samstags. Da an den Wochenenden in den Sommermonaten zugleich der Urlaubsverkehr vor allem auf den Nord-Süd-Achsen hinzukommt, erklären sich gerade an diesen Tagen die bekannten Stauungserscheinungen.

Abb. 2: Die Verteilung des öffentlichen Nahverkehrs nach Reisezwecken und Tageszeit, dargestellt am Beispiel des Untersuchungsraums Brühl

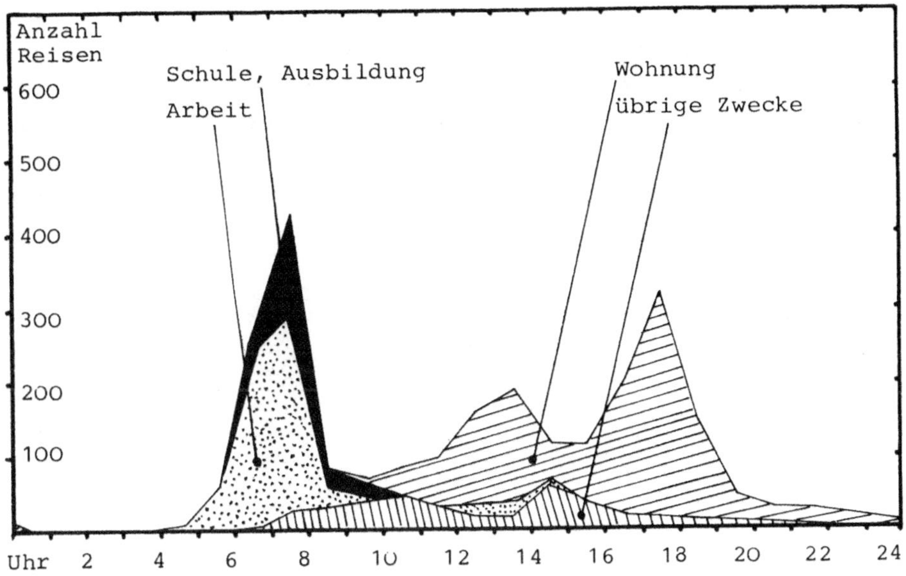

Quelle: KESSEL,P.: Verhaltensweisen im werktäglichen Personenverkehr, a.a.O., S.75

Die Nachfrage nach Verkehrsleistungen schwankt zusätzlich auch im saisonalen Rhythmus. Betrachten wir bspw. die Verteilung der Urlaubsreisen über ein Jahr, so zeigt sich eine deutliche Konzentration auf wenige Sommermonate.

Abb. 3: Die Verteilung der Urlaubsreisen auf die einzelnen Monate

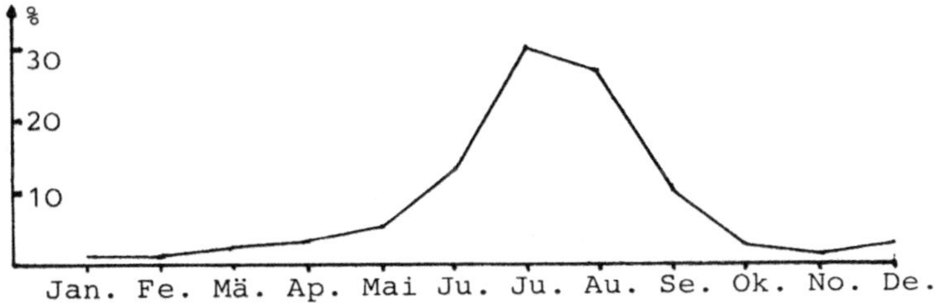

Weit schwieriger abschätzbar und vorhersehbar sind die konjunkturellen Schwankungen und solche Nachfrage- und Preisbewegungen, die durch politische, militärische oder naturbedingte Ereignisse hervorgerufen werden. Als typisches Beispiel für die weltweiten Folgewirkungen gilt allgemein der Frachtenmarkt im Bereich der Hochseeschiffahrt. Wir werden im Rahmen der Analyse der realtypischen Preisbildungsprozesse im Seeverkehr zwar noch einmal genauer auf diese Problematik zurückkommen; jedoch soll bereits an dieser Stelle einmal der charakteristische Entwicklungsverlauf der Tankraten über die Jahre 1968 - 1974 graphisch dargestellt werden.

Abb. 4: Die Frachtratenentwicklung in der Tankschiffahrt
1968 - 1974 (WS = 100)

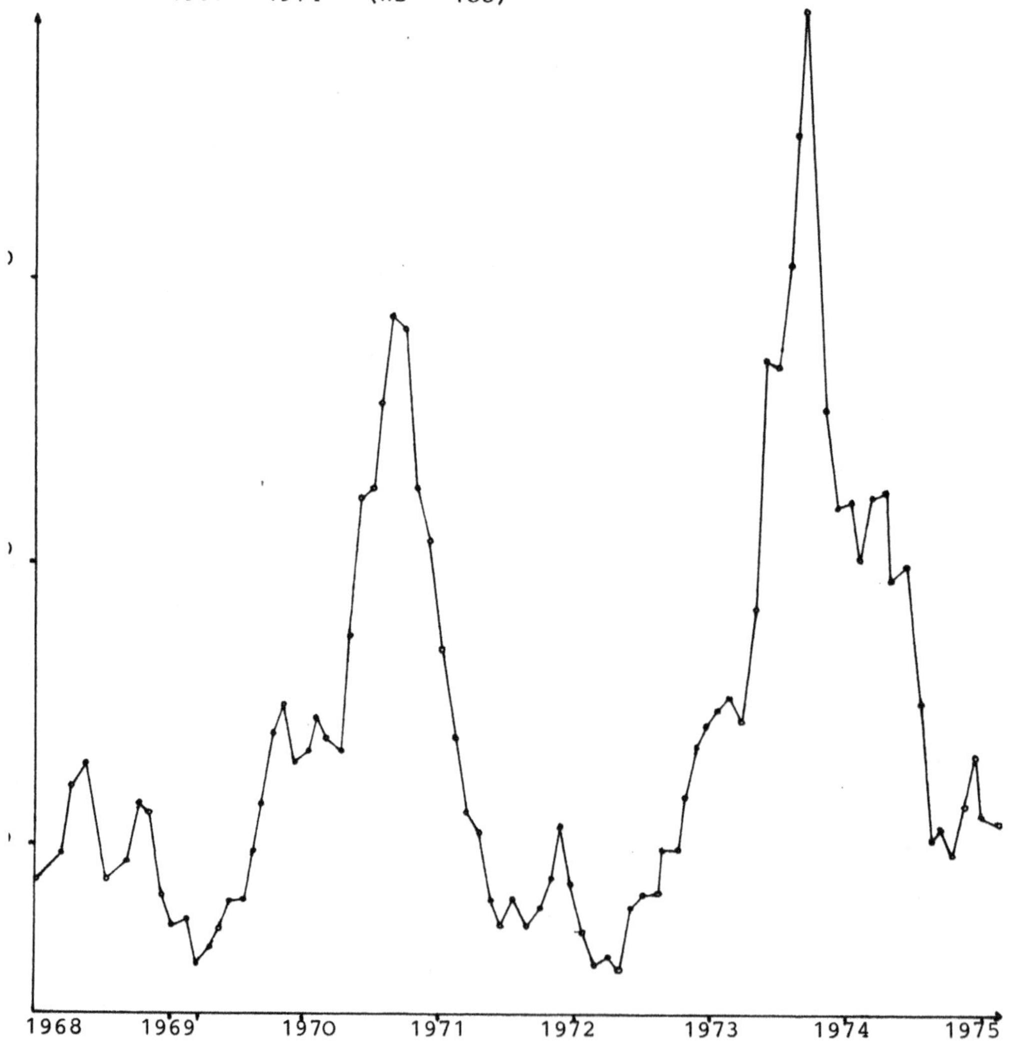

b. Kostenverläufe

Die Verkehrswirtschaft ist regelmäßig durch einen relativ hohen Fixkostenblock charakterisiert. Bei einigen Verkehrsmitteln trägt das Unternehmen, welches die Verkehrsleistungen erbringt, die Kosten für die Anlage und die Unterhaltung des Verkehrsweges und der Fahrzeuge. Im Gegensatz bspw. zur Eisenbahn werden bei anderen die Kosten für den Verkehrsweg primär von anderen Institutionen - z.B. vom Staat oder von privaten Unternehmungen - aufgebracht, so wie dies u.a. für den Straßenverkehr gilt.

Die Haltungskosten, verursacht durch Verkehrswege und -mittel, umfassen bei der Eisenbahn nicht nur die Bereitstellung des Stellengerüstes [15)] mit Fuhrpark, Wagen und Stationen, sondern auch jene Kosten, die durch die eigentliche Nutzung entstehen. Demgegenüber fallen die reinen Fahrkosten nicht besonders ins Gewicht.

Die Kosten für die bereitgestellten Betriebsmittel sind im wesentlichen bestimmt durch einmalige relativ hohe Investitionserfordernisse vor Inbetriebnahme der Verkehrsmittel und durch die daraus folgenden zeitabhängigen Abschreibungen, Versicherungsprämien und Zinsen. Die Kosten der Leistungsbereitschaft insgesamt sind hauptsächlich Personalkosten, die bei der Nutzung der Verkehrsmittel im Rahmen von Bedienung und Wartung anfallen, sowie die dauernden Instandhaltungskosten.

Eine gerade für den Verkehrsbereich typische definitorische Problematik stellt sich mit dem Begriff der Grenzkosten. In kurzfristiger Sicht sind die Grenzkosten definiert als der Kostenzuwachs, den der Output einer zusätzlichen Einheit mit sich bringt. [16)]

Die unterschiedlichen Anteile der Fixkosten bei den einzelnen Verkehrsmitteln und deren Leistungen im Zeitablauf soll die folgende Übersicht verdeutlichen. Sie ist zusammengestellt nach VOIGT [17)] und BÜHLMANN [18)].

Tab. 1: Angaben über den Anteil der Fixkosten an den Gesamtkosten im Verkehr

A. Eisenbahnen

1929	MELLEROWICZ[19)]		
	Deutsche Reichsbahn		
		Güterverkehr	74 %
		Personenverkehr	72 %
1930	Amerikanische Eisenbahnen		67 %
1934	PIRATH[20)] (Beschäftigungsgrad 70 %)		
	Eisenbahnen		
		Güterverkehr	61 %
		Personenverkehr	61 %
1950	Nach Angaben der DB[21)]		
		Stückgut	55 %
		Wagenladungsgut	58 %
1968	PETERS[22)]		
	Eisenbahn		60 - 70 %

B. Schiffahrt

1930	MELLEROWICZ[23]		
	Seeschiffahrt		80 - 90 %
	Rheinschiffahrt		
		Raddampfer	63 %
		1500 t Kahn	73 %
1934	PIRATH[24)] (Beschäftigungsgrad 70%)		
	Seeschiffahrt		56 %
	Binnenschiffahrt		
		natürliche Wasserstraßen	44 %
		künstliche Wasserstraßen	61 %

Forts. Tab. 1:

1947	WÜSTEN, LAUTER, DEIST[25)]		
	Rheinschiffahrt		
		Kähne	95 %
		Schlepper	53 %
		Selbstfahrer	59 %
	Kanalschiffahrt		
		Kähne	95 %
		Selbstfahrer	59 %
1949	KIRCHGÄSSER[26)]		
	Rheinschiffahrt		64 %
	Kanalschiffahrt		72 %
1965	HULSTMANN[27]		
	Rheinschiffahrt		
		Kähne	79 %
		Schlepper	58 %
		Selbstfahrer	66 %
1968	PETERS[28)]		
	Binnenschiffahrt		50 - 60 %

C. Straßenverkehr

1934	PIRATH[29)] (Beschäftigungsgrad 70 %)		
	Güterverkehr	Lkw	32 - 36 %
	Personenverkehr	Omnibus	34 - 40 %
		Pkw	54 %
1958	PRECHT[30)]		
	Güterfernverkehr		
		Lastzüge mit 50 000 km/Jahr	31 - 37 %
		75 000 km/Jahr	29 - 34 %
		100 000 km/Jahr	26 - 30 %
1968	PETERS[31)]		
	Güterverkehr		30 - 40 %

Eine besondere Schwierigkeit ergibt sich für den Bereich des Verkehrs bei der Abgrenzung der Leistungseinheit. LEMPER empfiehlt, sie als jede Transportleistung zu definieren, welche der Transportbetrieb für den Markt erbringt. Wenig sinnvoll erscheint es dagegen, die Einheit Tonnenkilometer oder Personenkilometer als Leistungseinheit im preistheoretischen Sinne aufzufassen. "Denn nachgefragt und verkauft werden nicht tkm (oder Pkm), sondern der Transport eines ganz bestimmten Gutes (einer Person) unter ganz bestimmten Bedingungen über eine ganz bestimmte Relation. Der Transport der kleinsten Stückgutsendung über die vereinbarte Relation ist ebenso als Leistungseinheit zu betrachten, wie die eines geschlossenen Zuges oder einer Binnenschiffahrtsladung. Im Verkehr findet sich also, was Größe und Vielfalt der Leistungseinheiten betrifft, eine derart breite Variationsskala wie kaum in irgendeiner industriellen Produktion. Die Bestimmung der Grenzkosten wird schon aus diesem Grunde zu einem ungeheuren Problem."[32)]

c. Angebotsformen

Das Angebot an Verkehrsleistungen zeigt eine von der übrigen Wirtschaft zum Teil abweichende Grundstruktur. Anbieter mit erheblich unterschiedlicher Kostenstruktur und Reaktionsfähigkeit erstellen ein differenziertes Angebot, das für bestimmte zeitliche und räumliche Dimensionen durch unterschiedliche Verdichtungsgrade gekennzeichnet ist, die sich zusätzlich zeitlich schnell ändern können.

Die Skala der Angebotsformen auf den verschiedenen Märkten reicht in der Verkehrswirtschaft vom Monopol über das Oligopol bis zur polypolistischen Konkurrenz. Da der Verkehrssektor aus einem vielfältigen Geflecht von Teilmärkten mit unterschiedlichen Marktformen besteht, die nur zum Teil miteinander in Substitutionswettbewerb stehen, ergeben sich bezüglich der Preisbildung einige preistheoretische Probleme. Je geringer die Substitutionselastizität der relevanten Verkehrsleistung ist, desto eher läßt sich eine Preisdifferenzierung betreiben. Verkehrsleistungen mit einer hohen Substitutionselastizität können z.B. mit Hilfe von Monopolgewinnen anderer Unternehmensbereiche soweit gestützt werden, bis ein ansonsten überlegener Wettbewerber aus dem Markt gedrängt wird.[33)]

d. Nachfrageformen

Auf der Nachfrageseite der Verkehrsmärkte zeigen sich ebenfalls verschiedene, von anderen Märkten abweichende Strukturen, für die sich bei marktwirtschaftlicher Wettbewerbsstruktur bisweilen eine Marktinstabilität ergibt. Zwar ist die Preiselastizität der Nachfrage auf verschiedenen Verkehrsmärkten vornehmlich in kurzfristiger Sicht insgesamt sehr gering. Dort aber, wo Substitutionswettbewerb möglich ist, genügen oft schon geringe Preisschwankungen, um zu erheblichen Veränderungen in der Struktur der Nachfrageverteilung auf die einzelnen Verkehrsträger zu führen.

e. Zusammenfassung

Die hier als Besonderheiten des Verkehrs herausgestellten Gesichtspunkte sind grundsätzlich auch in anderen Bereichen der Wirtschaft nachweisbar. So können nicht nur die Verkehrsleistungen, sondern auch die meisten Dienstleistungen nicht auf Vorrat produziert werden. Hohe fixe Kosten und damit der Zwang der Kapazitätsauslastung dominieren ebenfalls in verschiedenen anderen Wirtschaftszweigen. Die Instabilität des Marktes trifft man auch in anderen Bereichen der Wirtschaft an.

Das Besondere der Verkehrswirtschaft ist allenfalls darin zu sehen, daß sich gerade hier die Anpassungsschwierigkeiten häufen, Instabilitäten mit einem hohen Fixkostenanteil und beschränkter Reaktionsfähigkeit einhergehen.[34)]

Die spezifischen Besonderheiten der Verkehrswirtschaft, die sie mit keinem anderen Wirtschaftszweig gemeinsam hat, liegen auf einem anderen Gebiet, mit dem wir uns nun beschäftigen wollen.

II. Die volkswirtschaftlichen Besonderheiten

a. Verkehr und arbeitsteilige Wirtschaft

Wie bereits gezeigt, ist die Verkehrswirtschaft das notwenige technisch-ökonomische Bindeglied zwischen den Bereichen der arbeitsteiligen Volkswirtschaft. Sie ist technisch-ökonomische Voraussetzung für jede Arbeitsteilung, für jeden ökonomischen Ort des Austausches von Gütern und Dienstleistungen. Sie macht den Markt erst möglich. Die Verkehrswirtschaft hat damit die typische Besonderheit, die entscheidende Prämisse für den volkswirtschaftlichen Kreislauf und das wirtschaftliche Geschehen zu sein.

b. Die Gestaltungskraft des Verkehrssystems

Die grundsätzlich entscheidende verkehrstypische Besonderheit liegt in der Gestaltungskraft des Verkehrssystems. Jede genügend große Änderung des Verkehrssystems löst einen Gestaltungsprozeß aus, der die bestehenden volkswirtschaftlichen, regionalen und sozialen Strukturen umformt.[35)]

Die Besonderheit der Verkehrswirtschaft, solche Entwicklungsprozesse einzuleiten, aber auch zu begrenzen oder gar auszulöschen, legt die Überlegung nahe, daß sich hieraus ein Hauptargument für eine verantwortungsbewußte Verkehrspolitik des Staates ableiten läßt. Zur Frage der staatlichen Einflußnahme werden wir später noch genauer Stellung beziehen.

2. Kapitel

Zur Frage der Anwendbarkeit preistheoretischer Lösungsansätze für die Preisbildung im Verkehr

Die Lösungsansätze der Preistheorie gehen im wesentlichen davon aus, daß sie zur Erklärung der Preisbildung entweder die unterschiedliche Anzahl der Anbieter, die unterschiedlichen Verhaltensweisen der Anbieter, die unterschiedliche Nachfrageelastizität oder auch die unterschiedliche Fühlbarkeit der Konkurrenz heranziehen.[36)] Alle Lösungsversuche unterscheiden letztlich drei wesentliche Marktformen, wobei wir uns hier auf die Angebotsseite beschränken wollen.

Von einem Monopol spricht man, wenn der Anbieter bei seiner Preisentscheidung nur die Reaktion seiner Abnehmer berücksichtigen muß, da entweder kein Konkurrent am Markt auftritt oder sein Einfluß nicht spürbar ist.

Ein Angebotsoligopol liegt vor, wenn der Anbieter sich einem oder mehreren Konkurrenten gegenüber sieht, deren Reaktionen er bei seiner Preisentscheidung zusätzlich zur Reaktion der Nachfrageseite ins Kalkül ziehen muß.

Den Fall der polypolistischen Konkurrenz hat man, wenn ein Anbieter dem Druck einer Vielzahl von Konkurrenten ausgesetzt ist, demzufolge er den herrschenden Marktpreis nicht überschreiten kann, will er nicht die gesamte Nachfrage verlieren. Andererseits lohnt es nicht, den Preis zu unterbieten, da er die in diesem Falle ganz auf ihn entfallende Nachfrage nicht beliefern kann. Er wird daher auf eine eigene Preispolitik verzichten und den herrschenden Marktpreis übernehmen.

Ohne weiter theoretisch auf die Marktformen einzugehen - wir kommen darauf bei der Analyse der einzelnen Verkehrsträger zurück - können wir festhalten, daß die heute vorherrschenden Marktverhältnisse durch keine der kurz umrissenen Marktformen hinreichend charakterisiert werden können.

Hervorstechendes Kennzeichen der realtypischen Märkte im Rahmen einer Volkswirtschaft, hier nicht zuletzt im Verkehrswesen, ist ihre Unvollkommenheit. Jene ist im wesentlichen dadurch gekennzeichnet, daß es seitens der Konsumenten gewisse Präferenzen gegenüber bestimmten Produkten und Leistungen gibt, die persönlicher, räumlicher, zeitlicher, nationaler oder sachlicher Art sein können. Diese zum Teil von der Angebotsseite durch den Einsatz absatzpolitischer Instrumente gezielt aufgebauten Präferenzen führen einen preispolitischen Spielraum herbei und machen gleichzeitig deutlich, warum trotz gleicher oder gar höherer Preise die Nachfrageseite einzelne Güter oder Dienstleistungen bevorzugt. Auf dieses Phänomen werden wir bspw. beim Personenreiseverkehr zurückkommen, wo man sich z.B. eine bequeme, angenehme oder schnelle Beförderung schon einmal etwas kosten läßt.

Weitere Kennzeichen für die Unvollkommenheit der Märkte sind das Vorliegen einer mangelnden Transparenz, das Auftreten von Verzögerungseffekten und jene nicht mit dem Rationalitätsprinzip zu begründenden Verhaltensweisen sowohl auf der Angebots- als auch auf der Nachfrageseite.

Inwieweit der Marktpreis von einem einzelnen Unternehmen realisiert werden kann, hängt entscheidend von den bei der Produktion und beim Absatz entstehenden Kosten ab. Sie begrenzen somit den preispolitischen Spielraum nach unten.

Eine besondere Schwierigkeit bei der Formulierung von Optimalpreisen für den Gesamtbereich der Verkehrswirtschaft besteht darin, daß hier private und öffentliche Unternehmungen auftreten, deren Zielsetzungen und damit auch deren Preisstrategien in der Regel völlig gegensätzlich sind. Diese grundlegenden Unterschiede sollen im folgenden dargestellt werden.

A. Das Nebeneinander von privaten und öffentlichen Unternehmen im Verkehrssektor

Bereits eine nähere Betrachtung der Verkehrswirtschaft zeigt eine Vielfalt von Organisationsformen. Neben privatwirtschaftlich organisierten Betrieben gibt es öffentlichrechtliche Unternehmen und hoheitlich tätig werdende Körperschaften und Verwaltungen. In der Verkehrswirtschaft finden sich darüber hinaus unterschiedliche Zielsetzungen, die von der Gewinnmaximierung über die Umsatzmaximierung bis zu gemeinwirtschaftlich orientierten Handlungsstrategien reichen. Daneben findet sich das Prinzip der Kostendeckung, das vom Staat erzwungen wird und eine ganze Reihe von verkehrswirtschaftlichen Aktivitäten, die der Allgemeinheit oder einzelnen Wirtschaftssubjekten ohne Bezug auf die Marktbeziehungen durch Sonderregelungen Verkehrsleistungen zur Verfügung stellen.

Auch die Rechtsformen sind in der Verkehrswirtschaft durch Vielschichtigkeit charakterisiert. So ist die Deutsche Bundesbahn in der Bundesrepublik Deutschland Sondervermögen des Bundes ohne eigene Rechtspersönlichkeit, jedoch besitzt sie eine eigene Wirtschafts- und Rechnungsführung. Daneben gibt es eine Reihe anderer Eisenbahnen des öffentlichen und nicht-öffentlichen Verkehrs, die nach völlig anderen Rechtsformen organisiert sind.[37)] Ganz anders ist die rechtliche Konstruktion wiederum im Straßenverkehr und im Luftverkehr sowie in der Binnen-, Küsten- und Hochseeschiffahrt.

Es ist daher nicht verwunderlich, daß die Aufstellung eines allgemeinen verkehrswirtschaftlichen Preisbildungssystems, das für alle Verkehrsträger aussagekräftig ist, bezweifelt wird. Die in vielen verkehrswirtschaftlichen Lehrbüchern anzutreffende Behauptung, daß die Organisationsform mit dem Zielsystem der Gewinnmaximierung und einer möglichst vollkommenen Verwirklichung konkurrenzwirtschaftlicher Beziehungen zwischen Angebot und Nachfrage optimale Bedingungen für die gesamtwirtschaftliche Entwicklung erbringe, ist bisher nicht bewiesen worden.[38)] Im Gegenteil, vieles spricht dafür, daß sich die Ansicht durchzusetzen scheint, daß die Verkehrswirtschaft innerhalb eines marktwirtschaftlichen Systems nicht notwendigerweise auch nach den marktwirtschaftlichen Kriterien geordnet werden muß. Dies wird schon dadurch deutlich, daß sowohl die Gemeinwirtschaft als auch die Erwerbswirtschaft als tragende Elemente der sozialen Marktwirtschaft in der Bundesrepublik Deutschland allgemein anerkannt werden. Die Unterschiede in den Ziel- und Funktionssystemen der Gemeinwirtschaft und der Erwerbswirtschaft sind jedoch gravierend.

Die Aufgaben der gemeinwirtschaftlich organisierten Verkehrsbetriebe werden im Gegensatz zu den erwerbswirtschaftlich ausgerichteten Verkehrsunternehmen durch das Prinzip der Sozialpflichtigkeit der Verfügung über die Leistungskapazitäten bestimmt.[39)] Dieses Prinzip der Sozialpflichtigkeit findet sich nicht nur bei der Verwendung des Grundkapitals der gemeinwirtschaftlichen Verkehrsbetriebe, sondern auch bei der Disposition über die aus der Leistung erwirtschafteten Erträge und des Betriebsvermögens.[40)]
Die Leistungsverwendung der gemeinwirtschaftlichen Verkehrsbetriebe hat sich nämlich aufgrund des Prinzips der Sozialpflichtigkeit an der "sozialen Sicherungsfunktion"

Tab. 2: Unterschiede im Ziel- und Funktionssystem gemeinwirtschaftlicher und erwerbswirtschaftlicher Verkehrsbetriebe

Organisationsform	Funktion	Leistungsbereitschaft	Leistungspreise	Rangordnung der Ziele
Gemeinwirtschaftlich ausgerichtete Verkehrsbetriebe	Beschränkung u. Konzentration auf wichtige Aufgabenbereiche	Erfüllung der als dringlich erklärten Unternehmensaufgaben zur Befriedigung der Verkehrsbedürfnisse. Die Erfüllung der Unternehmensaufgabe muß auch dann durchgeführt werden, wenn die Erträge nur kostendeckend sind.	Unter optimaler Nutzung der Kapazität soll sich die Preisbemessung nach den Kosten der Leistungserstellung richten. Die Leistungsfähigkeit muß so angehoben werden, daß die Kosten stets unter dem Marktpreis liegen. Gewinne haben keinen primären Einfluß auf die Preisgestaltung	Die Erfüllung der Versorgungsaufgaben ist das primäre Ziel der Unternehmensleistungen. Erträge und Gewinne sind nur Mittel zur Erfüllung dieser Aufgaben, sie sind daher nur ein zweitrangiges Ziel der Unternehmensleistung
Erwerbswirtschaftlich ausgerichtete Verkehrsbetriebe	Keine Beschränkung des Akionsraumes durch die Unternehmensführung. Grundsätzlich steht ein breites Feld unternehmerischer Aufgaben zur Verfügung	Einstellung des Leistungsangebots, wenn die Gewinnchancen sinken ohne Rücksicht auf die Nachfragebedürfnisse	Der realisierbare Gewinn ist die entscheidende Basis für die Preisbemessung. Marktpreise vergleichbarer Verkehrsleistungen dienen als Richtwerte für die Fixierung der Gewinnchancen. Die Kosten sind nur Kontrollwerte, die die untere Grenze der Preissetzung bestimmen	Die Erwirtschaftung von Erträgen und Gewinnen stellt das primäre Ziel dar. Das Leistungsangebot dient nur dem Ziel der Erfüllung des Primärziels. Die Beschäftigung der Kapazitäten ist ein wichtiges Ziel. Es dient jedoch stets dem Oberziel und ist daher als sekundär zu betrachten

und an der "sozialen Schutzfunktion" auszurichten.[41] Dabei verlangt die soziale Sicherungsfunktion eine Sicherung der Versorgung mit Verkehrsleistungen , auch in Bereichen unzureichender Ertragschancen. Die soziale Schutzfunktion stellt dagegen auf die Verhinderung mißbräuchlicher Ausnutzung erwerbswirtschaftlicher Ertragschancen ab, die sich insbesondere bei deutlichen Disparitäten zwischen Angebot und Nachfrage ergeben können. Diese gemeinwirtschaftliche Doppelfunktion ist der Erwerbswirtschaft völlig wesensfremd. Charakteristisches Merkmal der Erwerbswirtschaft ist nämlich die "Erwerbspflichtigkeit".

In der Übersicht 2 sind die Unterschiede im Ziel- und Funktionssystem der gemeinwirtschaftlich und erwerbswirtschaftlich ausgerichteten Verkehrsunternehmen dargestellt. Diese Unterschiede in den Leistungs- und Preisdisparitäten und der Rangordnung der unternehmensinternen Ziele verdeutlichen, daß in den gemeinwirtschaftlich ausgerichteten Verkehrsbetrieben die Versorgung der Bürger mit Verkehrsleistungen die charakterisierende Aufgabe darstellt und die Erträge und Gewinne nur die Funktion von Mitteln zur Zielerfüllung besitzen. In der Erwerbswirtschaft ist dieser Sachverhalt genau umgekehrt gelagert. Die Erwirtschaftung von Erträgen und Gewinnen ist die alles beherrschende Aufgabe der erwerbswirtschaftlich ausgerichteten Verkehrsunternehmen. Die verkehrswirtschaftlichen Dienstleistungen sind dagegen das Mittel zur Erreichung dieser Aufgabe. Aus diesen erheblichen Differenzen erklären sich die Schwierigkeiten, die sich bei der Formulierung allgemeingültiger Preisbildungssysteme im Verkehrswesen ergeben. Sie sind gleichzeitig die Ursache für die Vielfalt der preispolitischen Modelle, die für die Verkehrswirtschaft entwickelt wurden.

B. Grundlagen der Preisbildung aus dem mikroökonomischen Ansatz der Preistheorie

Wie in der gesamten Volkswirtschaft so sind auch im Verkehrswesen bei jeder Marktdatenkonstellation die Ergebnisse der Preisbildungsprozesse unterschiedlich. Im folgenden soll ein Überblick über die typischen, in der Verkehrswirtschaft häufig auftretenden Marktformen gegeben werden. Vorwegnehmend können wir festhalten, daß es nicht eindeutig möglich ist, in allen Fällen Marktformen zu isolieren, die entweder nur private oder nur öffentliche Verkehrsunternehmen beinhalten. Vielfach sind beide Typen bei der Leistungserstellung auf jeweils relevanten Märkten beteiligt. Deshalb lassen sich auch bei den einzelnen Verkehrsarten nicht immer klar abgrenzbare Unternehmensstrategien ableiten. Wenn wir dennoch den Versuch machen, die Preisbildung im Verkehrswesen systematisch in eine solche privatwirtschaftlich organisierter Unternehmen und in eine solche öffentlicher Verkehrsunternehmen zu gliedern, so geschieht dies nicht zuletzt deshalb, um die Problematik der Preisbildung bei den "Mischformen" klarer darstellen zu können.

Im privatwirtschaftlichen Bereich lassen sich auch im Verkehrswesen u.a. Monopolformen, Dyopolformen sowie Polypolformen nachweisen. In der Mehrzahl der Fälle ist dabei die Nachfrageseite polypolistisch strukturiert. Wie wir sehen werden, gibt es jedoch auch bilaterale Oligopole resp. Kollektivmonopole. Beginnen wir die straff gehaltene Darstellung mit dem Monopol und seinen Zielsetzungen.

I. Das Monopol

In Anlehnung an die hinreichend bekannte Literatur besitzt ein Unternehmen dann eine Monopolstellung, wenn die Nachfrage zwischen ihr und anderen Unternehmen nicht fühlbar beweglich ist.

Für die Zielsetzung des Monopolunternehmens, in der Regel die Gewinnmaximierung, ist es theoretisch gleichgültig, ob man eine klassische, eine neoklassische oder eine andere Produktionsfunktion unterstellt. Gehen wir, wie dies in den meisten preistheoretischen Untersuchungen der Fall ist, von einer klassischen Produktionsfunktion mit stetiger Substituierbarkeit aller Faktoren und abnehmendem Ertragszuwachs nach Überschreiten eines bestimmten Punkts der Kurve aus. Wir müssen uns zwar darüber im klaren sein, daß dieser klassische Monopolfall eines privatwirtschaftlichen Unternehmens nur selten anzutreffen ist, daß aber im Grunde alle anderen Marktformen aus diesem ableitbar sind. Bleiben wir daher zunächst bei unserem theoretisch aufschlußreichen Monopolfall und fragen wir - dies interessiert uns ja vordringlich - danach, welchen Preis ein solches Unternehmen verlangen wird. Notwendig zur Festlegung des Preises ist die Bestimmung der Produktions- und Absatzmengen.

Wegen der Cournot'schen Lösung[42)] gibt es unter den angenommenen Bedingungen eine Optimalkombination der Produktionsfaktoren, die die Kosten der Produktion gerade dieser Güter- oder Leistungsmenge minimiert. Hieraus läßt sich die hinlänglich bekannte s-förmige Kostenkurve konstruieren, außerdem sind die Erlöskurve, die Nachfragekurve und die übrigen relevanten Größen bekannt. Wegen der umfassend vorliegenden Literatur verzichten wir hier auf eine genauere Analyse und begnügen uns mit der Darstellung der Zusammenhänge in graphischer Form. In Abb. 5 bedeuten im einzelnen:

P_1 : Maximum der Erlöskurve

P_2 : Nachfrageelastizität E = 1

P_3, P_4 : Tangentenpunkte an der Erlös- bzw. Kostenkurve

P_5, P_6 : Gewinnmaximierung bei linearer Erlösfunktion

Abb. 5: Der Fall der klassischen Monopolpreisbildung

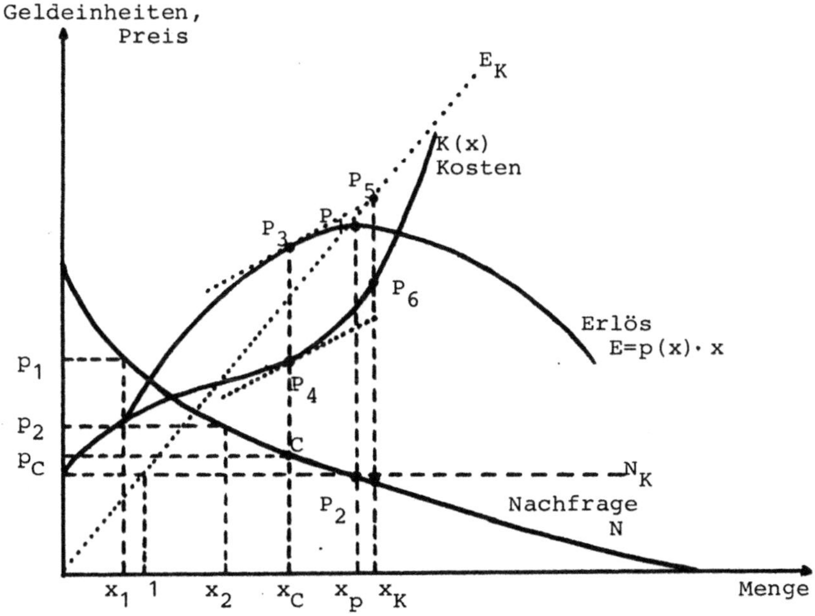

Quelle: KRELLE, W.: Preistheorie, a.a.O., S. 198

Wie man deutlich sieht, ist der Gewinn dort maximal, wo der Abstand zwischen der Erlös- und der Kostenkurve am größten ist. Dies ist in Abb. 5 bei der Produktionsmenge x_c der Fall, dem der Cournot'sche Punkt C auf der Nachfragekurve zugeordnet ist. In dem hier behandelten Monopolfall produziert das Unternehmen eine solche Menge und setzt einen solchen Preis, daß die Grenzkosten gleich dem Grenzerlös sind. Wäre dagegen eine Mehrproduktion ohne zusätzliche Reklameaufwendungen und Verkaufsanstrengungen immer zum gleichen Preis abzusetzen, so würde modelltheoretisch so viel produziert und abgesetzt, daß die Grenzkosten gleich dem Preis würden. Dies ist jedoch ein wenig realistischer Ausnahmefall. In der Wirklichkeit liegt der Monopolpreis mehr oder weniger deutlich über den

Grenzkosten, wie man aus der Gewinnmaximierungsregel ableiten kann:

Ausgehend von: $Q = E - K$, bildet man die 1. Ableitung nach p und setzt sie gleich Null:[43)]

$$(1) \quad \frac{dQ}{dp} = \frac{dE}{dp} - \frac{dK}{dx} \cdot \frac{dx}{dp} = 0 \; .$$

Wegen $dE = xdp + pdx$ ist $\frac{dE}{dp} = x + \frac{dx}{dp} \cdot p$ und in Verbindung mit der Nachfrageelastizität gilt $\frac{dE}{dp} = x(1-\varepsilon)$.

Weiterhin ist $\frac{dx}{dp} = -\varepsilon \frac{x}{p}$. Somit erhält man

$$(2) \quad x(1-\varepsilon) = -\frac{dK}{dx} \varepsilon \frac{x}{p}$$ und schließlich:

$$(3) \quad p = \frac{\frac{dK}{dx}}{1-\frac{1}{\varepsilon}} \quad \text{bzw.} \quad p\left(1 - \frac{1}{\varepsilon}\right) = K'$$

Daraus folgt deutlich, daß der Monopolpreis umso merklicher über den Grenzkosten liegt, je unelastischer die Nachfrage ist.

Bisher haben wir die reine Zielsetzung der Gewinnmaximierung betrachtet. Es gibt jedoch auch im Monopolfall andere Zielsetzungen, die ebenso plausibel sind. Bspw. kann man bei Monopolen öffentlicher Verkehrsunternehmen kaum die Gewinnmaximierung als Zielsetzung finden. Nehmen wir zunächst den Fall, daß ein Monopolunternehmen seinen Absatz maximieren will bei Einhaltung eines bestimmten vorgegebenen Mindestgewinns.[44)] Wir vereinfachen unsere Modellvorstellungen wieder wie im ersten Fall, nehmen also an,daß über die Reklame und andere Randstrategien bereits entschieden sei und bestimmen lediglich im Modell den zieladäquaten Optimalpreis und die dazugehörige Produktionsmenge. Aus der nachstehenden Abbildung wird deutlich, daß der optimale Preis und die optimale Produktionsmenge dadurch bestimmt sind, daß für eine möglichst große Produktionsmenge der Erlös gerade so groß ist wie die Kosten zuzüglich des vorgegebenen Mindestgewinns. Somit gilt:

$$(4)\ px = K + Q_{min} \quad \text{bzw.} \quad (5)\ p = \frac{K}{x} + \frac{Q_{min}}{x}$$

Abb. 6 : Absatzmaximierung unter Erreichung eines gewissen Mindestgewinns

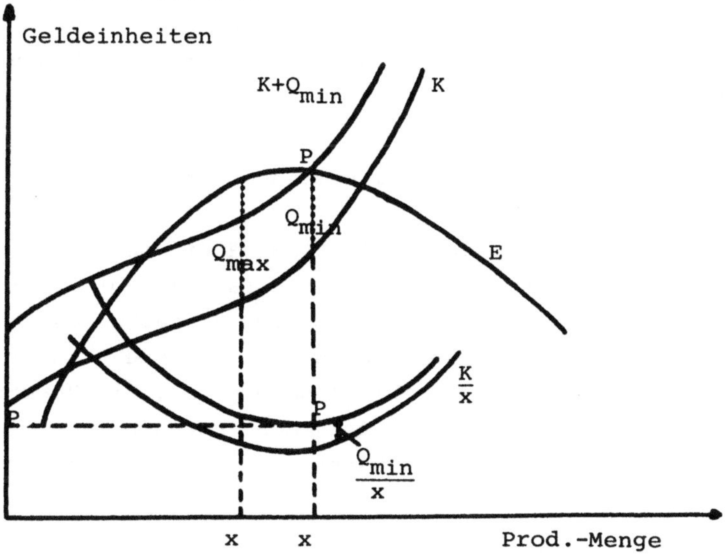

Quelle. KRELLE, W.: Preistheorie, a.a.O., S. 210

Mehr der Vollständigkeit halber wollen wir noch eine letzte Variante der hier gezeigten Zielsetzungen nennen, und zwar die Gewinnmaximierung, sobald ein gewisser Mindestabsatz überschritten ist. In diesem Fall ergibt sich nur dann eine gegenüber der reinen Gewinnmaximierung unterschiedliche Unternehmensstrategie, wenn der angestrebte Mindestabsatz über der eigentlichen gewinnmaximalen Produktionsmenge liegt. Der optimale

Preis ergibt sich aus dem Schnittpunkt von Mindestabsatzmenge und Nachfragekurve.

Die mit der Annahme klassischer Produktionsfunktionen gesetzten Bedingungen einer stetigen Substituierbarkeit aller Produktionsfaktoren sind, wie bereits gesagt, Ausnahmefälle. Die Regel sind vielmehr Funktionstypen im Sinne der Leontief- Produktionsfunktionen. Bis zur hier eingebauten Kapazitätsgrenze stellen sich hier keine grundsätzlich anderen Probleme als im Falle der klassischen Produktionsfunktionen.[45)]

Nicht explizit auseinandersetzen wollen wir uns mit den Fragen der Preisdifferenzierung beim Monopol sowie mit den Erscheinungsformen von Mehrproduktunternehmen im Monopol.[46)]

II. Das Oligopol auf einem unvollkommenen Markt

Die in der wirtschaftlichen Realität am häufigsten vorkommende Marktform ist das Oligopol. Bei den vielfältigen Oligopollösungen, sei es bei Preis- oder Mengenstrategie, sei es auf einem vollkommenen oder einem unvollkommenen Markt, steht im Mittelpunkt der Überlegungen, plausible Annahmen über die Reaktionen der Oligopolisten zu machen. Im folgenden betrachten wir das Oligopol auf einem unvollkommenen Markt.

a. Grundannahmen[47)]

Wir gehen von zwei Anbietern aus - sagen wir einmal von zwei Luftfrachtverkehrsgesellschaften -, die auf einer speziellen Relation - bspw. Frankfurt-New York - ihre Leistungen anbieten.

- Die jeweilige Zielsetzung sei Gewinnmaximierung;
- die Anbieter betreiben Preisstrategie;
- es werden Kostenverläufe im Sinne des Ertragsgesetzes angenommen;
- Reklame, Produktvariation und Absprachen zwischen den Anbietern fehlen;
- es wird zugestanden, daß die Dyopolisten Informationen über die wirtschaftliche Lage des jeweiligen Konkurren-

ten besitzen;

- die Anbieter verhalten sich wirtschaftspolitisch.

b. Das Modell des Gleichgewichtsdyopols

1. Grundelemente

Die Modellkonzeption basiert auf der Überlegung, daß der Dyopolist 1 nur dann Preisänderungen durchführen wird, wenn seine Aktion und die Reaktion des Konkurrenten ihn zu einer höheren Gewinnlage führen.[48] Dabei unterstellt KRELLE ein sog. Normalverhalten der Marktteilnehmer, d.h.:

- wenn die Preisänderung des Dyopolisten 1 dem anderen nicht schadet oder gar zum Vorteil gereicht, so reagiert jener nicht;
- falls der zweite aber geschädigt wird, wird er versuchen, die alte Gewinnposition wieder zu erreichen.[49]

Die Modellkonzeption wäre unvollständig, würde man nicht zwei Arten von Preisänderungen isolieren.

- Preisänderungen des Dyopolisten 1, die den Dyopolisten 2 nicht definitiv schlechter stellen, die es demnach erlauben, durch eine entsprechende Preisreaktion auf die ursprüngliche Isogewinnkurve zurückzukehren;
- Preisänderungen des Dyopolisten 1, die den Dyopolisten 2 definitiv schlechter stellen, womit eine Rückkehr auf die ursprüngliche Isogewinnkurve ausgeschlossen ist.[50]

Bekanntlich läßt sich die Isogewinnkurve in einem p_1x_1-Koordinatensystem als eine Gerade mit positiver Steigung darstellen, falls der Gewinn gleich Null ist. Gleichzeitig hat sie die gleiche Steigung wie die Durchschnittskostenkurve. Bei positivem Gewinn wird eine Hyperbel als Fortsetzung der Geraden in vertikaler Richtung addiert.

Die Isogewinnkurve für den Dyopolisten 2 kann man auch in ein p_1/p_2-Koordinatensystem übertragen.[51] Daraus läßt sich ableiten, daß die Grenzkostenkurve unabhängig von p_2 einem festen p_1-Wert einen bestimmten Maximalgewinn zuordnet. Dieser Zusammenhang bleibt im p_1/p_2-Koordinatensystem erhalten, so daß die Verbindung der Isogewinnkurvenminima des Dyopolisten 1 inbezug auf die p_2-Achse nichts anderes als die Grenzkostenkurve des Dyopolisten 1 darstellt. Folglich müssen sich die Isogewinnkurven des Dyopolisten 1 auf beiden Seiten der Grenzkostenkurve $K_1'K_2'$ von der p_2-Achse zurückbiegen.[52]

Die Preisabsatzfunktion der beiden Dyopolisten habe folgendes Aussehen:

(6) $x_1 = f_1(p_1, p_2)$

(7) $x_2 = f_2(p_2, p_1)$

Damit kann gezeigt werden, daß die Absatzmengen des i-ten Oligopolisten (Dyopolisten) von seinem eigenen Preis und den Preisen der (des) Konkurrenten abhängen. Die Preisabsatzfunktion des Dyopolisten 1 wird in einem Bereich liegen, der zwischen zwei Extremfällen zu finden ist.

$\bar{x}_1 = \bar{f}_1(\bar{p}_1, \bar{p}_2)$ sei die Funktion, die dann existiert, wenn der Dyopolist 2 seinen Preis auf Null senkt. Wir sprechen dann von der minimalen Preisabsatzfunktion des 1.

$\tilde{x} = \tilde{f}_1(\tilde{p}_1, \tilde{p}_2)$ sei die Funktion, die dann existiert, wenn der Dyopolist 2 nichts anbietet. Wir sprechen dann von der maximalen Preisabsatzfunktion des 1.[53]

Die Reaktionslinie ist die Verknüpfungsgerade der Berührungspunkte der Preisabsatzfunktionen mit den Isogewinnlinien. Die Reaktionslinie des Dyopolisten 1 gibt somit an, welcher Preis für die erste Unternehmung am günstigsten ist, wenn Dyopolist 2 an einem Preis festhält. Im Spezialfall wird sie auch als Verbindungslinie der Cournot'schen Punkte bezeichnet.[54)]

2. Darstellung des Modells

Es stellt sich die Frage, ob für die beiden Dyopolisten ein Gleichgewicht existiert. Dies läuft auf die Klärung folgender Problematik hinaus: In welchem Teil des p_1/p_2-Koordinatensystems ist der 1 an Aktionen interessiert, und zwar unter Berücksichtigung der Reaktionen des zweiten Dyopolisten, die durch dessen Reaktionslinien bezeichnet werden[55)].

Wir unterstellen, daß eine Preisänderung des ersten Dyopolisten den zweiten zwar schlechter stellen kann, ihm aber die Rückkehr zu seiner ursprünglichen Isogewinnkurve gestattet.

Abb. 7 : Die Ausgangslage des zweiten Dyopolisten

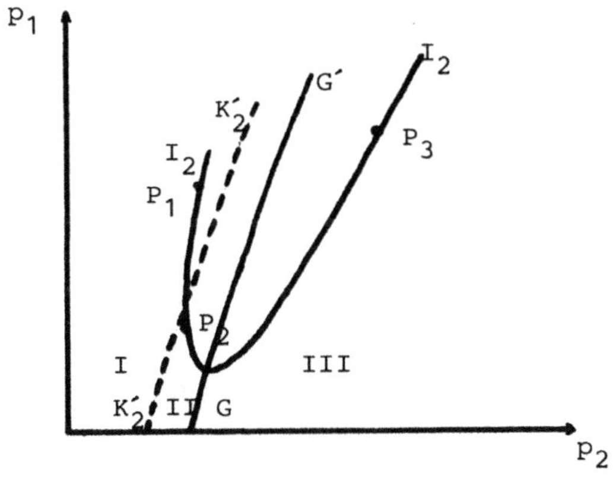

Quelle: OTT, A.E.: Grundzüge der Preistheorie, a.a.O., S. 232

In Abb. 7 sind drei Fälle zu unterscheiden, was die Frage angeht, wie Dyopolist 2 reagiert, wenn Dyopolist 1 den Preis senkt.

(1) Dyopolist 1 senkt seinen Preis, ausgehend von einem Punkt in Feld I, was durch P_1 angedeutet wird. Dyopolist 2 reagiert nicht, weil er auf eine höhere Isogewinnkurve gelangt. Die Reaktionslinien des zweiten Dyopolisten verlaufen in Feld I senkrecht.

(2) Dyopolist 1 senkt seinen Preis in Feld II (etwa P_2). Dyopolist 2 muß seinen Preis erhöhen, um auf der gleichen Isogewinnkurve zu bleiben, was durch P_2 angezeigt wird. Die Reaktionslinie des zweiten Dyopolisten folgt hier der Isogewinnkurve, und zwar nach rechts unten.

(3) Dyopolist 1 senkt seinen Preis in Feld III (Punkt P_3) Dyopolist 2 muß seinen Preis ebenfalls senken, damit er auf seiner Isogewinnkurve bleibt. Die Reaktionslinien des zweiten Dyopolisten folgen hier der Isogewinnkurve, und zwar nach links unten.[56)]

Abb. 8 : Der Verlauf der Reaktionslinien und der Isogewinnkurven

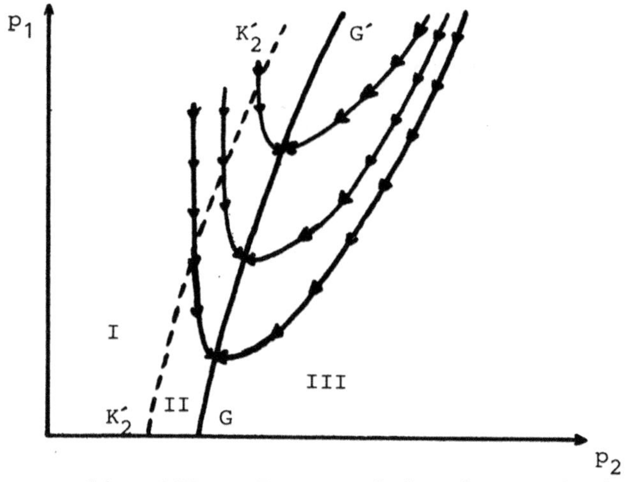

Quelle: OTT, A.E.: Grundzüge der Preistheorie, a.a.O.,S. 233

Wir fragen danach, wo das Gleichgewicht des ersten Dyopolisten liegt, d.h. wo er keine Preissenkungen vornehmen will. Dabei rechnet er mit Reaktionen des Dyopolisten 2 gemäß dessen Reaktionslinien. Dies ist insofern bedeutsam, als Reaktionen des zweiten Dyopolisten den Gewinn des ersten verringern würden.

Abb. 9 : Die Konstruktion des Gleichgewichtsgebietes

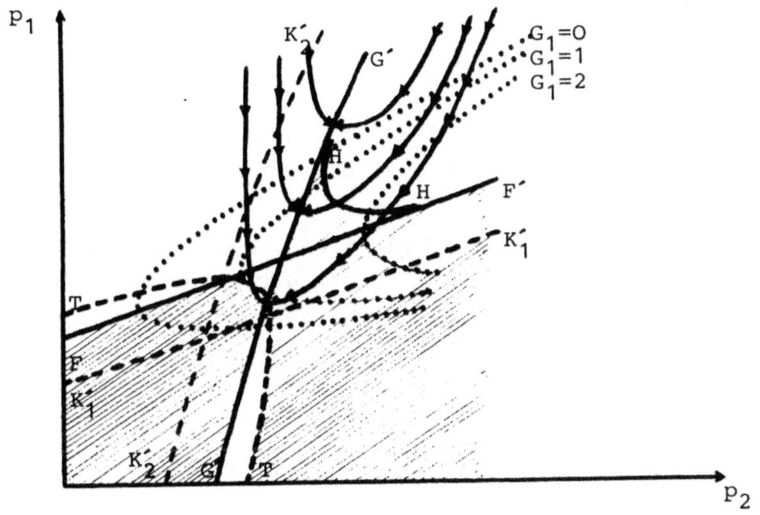

Quelle: OTT, A.E.: Grundzüge der Preistheorie, a.a.O., S. 233

Die schraffierte Fläche ist das Gleichgewichtsgebiet des Dyopolisten 1 im Falle von Preissenkungen. In den nicht schraffierten Flächen führen Preissenkungen des ersten Dyopolisten unter Beachtung der Reaktionen des zweiten zu höheren Isogewinnkurven für den ersten. In Abb. 9 sind GG' und FF' die Kammlinien des zweiten bzw. des ersten Dyopolisten. HH ist die Maximallinie oder auch die Linie der paretooptimalen Preiskombinationen. Von einer Ausgangskombination oberhalb HH lohnt sich für Dyopolist 1 eine Preissenkung, während sie bei einer Ausgangskombination unterhalb von HH zu einer Gewinnminderung für den Dyopolisten 1 führen würde. TT ist die Maximalgefahrenkurve. G_1 ist eine mögliche Isogewinnkurve für den ersten Dyopolisten.[57]

Dieser Fall einer preissenkenden Unternehmensstrategie mag uns als exemplarische Betrachtung genügen. Der Fall einer Preiserhöhung und seiner Folgewirkungen kann in der bekannten Literatur nachgelesen werden.[58]

Bezüglich der realitätsrelevanten Grenzen der Anwendbarkeit des dargestellten Oligopolmodells gibt es ohne Zweifel eine ganze

Menge zu sagen. Wir greifen die notwendige Kritik an den Modellprämissen nach Abschluß der Darstellung der typischen Preismodelle ausführlich wieder auf.[59)]

c. Realitätsnähe oder Realitätsferne des gewählten Modellansatzes, dargestellt am Beispiel des Luftfrachtverkehrs

Wir können gar nicht oft genug wiederholen, daß alle Modelle der Wirtschaftstheorie mehr oder weniger grobe Annäherungen der Wirklichkeit sein können. So nehmen denn auch alle hier als typisch gezeigten Preismodelle nicht für sich in Anspruch, bspw. den Preisbildungsprozeß in der Binnenschifffahrt, bei der Eisenbahn oder einem anderen Verkehrsträger exakt zu beschreiben. Dies wollen wir einmal am Beispiel der Preisbildung im Luftverkehr verdeutlichen.

1. Zu den Grundannahmen

Besonders ausführlich haben wir das Preisbildungsmodell des heterogenen Dyopols beschrieben. Die modellimmanenten Grundannahmen[60)] wollen wir nun einer genaueren Prüfung unterziehen.

(A) Gewinnmaximierung

Grundsätzlich ist die angenommene Zielsetzung der Gewinnmaximierung nicht unrealistisch. Es bleibt in unserem Beispiel allerdings zu beachten, daß der Staat die einzelnen Gesellschaften im Falle des Defizits subventioniert. Das bedeutet aber, daß die Unternehmensinitiative kurzfristig gar nicht auf das maximal Erreichbare gerichtet ist. Wenn der Gewinn langfristig maximiert werden soll, so erscheint dieses Ziel realistischer und den Erfahrungen aus dem Luftfrachtgeschäft näherliegender. Wenn also im Modell die kurzfristige Gewinnmaximierung vorausgesetzt wird, so ist diese Annahme für unser Beispiel nur bedingt richtig.

(B) Preisstrategie

Weiterhin wurde im Modell angenommen, daß die Anbieter Preisstrategie betreiben. Dies trifft sowohl für die JATA - als auch für die Nicht-JATA-Gesellschaften zu. Bspw. hilft die Einrichtung der commodity-rate-boards den JATA-Gesellschaften durch Tarifvariationen, ihren Konkurrenten zu begegnen. Als Einwand wäre allerdings möglich, daß den JATA-Gesellschaften gewisse Grenzen in ihrer Flexibilität bezüglich der Preisstrategie gesetzt sind, da die Spezialfrachtraten nicht in wenigen Tagen Gültigkeit erlangen und immer ein einstimmiger Beschluß mehrerer Gesellschaften vorausgesetzt wird. Somit kann die Annahme der Preisstrategie nur als generell gültig angesehen werden.

(C) Kostenverläufe

Im Modellansatz wurden ertragsgesetzliche Kostenverläufe angenommen. Dazu ist zunächst anzumerken, daß die Kosten bei einem Nur-Frachtflugzeug vom Auslastungsgrad abhängen, die Grenzkosten sinken mit steigendem Auslastungsgrad. Nehmen Streckenlänge und Reisegeschwindigkeit zu, dann sinken die direkten Betriebskosten. Steigt die Streckenlänge aber bei konstanter Reisegeschwindigkeit, nimmt der erreichbare Nutzladefaktor wieder ab. Bspw. liegen die Nordatlantikrouten in einem solchen Bereich leicht steigender Stückkosten. Bei einer zusammenfassenden Betrachtung dieser Faktoren können je nach Art und Länge der Relation sowohl degressive als auch leicht progressiv steigende Gesamtkostenverläufe nicht ausgeschlossen werden. Der exakte Nachweis scheitert bislang am nicht verfügbaren Datenmaterial.

(D) Fehlen von Reklame, Produktvariation und Absprachen

Es ist sicher nicht richtig, daß ein Luftverkehrsunternehmen keine Werbung betreibt. Zur Produktvariation wäre in unserem Beispiel zu sagen, daß gerade in den letzten Jahren neue

Transportmethoden (Container, Iglus) im Luftfrachtverkehr in größerem Ausmaß Verwendung finden. Absprachen in der Preisbildung der Luftverkehrsgesellschaften werden durch die Organisation der JATA begründet. Die Annahme fehlender Absprachen trifft daher gerade für die Luftverkehrsgesellschaften nicht zu.

(E) Information über die wirtschaftliche Lage der Konkurrenten

Es liegt nahe, daß Informationen über die wirtschaftliche Lage der Konkurrenzunternehmen zwischen den Luftverkehrsgesellschaften in mehreren Punkten bestehen. Die Zahl der Anbieter auf den einzelnen Relationen ist relativ leicht überschaubar. Außerdem werden auf den JATA-Tarifkonferenzen gewisse Informationen über die wirtschaftliche Lage der einzelnen Luftverkehrsunternehmen bekannt. Die am Luftverkehr beteiligten Staaten sind an einem geregelten Ablauf des Luftverkehrs interessiert. Daher werden sie versuchen, Preiskämpfe der Gesellschaften zu verhindern, die auf Marktverdrängung ausgerichtet sind. Außerdem würde ein Unternehmen nicht aus dem Markt ausscheiden, weil im Zweifelsfalle der Heimatstaat der Gesellschaften Subventionen leisten wird. Es kann daher ein relativ wirtschaftliches Verhalten unterstellt werden.

(F) Zwischenergebnis

Zusammenfassend können wir sagen, daß die Grundannahmen des verwendeten preistheoretischen Modells, wenn überhaupt, dann nur in grober Näherung den realen Gegebenheiten entsprechen. Besonders die Kostenverläufe und das Fehlen von Absprachen in der modelltheoretischen Konzeption entsprechen nicht den preispolitischen Gegebenheiten. Die Preisdifferenzierung, die zu unterschiedlichen Preisabsatzfunktionen auf den Teilmärkten führt, wird in unserem Fall nicht explizit behandelt.

2. Zu weiteren Modellannahmen

(A) Normalverhalten

Das den Marktteilnehmern unterstellte Normalverhalten trifft im wesentlichen auch auf die Luftfrachtverkehrsgesellschaften zu. Sie werden aufgrund ihrer individuellen Preisabsatzfunktion versuchen, den für sie günstigsten Preis zu erzielen. Dabei müssen sie die Aktionen und Reaktionen ihrer Marktpartner beachten. Die Preissetzung auf den Verkehrskonferenzen ist ein Kompromiß dieser unterschiedlichen preispolitischen Vorstellungen. Das ist aber gleichzeitig auch die große Schwäche des Modells. Bspw. würde eine Preiserhöhung gar nicht zu Nachfragerückgängen bei einem der Marktteilnehmer führen, wie es die Obligopoltheorie unterstellt, da sie für alle Marktteilnehmer gültig ist.

(B) Verlauf der Isogewinnkurven

Um zu den angenommenen Verläufen der Isogewinnlinien Stellung nehmen zu können, wäre eine genaue Kenntnis der in den einzelnen Luftverkehrsbetrieben gültigen Produktionsfunktionen, Kostenfunktionen und Preisabsatzfunktionen notwendig. Vornehmlich zu den beiden ersten Funktionsarten liegt kein gesichertes Material vor.

(C) Verlauf der Preisabsatzfunktion

Da eine oligopolistische Marktstruktur naheliegt und möglicherweise sogar eine Tendenz zur Monopolisierung des Marktes vorhanden ist, können wir den unterstellten Verlauf der Preisabsatzfunktion akzeptieren. Das Steigungsmaß der Kurve hängt von der Elastizität der Nachfrage ab, die wir teilweise als starr angenommen hatten. Es gibt aber auch Beispiele elastischer Nachfrageverläufe. Dieser Fall würde dem vorgegebenen Verlauf der Preisabsatzfunktion besonders nahe kommen.

(D) Folgerungen

Zusammenfassend können wir feststellen, daß das Modell des Gleichgewichtsdyopols die Preisbildungsprozesse im Luftfrachtverkehr nicht exakt darstellen kann. Die Annahme der Preisstrategie sowie der Verlauf der Preisabsatzfunktion können für die Realität durchaus zutreffen. Dagegen erklären die unterstellten Kostenverläufe sowie die Annahme fehlender Absprachen die tatsächlichen Gegebenheiten nicht. Das verwendete Modell erklärt jedoch als Näherungslösung die Wirklichkeit der Preisbildung im Luftfrachtverkehr noch am ehesten.

III. Das Polypol

a. Vollkommene Konkurrenz

Das Charakteristikum des Polypols auf dem vollkommenen Markt liegt darin, daß vielen kleinen Nachfragern eine Vielzahl kleiner Anbieter gegenübersteht. Auf der Angebotsseite bieten so viele Unternehmen Konkurrenzprodukte an, daß die Folgen von marktstrategischen Maßnahmen eines Unternehmens für alle übrigen unter der Grenze der Fühlbarkeit fallen. Die Nachfrage ist zwischen den einzelnen Anbietern mehr oder weniger fühlbar beweglich. Auf der anderen Seite ist jedoch die Anzahl der Anbieter so groß, daß sich die Auswirkungen von Preis-, Produktions- oder Reklameänderungen eines einzigen Unternehmens auf so viele Konkurrenten verteilen und infolgedessen nicht mehr für jedes einzelne Unternehmen fühlbar sind.[61)]

Im Spezialfall der vollständigen Konkurrenz ist die Beweglichkeit der Nachfrage zwischen den einzelnen Anbietern unendlich. Beispiele für diese modelltheoretisch faszinierende Marktform sind in der wirtschaftlichen Wirklichkeit kaum anzutreffen. Die Konsequenz der Modellprämissen beinhaltet, daß derjenige Anbieter sich quasi vom Marktgeschehen ausschließt, der einen höheren Preis als den herrschenden Marktpreis fordert. Gerade im Bereich des Verkehrswesens bestehen dagegen weitgehend sachliche, persönliche und räumliche Präferenzen. Die relativ selten vorkommende Marktform der vollständigen Konkurrenz stellen wir deshalb verhältnismäßig ausführlich dar, weil auf ihren Prämissen das Marginalprinzip, das in der verkehrswissenschaftlichen Diskussion stets eine wichtige Rolle spielt, aufbaut.

Wie bei den anderen bisher behandelten Marktformen gilt auch im Falle der vollständigen Konkurrenz, daß bei gegebener Kostenkurve der Punkt maximalen Gewinns dort liegt, wo das Steigungsmaß der Kostenkurve gleich der Neigung der Erlöskurve ist, also Grenzerlös gleich Grenzkosten. In diesem speziellen Fall gilt aber zusätzlich die Optimumbedingung Grenzkosten gleich Preis. Dies wird impliziert dadurch, daß im Falle der vollständigen Konkurrenz die Absatzelastizität unendlich wird. Dies läßt sich leicht bei Verwendung der Amoroso-Robinson-Relation zeigen:

$$\text{(8)} \quad \text{Grenzerlös} = \text{Preis} + \frac{\text{Preis}}{\text{Absatzelastizität}}$$

bei vollständiger Konkurrenz gilt dann:

$$\text{(9)} \quad \text{Grenzerlös} = \text{Preis} + \frac{\text{Preis}}{\infty} \quad \text{oder}$$

$$\text{(10)} \quad \text{Grenzerlös} = \text{Preis} + 0$$

Nicht zuletzt die Verwendung der Amoroso-Robinson-Relation macht deutlich, daß vollständige Konkurrenz ein Polypol-Sonderfall ist. Durch kaum merkliche Preissenkungen könnte jedes am Markt beteiligte Unternehmen die Gesamtnachfrage an sich ziehen, wenn es in der Lage wäre, diese vollständig zu befriedigen. Der Marktpreis ist relativ aber durch keine

Maßnahme eines einzelnen Unternehmens zu verändern, weil jedes Unternehmen durch kleinste Preissenkungen zwar alle Nachfrage an sich reißen, diese aber niemals befriedigen könnte. Folglich müßte die überwiegende Mehrheit der Nachfrager weiterhin bei anderen Anbietern kaufen.[62)]

Der Monopolpreis ist für jedes Einzelunternehmen unbeeinflußbar, weil die geringe Nachfrage, die ein Unternehmer zusätzlich befriedigen könnte, von so vielen Anbietern abgezogen wird, daß diese den auftretenden Verlust gar nicht merken.

Unter diesen Bedingungen wird der Marktpreis als gegeben hingenommen und bestimmt damit die optimale Unternehmensstrategie im Sinne der vollständigen Konkurrenz. Die Erlöskurven sind Geraden durch den Nullpunkt des Preis-Mengen-Systems. Bei der gegebenen Kostenkurve ist die Neigung bzw. die Steigung der Erlöskurve im Optimalfall gleich dem Preis, weil der Erlös bei Mehrabsatz einer Einheit genau um den Preis dieser Einheit steigt. Dies trifft für die Zielsetzung der Gewinnmaximierung zu. Andersgelagerte Zielsetzungen führen im Falle der vollständigen Konkurrenz bei gleichem Marktpreis zu anderen Produktionsmengen.

Abb. 10 : Modell der vollständigen Konkurrenz

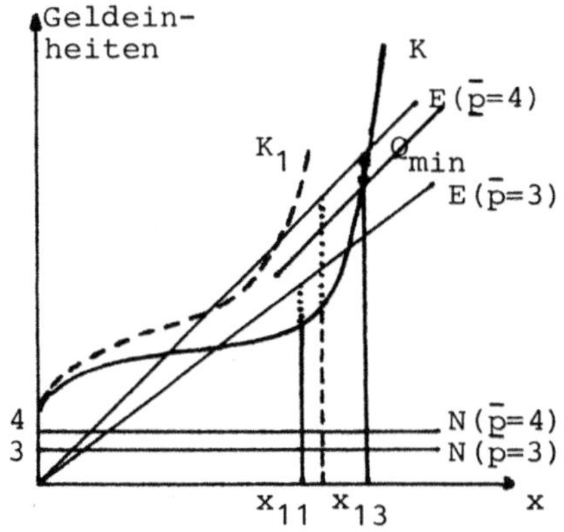

Abb. 11 : Preisbildung bei vollständiger Konkurrenz

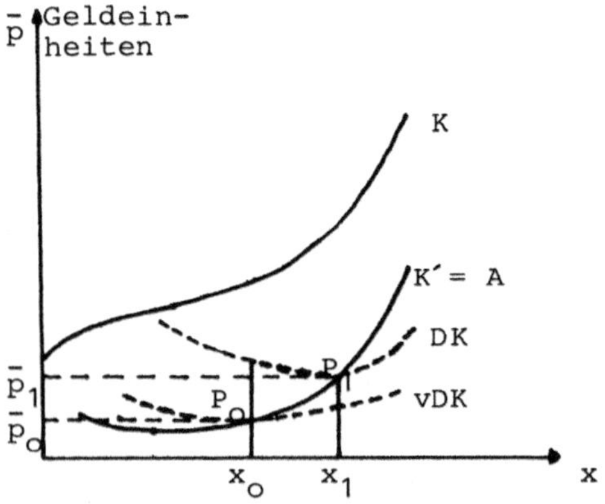

Quellen: KRELLE, W.: Preistheorie, a.a.O., S. 394 f.

Nehmen wir das Beispiel, daß die Produktion soweit wie möglich auszudehnen ist unter der Bedingung, daß ein Mindestgewinn in Höhe von Q_{min} erzielt werden kann. In der vorstehenden Abb. 10 ist dann die optimale Produktionsmenge $\hat{x}$ bestimmt durch

(11) $E - Q_{min} = K$ im Falle, daß $Q_{min} < Q_{max}$.

Ansonsten ist $\hat{x} = x^*$ mit x^* als Produktionsmenge bei reiner Gewinnmaximierung. Daraus folgt, daß in der Regel das Prinzip der reinen Gewinnmaximierung auch beim Polypol hinsichtlich der Versorgung des Marktes zu einem schlechteren Ergebnis führt als bspw. eine Absatzmaximierung unter Erreichung eines Mindestgewinns. Dies gilt im übrigen auch für die Zielsetzung, einen bestimmten Absatz zu realisieren und unter dieser Voraussetzung den Gewinn zu maximieren.

Doch kehren wir noch einmal zur reinen Gewinnmaximierung zurück. Unter dieser Zielsetzung ist die Angebotsmenge eines Unternehmens eine eindeutige Funktion des Marktpreises. Diese Angebotsfunktion ist nach der Bedingung

(12) $K' = p$

die Grenzkostenkurve des Unternehmens. Wie aus Abb. 11 hervorgeht, liegt die untere Grenze des Angebots bei $\bar{p}_0$, bei dem die Kurve der variablen Durchschnittskosten VDK die Grenzkostenkurve K' schneidet. Die Gewinnzone des Unternehmens beginnt erst mit $\bar{p}_1$.

b. Das Polypol bei unvollständiger Beweglichkeit der Nachfrage

Verlassen wir nun den Spezialfall der vollständigen Konkurrenz und gehen wir über zur Betrachtung des Polypols bei unvollständiger Beweglichkeit der Nachfrage. Dieser Typ einer Marktform wird auch mit unvollkommener, unvollständiger oder monopolistischer Konkurrenz bezeichnet.

Zur Bestimmung des Preises und der Produktionsmenge legen wir Einproduktunternehmen mit klassischen Produktionsfunktionen zugrunde. Dann hängt die Nachfrage eines Unternehmens ab sowohl von dem Preis, den es selbst verlangt und den Preisen aller übrigen Konkurrenten. Es gilt auch hier, daß die Reaktion der Nachfrage auf Preisänderung eines Konkurrenten nicht fühlbar ist, allerdings diejenige auf eine Preisänderung mehrerer oder gar aller anderen Konkurrenten umso mehr. Bedeutung hat damit lediglich der Durchschnittspreis $\bar{p}$ aller übrigen Konkurrenzunternehmen und dessen Variation für eine Firma i. Nach Krelle[63] errechnet sich dieser Marktpreis als gewogenes arithmethisches Mittel der Preise aller übrigen konkurrierenden Unternehmen, wobei die Wägungsziffern proportional der Beweglichkeiten der Nachfrage zu wählen sind. Die Nachfrage bei Unternehmen i lautet folglich:

$$(13)\quad N_i = f_i(p_i, \bar{p}), \quad \forall\, i \in \{1,\ldots,n\}$$

Dieser Funktionszusammenhang impliziert,daß bei einer eigenen Preissenkung i zusätzliche Nachfrage an sich zieht, was aber alle übrigen nicht fühlbar antastet. Es bleibt also $\bar{p}$ bestehen. Das gleiche gilt im umgekehrten Sinne für den Fall einer Preissteigerung des Unternehmens i. Sinkt dagegen der Marktpreis $\bar{p}$, dann verliert i einen Teil seiner Nachfrage, falls er seinen Preis konstant hält.

IV. Kritische Zusammenschau und Ausblick auf andere Marktformen

Bei der Darstellung ausgewählter Hauptmarktanteile, im wesentlichen bezogen auf die private Preisbildung, dürften verschiedene Gesichtspunkte deutlich geworden sein. Erstens haben wir lediglich drei, wenn auch typische, Marktformen betrachtet. Besonders kritisch haben wir uns mit dem Oligopol auf einem unvollkommenen Markt auseinandergesetzt und dabei durch die Übertragung der Modellprämissen auf das prima facie recht gut zu passen scheinende Beispiel des Luftverkehrs feststellen können, wie grundsätzlich restriktiv die modelltheoretischen Prämissen einzuschätzen sind. Auf die aufgezeigten Abweichungen der Modellannahmen von der Wirklichkeit brauchen wir im einzelnen nicht noch einmal einzugehen. Diese ließen sich ohne große Mühe auch für die anderen Marktformen und die jeweils unterstellten Zielsetzungen nachweisen. Wir können festhalten, daß sich die dargestellten Marktformen in dieser Form kaum einmal genau im Sinne der Modellposition isolieren lassen. Zu den markteigenen Besonderheiten tritt insbesondere auch im Verkehrswesen die Problematik von Marktformen, an denen private und öffentliche Unternehmen beteiligt sind. Deren Zielsetzungen widersprechen sich häufig; die Folge sind oft staatliche Eingriffe in die private Unternehmensstrategie, bspw. über Marktzugangsreglementierungen, Steuerpolitik usw. So ist es auch zu verstehen, daß neben anderen Gründen das der Grenzkostentheorie zugrundeliegende Bild der vollkommenen Konkurrenz der Ausnahmefall, bezogen auf die wirtschaftliche Wirklichkeit, ist.

C. Grundlagen der Preisbildung aus dem makroökononomischen Ansatz der Preistheorie

I. Das Marginalprinzip

a. Das soziale Optimum

Bevor wir uns näher mit dem Fragenkomplex des Marginalprinzips beschäftigen, scheint es notwendig, die hinter dem Prinzip stehende Wohlfahrtsökonomie kritisch zu durchleuchten. Mit ihr soll grundsätzlich erreicht werden, objektive Maßstäbe für eine optimale Verwendung der Produktionsfaktoren und eine optimale Verteilung zu finden[64] zur Maximierung des Wohlstandes. Wenn wir die Frage nach der Preisbildung im Verkehrswesen untersuchen, so bedeutet dies, daß bspw. im Bereich des städtischen Nahverkehrs ein Teil des Individualverkehrs auf den öffentlichen Personenverkehr umsteigen sollte, wenn er den zur Erreichung des sozialen Optimums gesetzten Preis aus ökonomischen Gründen nicht zahlen möchte. Das gesamtwirtschaftlich angestrebte Ziel ist dabei stets die Besserstellung aller Individuen gegenüber dem vorherigen Zustand.

Stellt man die Frage nach der Besser- oder Schlechter- bzw. Gleichstellung von Personen gegenüber einer anderen Situation, stößt man sofort auf den Nutzenbegriff und die bisher entwickelten Theorien zu seiner Messung. Bei der nachfolgenden Behandlung dieser Problematik wollen wir uns weitgehend der Terminologie nach KRELLE[65] bedienen.

Eine grundsätzliche Diskrepanz in der Aussagefähigkeit erscheint nicht, ob wir nun im Hinblick auf das soziale Optimum von ordinalen oder kardinalen Nutzenfunktionen ausgehen wollen. Wie BOULDING [66] zeigt, ist der Grund darin zu sehen, daß das Hauptinteresse der Theorie auf die Lage des Nutzenmaximums gerichtet ist, daß also die Maxima und Minima z.B. bei der Transformation erhalten bleiben. Wenn man sich dagegen entschließt, von einer kardinalen Nutzenfunktion aus die Betrachtung aufzunehmen, bei der die individuellen Nutzen meßbar sind und ggfs. addierbar sind, so läßt sich eine Gesamtnutzenfunktion dergestalt ableiten, daß man die einzelnen

Nutzen aufaddiert und das Maximum als das soziale Optimum festlegt.

Die Paretianische Wohlfahrtsökonomie stellt, ausgehend von ordinalen Nutzenvorstellungen,den Begriff des PARETO-Optimums in den Mittelpunkt ihrer Überlegungen und definiert hierfür eine Situation, in der es niemandem möglich ist, eine von ihm als wünschenswert eingeschätzte Position zu erreichen, ohne damit gleichzeitig ein anderes Individuum in eine solche Lage zu versetzen, die dieses als weniger erstrebenswert betrachtet.[67)] Nach einer etwas anders gefärbten Definition befindet sich ein System dann nicht im sozialen Optimum, "wenn es möglich ist, eine Reorganisation oder Umordnung der Güter durch Tausch oder Produktion durchzuführen, die wenigstens eine Person besser stellt in dem Sinne, daß diese von ihr vorgezogene Position gebracht wird, ohne andere schlechter zu stellen in dem Sinne, daß sie in Lagen gebracht werden, die sie nicht ihrer ursprünglichen Lage vorziehen".[68)]

Auf unsere Aufgabenstellung bezogen, läßt sich dies insofern umformulieren, als zu fragen ist, inwieweit die Preisbildung im Verkehr über die Verteilung und Umverteilung der Verkehrsströme zu einer solchen Lage führen kann, in der sich für die Gesellschaft insgesamt eine Besserstellung gegenüber einer unter einer anderen Preisstrategie erreichten Lage ergibt. Auf dem Wege hin zu einer im Sinne der paretianischen Konzeption optimalen sozialen Situation stellt sich die Frage nach der Behandlung der effektiven Zahlung von Kompensationsbeiträgen. Hierauf baut die Erweiterung der Theorie durch KALDOR[69)] und HICKS[70)] auf, die eine Situation auch dann noch als höherwertig einschätzen, wenn nach Zahlung der Kompensationsbeträge keiner schlechter gestellt und zumindest einer besser gestellt ist, selbst wenn realiter die Zahlung nicht vorgenommen worden ist.

Aus einigen anderen Theorievariationen wollen wir abschließend zum Stand der Nutzentheorie bezüglich der Wohlfahrtskriterien SCITOVSKY[71)] nennen, der eine Lage dann optimal nennt, wenn die aus einer Aktion Begünstigten aus ihren zusätzlichen Einkünften die durch die Aktion Benachteiligten entschädigen und dennoch einen Nettovorteil erzielen.

KRELLE[72] hat an die Stelle der individuellen Nutzenfunktionen individuelle Befriedigungsfunktionen gesetzt, mit denen die soziale Präferenzfunktion gebildet wird. Dadurch daß erst dann von einer besseren Lage gesprochen wird, wenn eine vollständige Angleichung aller Befriedigungsfunktionen an die neue Situation erfolgt ist, werden die bereits eingetretenen Einkommens- und Machtbestrebungen im Zeitablauf berücksichtigt. "Ein sozialer Zustand ist sicher dann besser als der bisherige, wenn nach genügend langer Zeit der Gewöhnung und Angleichung an den neuen Zustand kein Individuum sich auf einem niedrigeren Befriedigungsniveau befindet, dagegen mindestens eins auf einem höheren".[73]

Der entscheidende Fortschritt gegenüber der paretianischen Konzeption liegt in der Einbeziehung der interpersonellen Nutzenvergleichbarkeit, womit gewisse hinreichende Bedingungen für die Gestalt einer "richtigen" sozialen Präferenzfunktion gewonnen werden können.[74]

Mit dem praktisch-politischen Aussagewert des Ansatzes werden wir uns noch näher beschäftigen müssen.[75]

b. Die soziale Präferenzfunktion

Wir wollen davon ausgehen, daß ohne eine soziale Präferenzfunktion die Herbeiführung optimaler staatlicher Entscheidungen nicht möglich ist.[76] Soll eine rationale Politik betrieben werden, bspw. die Umlenkung von Verkehrsströmen, so müssen verschiedene denkbare Folgesituationen nach ihrer sozialen Präferenz geordnet werden.[77] Die Lösung der Frage, ob die in der sozialen Präferenzfunktion enthaltene Präferenzordnung der Gesellschaft nur die aggregierten Gesamtgrößen aufweisen muß, ist bislang nicht eindeutig gelungen, da man dann schon die einzelnen Aggregationsgrößen und damit u.a. auch die individuelle Einkommensverteilung als sozial optimal ansieht.[78)]

Ausgehend von einer individuellen Nutzenfunktion

(14) $u_i = u_i \, (x_{i1}, x_{i2}, \ldots, x_{in})$

mit x_{ij} als der Menge des Gutes j, das der Person i in der Periode zufließt, können wir die soziale Nutzenfunktion formulieren:

(15) $U = U\,(X_1, X_2, \ldots, X_n)$

mit $X_j = \sum_{i=1}^{m} x_{ij}, \; j \in \{ 1,2,\ldots,n \}$

Da es uns darum geht zu fragen, wann sich bei einer gegebenen Einkommensverteilung eine Substitution oder eine Eliminierung der von uns betrachteten Problembereiche in einem höheren sozialen Nutzen niederschlägt, erweitern wir die obige Nutzenfunktion zu:

(16) $U = U(x_{11}, \ldots, x_{1n}, \ldots, x_{m1}, \ldots, x_{mn})$.

Dabei bedeuten n die Anzahl der Argumente der individuellen Nutzenfunktionen und m die Anzahl der Personen. Unter der Annahme, daß die soziale Präferenzfunktion von den Befriedigungsniveaus aller Wirtschaftssubjekte abhängt, kann geschrieben werden:

(17) $U = U(B_1, B_2, \ldots, B_m)$

mit $B_i = B_i \, (x_{i1}, x_{i2}, \ldots, x_{in})$ als dem Befriedigungsniveau der Person i.

Ob nun die soziale Präferenzfunktion in dieser Form, wie KRELLE[79)] meint, genügend gut geeignet ist, alle möglichen Zustände nach der Erwünschtheit zu ordnen, damit sozial optimale politische Maßnahmen ergriffen werden können, bedarf noch einer eingehenden Prüfung.

c. Die Bedingungen des sozialen Optimums

Die Realisierung des oben definierten sozialen Optimums setzt voraus, daß das Wohlstandsniveau nicht mehr durch die Gründung neuer oder Schließung alter Betriebe, durch die Produktion neuer Güter, die Einführung neuer Produktionsverfahren oder durch den Einsatz einzelner Faktoren in anderen Produktionsbereichen erhöht werden kann.[80] Neben diese Totalbedingungen treten folgende Stabilitätsbedingungen: Die Indifferenzkurven müssen einen zum Ursprung konvexen und kontinuierlichen Verlauf aufweisen, die Transformationskurve muß konkav zum Ursprung verlaufen und alle Individuen müssen sämtliche Güter und alle Unternehmen alle Faktoren verwenden, wobei sowohl die Güter als auch die Faktoren vollkommen teilbar sein müssen. Daneben ist zur Erreichung des sozialen Optimums ein dritter Bedingungskomplex in Form von Marginalbedingungen zu berücksichtigen.[81]

Die erste Bedingung besagt, daß die Grenzraten der Substitution zwischen zwei Gütern für zwei Individuen gleich sein müssen. Auf unser Problem bezogen bedeutet dies beispielsweise, daß jedes Individuum die gleiche Bereitschaft zeigen muß, in der betrachteten Zeitperiode die Fahrt mit dem Pkw während der Ballungszeit entweder gegen eine andere Beförderungsart einzutauschen oder ganz aufzugeben. Durch eine Preisauflage soll der individuelle Verkehrsteilnehmer dazu veranlaßt werden, seine augenblickliche Lage dahingehend zu überdenken, ob eine andere Zusammensetzung der für die Raumüberwindung in Anspruch genommenen Verkehrsmittel und sonstige Aufwendungen ihm nicht einen Vorteil verschafft.

Unter der Voraussetzung, daß bei allen Produzenten eines Gutes die Grenzraten der Transformation von zwei Produkten nicht gleich sind, fordert die zweite Marginalbedingung, daß man eine Produktionssteigerung eines Gutes ohne Produktionseinschränkung eines anderen Gutes erreichen kann, indem der Produzent mit den geringsten Kosten die Produktion übernimmt. Betrachtet man den privaten und den öffentlichen Verkehr als zwei verschiedene Produzenten von Verkehrsleistungen, so ist diese Forderung analog anzuwenden.

Die Reallokation eines einzelnen Produktionsfaktors auf zwei Produzenten wird in der dritten Marginalbedingung angesprochen. Sind bei der Produktion eines Gutes mit einem gegebenen Faktor unterschiedliche Grenzproduktivitäten bei zwei Produzenten gegeben, so muß eine Erhöhung der Gesamtproduktion mit derselben Faktormenge dadurch möglich sein, daß der Faktor zu dem Produzenten mit der höheren Grenzproduktivität gelangt.

Die vierte Marginalbedingung behandelt die Substitutionsmöglichkeiten von zwei Faktoren, wobei im Gegensatz zur dritten Bedingung die Gesamtproduktion als konstant angesehen wird. Sind die Grenzraten der Substitution von zwei Faktoren im Hinblick auf die Produktion eines Gutes bei zwei Produzenten nicht gleich, so soll der einzelne Faktor zu dem Produzenten verlagert werden, bei dem die Grenzrate der Substitution dieses Faktors am kleinsten ist.

Die fünfte Marginalbedingung betrifft die Substitution von Produkten zur Anpassung an die Struktur der Konsumentenpräferenzen. Findet sich hier nicht eine Gleichheit sowohl in der Grenzrate indifferenter Substitution eines Konsumenten für zwei Güter als auch in der Grenzrate der Transformation dieser Güter in der Produktionssphäre, so muß ein höheres Wohlfahrtsniveau für den Konsumenten erreichbar sein, indem man verstärkt das Gut produziert, das eine höhere Grenzrate äquivalenten Faktorverbrauchs im Produktionsbereich aufweist.

Die Frage der Nutzungsintensität der Faktoren wird in der sechsten Marginalbedingung angesprochen. Hier wird die Substitution zwischen dem Gut Muße und dem Faktor Arbeitszeit für Konsumenten und Produzenten behandelt. Ist die Grenzentlohnung eines Faktors höher als die Grenzrate der Substitution von Nutzung durch Entlohnung, so muß als Folge eine stärkere Nutzung des Faktors auftreten.

Treten bei dem Zeitaspekt in der siebten Grenzbedingung Unterschiede in den Grenzraten der Substitution zweier Individuen für eine bestimmte Vermögensart auf, so muß sich von demjenigen mit der geringeren Zeitpräferenz ein Vorteil erzielen lassen, indem er an den mit der größeren Zeitpräferenz zu dem früheren Zeitpunkt Vermögensteile verleiht.[82)]

Die Bedingungen weisen einen hohen theoretischen Charakter auf. Dennoch sollte man den Modellansatz nicht von vornherein verwerfen. Vielmehr sollte zuerst einmal aufgezeigt werden, was theoretisch denkbar ist, um so durch die Aufgabe einzelner Bedingungen und/oder die Addition neuer Voraussetzungen zu einem modifizierten Zielrahmen zu gelangen, der auch in der Praxis erreichbar ist.

d. Kritische Anmerkungen zu den Modellannahmen

Um eine wohlfahrtsoptimale Allokation der in der Volkswirtschaft gegebenen produktiven Faktoren zu garantieren, wird also im Rahmen der formalisierten paretianischen Optimumbedingungen die absolute und relative Bindung der Preise für Faktorleistungen und Produkte an ihre Grenzkosten gefordert. Im Bereich des Verkehrssektors führen die produktionstechnischen Beziehungen bei der verkehrswirtschaftlichen Leistungserstellung zu einem wirtschaftlichen Defizit, das nach der welfare-Theorie durch ein System zusätzlicher produktions- und tauschneutraler Belastungen abgedeckt werden soll.[83)]

Das Grenzraten-Preis-Theorem bildet also einen wesentlichen Bestandteil der paretianischen Optimumbestimmung, das dafür sorgt, daß sich die Gleichgewichtspreise und damit die Grenzerlöse im Hinblick auf eine optimale Nutzung der vorgegebenen volkswirtschaftlichen Ressourcen auf einem Niveau einpendeln, das ein Entstehen von Differentialrenten verhindert. Der Verkehrssektor weist nun jedoch eine Produktionsfunktion auf, die durch eine konstante oder steigende Grenzrate der Transformation, externe Effekte, dynamische Wirtschaftsabläufe, große Unteilbarkeiten, Unsicherheiten im Hinblick auf zukünftige technisch-ökonomische Entwicklungen und durch lange Ausreifungszeiten gekennzeichnet ist. Insofern sind die u.a. von Samuelson, de Graaf, Schneider und Thiemeyer vorgebrachten kritischen Bedenken gegen die Verwendung der Grenzkosten-Preis-Bedingung bei derartig gekennzeichneten technologischen Produktionsfunktionen zweifellos berechtigt.[84)]

So wird aufgrund der Tatsache, daß die konstanten bzw. steigenden Ertragszuwächse bei Verkehrsanlagen bei einer Grenzkostentarifierung zu wirtschaftlichen Defiziten führen, darauf verwiesen, daß die erstrebte optimale Arbeitsteilung mit Hilfe der Tarifierungsregel, nach der im Optimum die Faktorgrenzkosten gleich dem Produktpreis sein sollen, nur im Grenzfall erreicht wird. Insbesondere wird auf die nicht herstellbare Verbindung zwischen den preis- und investitionspolitischen Aussagen aufmerksam gemacht. Nur wenn alle relevanten Infrastrukturkapazitäten einer Volkswirtschaft dem wohlfahrtökonomischen Investitionskriterium genügen, kann eine Grenzkosten-Preisbildung dazu beitragen, die Wahlentscheidung des Verkehrsnutzers der angebotenen Verkehrsleistungen in Richtung auf eine optimale Nutzung der vorhandenen Kapazitäten zu beeinflussen.[85)] Ferner werden Bedenken gegen eine öffentliche Defizitübernahme aus dem Verkehrsbereich angemeldet, weil unter der Voraussetzung einer Unterauslastung der Verkehrskapazitäten die Durchsetzung des technischen Fortschritts in Form von neuen Verkehrsanlagen verhindert werden kann, die gegenüber den bestehenden Kapazitäten durch tendenziell höhere Grenzkosten bei überproportional verbesserter Leistungsfähigkeit gekennzeichnet sind. Diese Gefahr einer Unterauslastung ist nicht von vornherein auszuschließen. Angesichts der extremen Spitzenbildungen wird jedoch eine volle Auslastung der Verkehrskapazitäten erwartet,[86] so daß in dem System optimaler Faktorallokation sehr wohl das dynamische Element zur Realisierung des technischen Fortschritts vorhanden sein kann.

Auch die kritischen Bemerkungen im Hinblick auf die zahlreichen Unsicherheiten bei der Präzisierung des kurz- und längerfristigen Grenzkostenbegriffes sind berechtigt. Nicht zu akzeptieren, ist jedoch die aus dieser Definitionsproblematik resultierende Schlußfolgerung, daß die langfristigen und sozialen Grenzkosten als koordinationspolitisches Instrument unbrauchbar seien. Es ist zwar richtig, daß eine ständige Neuformulierung und Ausfüllung des Begriffs der Grenzkosten und der marginalen Sozialkosten sicherlich nicht die notwendige Optimalität der Überlegungen herbeiführen kann. Bedenklich ist es jedoch, wenn wegen der hohen theoretisch und wirtschaftspolitisch wenig befriedigenden Erfassung und Bewertung dieser Kosten eine operationale Ausgestaltung dieser Begriffe für wirtschaftspolitische Zielsetzungen von vornherein als unmöglich hingestellt wird.

Ein weiterer Kritikpunkt richtet sich auf die Tatsache, daß die Grenzkosten-Preisregel nur dann zu einer optimalen Faktorallokation führt, wenn auch die Investitionsentschädigungen der Vergangenheit sich bereits nach ausschließlich ökonomischen Investitionskriterien richten, und diese Investitionsrechnungen den Anforderungen eines optimalen Faktoreinsatzes genügten.

Auf diese kritischen Einwände wird an späterer Stelle noch einmal zurückzukommen sein.

II. Gesamtwirtschaftliche Optimalitätsbedingungen bei der Preisbildung öffentlicher Verkehrsunternehmen

Die Grundproblematik der hier gestellten Aufgabe gipfelt in der Frage, ob bzw. unter welchen Bedingungen die Gewinnmaximierung als Zielsetzung der Einzelwirtschaften auch gesamtgesellschaftlich und gesamtwirtschaftlich optimal ist. KRELLE[87] erweitert die Fragestellung um den Gesichtspunkt, was getan werden könne, um Abweichungen von der Optimalität im Rahmen eines marktwirtschaftlichen Systems zu korrigieren. KRELLE bezieht im Gegensatz zu unserer Thematik seine Untersuchungen allgemein auf die Preisbildung öffentlicher Unternehmen.

Bei verschiedenen Verkehrsunternehmen liegt eine lokal begrenzte oder auch gesamtwirtschaftliche Monopolstellung wie etwa bei der Post vor. Die Preispolitik dieser Unternehmen stellt insofern ein besonderes Problem dar, als hinter ihnen der Staat steht, infolgedessen sie nicht unbedingt auf Erreichung von Kostendeckung oder Gewinnmargen ausgerichtet sind. Je nach der Beschaffenheit der gesamtwirtschaftlichen Nutzenfunktion könnten diese öffentlichen Verkehrsunternehmen demnach eine gesamtwirtschaftlich optimale Preispolitik betreiben, ohne explizit Rücksicht auf Liquiditäts- bzw. Rentabilitätserfordernisse nehmen zu müssen. Der Versuch der Ableitung einer solchen optimalen Preisstrategie kann im Modellfall von zwei Ansätzen ausgehen, deren erster die optimale Bestimmung aller übrigen Preise und damit eine optimale Verteilung in der Volkswirtschaft voraussetzt und deren zweiter den Fall betrachtet, daß diese Optimalitätsbedingungen nicht vorliegen und damit eine Bestimmung auch aller übrigen Preise notwendig machen incl. der Berücksichtigung von Umverteilungseffekten.

a. Preisbildung öffentlicher Verkehrsunternehmen ohne Umverteilungseffekt

Wir betrachten im folgenden als typisches Monopolunternehmen die Deutsche Bundespost. Unter der stark beschränkenden Bedingung, daß alle übrigen Preise optimal bestimmt sind - und damit auch die Verteilung - nehmen wir an, daß es

N andere Unternehmen gebe. Unter der vorausgesetzten Optimalität des Wirtschaftssystems gelten dann die Güterverteilungsgleichungen für jedes Gut z^n mit $n \varepsilon \{ 1,\ldots, N \}$ in jeder Periode.

$$(18) \quad -z^n + \sum_{i=1}^{N} z_i^n + \sum_{j=1}^{N} \bar{z}_j^n + \sum_{i=1}^{N} r_i^n K_i^n + \sum_{j=1}^{M} \bar{r}_j^n \bar{K}_j^n + \sum_{i=1}^{N} I_i^n$$

$$+ \sum_{j=1}^{M} \bar{I}_j^n + \sum_{h=1}^{H} x_h^n = 0 \qquad n \varepsilon \{ 1,\ldots N \}$$

Hierbei bedeuten:

z^n : Gesamtproduduktion des Gutes n

z_i^n : laufender Faktoreinsatz des nichtöffentlichen Gutes z_i zur Produktion von z^n

$\bar{z}_j^n$: laufender Faktoreinsatz des öffentlichen Gutes $\bar{z}_j$ zur Produktion von z^n

r_i^n : Abnutzungsrate des nichtöffentlichen Kapitalgutes K_i bei der Produktion des Gutes z^n

r_j^n : Abnutzungsrate des öffentlichen Kapitalgutes $\bar{K}_j$ bei der Produktion des Gutes z^n

I_i^n : Nettoinvestition des nichtöffentlichen Kapitalgutes z_i bei der Produktion des Gutes z^n

I_j^n : Nettoinvestition des öffentlichen Kapitalgutes z_j bei der Produktion des Gutes z^n

x_h^n : Gütermengen des Gutes n, die dem Haushalt h zufließen.

Unter der Annahme eines optimalen Wirtschaftssystems müssen auch die Grenzproduktivitätssätze Gültigkeit haben. Bei Verwendung des Marktpreises für das Gut z^n (p^n), des Produktionspreises des Gutes z^n $(p^n - \tau_{ind}^n)$[88] und des Lohnsatzes für eine Arbeitsart l (w_l) sowie des Zinssatzes ϱ ergibt sich bei Zugrundelegung einer Produktionsfunktion, die für alle Perioden gelten soll:

$$(19) \quad F_j \; (z_1^j,\ldots,z_N^j, \;\; A_1^j,\ldots,A_L^j, \;\; K_1^j,\ldots,K_N^j)$$

$$(20a) \quad p^n = (p^j - \tau_{ind}^j) \; \frac{\delta F_j}{\delta z_n^j}$$

$$(20b) \quad p^n \; (r_j^n + \varrho) = (p^j - \tau_{ind}^j) \; \frac{\delta F_j}{\delta K_n^j} \qquad n,j \in \{1,\ldots,N\}$$

$$(20c) \quad w_l = (p^j - \tau_{ind}^j) \; \frac{\delta F_j}{\delta A_l^j} \qquad l,j \in \{1,\ldots,L\}$$

Die in unserem Beispiel gewählte Post müßte also ihr Leistungsangebot z^1 und den Preis hierfür p^1 so festlegen, daß die Nachfrage im Sinne von (18) befriedigt werden kann, und dabei solche Faktormengen z_j, K_j und A_j einsetzen, daß die vorstehenden Grenzproduktivitätssätze erfüllt sind. Unter den gesetzten Bedingungen bestimmt dies zusammen alle Entscheidungen der Post eindeutig, sobald nämlich der Preis und die Grenzkosten lediglich für eine Produktmenge übereinstimmen. Für ein hier betrachtetes Leistungsangebot der Post müßte man nun die Minimalkostenkombination für jede Produktionsmenge z^1 anwenden. Formal müßte also etwa folgende Kostenfunktion minimiert werden:

$$(21) \quad C_1(z^1) = \sum_{n=1}^{N} p^n z_n^1 + \sum_{n=1}^{N} p^n (r_n^1 + \varrho) \; K_n^1 + \sum_{l=1}^{L} w_l \; A_l^1 = \min!$$

unter der Nebenbedingung

$$(22) \quad z^1 - F_1 \; (z_1^1,\ldots,z_N^1, \;\; K_1^1,\ldots,K_N^1, \;\; A_1^1,\ldots,A_L^1) = 0$$

Am eindeutigen Lösungspunkt gilt dann:

(23a) $p^n = \lambda_1 \frac{\delta F_1}{\delta z_n^1}$;

(23b) $p^n (r_n^1 + \varrho) = \lambda_1 \frac{\delta F_1}{\delta K_n^1}$;

(23c) $w_1 = \lambda_1 \frac{\delta F_1}{\delta A_1^1}$

λ_1 entspricht als Lagrangescher Multiplikator den Grenzkosten bei Kostenminimierung:

(24) $\lambda_1 = \frac{dC_1}{dz^1}$

Die Post, um bei unserem Beispiel zu bleiben, müßte eine solche Leistungsmenge z^1 anbieten, damit

(25) $p_1 = \frac{dC_1}{dz^1} + \tau_{ind}^1$ wird.

Das bedeutet, daß der Marktpreis des Produkts gleich den Grenzkosten zuzüglich der Belastung durch indirekte Steuern pro Produkteinheit sein muß. KRELLE[89)] bezieht in den Begriff der Grenzkosten die Zins- und Abschreibungskosten für das gesamte Kapital zum Marktpreis, also nicht nur für das Fremdkapital, ein. Damit wird das Vorhandensein "billigen Kapitals" für öffentliche Unternehmen ausgeschlossen. Die hier gezeigte Grenzkostenregel ist identisch mit Gewinnmaximierung oder mit Kostendeckung. Jede Ausnutzung der Monopolstellung ist ausgeschlossen. Somit kann der Gewinn nicht die privatwirtschaftlich mögliche Höhe erreichen. Im übrigen hängt die Höhe des Gewinns davon ab, wie geartet die Skalenerträge bei der Produktion sind. "Bei konstanten Skalenerträgen ist der Gewinn Null, bei zunehmenden negativ und bei abnehmenden Skalenerträgen positiv; dies gilt jeweils ohne konstante Steuern."[90)]

b. Die Preisbildung öffentlicher Verkehrsunternehmen mit Umverteilungseffekt

In diesem Teilabschnitt wollen wir uns mit der realistischen Situation beschäftigen, in der nicht alle übrigen n-1 Preise optimal bestimmt sind. Es geht also hier um die Analyse der generell optimalen Preisbildungsregel bei öffentlichen Unternehmen. Nicht zuletzt die vielfältigen Rechts- und Organisationsformen in der Verkehrswirtschaft begünstigen eine nicht-optimale Preissetzung. Man könnte zwar, wenn man das wollte, das öffentliche Unternehmen zu einer optimalen Preisstrategie von Staat wegen zwingen, bei privaten Verkehrsunternehmen ist dies jedoch nur beschränkt möglich, bspw. über eine entsprechende Steuer- oder Marktzulassungspolitik.
Eine optimale Preisbildung für den gesamten Bereich des Verkehrswesens sozusagen "aus einem Guß" scheitert aber letztlich an den extremen Schwierigkeiten bei der Ermittlung der Kosten und somit der Grenzkosten in den einzelnen Ebenen der Verkehrswirtschaft.

Würden sich aber alle übrigen Unternehmen, einschließlich der anderen Verkehrsunternehmen, die privaten Haushalte und der Staat bezüglich ihrer Preis-, Produktions- und Steuerpolitik optimal verhalten, so kann eine Abweichung von der Grenzkostenregel bei der Preisbildung der öffentlichen Unternehmung nicht optimal sein.

Die genannten Optimalitätsbedingungen sind in der politischen Wirklichkeit in der Regel nicht erfüllt: es verhalten sich nicht die Unternehmer preis- und allokationspolitisch optimal, die Steuergebahrung widerspricht den Optimalitätsanforderungen usw.. Aufgrunddessen wird nun insbesondere die den Bürger vordringlich interessierende Einkommensverteilung nicht als optimal angesehen.

Wird die Unzufriedenheit der Bürger zu deutlich, so wird man vorzugsweise vor anstehenden Wahlen versuchen, mit Hilfe der Preispolitik, in unserem Falle der öffentlichen Verkehrsunternehmen, eine Änderung der Einschätzung der Einkommensverteilung herbeiführen dergestalt, daß der nun erreichte Zustand als besser erachtet wird als der vorherige. Ausflüsse einer so begründeten Politik sind z.B. Preisdiskriminierungen, Sozialtarife und im Extremfall die Nulltarife.

Neben dieser mehr passiven, da sich anpassenden, preispolitischen Verhaltensweise kann aber auch eine aktiv gestaltende Funktion eines oder mehrerer öffentlicher Verkehrsunternehmen abgeleitet werden. Unter der Annahme, daß es in jedem Verkehrszweig eine bedeutende öffentliche Unternehmung sozusagen zur marktwirtschaftlichen Kontrolle der Preisbildung bei den privaten Verkehrsunternehmen gebe, könnte das öffentliche Unternehmen durch ein beharrliches Festhalten an der Grenzkostenpreisregel jeweils seine konkurrierenden Privatunternehmen zu einer optimalen Preisbildung zwingen, die jene aufgrund von Monopol- oder Oligopolsituationen nicht verfolgen würden.[91)]

1. Der optimale Preis für das Produkt eines öffentlichen Unternehmens

Aus Vereinfachungsgründen sehen wir von der Möglichkeit der Preisdifferenzierung[92)] bei Verkehrsleistungen ab und leiten unter dieser Bedingung den optimalen Preis p für die Verkehrsleistung eines öffentlichen Unternehmens ab.

KRELLE[93)] nimmt zur Vereinfachung weiter an, daß die Entscheidungen des Staates über die Versorgung mit öffentlichen Gütern unabhängig von der Preispolitik des öffentlichen Unternehmens sei und daß die Grenzkosten k_i aller Firmen i konstant seien.

Als weitere Prämissen werden eingeführt, daß alle Zinsen und Gewinne der öffentlichen Unternehmung dem Staat zufallen, damit die Steuerlast verringern und das Einkommen der Privaten erhöhen. Bei Verlusten gilt natürlich das Umgekehrte.

P_i sei wiederum der Preis des Produktes (der Dienstleistung, Verkehrsleistung) i, x_i^h die Gütermenge, die vom Haushalt h nachgefragt und gekauft wird, Y^h das Nettoeinkommen von h.

Wir gehen nun davon aus, daß der Haushalt h bei gegebenen Preisen derart $x_1^h,\ldots x_N^h$ nachfragt, daß er seinen Nutzen maximiert.

$$(26)\quad u^h(x_1^h,\ldots,x_N^h,\ldots) = \max!$$

unter der Bedingung der Budgetbeschränkung

$$(27)\quad -\sum_{i=1}^{N} p_i\, x_i^h + Y^h = 0$$

Am Lösungspunkt ergibt sich:

$$(28)\quad \frac{\delta u^h}{\delta x_i^h} = \lambda^h p_i \qquad i \in \{1,\ldots N\}$$

λ^h ist ein Lagrangescher Multiplikator mit der Bedeutung des Grenznutzens des Einkommens für h.

Die Lösung des Systems der Gleichungen (27) und (28) führt zur Nachfragefunktion

$$(29)\quad x_i^h = f_i^h\,(p_1,\ldots,p_N,Y^h) \text{ des Haushalts h,}$$

wobei gilt

$$(30)\quad \frac{\delta x_i^h}{\delta p_i} < 0 \qquad i \in \{1,\ldots,N\}$$

bei allen nicht zu stark inferioren Gütern, für die das Giffen-Paradoxon nicht zutreffend ist.[94] Dies nehmen wir zumindest für x_1 an. Dagegen gilt für die Mehrzahl der Güter

$$(31) \quad \frac{\delta x_i^h}{\delta p_j} > 0 \qquad i,j \in \{1,\ldots,N\}, \; i \neq j$$

d.h. die Mehrzahl der Güter ist preissubstitutiv.[95]

Die Wirkung der Festsetzung des Preises p_1 der öffentlichen Unternehmung auf das Haushaltseinkommen, das sich zusammensetzt wie:

$$(32) \quad Y^h = Y_A^h + Y_{B^*}^h - T^h,$$ mit Y_A^h als dem Arbeitseinkommen,

$Y_{B^*}^h$ als dem Besitzeinkommen und T^h als den sonstigen Steuern des Haushalts h,wird als bekannt vorausgesetzt.

Die Gesamtnachfragefunktionen F_n nach allen Gütern lautet

$$(33) \quad X_n = F_n\,(p_1,\ldots,p_N,Y). \qquad n \in \{1,\ldots,N\}$$

Wir nehmen weiter an, daß eine gesamtwirtschaftliche Nutzenfunktion maximiert werden soll, und zwar in bezug auf p_1

$$(34) \quad U\left[u_1\,(x_1^1,\ldots,x_N^1,\ldots),\ldots,u_H\;(x_1^H,\ldots,x_N^H)\right] = \max!$$

Dabei soll jeder Haushalt seine Nachfrage so gestalten, daß er seinen individuellen Nutzen maximiert. Daraus folgt die Lösung im Gleichgewicht:

$$(35) \quad \frac{dU}{dp_1} = \sum_{h=1}^{H} \frac{\delta U}{\delta u^h} \cdot \frac{du^h}{dp_1} = 0.$$

Wir begnügen uns hier mit diesem Schritt. Nach verschiedenen weiteren Umformungen und Ableitungen[96] erhält man für den optimalen Preis p_1^* des Produkts der öffentlichen Unternehmung unter den plausiblen Bedingungen $\frac{dx_1}{dp_1} \neq 0$ sowie $B \neq 0$:

$$(36) \quad p_1^* = K_1{}^{97)} - \frac{1}{B\cdot(dx_1/dp_1)}\,(A + x_1B + C).$$

Der optimale Preis ist folglich gleich den Grenzkosten, falls

(37) $A + x_1B + C = 0$ gilt.

Es bedeuten x_1B die gesamtwirtschaftlich bewertete Ausgabenänderung aller Haushalte als Folge geänderter realer direkter Steuerbelastung des Einkommens, wenn der Preis des Gutes 1 geändert wird, A die gesamtwirtschaftlich bewertete Ausgabenänderung aller Haushalte als Folge aller Preisänderungen, die durch die Preisänderung des Gutes 1 ausgelöst werden, C die gesamtwirtschaftlich bewertete Ausgabenänderung aller Haushalte als Folge der Änderung des Arbeits- und Besitzeinkommens, veranlaßt durch die Preisänderung des Gutes 1.[98)]

"Der Preis des Gutes 1 soll auf die Höhe der Grenzkosten der öffentlichen Unternehmung festgelegt werden, wenn die Summe der Preis- und Einkommens-Wirkungen einer kleinen Preiserhöhung des Gutes 1 gerade so bewertet werden wie die Summe der Steuerentlastungswirkungen durch diese Preiserhöhung. Dann wird die vom Markt veranlaßte Einkommensverteilung also als nicht verbesserungsbedürftig (oder:-fähig) angesehen."[99)]

Wie man leicht zeigen kann, liegt der optimale Preis p_1^* unter den Grenzkosten K_1 im Falle, wenn $A + x_1B + C < 0$. Dieses Abweichen ist umso stärker, je mehr die angenommene Preissenkung die Nachfrage nach x_1 ansteigen läßt und je günstiger die Beurteilung der dadurch bedingten Änderung in der Steuerlastverteilung ausfällt.

Soweit zur theoretischen Konzeption zur Ermittlung des Optimalpreises im Falle der Preisbildung eines öffentlichen Verkehrsunternehmens mit Umverteilungseffekt. Schwierigkeiten ergeben sich nun bei der praktischen Nutzbarmachung des im wesentlichen von KRELLE übernommenen Ansatzes. Um das System übersichtlich zu machen, empfiehlt es sich, nur relativ wenige "Haushalte", d.h. soziale Gruppen oder Einkommensabstufungen, und eine nur verhältnismäßig geringe Zahl von Gütern ins Kalkül zu ziehen. Der Dreh- und Angelpunkt des ganzen Ansatzes ist die Notwendigkeit, Ziffern für die Beurteilung von Nutzenänderungen der untersuchten Haushalte festzulegen. Für den

Ausdruck $\delta U/\delta u^h$ sind bei den oberen Einkommensgruppen kleine oder gar negative Zahlenwerte plausibel, die mit abnehmender Einkommenshöhe größere Dimensionen annehmen. Problem Nr. 2 ist die Bestimmung des Grenznutzens des Einkommens.[100] Nicht zuletzt muß die Gestalt der gezeigten Nachfragefunktionen bestimmt werden. Neben weiteren Marginalbedingungen[101] müssen die Preise und die Gütermengen bekannt sein, abgesehen von den relevanten Substitutionsbeziehungen.

Die Lösung dieser komplexen Aufgabe ist zwar prinzipiell möglich, doch bedenke man den Arbeits-, Zeit- und Geldaufwand eines solchen Versuches.[102] Vereinfachungen, die aber verzerrend wirken, sind daher denkbar.

2. Zur Frage des Nulltarifs

Gerade in jüngster Vergangenheit ist die Diskussion um das "Für" und "Wider" des Nulltarifs wieder lebhafter geworden. Im Verkehrswesen ist diese Problematik von besonderem Interesse, wenn es darum geht, etwa ein Umsteigen des Individualverkehrs auf öffentliche Nahverkehrsmittel herbeizuführen. Wir wollen auch bei der anschließenden Analyse der Argumente und Gegenargumente bei diesem Beispiel bleiben.

(A) Argumente für die Einführung des Nulltarifs

Grundsätzlich werden drei Hauptargumente ins Feld geführt. Das erste, das hierin eine Möglichkeit zur grundsätzlichen Veränderung des Gesellschaftssystems sieht, soll nicht weiter verfolgt werden.

Häufiger wird der Nulltarif als Instrument der Einkommensumverteilung befürwortet. Bei der Argumentation wird davon ausgegangen, daß sich die Ausgaben der Bezieher kleinerer und mittlerer Einkommen nach Einführung des Nulltarifs erheblich verringern würden, gleichzeitig aber kaum von einer zur Finanzierung des Nulltarifs erforderlichen Erhöhung der Einkommenssteuer belastet würden. Aufgrunddessen, daß die Besserverdienenden weiterhin die öffentlichen Nahverkehrsmittel relativ selten benutzen, würden sie bei Übernahme des überwiegenden Finanzierungsanteils nur wenig von der kostenlosen Beförderung profitieren. Die Folge wäre eindeutig eine Einkommensumverteilung.[103)]

Am häufigsten aber hört man das Argument verkehrspolitischer Art, mit Hilfe des Nulltarifs könnten die städtischen Nahverkehrsprobleme gelöst werden. Das bereits eingangs genannte Umsteigen des Individualverkehrs auf die öffentlichen Nahverkehrsmittel wird bisweilen mit einem Prozentsatz von 40% angegeben.[104)] Zweifellos würde eine Verminderung des Individualverkehrs in dieser Größenordnung, solte sie zutreffend sein, was zu bezweifeln ist, nicht nur das eigentliche Nahverkehrsproblem mit den Ballungserscheinungen in den Innenstädten lösen, sondern gleichzeitig zu einem beträchtlichen Abbau der Social Costs durch eine Senkung der Unfallzahlen und durch die Entlastung der Umwelt führen.[105)] Auf weitere Folgeaspekte wie Erhaltung der Stadtkerne wollen wir nicht weiter eingehen.

(B) Argumente gegen die Einführung des Nulltarifs

Einen ersten Vorwurf, der sich auf die Systemfremdheit bezieht, versucht BOHLEY[106)] damit zu entkräften, daß offensichtlich in den unterschiedlichen Wirtschaftsordungen durchaus ähnliche Sachzwänge herrschen und daß vielfach nach politischen Gesichtspunkten entschieden wird. Auch die bspw. in der BRD erhobenen Nahverkehrstarife seien fast immer politisch festgelegte Preise. Demnach würde sich also der Nulltarif von diesen nicht marktwirtschaftlich zustandegekommenen Preisen nicht grundsätzlich, sondern lediglich quantitativ unterscheiden.

Was die Frage einer eindeutigen Einkommenumverteilung angeht, so muß man hier etwas vorsichtiger formulieren. Da in das heutige Tarifsystem in einer Vielzahl von Fällen bereits Sozialtarife eingearbeitet sind, ist aus der Einführung des Nulltarifs doch nur noch eine begrenzte Realeinkommensverbesserung bei den Beziehern kleiner oder mittlerer Einkommen zu erwarten.

Bisher haben wir noch gar nicht von dem eigentlichen Problem, der Finanzierung, gesprochen. Insbesondere in der heutigen wirtschaftlichen Lage ist es ziemlich ausgeschlossen, daß die benötigten Mittel durch eine Anhebung der Einkommensteuerprogression aufgebracht werden könnten.[107)] Bei der Realisierung des Nulltarifs müßten eher die nicht so direkt fühlbaren speziellen Verbrauchssteuern oder sonstige öffentliche Abgaben eingesetzt werden. Deren umverteilungspolitische Unwirksamkeit ist jedoch offenkundig.

Man kann sogar so weit gehen und behaupten, daß ein Nulltarif in manchen Fällen gar nicht im Interesse der Begünstigten liegt. Neben den von BOHLEY[108)] genannten Argumenten sollte man bedenken, ob nicht gerade die Gewährung einer kostenlosen Beförderung, die von besser gestellten Bevölkerungsschichten nicht genutzt wird, von den unteren Einkommensbeziehern als diskriminierend empfunden werden könnte.

Wenn wir die Problematik des Nulltarifs einmal von den gesamtwirtschaftlichen Optimalitätsanforderungen an die Preisbildung her betrachten, so kann der Nulltarif u.U. dann gesamtwirtschaftlich sinnvoll sein, wenn keine andere Möglichkeit zur Korrektur einer fehlerhaften Preis- und Steuerpolitik besteht. Nur dann wird durch die Einführung des Nulltarifs ein volkswirtschaftlich besserer Zustand erreicht, als es der vorherige war. Damit ist aber noch nicht geklärt, in welcher Form der Nulltarif zur Anwendung kommen sollte. Wie im folgenden gezeigt werden soll, ist es für einen Haushalt stets günstiger, wenn er statt des Nulltarifs die Beträge in bar zur freien Verfügung erhalten würde, die er bei Vorliegen des Nulltarifs nicht ausgeben würde, als wenn der Nulltarif realisiert wird.[109)]

Angenommen, $(x_1^*, \ldots x_N^*)$ sei die eindeutige Lösung der Aufgabe:

(38) $U(x_1, \ldots, x_N) = \max!$

unter der Nebenbedingung:

$$(39)\quad -(p_1 - \delta_1)x_1 - \sum_{i=2}^{N} p_i x_i + Y_o = 0$$

Die Nutzenfunktion sei streng konkav. Der Preis p_1 sei um δ_1 ($\delta_1 > 0$) erniedrigt. Im Falle des Nulltarifs ist also $p_1 = \delta_1$.

Angenommen, $(x_1^{**}, \ldots, x_N^{**})$ sei die eindeutige Lösung der Aufgabe:

$$(40)\quad U(x_1, \ldots, x_N) = \max!$$

unter den Nebenbedingungen:

$$(41)\quad -\sum_{i=1}^{N} p_i x_i + Y_1 = 0;\ Y_1 = Y_o + \delta_1 x_1^{*}.$$

Y_1 ist um den bei der Lösung der ersten Aufgabe eingesparten Betrag $\delta_1 x_1^{*}$ gegenüber Y_o vergrößert. Hieraus folgt, daß

$$(42)\quad U(x_1^{**}, \ldots, x_N^{**}) > U(x_1^{*}, \ldots, x_N^{*}),\ \text{da}$$

$$(43)\quad -\sum p_i x_i^{**} + Y_o + \delta_1 x_1^{**} = -\sum p_i x_i^{*} + Y_o + \delta_1 x_1^{*} = 0 \text{ ist}$$

Die Besserstellung der Haushalte bei Gewährung einer direkt zur Verfügung gestellten Subvention gegnüber der Realisierung des Nulltarifs zeigt die nachstehende Abbildung.

Abb. 12: Die Auswirkung des Nulltarifs

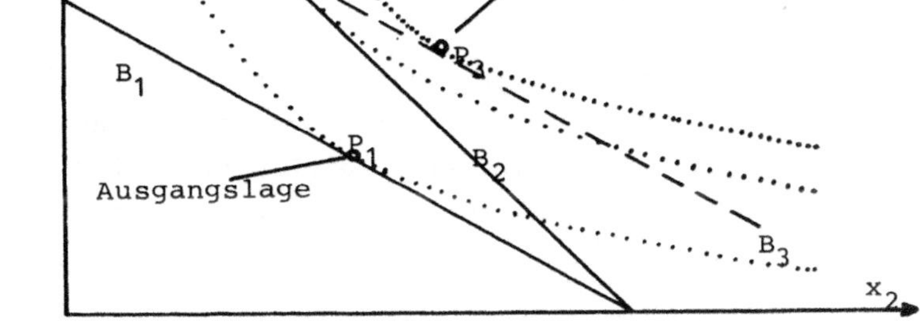

Abb. 12 zeigt die Situation für den Fall zweier Güter bzw. Verkehrsleistungen. Wird die Leistung x_1 verbilligt, so dreht sich die Bilanzgerade von B_1 auf B_2. Steigert man das Haushaltseinkommen aber dergestalt, daß der Haushalt das durch P_2 bestimmte Güterbündel zu den alten Preisen erwerben kann, verschiebt sich die Bilanzgerade von B_1 auf B_3. Es zeigt sich deutlich, daß der optimale Lösungspunkt P_3 bei konkaven Nutzenfunktionen auf einem höherem Nutzenniveau als P_2 liegt.[110)]

Verlassen wir nun wieder die Problematik der einkommenspolitischen Wirkungen von Nulltarif bzw. Subvention in Höhe des Nulltarifs und wenden wir uns den verkehrspolitischen Gegenargumenten des Nulltarifs zu. Die bisweilen mit 40% angenommene Umschichtung von Individual- zu öffentlichem Nahverkehr scheint in Wirklichkeit doch erheblich geringer [111)] zu sein. Wichtiger dürften Maßnahmen zur Qualitätsverbesserung des Tarifverbundes, der Tarifvereinfachung sein.

"Da die meisten dieser Maßnahmen ebenfalls finanzielle Mittel beanspruchen, ist es natürlich sinnvoller, gegebene öffentliche Mittel zunächst für derartige Maßnahmen einzusetzen, bevor an die Verwirklichung des Nulltarifs gedacht werden kann. Dies um so mehr, als der Einführung des Nulltarifs sowieso ein Ausbau des öffentlichen Verkehrssystems vorausgehen müßte. Ein ökonomischer Einsatz der knappen Mittel kann also nicht mit der Regulierung des Nulltarifs beginnen, sondern kann bestenfalls mit ihm enden."[112)]

Weitere verkehrspolitisch gelagerte Probleme wollen wir nur andeutungsweise nennen, so die Schwierigkeiten bei der Abgrenzung einer Nulltarifzone, die Notwendigkeit der Einbeziehung des Eisenbahn-Nahverkehrs, die Abgrenzung und Behandlung des Eisenbahn-Fernverkehrs etc.

Wegen der grundsätzlichen Bedenken gegen einen reinen Nulltarif schlägt BOHLEY[113)] einen sog. beitragsfinanzierten Nulltarif vor, der nichts anderes als eine Verpflichtung für alle Bewohner einer gegebenen Nahverkehrszone zum Kauf einer Netzmonatskarte darstellt. Es erhebt sich die Frage, ob es in diesem System nicht zu einer willkürlichen Belastung der Nichtbenutzer öffentlicher Nahverkehrsmittel kommt. BOHLEY weist diese Bedenken mit dem Argument zurück, daß dadurch,daß andere das öffentliche Verkehrsmittel benutzen, es den Nichtbenutzern erlaubt sei, auf dem städtischen Straßennetz zu zirkulieren. Aufgrund des administrativen Aufwandes,der durch eine notwendige Differenzierung nach Rentnern, Schülern, Kindern usw. erheblich erhöht würde, halten wir die Einführung des Nulltarifs für nicht optimal. Entscheidender sind jedoch die aus der analytischen Ableitung deutlich gewordenen Erkenntnisse einer nur in Ausnahmefällen möglichen Optimalität des Nulltarifs.

3. Die Preisbildung öffentlicher Verkehrsunternehmen nach dem Kostendeckungsprinzip

Wenn wir uns noch einmal die theoretische Analyse des vorherigen Abschnitts vor Augen führen, so wird deutlich, daß es sich bei dem Preisbildungsprinzip der Kostendeckung nicht um ein optimales Preisbildungsprinzip auch nicht im öffentlichen Sektor handeln kann. Bei öffentlichen Versorgungsbetrieben im allgemeinen, bei öffentlichen Verkehrsunternehmen im besonderen wird in der Regel nicht nach dem Prinzip der Gewinnmaximierung, sondern nach dem Kostendeckungsprinzip gearbeitet. Diese zwar insgesamt attraktive Strategie kann aber allenfalls eine "zweitbeste" Lösung implizieren. Um die folgenden Aussagen nicht unnötig zu komplizieren, gehen wir von einer linearen Kostenfunktion aus.

$$(44) \quad K = K_F(\bar{x}) + K_V\, x$$

mit $K_F(\bar{x})$ als fixen Kosten als Funktion der Leistungskapazität und K_V als variablen Kosten pro Leistungseinheit sowie mit x als der erstellten Leistungsmenge. Der Preis für die Leistung eines Verkehrsunternehmens ist bei einem Großteil der öffentlichen Unternehmen ein gespaltener Tarif, der sich aus einer Grundgebühr E_F und einem Tarif p pro Leistungseinheit zusammensetzt. Eines der allgemein bekannten Beispiele für einen solchen gespaltenen Tarif stellt sich mit der monatlichen Abrechnung der Fernsprechgebühren durch die Bundespost. Die Gesamterlöse ergeben sich zu:

$$(45)\quad E = E_F + px$$

Grundsätzlich minimiert die Preispolitik der gespaltenen Tarife die Wahrscheinlichkeit eines Verstoßes gegen das Prinzip der Kostendeckung.[114]

Es können nun beim Kostendeckungsprinzip verschiedene Formen der Preispolitik unterschieden werden. Naturgemäß beginnen wir mit dem einfachsten Typ. Es wird angenommen, daß ein einheitlicher Tarif p für alle Nutzer der Verkehrsleistung gelten solle. Die Verteilung der gesamten Grundgebühr E_F soll die Höhe der Gesamtnachfrage nicht beeinflussen. Es wird zunächst von periodischen Nachfrageschwankungen abgesehen. Unter diesen für die Vielzahl der denkbaren Fälle unrealistischen Annahmen können wir für die Nachfragefunktion schreiben

$$(46)\quad x = f(p, E_F)$$

Das Prinzip der Kostendeckung verlangt aber wegen (44):

$$(47)\quad K_F(\bar{x}) + K_V\, f(p, E_F) = E_F + p \cdot f(p, E_F)\,.$$

Aus dem Umstand, daß diese Gleichung so nicht ausreicht, um E_F und p eindeutig zu bestimmen, folgt, daß Kostendeckung noch kein eindeutiges Preisbildungsprinzip sein kann. Dies ist erst dann der Fall, wenn man wenige Annahmen vorweg trifft. Wir wollen hierfür drei durchaus denkbare Prämissen bezüglich E_F bzw. p setzen.

<u>1. Beispiel:</u>

Es werden keine Grundgebühren erhoben. Dann gilt:

$$p = K_V + \frac{K_F}{f(p,0)}$$

2. Beispiel:

Die Grundgebühren sollen die fixen Kosten decken.

$p = K_V$

3. Beispiel:

Die Grundgebühren sollen die Gesamtkosten decken (Nulltarif)

$p = 0$

Da die Gesamtnachfrage x in der Regel von der Art, wie die Gesamtkosten gedeckt werden, abhängt und da die Kosten selbst in aller Regel eine unterschiedliche Höhe haben, sind die beispielhaft genannten Vorentscheidungen gesamtwirtschaftlich wenig empfehlenswert. KRELLE[115] schlägt daher ein gesamtwirtschaftliches Optimalitätskriterium vor, demzufolge ein Versorgungsniveau x_2, das größer ist als ein anderes x_1, auch gesamtwirtschaftlich als besser zu beurteilen sein soll, bei einer vorgegebenen Produktionskapazität $\bar{x}$. Durch Nutzenvergleiche also kann man so zur Bestimmung einer optimalen Grundgebühr und einem optimalen Einheitstarif kommen.[116] Soviel zum einfachsten hier behandelten Modelltyp.

Im folgenden wird man nun zulassen, daß eine Differenzierung der Grundgebühr und der Tarife nach den Nutzern der Verkehrsleistung möglich sei. Wir gehen wieder von der Nachfragefunktion, in diesem Fall des i-ten Nutzers aus:

$$(48) \quad x_i = f_i(p_i, E_{F_i}) \qquad i \in \{1, \ldots, n\}$$

Demzufolge lautet die Kostendeckungsgleichung entsprechend:

$$(49) \quad K_F(\bar{x}) + K_V \sum_{i=1}^{n} f_i(p_i, E_{F_i}) = \sum_{i=1}^{n} E_{F_i} + \sum_{i=1}^{n} p_i \cdot f(p_i, E_{F_i})$$

Wie im ersten Fall soll wiederum die gesamte Leistungskapazität in Anspruch genommen werden.

Zur Lösung des Gleichungssystems ist wiederum eine gesamtwirtschaftliche Nutzenfunktion erforderlich. Wir sehen, daß sich stets die Problematik bei der Konzipierung einer gesamtwirtschaftlichen Nutzenfunktion dann stellt, wenn es um die eigentliche Lösung grundlegender Fragen geht. Vorwegnehmend können wir also bereits sagen, daß der Tatbestand des Fehlens eindeutiger Nutzenvorstellungen bisher eine praktisch verwendbare, in DM und Pfennig ausdrückbare, Optimallösung verhindert hat.

Eine solche gesamtwirtschaftliche Nutzenfunktion müßte in unserem Fall die Lastenverteilung explizit enthalten oder auch heuristische Prinzipien, die die Verteilungsgerechtigkeit möglichst gut und praktikabel sicherstellen können, also bspw. die Bedingung, daß sich die Grundgebühren auf die einzelnen Verkehrsnutzer i ebenso verhalten sollen wie deren voraussichtliche oder in der Vergangenheit realisierte Nutzung. Diese Prämisse ist im Verkehrswesen nicht so eindeutig aufzubauen wie bei den von KRELLE[117)] analysierten Versorgungsunternehmen.

In einem dritten Fall werden nun periodische Nachfrageschwankungen zugelassen. ALBACH[118)] hat zur Berücksichtigung der periodischen Schwankungen eine sogenannte Lenkungsfunktion eingeführt, die den optimalen Preis p_t^* determiniert wie:

$$(50)\quad p_t^* = \varphi(x_t, E_t^*)$$

Für den Fall $\bar{x}_1 = \bar{x}_2 = \ldots = \bar{x}_T =: \bar{x}, \quad t \in \{1, 2, \ldots, T\}$

soll gelten:

$$(51)\quad p_t = \frac{a}{x_t + b} + \frac{c}{\bar{x} - x_t} + d,$$

wobei a, b, c und d die empirisch zu bestimmenden Parameter sind. ALBACH identifiziert d mit K_v und bestimmt zunächst a,b und c aus der Minimierung der Teilerlöse:

$$(52)\quad E := \sum_{t=1}^{T} p_t x_t - d \sum_{t=1}^{T} x_t;$$

es handelt sich dabei also um die über $d \sum_{t=1}^{T} x_t$ hinausgehenden Erlöse, wobei die Nebenbedingung der Kostendeckung im Gesamtzyklus und sonstige Prämissen bezüglich des Verhältnisses von Niedrigst- und Höchstpreisen zu beachten sind. Voraussetzung für die Richtigkeit des gezeigten Vorgehens ist, daß mit den errechneten Parameterkombinationen stets die Nachfragefunktion erfüllt ist.

Erweitert man die Aufgabe und läßt nun zusätzlich eine Differenzierung von Tarif und Grundgebühr nach den Nutzen der Verkehrsleistungen zu, so stellt sich, da es im Extrem unendlich viele Lösungen gibt, das Problem der Formulierung einer gesamtwirtschaftlichen Nutzenfunktion erneut.

D. Das Prinzip der Wegekostenanlastung

I. Die Theorie der wirtschaftlichen Entgelte

a. Darstellung der wesentlichen Modellelemente

Das im Allais-Bericht[119)] diskutierte System der wirtschaftlichen Entgelte wurde im wesentlichen in der Absicht entwickelt, auf dem Wege einer optimalen Faktorallokation eine optimale Verkehrswegenutzung zu gewährleisten. Grundsätzliche Zielsetzung muß es nach dieser Theorie sein, das Verkehrsangebot und die Verkehrsnachfrage zu gleichgewichtigen Größen zu formen.

1. Die Theorie des optimalen Faktoreinsatzes

Die Theorie des optimalen Faktoreinsatzes im System der wirtschaftlichen Entgelte stützt sich weitgehend auf die Erkenntnisse der Präferenz-, Nutzen- und Produktionstheorie. So soll auch hier untersucht werden, auf welche Weise die einer Volkswirtschaft zur Verfügung stehenden knappen Ressourcen in Form von Arbeit, Kapital und Boden so nutzbringend eingesetzt werden, daß sie einen größtmöglichen Beitrag zur Deckung der menschlichen Bedürfnisse leisten können.

Bezeichnen wir in Analogie zu ALLAIS[120)] die Situationen verschiedener Privatpersonen, Körperschaften oder sonstiger beliebige Einheiten, stets aber als Endverbraucher auftretend, mit $p_1, \ldots, p_n$, so gelten diese Indices, im engeren Sinne Präferenzindices, als Funktionen bestimmter Mengen, wobei vorausgesetzt wird, daß diese einen ansteigenden Verlauf nehmen, wenn man für jeden Verbraucher von einer bisherigen zu einer von ihm günstiger zu bewertenden Situation übergeht. Die Optimierung des Faktoreinsatzes hängt von der Erfüllung folgender Bedingungen ab[121)]:

(1) Maximierung der Präferenzindices unter Beachtung des Haushaltsausgleiches bei gegebenen Preisen, wobei die freie Wahl durch den Verbraucher vorausgesetzt wird.

(2) Maximierung des Nettoeinkommens zum Gegenwartswert in allen Produktionseinheiten bei gegebenen Preisen. Die dieser Bedingung zugrundegelegte Dispositionsfreiheit im Rahmen der

technischen Möglichkeiten setzt voraus, daß

- der Gegenwartswert der augenblicklich und häufig erfolgenden Ausgaben minimiert wird,
- die Investition soweit ausgedehnt wird, bis die Summe des gegenwärtigen Grenzeinkommens und der zukünftigen abdiskontierten Grenzeinkommen gleich den augenblicklichen Grenzkosten der Investition zuzüglich der künftigen Grenzausgaben zum Gegenwartswert für Betrieb und Unterhaltung ist,
- das Produktionsvolumen bis zur Kapazitätsgrenze ausgedehnt wird oder aber einen Punkt erreicht, bei dem der Preis den Grenzkosten entspricht.

(3) Jederzeitiger Ausgleich von Angebot und Nachfrage für sämtliche Güter an allen Orten über einen für alle Individuen gleichen Preis für dasselbe Gut.

(4) Kostenminimierung zu laufenden Preisen für gegebene Produktionsmengen.

(5) Aus der Perspektive der Konsumgüterpreise und der Endverbraucher erfolgen nur neue Werte schaffende Vorgänge.

Unter den genannten Bedingungen und der Voraussetzung, daß n-1 Indices feste Werte haben, läßt sich für den n-ten Index ein Höchstwert bestimmen, der für eine Gesellschaft gerade noch erreichbar ist. Die Höchstwerte aller Indices bilden eine Grenze, oberhalb der alle diejenigen Werte liegen, die

Abb. 13: Das gesellschaftliche Präferenzsystem

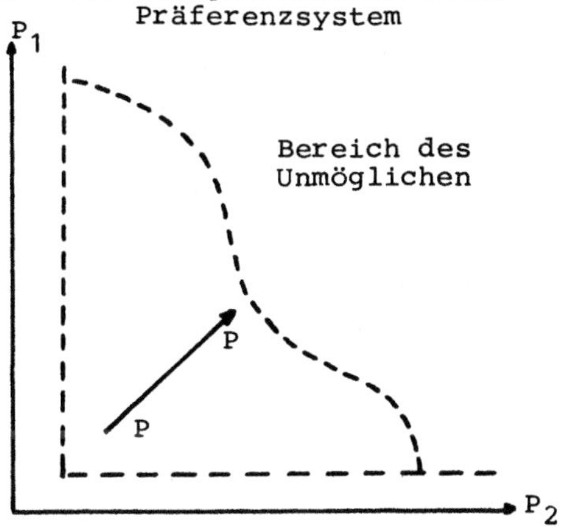

Abb. 14: Der optimale Faktoreinsatz

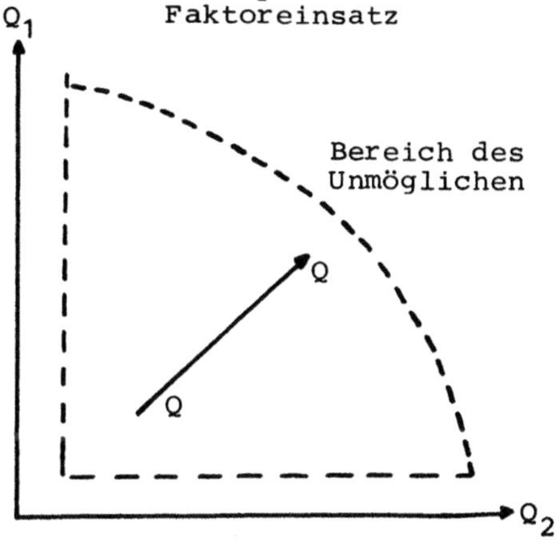

von keinem System, ungeachtet der betreffenden Gesellschaftsordnung, erreicht werden können. Alle Punkte auf der Grenzlinie entsprechen Situationen, in denen die Höhe des Wohlstandes als optimal anzusehen ist. Die stark vereinfachenden graphischen Darstellungen[122] zeigen zunächst diesen Tatbestand in Abb. 13 für n = 2. In Abb. 14 wird dann das System der Präferenzen für die eine oder andere Situation auf den Bereich der Produktion übertragen. Die hier verwendeten Indices $Q_1, \ldots, Q_n$ bezeichnen die gesamten Produktionsmengen an Konsumgütern. In entsprechender Weise wie im in Abb. 13 gezeigten Fall läßt sich auch nun wieder eine Zone des Möglichen bzw. Unmöglichen und somit die Grenzlinie konstruieren, die dem höchsten Grad an Wirtschaftlichkeit entspricht. Diese Situationen genügen bei der Produktion den Anforderungen eines optimalen Faktoreinsatzes. Die ausgewiesenen Punkte P' und Q' spiegeln unwirtschaftliche Lagen wider wie auch eine unendlich große Zahl anderer Punkte im Bereich des Möglichen, solange sie nicht auf der Grenzlinie liegen. Bei Bewegungen der Punkte unterhalb dieser Grenze hin zu den Punkten auf der Grenzlinie nehmen die produzierten Mengen zu, ohne daß die verfügbaren Produktionsmittel ausgeweitet werden müßten. Die hier in Abb. 14 gezeigte Grenzlinie entspricht der in der Literatur alternativ verwendeten Produktionskapazitäts-, Produktionsmöglichkeits- oder Transformationskurve.[123] Ihre Neigung, positiv genommen, ist die Grenzrate der Substitution S_{ij} zwischen zwei Endprodukten i und j:

$$(53) \quad s_{ij} = - \frac{\delta Q_i}{\delta Q_j} \geq 0, \quad i \neq j$$

Die genannten Bedingungen grenzen den Rahmen ab, innerhalb dessen eine optimale Faktorallokation im System der wirtschaftlichen Entgelte erfolgen kann. Ausgangspunkt und Kernstück der Konzeption sind das sog. Kostenentgelt und das reine Entgelt als Komponenten des wirtschaftlichen Entgelts, das zur Realisierung der preispolitischen Bedingungen des Effizienzmaximums als Optimalpreis erhoben wird.[124]

2. Die Komponenten des Systems der wirtschaftlichen Entgelte

Die Aufteilung des Systems in Kostenentgelt und reines Entgelt entspricht der Zweiteilung der Transportwirtschaft in einem sog. differenzierten Sektor, d.s. die Verkehrsleistungen, und einen nichtdifferenzierten Sektor, d.s. die Verkehrswege. Der Begriff des Kostenentgelts steht für die während der Verkehrswegenutzung anfallenden Grenzkosten der Verkehrsteilnehmer. Sie enthalten die von den Nutzern direkt verursachten Kosten des Betriebes der Verkehrswege, die in ihrer Höhe nicht von der Verkehrsmenge bestimmt werden.

Ein wesentliches Element des Systems ist die Zukunftsbezogenheit des optimalen Faktoreinsatzes, da praktisch davon ausgegangen wird, daß einem Verkehrsweg nach seiner Fertigstellung die gleiche Bedeutung zugesprochen wird wie einem natürlichen Produktionsmittel.[125)]

In der Musteruntersuchung der EWG-Kommission umfaßt der Grenzkostenbegriff drei Elemente:[126)]

(1) In den Grenzkosten der Benutzung der Verkehrswege sind die für eine zusätzliche Verkehrseinheit erforderlichen Ausgaben für die Unterhaltung, die Erneuerung, den Betrieb und die Verwaltung der Verkehrswege enthalten.

(2) Die Grenzkosten einer Stauung umfassen insbesondere im Bereich des Individualverkehrs die Ballungskosten eines zusätzlichen Verkehrsteilnehmers.

(3) Schließlich zählen zu den externen Grenzkosten die der Allgemeinheit angelasteten Kosten, die nicht unter die unter (1) und (2) genannten Arten fallen.

LEHMACHER,[127)] der die Anwendung des Systems der wirtschaftlichen Entgelte auf die Findung eines Ballungspreises prüft, bezieht sich in seiner Untersuchung ausschließlich auf die Grenzkosten der Stauung, nicht aber auf die Grenzkosten der Benutzung, wie dies in der EWG-Musteruntersuchung durchgeführt worden ist. Außer Acht werden bei dem durch die Grenzkosten bestimmten Kostenentgelt gelassen sowohl die Investitionskosten als auch die vom Verkehr nicht beeinflußten Betriebskosten.[128)]

Sinn der Konzeption des reinen Entgelts, das am ehesten, wie überhaupt die gesamte Theorie der wirtschaftlichen Entgelte, auf den Straßenverkehr angewandt werden kann, ist es, das im Stauungsfall knappe Gut Straßenraum zu rationieren. Bei diesem Knappheitspreis, der darauf abzielt, daß nur diejenigen Nutzer die Fahrtmöglichkeit erhalten sollen, die daraus den relativ höchsten Nutzen ziehen, handelt es sich um eine Rente, wie sie sich bei den natürlichen Produktionsmitteln allein aus der Nachfragestärke ergibt.[129)]

Da diese Rente bis zur Kapazitätsgrenze den Wert Null hat, ist bis dahin das wirtschaftliche Entgelt gleich dem Kostenentgelt.

3. Das Preisbildungsprinzip

Der Zielsetzung einer optimalen Allokation der Ressourcen im System der wirtschaftlichen Entgelte soll eine schwergewichtig nachfrageorientierte Preispolitik dienen, nicht ausschließlich, sondern schwergewichtig nachfrageorientiert deshalb, weil auch die Angebotslage über eine bestimmte starr vorgegebene Infrastrukturkapazität auf die Preispolitik Einfluß nimmt.[130)] Die dominierende Rolle aber spielt die Nachfrageseite dadurch, daß sie extrem unterschiedliche Preisstellungen hervorruft, je nachdem ob sie sich vor oder hinter der verfügbaren Kapazitätsgrenze befindet. Das auffälligste Phänomen des Preismodells ist der Umstand, daß die genannten Wegekosten bis zur Kapazitätsgrenze konstant, die Grenzkosten hier gleich Null sind, in der Kapazitätsgrenze letztere aber unendlich sind, da die Wegekosten hier auf ein neues höheres Niveau springen, um dort entsprechend der vorherigen Situation auf dem neuen Niveau nahezu konstant bzw. in schwacher linearer Abhängigkeit zum Verkehrsvolumen zu verlaufen,[131)] und sich die Kapazitätsgrenze entsprechend verschoben hat.

Abb.15 : Preismodell nach der Theorie der wirtschaftlichen Entgelte

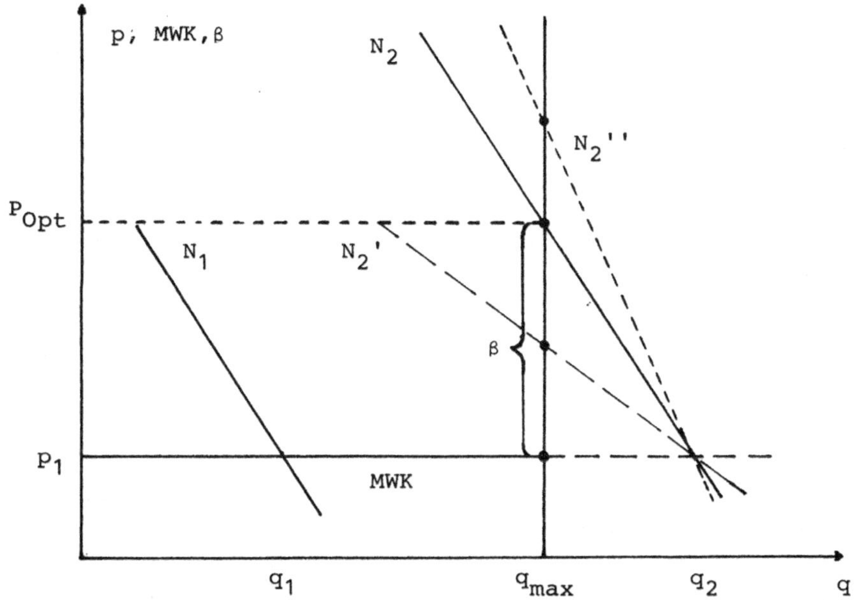

Quelle: BAUM, H.: Grundlagen einer Preis-Abgabenpolitik für die städtische Verkehrsinfrastruktur, a.a.O., S. 79

Unter der angenommenen Angebots-Nachfrage-Relation wird nach der Zielsetzung der Theorie der wirtschaftlichen Entgelte eine möglichst gute Wegeauslastung unter der Voraussetzung der Abdeckung der marginalen Wegekosten GK angestrebt. Bei Überschreiten der Kapazitätsgrenze wird zusätzlich zu dem Kostenentgelt in Höhe von p_1 ein reines Entgelt in Höhe von β erhoben. Hierdurch wird die zum ursprünglichen Preis erreichbare Nachfrage bei q_2 auf q_{max} zurückgedrängt. Wie Abb. 15 zeigt, variiert bei einer angenommenen Kapazität die Höhe des reinen Entgelts mit Neigung, Form und Lage der Nachfragekurven.

Der in Abb. 15 ausgewiesene Preis p_{opt} unter der Berücksichtigung, daß die Nachfragekurve die Zahlungsbereitschaft jedes Nutzers zum Ausdruck bringt, repräsentiert offensichtlich die beabsichtigte Ausschlußfunktion am besten, da hier die Nachfrage gerade auf die maximale Angebotsmenge q_{max} reduziert, gleichzeitig aber sichergestellt wird, daß der Nutzenentgang jedes ausgeschlossenen Nachfragers geringer ist als der Nutzengewinn der auf der betrachteten Strecke verbleibender Nutzer.[132)]

Läge der Preis niedriger als p_{opt}, ergäbe sich die bereits beschriebene Überschußnachfrage,bei einem höher liegenden Preis als p_{opt} würde sich die Nachfrageeinschränkung als zu stark erweisen, die maximal mögliche Nutzung des Verkehrsweges würde nicht erreicht.

Die Höhe des wirtschaftlichen Entgelts insgesamt ändert sich nicht durch unterschiedlich hohe Grenzkosten, wohl aber seine Aufteilung in Kostenentgelt und reines Entgelt. Um noch einmal festzuhalten: die Höhe des Preises hängt ausschließlich von der Lage der Nachfragefunktion und von der Kapazitätsgrenze ab. Demzufolge ist zur Festlegung des wirtschaftlichen Entgelts die Kenntnis des Grenzkostenverlaufs nicht notwendig, sofern die Lage der Nachfragekurve und die Kapazität der Verkehrsverbindung zu ermitteln sind.[133)] Damit aber ist die eigentliche Aufgabe des Systems, nämlich die Zerlegung des Preises in die Komponenten Kostenentgelt und reines Entgelt nicht gelöst. Damit sind wir bereits bei der kritischen Beurteilung der Theorie der wirtschaftlichen Entgelte angelangt, die uns im folgenden beschäftigen soll.

b. Kritische Beurteilung der Theorie der wirtschaftlichen Entgelte

In der Diskussion um die Theorie der wirtschaftlichen Entgelte ist vielfach insofern allgemeine Kritik laut geworden, als davon ausgegangen wird, daß durch das Grenzkostenpreisprinzip effizienz- und distributionsverzerrende Leistungsprozesse innerhalb einer Volkswirtschaft in Gang gesetzt würden.[134)] Dieser Vorwurf trifft im wesentlichen auf den Bereich des Normalverkehrs mit konstanten Grenzkosten zu. Es existieren allerdings einige weitere Kritikpunkte, die einer genaueren Erläuterung bedürfen. Abgesehen von den theoretischen Voraussetzungen des Modells - der Theorie des optimalen Faktoreinsatzes -, der Unterstellung von linearen Kostenverkäufen und des Grundsatzes "nur die Zukunft zählt", womit das Vorhandensein eines optimalen Verkehrssystems postuliert wird, muß Kritik hinsichtlich der Entwicklungsmöglichkeit des Verkehrssystems in Bereichen geringer Kapazitätsauslastung sowie insbesondere an der Praktikabilität der Preisfestsetzung geübt werden.

1. Das Problem der Preisgestaltung

Die in der Theorie der wirtschaftlichen Entgelte systemimmanente mangelnde Preisflexibilität, ja Preisstarrheit, wird u.a. als ein Nachteil des Konzepts angesehen, da die als kontinuierlicher Sättigungsprozeß zu charakterisierende Verkehrsballung auf einen einzigen Augenblick, auf das Erreichen der Kapazitätsgrenze konzentriert wird. In der Realität ist es aber so, daß schon vor Erreichen der absoluten Kapazitätsgrenze Stauungserscheinungen auftreten, die die Leistungsfähigkeit der Verkehrsverbindung mindern.[135]

Wegen der Unfähigkeit des Systems können die unterschiedlich starken Ballungsintensitäten nicht gebührend berücksichtigt werden; vielmehr wird bei einem kritischen Verkehrsaufkommen unvermittelt ein markträumendes reines Entgelt erhoben, das zu der Befürchtung von Anpassungsfriktionen der Nachfrage an der Kapazitätsgrenze Anlaß gibt. Andererseits wirft aber auch jede noch so kleine Nachfrageänderung an der Kapazitätsgrenze entscheidende Probleme auf, da sie jeweils eine zeitlich und räumlich differenzierte Preishöhe erforderlich macht.[136]

Besonders problematiscch sind die abgabentechnischen Gesichtspunkte, auf die wir aber nicht im einzelnen eingehen wollen.[137] Die denkbaren Approximationsverfahren, die im wesentlichen entweder auf einem räumlich oder auf einem zeitlich differenzierten Abgabensystem beruhen, müßten u.a. auch an ihren Erhebungskosten gemessen werden.[138]

2. Zur Frage der Defizitbildung

Ausführlich nimmt BAUM[139] zum Defizitphänomen im Gefolge einer Preispolitik auf der Grundlage der Theorie der wirtschaftlichen Entgelte Stellung. Er stimmt dabei grundsätzlich mit der Auffassung von OORT[140] überein, der von einer

Gefährdung der Eigenwirtschaftlichkeit von Verkehrswegen und Verkehrsunternehmen ausgeht. Demzufolge ist ein Budgetgleichgewicht nur als Ausnahmefall zu erwarten, und zwar dann, wenn die Wegekapazitäten ausgelastet sind und das reine Entgelt zusammen mit dem Kostenentgelt der Summe von Kapazitäts- und Produktionskosten in einer Wirtschaftsperiode entspricht.[141)]

3. Die Investitionen in der Vergangenheit

Ein häufig geäußerter Kritikpunkt am System der wirtschaftlichen Entgelte bezieht sich auf die Prämisse, daß die wirtschaftlichen Entgelte nur dann ihre optimale Allokationsfunktion ausüben können, wenn schon in der Vergangenheit auf ökonomisch-rationalen Investitionskriterien basierende Investitionsrechnungen den optimalen Faktoreinsatz bewirkt haben.[142)] Es läßt sich allerdings dagegen anführen, daß gerade die Theorie der optimalen Faktorallokation als Grundlage für das System der wirtschaftlichen Entgelte und den sich hieraus ergebenden Preisempfehlungen dient. Es "besteht die wichtigste Schlußfolgerung der Theorie des optimalen Faktoreinsatzes darin, daß ein Verkehrsweg nach dem Bau und der Indienststellung die gleiche Rolle wie ein naturgegebenes Produktionsmittel spielt."[143)]

Diese Aussage und die Tatsache, daß dieser Preismechanismus eben bei den in der Natur vorkommenden Rohstoffen auch angewandt wird und niemand an seine Ablehnung wegen einer ungenügenden Ausstattung der Natur mit den entsprechenden Rohstoffen denken würde, zeigen, daß eine Anwendung dieses Preissystems auf die Nutzung des Gutes Verkehrsleistung ebenso berechtigt ist wie im Falle des Rohstoffmarktes.[144)]

Für beides ist jedoch anzunehmen, daß das "Nullnetz"[145)] der Infrastruktur nicht optimal ausgestaltet ist. Damit aber kann die Preisbildung auf der Basis der Theorie der wirtschaftlichen Entgelte in der Regel nicht eine bestmögliche Faktorallokation gewährleisten.

Bei dem Vorliegen nicht optimaler Verkehrsinfrastrukturinvestitionen kann es bei Anwendung der Theorie der wirtschaftlichen

Entgelte zu einer Behinderung des technischen Fortschritts kommen. BAUM[146] bringt hier das Beispiel, daß unter diesen Bedingungen und einem dadurch bewirkten Kapazitätsüberhang infolge der niedrigeren Grenzkosten der bestehenden Anlagen die Einführung neuer Techniken mit niedrigen Durchschnittskosten (=technischer Fortschritt) verhindert wird.

II. Die Theorie der Konkurrenz

a. Darstellung der wesentlichen Modellelemente

Das Prinzip der wirtschaftlichen Entgelte erfährt eine Erweiterung in der von MALCOR[147] entwickelten Theorie der Konkurrenz.[148] Bisher wurde lediglich ein Verkehrsträger auf einem Verkehrsweg betrachtet. Im folgenden geht es darum, die Konkurrenzbeziehung zwischen zwei Verkehrsmitteln bezüglich einer optimalen Preissetzung zu analysieren.

1. Die Zielsetzung

Die Grundkonzeption der Theorie der Konkurrenz zielt auf das budgetäre Gleichgewicht von zwei untereinander konkurrierenden Verkehrsmittel ab, deren Betriebs- und Investitionskosten mit Hilfe der gemischt-linearen Programmierung minimiert werden. Bei Erreichen dieses Gleichgewichts wäre nach Ansicht MALCORS[149] die Steuerbelastung des Pkw-Verkehrs erheblich zu senken. Die Folge einer Anwendung der Konzeption wäre eine gemäßigtere Belastung und eine niedrigere Preisstellung als dies bei der Theorie der wirtschaftlichen Entgelte oder der Theorie der sozialen Grenzkosten[150] möglich wäre. Vordergründiger Vorteil wäre nach dem Konzept der Wettbewerbstheorie die Abdrängung einer gewissen Zahl von Nachfragern und die Verflüssigung des Verkehrsablaufs; als Nachteil müßte aber in Kauf genommen werden, daß eine optimale Faktorallokation nicht unbedingt erreicht wird.[151]

2. Das Preisbildungsprinzip

Die Preisbildung und -strategie leiten sich aus dem vorangestellten Zielrahmen ab. MALCOR geht von folgenden Vorstellungen aus:

(1) "es ist legitim, von den Nutzern eines kapitalintensiven Verkehrsmittels einen Preis zu verlangen, der dem Marginalpreis des am meisten begünstigten, nicht kapitalintensiven Wettbewerbers entspricht;

(2) es ist nicht zu rechtfertigen, im Spitzenverkehr von den Nutzern des kapitalintensiven Verkehrsmittels einen Preis zu verlangen, der über den Grenzkosten des am meisten begünstigten reellen oder potentiellen Konkurrenten liegt."[152)]

MALCOR bezieht sich bei der Präzisierung der Theorie der Konkurrenz auf den Stadtverkehr und wählt hier die Relation Auto/Metro aus. Er geht dabei von bestimmten Kostenfunktionen aus, läßt aber den Aspekt der Investitionsseite unberücksichtigt. Wir bleiben bei dem von MALCOR gewählten und von LEHMACHER[153)] aufgegriffenen Beispiel und ordnen den der Metro zurechenbaren Größen den Index 1 und den dem Auto zugehörigen Größen den Index 2 zu.

Die verwendeten Größen sollen folgende Bedeutung haben:

d_i[154)] : Mit dem Verkehrsmittel i, i = 1,2 zurückgelegte Entfernung.

c_i : Von den Nachfragern berücksichtigte direkte Kosten, die ausschließlich entfernungs- und nicht geschwindigkeitsabhängig sind und unmittelbar bei der Fahrt anfallen.

b_j : Der jedem Reisenden j, j = 1,...,k auf beiden Verkehrsmitteln zuzurechnende Zeitwert pro Stunde.

z_i^j : Neben den direkten Kosten auftretende Belastungen des Reisenden j an den jeweiligen Endprodukten der Fahrt (bspw. Parkproblem, Fußweg).

e_i^j : Neben den Kosten auftretender Bequemlichkeitsfaktor des Reisenden j durch das jeweilige Verkehrsmittel i.

V_i : Durchschnittsgeschwindigkeiten der Verkehrsmittel i.

p_i : Wirtschaftliche Entgelte bei den Verkehrsmitteln i pro km.

Wenn sich im Grenzfall ein Verkehrsteilnehmer "jm" bei der Wahl zwischen einer Fahrt mit der Metro oder mit dem Kfz indifferent verhalten soll, so muß für die gesamten Fahrtkosten gelten:

$$(54)\quad p_1 d_1 + (C_1 + \frac{b^{jm}}{V_1}) d_1 + z_1^{jm} - e_1^{jm} =$$

$$p_2 d_2 + (C_2 + \frac{b^{jm}}{V_2}) d_2 + z_2^{jm} - e_2^{jm} \quad .$$

MALCOR baut seine weitere Argumentation auf der Überlegung auf, daß das Verkehrsvolumen die Fahrtgeschwindigkeit bestimmt. In Analogie zur Verkehrsfluß-Formel[155] wird auch bei der Metro in der Spitzenverkehrszeit durch die raschere Aufeinanderfolge der Wagen aus Sicherheitsgründen eine geringere Geschwindigkeit notwendig sein.

Wir wollen nun das Beispiel mit Metro und Pkw verlassen und zur grundsätzlichen Fragestellung zurückkehren. Nach MALCOR ist in Anlehnung an das Pigou-Problem eine Preisstruktur dann optimal bezüglich der Verkehrskoordination und -teilung, wenn die Differenz der reinen Entgelte gleich ist der Differenz der marginalen Sozialkosten und gleichzeitig gleich ist der Differenz der durchschnittlichen Privatkosten einschließlich des Wegeentgelts.[156]

Durch den Verzicht auf die Anlastung der gesamten optimaltheoretischen Entgelte $ß_1$ und $ß_2$ bei beiden Verkehrsmitteln wird nur dem kostengünstigeren Verkehrsmittel ein Entgelt ß angelastet, das gleich der Differenz der optimaltheoretischen reinen Entgelte ist, zusätzlich auch gleich der Differenz der privaten Durchschnittskosten $(C_1 - C_2)$.[157] Somit gilt:

$$(55)\quad ß = ß_1 - ß_s = C_1 - C_2$$

b. Kritische Betrachtung der Theorie der Konkurrenz

Die Wettbewerbstheorie bietet zwar einige interessante Aspekte und gleichzeitig Anregungen für ihren Ausbau, sie bringt jedoch keine schlüssige Empfehlung für die Verkehrswegepreispolitik, da die wohlfahrtsökonomische Grundlage angreifbar ist. BAUM[158] und LEHMACHER[159], die sich ausführlich mit diesem Gesichtspunkt beschäftigen, weisen darauf hin, daß entsprechend dem PIGOU-Problem[160] bei einer optimalen Verkehrsteilung - nach Anlastung der sozialen Grenzkosten also - die Differenz der marginalen Sozialkosten der untersuchten Verkehrsmittel gleich ist der Differenz der privaten Durchschnittskosten. MALCOR unterstellt aber gerade diese Gleichheit der Kostendifferenz, folglich von vornherein eine gegebene optimale Verkehrsteilung. Merkwürdig ist nun, daß einerseits die Optimalität durch die vorgeschlagene Entgelterhebung erreicht werden soll, daß sie aber andererseits schon als Prämisse in das Modell eingeht. Die Problematik, die sich mit der Erfassung und Bewertung der sozialen Grenzkosten stellt, lassen wir an dieser Stelle noch unberücksichtigt.

Eine nicht zu übersehende Schwäche liegt in der Nichtberücksichtigung der Nachfrage nach Leistungsunterschieden. Sie werden als merkbar vorausgesetzt und werden nicht explizit berücksichtigt. Die praktische Anwendbarkeit der Modellkonzeption entfällt, wenn nur ein Verkehrsmittel auf einer relevanten Relation zur Verfügung steht.

III. Die Theorie der marginalen Sozialkosten

Die Theorie der marginalen Sozialkosten basiert auf einem kostenorientierten Ansatz. Ausgangspunkt der modelltheoretischen Überlegungen ist die Forderung, daß die Kosten des Wegevorhalters durch ein zusätzliches Wegeentgelt dem Verkehrsnachfrager angelastet werden sollten. Bei analoger Anwendung des Grenzkostenbegriffs der Betriebswirtschaftslehre werden auch hier die durch die letzte Outputeinheit verursachten Kosten betrachtet. Im Gegensatz zum betriebswirtschaftlichen Grenzkostenbegriff, bei dem Outputsteigerungen immer den entsprechenden Kostenerhöhungen zugerechnet werden können, zeigt sich im verkehrswirtschaftlichen Bereich ein betriebswirtschaftlich nicht zu beobachtendes Phänomen. Hier können nämlich Outputrückgänge bei Kostensteigerungen auftreten. Der Grund hierfür findet sich in der Tatsache, daß viele unkoordinierte individuelle Entscheidungsträger zusammen auf die Nachfrage nach dem ökonomischen Gut Verkehrsweg einwirken und dabei das regressive Outputphänomen hervorrufen.[161] Im Mittelpunkt der Betrachtung steht also die Kombination der produktiven Faktoren mit dem Ziel der Leistungserstellung, wobei der hieraus resultierende Output in einer bestimmten Periode die Grundlage für eine Grenzkostenpreisbildung darstellt. Die mit der Vorhaltung verbundenen Kosten dienen somit als Determinante eines optimal-allokativen Preises.[162]

Die Verwendung des Prinzips der Grenzkostenpreisbildung setzt auch hier einen Orientierungsmaßstab voraus, der es gestattet, die Höhe des anzulastenden Wegeentgelts so zu bestimmen, daß eine optimale Allokation der zur Verfügung stehenden Faktoren erreicht wird. Die Realisierung des Wohlfahrtsoptimums basiert jedoch auf der Erfüllung einer Anzahl von Marginal- und Totalbedingungen.[163]

a. Darstellung der Modellbedingungen

Die Erreichung des sozialen Optimums setzt voraus, daß

- das Verhältnis der Grenznutzen zweier beliebiger nachgefragter Güter bei allen Nachfragern gleich ist (Optimum des Güteraustausches);
- das Verhältnis der physischen Grenzprodukte zweier beliebiger Faktoren bei der Produktion eines Gutes in allen Unternehmen gleich ist (Optimum der Produktion);
- das Verhältnis der Grenzkosten zweier beliebiger Produkte bei allen Unternehmen, die diese Produkte herstellen, gleich ist (Optimum der Arbeitsteilung);
- das physische Grenzprodukt eines Produktionsfaktors bei der Produktion eines Gutes in allen Unternehmen gleich ist (Optimum der Beschäftigung);
- das Verhältnis der sozialen Grenzkosten zweier beliebiger Güter gleich dem Verhältnis ihrer sozialen Werte ist, d.h. die Produktion muß solange ausgedehnt werden, bis die sozialen Grenzkosten gleich dem Preis der Güter sind.

Zu diesen Marginalbedingungen treten eine Anzahl weiterer Bedingungen z.B. bezüglich der Zeitpräferenz und der Liquidität. Darüberhinaus muß die Totalbedingung erfüllt sein, "daß es

im Optimum nicht möglich sein darf, den Wohlstand zu erhöhen, indem ein bisher nicht erzeugtes Gut produziert, ein Betrieb errichtet oder geschlossen, ein neuer Produktionsfaktor erstellt und verwendet oder ein bisher nur in einigen Betrieben verwendeter Faktor auch in anderen Betrieben eingesetzt wird."[164)]
Unter Berücksichtigung dieser Rahmenbedingungen wird nun mit Hilfe der Theorie der marginalen Sozialkosten versucht, diejenige Höhe des Wegeentgelts zu bestimmen, die dem Wegevorhalter die zur Wegevorhaltung notwendigen Kosten ersetzt.

1. Grundzüge des Preismodells der marginalen Sozialkostentheorie

Ausgangspunkt der modelltheoretischen Überlegungen ist die Forderung, daß die Kosten des Wegevorhalters durch ein zusätzliches Wegeentgelt dem Verkehrsnachfrager angelastet werden sollten. Vernachlässigt man zunächst die Problematik des Wegeentgelts, so wird der einzelne Verkehrsteilnehmer bei Vornahme einer Fahrt mit den entstehenden Kosten, also den Durchschnittskosten belastet. Diese durchschnittlichen Privatkosten (DPK) steigen progressiv in Abhängigkeit von der Verkehrsdichte.[165)] Nimmt die Verkehrsdichte zu, so vermindert sich die Geschwindigkeit, bis der Verkehrsfluß ein mit der Kapazitätsgrenze identisches Maximum (q_{max}) erreicht.

Abb. 16 : Das Preismodell der Grenzkostentheorie

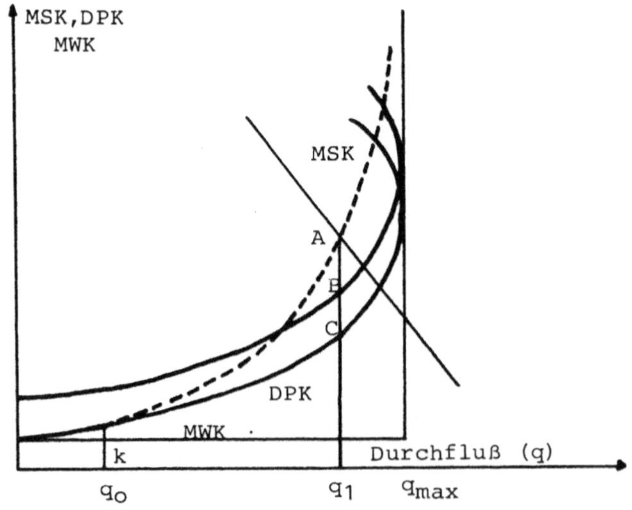

Überschreitet die Verkehrsdichte diesen Wert, fällt die Geschwindigkeit und der Durchfluß verringert sich wieder. Daraus folgt, daß die Kurve der von einem Verkehrsteilnehmer auf die Gesamtheit der übrigen Verkehrswegebenutzer abgewälzten Sozialkosten (MSK) auch erst bei einem bestimmten kritischen Ballungsgrad q einsetzt. Sie verläuft dann durchgehend progressiv steigend.

Das zur Kostenabdeckung des Wegevorhalters zu erhebende Wegeentgelt läßt sich in Form einer Parallele zur Aufkommensachse in das System der Grenzkosten einfügen. Das Steigungsmaß der Marginalkosten der Wegevorhaltung (MWK) ist bei Erreichung der Maximalkapazität unendlich. In diesem Punkt sind die Marginalkosten der Wegebenutzung und die durchschnittlichen Privatkosten des Wegebenutzers einander gleich. Soll von dem Wegebenutzer ein Wegeentgelt in Höhe der marginalen Benutzungskosten erhoben werden, so steigen die privaten Durchschnittskosten um diesen konstanten Betrag k. Damit wird die DPK-Kurve auf ein höheres Niveau verschoben (DPK + MWK). Bei einer solchen Vorgehensweise bleiben die verursachten Sozialkosten unberücksichtigt mit der Folge einer Übernachfrage nach Verkehrsleistungen und einer nicht optimalen Faktorbindung.[166] Die Entscheidungsfindung des individuellen Verkehrsteilnehmers wird hier lediglich durch die von ihm zu tragenden durchschnittlichen Privatkosten bestimmt.[167] Die Aufgabe einer optimal-allokativen Preisgestaltung sollte jedoch gerade darauf gerichtet sein, den einzelnen Verkehrsteilnehmer mit einem Preis in Höhe der Differenz zwischen marginalen Sozialkosten und durchschnittlichen Privatkosten zu belasten. Ist

Abb. 17 : Nachfrageelastizität und Grenzkostentheorie

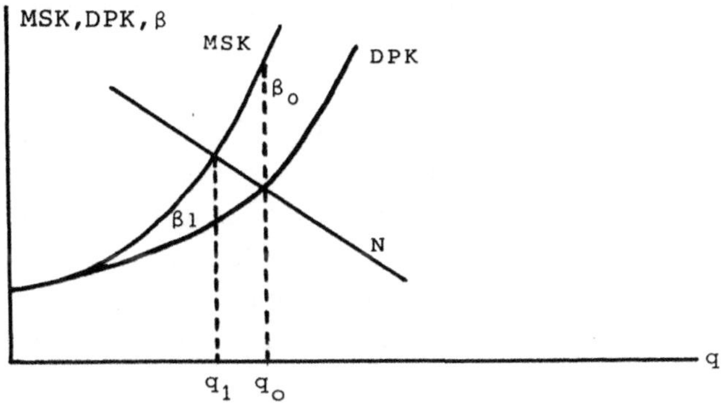

ein Verkehrsvolumen von q_1 gegeben, so wäre der Preis ohne Anrechnung des Wegeentgelts AC und bei Berücksichtigung des Wegeentgelts AB. Die vollständige Preisbelastung des individuellen Nachfragers wäre dann gleich den von ihm verursachten marginalen Sozialkosten.

Nach BAUM[168)] ist der Vorwurf, die Theorie der marginalen Sozialkosten sei ausschließlich kostenorientiert und ignoriere daher die Nachfragerelationen,[169)] nicht berechtigt. In der Tat muß eine exaktere Preisgestaltung die Nachfrageveränderunge antizipieren und sich darum bemühen, den Preis bei einer Veränderung des Aufkommens den dadurch veränderten Kostendifferenzen anzupassen. Trotzdem verzichten einige Marginalpreistheoretiker auf eine Berücksichtigung des Nachfrageverhaltens im Preismodell. So argumentiert MALCOR[170)] beispielsweise, daß für Paris der umlenkende und ablenkende Effekt einer Ballungsabgabe nach drei Jahren aufgrund eines die Nachfrage unterlagernden langfristigen Entscheidungsgesetzes wieder neutralisiert sei, so daß sich die Verkehrsteilung in gleicher Relation wie zu Beginn der Einführungsperiode einstellen würde. MALCOR schließt daraus, daß mithin auf den Einbau der geringen Nachfrageelastizitäten von vornherein verzichtet werden kann. In ähnlicher Weise argumentieren u.a. auch TANNER und WALTERS[171)], wenn sie im Rahmen einer Optimalpreiskalkulation ohne Berücksichtigung der Nachfrageelastizitäten zu zeigen versuchen, daß bei großen Spannweiten alternativer Elastizitätswerte der Streubereich der Optimalpreise im Vergleich sehr viel geringer ist. Diese Aussagen sind jedoch höchst subjektiv, da in den unteren Geschwindigkeitsbereichen erhebliche Preisabweichungen bei verschiedenen Elastizitätshypothesen sichtbar werden. Eine solche Argumentation ist nach BAUM theoretisch unkorrekt und "Ausdruck eines abgabenstrategischen Quietismus."[172)]

Wenn nämlich die anfängliche Reduktion durch das langfristige Wachstum des Verkehrsaufkommens neutralisiert wird, dann muß die Preispolitik dieser Tendenz durch eine weitere Preiskorrektur entgegenwirken. Das System der sozialen Grenzkosten ist dann auch nur überwiegend kostenorientiert und erlaubt ohne weiteres die Berücksichtigung der Nachfrageelastizität in ihrer Preisregel. Die algebraische Struktur des marginalen Preisbildungsansatzes kann wie folgt beschrieben werden:

Für die Verkehrsgeschwindigkeit soll gelten:[173)]

(56) $V = f(q)$

Die privaten Durchschnittskosten entsprechen:

(57) $c = g(v)$

Durch Einsetzen erhält man die Beziehung:

(58) $c = g\left[f(q)\right]$

Die Gesamtkosten der Nutzung ergeben sich zu:

(59) $C = cq + k$, mit k als den variablen Kosten des Straßenvorhalters, die als schwach abhängig vom Durchfluß angesetzt werden können.

Die gesamten Grenzkosten belaufen sich auf:

(60) $m = \frac{dC}{dq} = c + q\,\frac{dc}{dq} + \frac{dk}{dq}$

Durch Umformung erhält man für die marginalen Sozialkosten:

(61a) $m' = m - c - k'$ oder auch

(61b) $m' = q\,\frac{dc}{dq}$

Folgende Abhängigkeiten werden zugrundegelegt:

(62a) $c = d + \frac{h}{v}$; (63b) $v = a - bq$

Zur Bestimmung der marginalen Sozialkosten wird die private Durchschnittskostenfunktion differenziert:

(63a) $\frac{dc}{dq} = \frac{d}{dq}\,(d + \frac{h}{v})$ oder

(63b) $\frac{dc}{dq} = b\,\frac{h}{v^2}$

und schließlich:

(64) $m' = \frac{h(a - v)}{v^2}$

2. Die Zielsetzung der Theorie der sozialen Grenzkosten

Eine Fixierung des Preises in Höhe der marginalen Sozialkosten sichert eine Verwirklichung des Effizienzoptimums der Produktion in einer statischen Volkswirtschaft unter der Bedingung, daß im Optimum die Faktorengrenze gleich dem Produktpreis sind.[174] Unter dieser Voraussetzung wird nur derjenige Wegenutzer marktwirksame Verkehrsnachfrage entwickeln, dessen Fahrtargument innerhalb der Präferenzskala einen solchen Wert überschreitet, der über den privaten Durchschnittskosten und den sozialen Marginalkosten liegt.[175] Damit strebt die Theorie der marginalen Sozialkosten im Hinblick auf ein konkretes Verkehrsteilungsziel einen optimalen Aufkommensgrad an. Die Theorie der marginalen Sozialkosten versucht somit, zwischen dem mit einer Verkehrsnachfragereduzierung verbundenen volkswirtschaftlichen Nutzen und den mit der Ausschaltung und Umleitung des Verkehrs neu auftretenden Kosten ein Optimum zu finden.

b. Kritische Beurteilung der Theorie der marginalen Sozialkosten

Bei einer Anwendung der sozialen Grenzkostenpreisbildung darf nicht über die hiermit verbundenen Probleme hinweggesehen werden. So ist grundsätzlich zu bemerken, daß die Preisbildung nach der Theorie der marginalen Sozialkosten auf einem Markt mit vollkommenen Konkurrenzverhältnissen nach den paretianischen Optimalbedingungen nur dann einen bestmöglichen Produktionsbeitrag zu liefern vermag, wenn in allen Sektoren der Volkswirtschaft die eingangs formulierten Marginal- und Totalbedingungen vorliegen.[176] Die Bedingungskongruenz auf den Einzelmärkten ist jedoch eine "Utopie"[177], da das Modell der vollständigen Konkurrenz wegen der marktspezifischen Unvollkommenheiten nicht realisierbar ist, die von der Ausnutzung monopolistisch bedingter Preiserhöhungen über Tarifreduzierungen aufgrund des Gemeinschaftlichkeitsprinzips bis zu einem ruinösen Preiswettbewerb reichen.

1. Die Theorie des Zweitbesten

Bei dem Vorliegen einer solchen Bedingungskonstellation im Zusammenhang mit der Theorie des Zweitbesten[178)] wird darauf verwiesen, daß eine grenzkostenausgerichtete Preisgestaltung innerhalb nur eines Wirtschaftsbereiches zu einer Verschlechterung der Allokation und Effizienz führt, wenn in dem marginalkostentarifierten Bereich eine Übernachfrage induziert wird. Die unter dem Second-Best-Gesichtspunkt vorgenommene Bindung der preispolitischen Verhaltensweise kann nämlich zu einer Überbeanspruchung der Verkehrswege zu Lasten anderer Güter gehen.[179)] Die Relevanz dieses Arguments hängt jedoch weitgehend davon ab, inwieweit sich die übrigen Wirtschaftssektoren der in den Bedingungskonstellationen enthaltenen Wettbewerbsnorm annähern und welche Substitutionselastizität zwischen den Verkehrsleistungen und denen der übrigen Wirtschaftssektoren besteht. Die Gültigkeit der Argumente der Second-Best-Theory hängt weiter von der Frage ab, in welchem Ausmaß Ausgaben für die Verkehrsnachfrage alternativ oder komplementär zu den Ausgaben für andere Produkte sind.[180)]

Unter dem Gesichtspunkt des sozialen Optimums und der Zielsetzung einer optimalen Allokation der Ressourcen düfte die Preisfixierung nach den sozialen Grenzkosten dennoch gerechtfertigt sein. Die Anwendung der Theorie der marginalen Grenzkosten dürfte insgesamt wohl doch zu einer Allokationsverbesserung führen, obwohl zugegeben werden muß,daß angesichts der staatlichen Aktivitäten, der externen Effekte und der monopolistischen Marktpraktiken gewisse Optimalabweichungen eingeräumt werden müssen.

2. Zur Frage der Operationalität des Infinitesimalkonzepts

Die Forderung nach einer Berücksichtigung der Nachfrageelastizitäten im System der marginalen Sozialkosten ist theoretisch berechtigt, sie kompliziert aber die praktische Ausgabenpolitik.

Unter theoretisch-exakter Betrachtung müßte nämlich bei jedem neu auftretenden Verkehrsteilnehmer geprüft werden, ob durch ihn die Marginalkosten verändert werden. Verursacht das Auftreten des neuen Verkehrsteilnehmers eine Veränderung der Marginalkosten, so muß der angelastete Preis korrigiert werden. Die praktische Tarifgestaltung verzichtet hier auf die Forderung nach einer permanenten optimalen Preisausrichtung und sucht stattdessen Näherungslösungen, indem, differenziert nach der Zeit und der Verkehrsregion, ein pauschaliertes und konstantes Entgelt unter der Nebenbedingung der Aufwandsminimierung für die Erhebung dem einzelnen Verkehrsteilnehmer angelastet wird.[181)]

3. Zur Frage nach dem Einfluß der marginalen Sozialkosten auf den technischen Fortschritt

Es sollte nicht übersehen werden, daß eine auf der Grundlage der Theorie der marginalen Sozialkosten basierende Abgabenpolitik sehr wohl die Wirtschaftsdynamik und die Einführung des technischen Fortschritts behindern kann. Kapazitätserweiterungen mit tendenziell höheren Grenzkosten bei überproportional höherem Leistungsstandard können nämlich immer dann verhindert oder verzögert werden, wenn die Wegekapazitäten nicht ausgelastet sind und der Wegepreis der Höhe der marginalen Betriebskosten entspricht. Damit wird die Realisierung eines Allokationsoptimums in dynamischer Betrachtung vereitelt.

Im Gegensatz zur Theorie der wirtschaftlichen Entgelte, die modelltheoretisch eine Kapazitätsauslastung der Verkehrswege verwirklicht und somit auch Erweiterungs- und Verbesserungsinvestitionen zuläßt, ist bei der Anwendung der Theorie der marginalen Sozialkosten die Möglichkeit einer Unterauslastung der Wegekapazität nicht von der Hand zu weisen. Der Hinweis, daß angesichts extremer Spitzenbildungen auch bei Anwendung der Theorie der marginalen Sozialkosten mit einer Kapazitätsauslastung der Verkehrswege gerechnet werden kann und damit auch die Realisation des technischen Fortschritts parallel zur Investitionstätigkeit möglich wird, stellt so gesehen keine Garantie dar.

E. Nachfrageorientierte Preisbildungsformen

I. Preisbildung nach Maßgabe der Konsumentenrenten

In einer kürzlich erschienenen Untersuchung greift ROTHENGATTER[182] in einem ersten nachfrageorientierten Anlastungsansatz auf die Konzeption der Konsumentenrente zurück, mit deren Hilfe der Nutzen von Preisvariationen quantifiziert werden soll.[183] Unter der Annahme, der Nutzen eines Konsumenten sei abhängig von der Menge beziehbarer Güter x_i, den Preisen p_i und dem verfügbaren Einkommen Y, gilt, wenn man die herkömmlich verwendete Nutzenfunktion modifiziert:

$$(65) \quad U = U\,(x_1, x_2, \ldots, x_n, Y - \sum_{i=1}^{n} p_i x_i),\ i \in \{1, \ldots, n\}$$

Die zugehörigen Nachfragefunktionen lassen sich schreiben wie:

$$(66) \quad x_i = x_i\,(p_1, p_2, \ldots, p_n,\ Y)\ .$$

Hierdurch wird (65) zu:

$$(67) \quad U = U \quad x_1(p_1, p_2, \ldots, p_n, Y),\ x_2(p_1, p_2, \ldots, p_n, Y), \ldots,$$
$$x_n(p_1, p_2, \ldots, p_n, Y),\ Y - \sum_{i=1}^{n} p_i x_i\,(p_1, p_2, \ldots, p_n, Y)$$

Wie bereits an verschiedener Stelle dieser Untersuchung stellt sich auch hier wiederum die Aufgabe, den Nutzen bzw. die Nutzenänderung zu quantifizieren, in diesem Falle die Nutzenänderung, die durch eine Preisvariation für die Wegenutzung entstanden ist. Die Verschiebung des Nutzens soll gleich sein der maximalen Geldmenge, die der Wegenutzer aufbringen würde, um eine für ihn positive Preisänderung zu erreichen, oder aber auch der minimalen Geldmenge, die er fordern würde zum

Zwecke der Kompensation einer für ihn ungünstigen Preisänderung.[184] Dieser Gedankengang läßt sich analytisch durch die Grenzrate der Substitution zwischen einem beliebigen Preis p_i und dem Einkommen Y zum Ausdruck bringen. Wegen der Beziehung

$$(68) \quad \frac{dY}{dp_i} = - \frac{\partial U}{\partial p_i} \Big/ \frac{\partial U}{\partial Y}$$

ist zur Bestimmung der Grenzrate der Substitution die oben gezeigte Nutzenfunktion partiell nach p_i sowie nach Y abzuleiten.[185]

$$(69a) \quad \frac{\partial U}{\partial p_i} = \sum_{j=1}^{n} \frac{\partial U}{\partial x_i} \cdot \frac{\partial x_j}{\partial p_i} - \frac{\partial U}{\partial Y} (x_i + \sum_{j=1}^{n} p_j \frac{\partial x_j}{\partial p_i}), j \varepsilon \{1,\ldots,n\}$$

$$(69b) \quad \frac{\partial U}{\partial Y} = \sum_{j=1}^{n} \frac{\partial U}{\partial x_j} \cdot \frac{\partial x_j}{\partial Y} + \frac{\partial U}{\partial Y} (\sum_{j=1}^{n} p_j \frac{\partial x_j}{\partial X}$$

Aus beiden Formeln setzt sich dann die Grenzrate der Substitution zusammen, mit (69a) als Zähler und (69b) als Nenner. Im Falle der Nutzenmaximierung entsprechen die Grenznutzen den Preisen. Der Optimalpreis ist somit definiert als:

$$(70) \quad p_j^* = \frac{\partial U}{\partial x_j} \Big/ \frac{\partial U}{\partial Y}$$

Nach einigen Umformierungen und Ableitungen ergibt sich

$$(71) \quad \frac{dY}{dp_i} = x_i \, (p_1, p_2, \ldots, p_n, Y).$$

Das heißt, daß die Grenzrate der Substitution zwischen Geldeinkommen und einem Preis p_i bei konstantem Nutzen sowie bei optimalen Konsumentenverhalten der nachgefragten Menge des Gutes x_i entspricht.[186]

Die gestellte Aufgabe ist theoretisch ohne Schwierigkeiten lösbar, wenn man zur Bestimmung des Geldbetrages der kompensierenden Einkommensvariation das Integral über die vorstehende Funktion bildet, wobei üblicherweise die Preise der übrigen Güter aus dem Ansatz herausgehalten werden und das Konsumenteneinkommen Y als Parameter der Nachfragefunktion betrachtet wird. Theoretisch zu lösen wäre bei Kenntnis der Nachfragefunktionen der einzelnen Einkommensschichten auch die Aufgabe, den Nutzen preispolitischer Maßnahmen für die Allgemeinheit zu quantifizieren.[187)]

Neben den Erfassungs- und Quantifizierungsschwierigkeiten des Nachfrageverhaltens ist auch dieser Modellansatz deshalb erheblich wirklichkeitsfremd, da die zur Aufstellung von Nutzenfunktionen benötigten Modellannahmen bereits entweder selbst nicht der wirtschaftlichen Realität entsprechen oder aber nicht oder kaum meßbar sind.[188)]

II. Der Staat als wohlwollender Monopolist

a. Ausgangslage

Im folgenden wollen wir den Versuch unternehmen, die von ROTHENGATTER[189)] vorzugsweise auf den Bereich des Nahverkehrs auf der Straße zugeschnittene Konzeption der Monopolpreisbildung im Rahmen nachfrageorientierter Preisbildungssysteme in allgemeiner Weise auf die grundsätzliche Problematik der Preisbildung im Verkehrswesen zu übertragen. Bezüglich der Definition einer Monopolstellung können wir auf die preistheoretischen Darlegungen auf Seite 23 dieser Untersuchung verweisen. Ebenfalls haben wir bereits gesehen, daß der Anwendung der Theorie pareto-optimaler Zustände das Fehlen von vollkommen wettbewerbsmäßig organisierten Märkten entgegensteht. Man kann sogar sagen, daß der unvollständige

Wettbewerb im Grunde die typische Marktform darstellt. Als Gründe hierfür nennt ROTHENGATTER[190] in Anlehnung an SAMUELSON[191] die Existenz von Staatsmonopolen, die mehr oder weniger gewollt gesteuerte Zurückhaltung von Wissen und technischen Fortschritt, den unvollständigen Informationsfluß, dem wir noch eine unvollkommene Markttransparenz hinzufügen möchten und das wegen nicht-rationaler Verhaltensweisen Nichtzutreffen der Homo-oeconomicus Prämisse.

Wie wir bei der allgemeinen Darlegung der preistheoretischen Modellansätze gesehen haben[192], kann der Staat, wenn er sich als Angebotsmonopolist verhält, autonom als Mengen- oder Preisfixierer auftreten, autonom handeln also. Wenn wir das Handeln des Staates als wohlwollende Monopolstrategie auffassen wollen, muß offensichtlich die im mikrotheoretischen Modellansatz im Vordergrund stehende Gewinnmaximierungsmaxime zurückgestellt werden. Dies stellt kein besonderes Problem dar, da beliebige Zielfunktionen die Preisbildung bei Monopol steuern können. Das heißt also, daß der gemäß der vorgegebenen Zielsetzung optimalen Mengengröße zugehörige Preis sich als Funktionswert der unabhängigen Mengenvariablen am Optimum einstellt.[193]

Wir wollen im folgenden nicht zu ausführlich auf einen von HELLMANN[194] vorgeschlagenen Ansatz eingehen, in dem eine optimale Ballungsabgabe errechnet wird, dadurch daß zunächst optimale Verkehrsgeschwindigkeiten zugrunde gelegt werden. Unter der Annahme einer betriebskostenunabhängigen Nachfrage ergibt sich die Verkehrsmenge, die entsteht, wenn man Betriebskostenfunktion und Nachfragefunktion zum Schnitt bringt. Der Kritik ROTHENGATTERS[195] ist zuzustimmen, wenn er anmerkt, daß die verwendete Zielfunktion einer Betriebskostenminimierung zu eng gefaßt ist, um die Zielsetzungen öffentlicher Anbieter zum Ausdruck zu bringen.

b. Versuch eines Preisbildungsmodells

Für das folgende, von ROTHENGATTER[196] auch einmal mit Zahlen durchgerechnete Modell soll eine Marktform gelten, bei der einem Angebotsmonopol ein Nachfragepolypol gegenübersteht. Zur Festlegung des Preises ist die Kenntnis der Zielfunktion des Anbieters sowie der Preisabsatzfunktionen der Nachfrageseite notwendig. Da diese Anforderung noch nicht einmal im Ansatz erfüllt ist, sind wieder relativ starke Annahmen und Hypothesen erforderlich.

Auch bei diesem Modelltyp wird auf die Zielsetzung der Wohlfahrtsmaximierung zurückgegriffen, allerdings in der Weise, daß aus dem offenbar wenig operablen Oberziel verschiedene Unterziele abgeleitet werden. Die so gewonnene Vektormaximierungsaufgabe ist so, wie sie sich darstellt, zunächst nicht zu lösen, sofern man nicht die unterschiedlich dimensionierten Zielkomponenten in eine einzige Dimension überträgt[197]. Als Werkzeug für diese Transformation bieten sich die in den letzten Jahren entwickelten Verfahren der Kosten-Nutzen-Analyse, der Nutzwertanalyse, Kostenwirksamkeitsanalyse etc. an.

ROTHENGATTER[198] nimmt vereinfachend an, daß ein Bruttonutzen dann erreicht sein soll, wenn alle gewünschten oder zugelassenen Fahrten zur Durchführung kommen können. Der Nettonutzen wird definiert als der Index für die Wohlfahrtsänderung und soll gleich sein der Differenz aus Bruttonutzen und sozialen Kosten der Verkehrsdurchführung. Die Aufgabe ist demnach hier, die sozialen Kosten zu minimieren.

(72) $\min \{ \sum_{k=1}^{n} c_k \cdot x_k \}$ mit c_k als den sozialen Kosten

pro Verkehrseinheit und mit x_k als der Zahl der Verkehrseinheiten (im Spezialfall als der Zahl der Fahrzeuge). Die Summe der sozialen Kosten setzt sich zusammen aus Fahrt-, Wege-, Unfall- und Umweltkosten.

Auf die Problematik der Kostenarten und ihrer Quantifizierung wollen wir in diesem Zusammenhang nicht nochmals eingehen.[199] Ebenso wenig wollen wir uns näher mit dem von ROTHENGATTER durchgeführten Linearisierungsverfahren einer Fahrtkostenfunktion beschäftigen, noch das verwendete Zahlenbeispiel aufgreifen[200]. Vielmehr beschränken wir uns auf die von ROTHENGATTER[201] formulierte Zielfunktion

$$(73)\quad \min \{ \sum_{zs\underline{ij}r} (f_{z\underline{ij}r} + k_{z\underline{ij}r} + u_{z\underline{ij}r} + g_{z\underline{ij}r}) \cdot x_{zs\underline{ij}r} \}$$

Hierin bedeuten:

$f_{z\underline{ij}r}$	:	Anteil der Fahrtkosten
$k_{z\underline{ij}r}$	:	Anteil der Wegekosten
u_{zijr}	:	Anteil der Unfallkosten
g_{zijr}	:	Anteil der Umweltkosten

mit jeweils i_s als Fahrtquelle, j_s als Fahrtsenke, z als Fahrzeugart, r als Streckenabschnitt und s als Kennzeichnung eines Verkehrsstroms.

In Anlehnung an verschiedene Modellansätze[202] formuliert ROTHENGATTER ein Bündel von Nebenbedingungen. Zunächst wird die Stärke der Verkehrsströme als bekannt vorausgesetzt. Es wird zum Ausdruck gebracht, daß die Menge aller Fahrzeuge, die von einem Quellpunkt i_s zu allen benachbarten Knoten j fahren, der Stärke des Stromes s entsprechen. Neben dieser grundlegenden Bedingung muß in diesem Ansatz gesichert sein, daß die Verkehrskontinuität erhalten bleibt, daß also hier die Summe aller Fahrzeuge, die die Senke j_s von allen Vorgängerknoten i anfahren, der Stromstärke von s gleich sein muß. Bei allen Knoten, die für s weder Quelle noch Senke sind, muß gelten, daß die Summe der einfahrenden gleich der ausfahrenden Fahrzeuge ist."[203]

$$(74\ a)\quad \sum_{zjr} x_{zsi_sjr} = \bar{x}_s \qquad \forall\ s, j = i_s$$

$$(74\ b)\quad \sum_{zir} x_{zsij_sr} = \bar{x}_s \qquad \forall\ s, i = j_s$$

$$(74\ c)\quad \sum_{zsir} x_{zsijr} = \sum_{zsjr} x_{zsjj'r} \qquad \forall\ j,\ j' = j,\ i = i_s,\ j' = i,\ j = j_s$$

Weiterhin wird gefordert, daß die Summe aller Fahrzeuge der Typen z aller Ströme s auf einer Relation $\underline{ij}$ in einem Verkehrsabschnitt r kleiner oder gleich der für ein zugrundegelegtes Intervall zulässigen Verkehrsmenge sein soll.

$$(75) \quad \sum_{zs} x_{zs\underline{ij}r} \leq \bar{x}_{\underline{ij}r} \qquad \forall\ \underline{ij},r$$

Nicht zuletzt muß ein Überschreiten der Streckenkapazität verhindert werden. Wenn mit h_z eine fahrzeugspezifische Äquivalenzziffer[204] und mit H_{ij} eine Streckenziffer gemeint ist, so soll gelten:

$$(76) \quad \sum_{zsr} h_z \cdot x_{zs\underline{ij}r} \leq H_{\underline{ij}}$$

Eine besondere Problematik stellt sich mit der Berücksichtigung der Umweltkapazität. Wenn sich auch besonders in jüngerer Zeit verschiedene Autoren[205] mit dieser Fragestellung beschäftigt haben, so ist ein eindeutiger Maßstab zur Quantifizierung dieser Bedingung bis heute nicht gelungen. Aus diesem Grund schließen wir uns des von ROTHENGATTER verwendeten Terms an, der besagt," daß bei Gefahr des Überschreitens von Emissionsgrenzen zuerst der Kfz-Verkehr einzuschränken ist.[206]

$$(77) \quad \sum_{zsr} g'_{zr} \cdot x_{zs\underline{ij}r} + I_{\underline{ij}} \leq G_{\underline{ij}} \qquad \forall\ \underline{ij}$$

mit g'_{zr} als fahrzeugbezogenen Belastungskoeffizienten, $G_{\underline{ij}}$ als streckenspezifische Toleranzgrenze und mit I_{ij} als der gesamten Emissionshöhe der übrigen Verursacher.

Eine weitere elementare Nebenbedingung stellt sich mit der Finanzkapazität, durch die sogar optimale Lösungen im Sinne der Sozialkostenminimierung relativiert werden können. Wenn mit $k_{stz\underline{ij}r}$ die variablen indirekten Steuern bezeichnet werden sollen und mit $p_{z\underline{ij}r}$ die spezifische Verkehrsabgabe gemeint sein soll, so soll eine Schranke A nicht unterschritten werden, die aus den periodisierten Bereichsangaben abzüglich der fixen Einzahlungen bestehen sollen, die dem Planungsbereich zuzurechnen sind, für den die fiskalischen Anforderungen festzusetzen sind. 207)

$$(78) \quad \sum_{zs\underline{ij}r} (k_{stz\underline{ij}r} + p_{z\underline{ij}r}) \cdot x_{zs\underline{ij}r} \geq A$$

Schließlich soll die üblicherweise unterstellte Nichtnegativitätsbedingung gelten.

Nach Einbeziehung der angesprochenen Nebenbedingungen in das Lösungsprogramm kommt man zu folgenden Beziehungen bezüglich der Verkehrsmenge und der Preisfixierung, wenn man die Ballungsabgaben p als zusätzliche Kosten berücksichtigt und die Nachfrageelastizität als konstant annimmt 208)

$$(79) \quad x = \frac{a}{(K_I + p)^{\eta}}$$

mit K_I als individuellen Verkehrskosten, mit einer Konstanten a ($a \geq 0$), mit der Ballungsabgabe p und der Nachfrageelastizität η

$$(80) \quad p^{*}_{zij} = \frac{a_{z\underline{ij}}}{x^{*}_{z\underline{ij}}}^{\frac{1}{\eta_{zij}}} - K_{Iz\underline{ij}}$$

Abb.18 : Bestimmung der Abgabepreise nach ROTHENGATTER

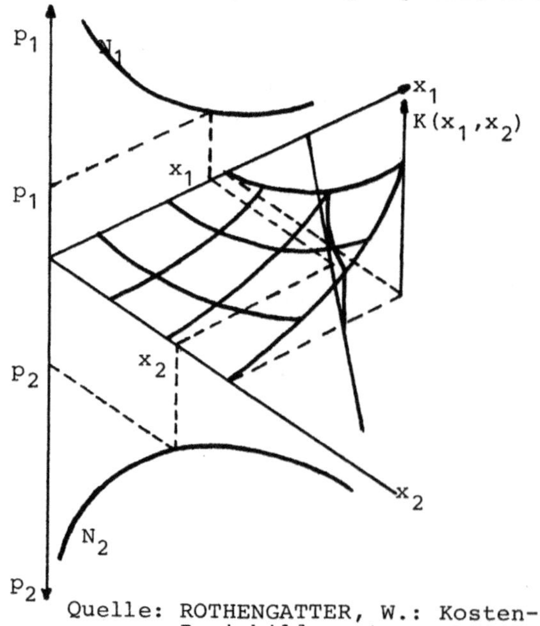

Quelle: ROTHENGATTER, W.: Kosten- und nachfrageorientierte Preisbildung im Verkehrssektor, a.a.O., S.138

F. Die Theorie des politischen Preises

Der politische Preis steht außerhalb ökonomischer Preismodelle. Er resultiert aus einem komplexen verkehrspolitischen Entscheidungsprozeß "mit einer Anzahl von Zielhypothesen, Variablen, Funktionen und imponderablen Faktoren".[209] Er ist als solcher ein Preis, den die Verkehrspolitik konkret anwenden möchte oder zu erheben beabsichtigt. Politische Preise sind der Ausdruck dafür, daß verkehrspolitische Entscheidungen "meist unter Zeitdruck, unvollkommener Information, undeutlichen Zielen und Beschränkungen, vagen Kriterien sowie unklaren und unvollständigen Alternativen mit ungeklärten Effekten"[210] vorgenommen werden müssen. Da ferner der verkehrspolitische Entscheidungsprozeß dadurch gekennzeichnet ist, daß die Zielfunktion in der Regel mehrdimensional, konfliktgeladen, nicht artikuliert und im Zeitablauf veränderlich ist,[211] stellt der politische Preis eine Kompromißlösung dar. Er ist das Resultat der "Kunst des Möglichen". Die ökonomische Grundlage der Preisbildung wird zugunsten der politischen Durchsetzbarkeit verlassen.[212]

I. Die Modellelemente

Während die Wirtschaftstheorie einen Optimalpreis aus einer maximierten Wohlfahrtsfunktion abzuleiten versucht, der dann eine Beurteilung dahingehend erlauben soll, ob und in welchem Umfang eine tatsächliche und mögliche Situation besser ist als eine andere und im Hinblick auf das gesamte Zielbündel einen Fortschritt darstellt[213], versucht die Theorie des politischen Preises durch eine realitätsnahe Erklärung des wirtschaftspolitischen Preisbildungsprozesses Auskunft über die preispolitische Aktionsbereitschaft und über ein zielkonformes Preisniveau zu liefern.[214] Dabei wird die wirtschaftspolitische Aktivität aus der Zielsetzung der Maximierung der Wählerstimmen hergeleitet.[215]

Damit stellt sich auch bei dem Einsatz des Preisinstruments zur Steuerung des Verkehrs für den politischen Entscheidungsträger das Optimierungsproblem. Auf der einen Seite fordert die Bevölkerung und die Wählerschaft eine fühlbare Verbesserung der Verkehrsverhältnisse, auf der anderen Seite müssen die verkehrspolitischen Entscheidungsträger jedoch bei der Maßnahmendosierung einen Schwellenenwert der Negation durch die Wählerschaft in den Kalkül einbeziehen.[216)] Die Lösung dieser Optimierungsaufgabe ist wegen der hohen Mobilitätsanforderungen einer hochentwickelten Volkswirtschaft mit erheblichen politischen Problemen verbunden.

Soll der konkrete Prozeßablauf der verkehrspolitischen Willensbildung in der Theorie der politischen Preise eingebaut werden, ist die Hypothese zu modifizieren, nach der ein rationales Verhalten der politischen Entscheidungsträger bei einer Stimmenmaximierungszielsetzung vorliegt. Bewußt oder unbewußt wird auch dieser Ansatz wieder von der Grundkonzeption des rational handelnden "homo-oeconomicus" in der Art beherrscht, daß politische Erkenntnisse axiomatisch und exakt aus möglichst wenigen Prinzipien hergeleitet werden sollen.[217)] Man erhält auf diese Weise Aussagen, die den lebendigen Menschen als Persönlichkeit mit qualitativ und quantitativ sehr komplexen Strukturen vernachlässigen.[218)] Die Entscheidungen des verkehrspolitischen Entscheidungsträgers über den Instrumenteneinsatz in der Form eines Nulltarifs oder einer direkten Preisbelastung und deren Dosierung basieren auf einem bewußten oder unbewußten individuellen Formungsprozeß in der Auseinandersetzung mit der Umwelt.

Ein wichtiges Werkzeug zur Erfassung dieser Erscheinungen ist der von VOIGT entwickelte Begriff des Erlebnisfeldes. VOIGT versteht unter dem Erlebnisfeld eines Entscheidungsträgers den Gesamtkomplex von Erlebnissen, Erfahrungen und Wertungen, der einem Menschen zu irgendeinem Zeitpunkt zur Verfügung steht, um seinen Aktivitäten Ziele zu setzen und die zu ihrer Verwirklichung geeigneten Mittel finden zu können.[219)] Aus der Gesamtmenge an Erlebnissen, Erfahrungen und Wertungen, die einem Menschen zu irgendeinem Zeitpunkt zur Verfügung stehen, grenzt VOIGT durch Einführung des Begriffs Erlebnishorizont jene Teilmenge an Erlebnissen, Erfahrungen und Wertungen ab, die bei einer verkehrspolitischen Entscheidung tatsächlich zugrunde gelegt werden. Die jeweils gemachten Erfahrungen sind also nur insoweit relevant, als sie bei der Entscheidung über verkehrspolitische Ziel-Mittel-Relationen zugänglich sind.[220)]

Der verkehrspolitische Entscheidungsträger steht vor der Aufgabe einer notwendigen Verbesserung der Verkehrssituation. Dieser Handlungsauftrag ergibt sich aus einer objektiven wirtschaftspolitischen Notwendigkeit und ist vereinbar mit dem Ziel der Stimmenmaximierung. Dem verkehrspolitischen Entscheidungsträger stehen zur Verbesserung der Verkehrsverhältnisse eine Anzahl von Instrumenten zur Verfügung. Bei der preispolitischen Ausgestaltung des Instrumenteneinsatzes hat die Verkehrspolitik jedoch psychologische Belastungsgrenzen und Schwellenwerte im subjektiven Belastungsgefühl zu berücksichtigen. Werden nämlich jene Grenzen und Werte überschritten, so kommt es zu Vermeidungs- und Ausweichreaktionen und zu einer Gefährdung des Wohlverhaltens des Wählerpotentials.[221)]

Eine Hochpreispolitik ist demnach im Verkehr in einer parlamentarischen Demokratie wenig wahrscheinlich. Vielmehr wird man bestrebt sein, sich einer Nullpreis- oder Minimumpreispolitik anzunähern. Nulltarife im öffentlichen Verkehr und Entgeltverzicht im Individualverkehr werden sicherlich von den Wählern honoriert, da sie die Konsumsumme der individuellen Verkehrsteilnehmer erhöhen oder unberührt lassen. Sie entsprechen daher im Hinblick auf die Belastungsgrenzen und die Fühlbarkeitsschwellen der politischen Zielfunktion, umstritten ist jedoch ihre Wirkung im Hinblick auf eine Verbesserung der Verkehrsverhältnisse. Somit dürften zumutbare oder minimale Preise, die unterhalb der von der Bevölkerung gesetzten Widerstandsschwelle zu liegen kommen, eher ein Erfolg bei der Bekämpfung des Verkehrsnotstandes erwarten lassen. Derartige auf einem Minimumpreis basierenden Strategien sind zwar vom wirtschaftstheoretischen Optimumpreis losgelöst, sie zielen jedoch auf einen realpolitischen Kompromiß ab, der durch einen hohen Grad an wirtschaftspolitischer Durchsetzbarkeit gekennzeichnet ist.

II. Erneute Auseinandersetzung mit dem Nulltarif

Die Einführung eines Nulltarifs verfolgt das Ziel, einen Teil der bisherigen Pkw-Benutzer auf öffentliche Verkehrsmittel umzulenken, um so die überbeanspruchten Straßenkapazitäten zu entlasten.[222)] Daneben kann die Nullpreispolitik auch anderen ökonomischen Zielen dienen, so z.B. im Rahmen der Redistributionsdiskussion.

Die Eignung des Nulltarifs für eine Nachfrageverlagerung vom individuellen auf den öffentlichen Verkehr unterliegt erheblichem Zweifel.[223)] So ist zu beachten, daß bei Kostenvergleichsrechnungen privater und öffentlicher Verkehrsmittel, die Kosten der Pkw-Benutzung von den Autofahrern immer wieder unterschätzt werden.[224)] Durch die Einführung eines Nulltarifs wird dem Kraftfahrzeugbenutzer zwar bewußt, daß er seine Mobilitätsbedürfnisse mit öffentlichen Verkehrsmitteln billiger befriedigen kann, jedoch wird das Ausmaß der Einsparungen wegen der Kostenillusion unterschätzt. Der mit einem Nulltarif erwartete Anreiz zur Benutzung öffentlicher Verkehrsmittel ist also geringer als nach einer exakten Wirtschaftlichkeitsrechnung zu erwarten wäre.

Demoskopische Marktanalyse[225)] und empirische Nachfragebeobachtungen[226)] haben die Zweifel an den Umlenkungseffekten eines Nulltarifs erheblich verstärkt. Die Möglichkeiten und Grenzen der preispolitsichen Beeinflussung der Nachfrage im öffentlichen Verkehr werden offensichtlich von der qualitativen Ausgestaltung der Verkehrsleistungen in erheblichem Umfang bestimmt. Ohne eine Analyse des Einflußgewichts der verschiedenen Qualitätsparameter[227)] ist das relative Gewicht und der Stellenwert der

Preiskomponente innerhalb des absatzpolitischen Instrumentariums der öffentlichen Verkehrsbetriebe nicht exakt zu bestimmen. Empirische Untersuchungen[228] haben auch hier gezeigt, daß der Pkw den öffentlichen Verkehrsmitteln gegenüber als überlegen betrachtet wird. Einzige Ausnahme stellt der Qualitätsparameter Sicherheit dar. Die Ergebnisse bezüglich des relativen Gewichts der Qualitätskomponenten der Verkehrsleistungen für den Umfang der Verkehrsumlenkung sind recht unterschiedlich.[229] Die empirischen Analysen zeigen Ergebnisse die von einem hohen Entlastungseffekt bis zur Wirkungslosigkeit des Nulltarifs reichen, so daß die Prognosen über die Umlenkungswirkungen bisher ein zu hohes Maß an Unsicherheit und Risiko aufweisen dürften.

Nach BAUM[230] lassen Beobachtungen der realen Nachfrageentwicklung nur eine Umlenkungswirkung von maximal 15 % als wahrscheinlich erscheinen. Auch der relativ geringe Stellenwert des Fahrtpreises innerhalb der Nachfragedeterminante legt die Vermutung nahe, daß für eine Umlenkung die Erhöhung der Leistungsqualität des öffentlichen Verkehrs wichtiger ist als der Fahrpreis.

Auch wenn die Kosten des Nulltarifs sich nach einer Berechnung aus dem Jahre 1970 auf etwa 3,5 bis 5 Mrd. DM belaufen werden[231] und sie sich somit für die gesamte Volkswirtschaft in noch vertretbaren Grenzen halten, stellen sie doch für die einzelnen Städte einen bedeutsamen Ausgabeposten dar. Angesichts der Grenzen der finanziellen Belastbarkeit der Gemeinden kann eine vollständige Finanzierung der öffentlichen Verkehrsbetriebe nur zu Lasten anderer dringlicher Investitionen zur Zukunftssicherung vorgenommen werden.[232]

Darüber hinaus erscheint uns eine Beurteilung der Effizienz des Nulltarifs allein aus betriebswirtschaftlichem Kostenkalkül als unzureichend. Vielmehr ist die Frage, inwieweit die Kosten des Nulltarifs durch die Ersparnisse an Verkehrsinvestitionen und an Ballungskosten überkompensiert werden, nur mit Hilfe einer gesamtwirtschaftlichen Kosten-Nutzen-Analyse zu beantworten. Die Realisierung des volkswirtschaftlichen Nutzens hängt jedoch entscheidend von der Substitutionselastizität der Nachfrage nach individuellen Verkehrsleistungen im Hinblick auf den öffentlichen Nulltarif ab. Da eine Prognose der Umlenkungseffekte bisher nicht wissenschaftlich abgesichert werden kann, ist einer Kosten-Nutzen-Analyse der Boden entzogen.[233)]

Eine weitere Frage bezieht sich auf den ungeklärten Zusammenhang zwischen Subventionierung und Wirtschaftlichkeitsverlust. Nach Meinung der Proponenten eines Nulltarifs sollen Kennzahlkontrollen, Betriebsvergleiche, Prämienanreize und Aufsicht der Gemeindeparlamente für eine Sicherung rationeller Betriebsführung und effizienter Investitionsvornahme Sorge tragen.[234)] Auch wenn dieser Zusammenhang nicht zwingend notwendig erscheint, dürfte jedoch der Zwang zur Wirtschaftlichkeit bei voller finanzieller Eigenverantwortlichkeit tendenziell stärker als bei totaler Subventionierung sein.[235)]

Auch die Behauptung, daß eine kostenlose Beförderung die Einkommensverteilung verbessere, ist wenig glaubhaft. So ist der Anteil der Ausgaben für öffentliche Nahverkehrsleistungen am Einkommen und an der Konsumsumme relativ gering.[236)] Verteilungskorrekturen durch einen Nulltarif zu erwarten, ist also wenig berechtigt. Umstritten ist auch die Annahme, daß sich der überwiegende Teil der Benutzer öffentlicher Verkehrsmittel aus Mitgliedern niedriger Einkommensklassen rekruiert. Die empirischen Beweise sind wenig überzeugend. Überhaupt sollten Maßnahmen zur Verringerung der Konzentrationserscheinungen in der Einkommensverteilung bei der Steuerpolitik oder bei den Transferzahlungen ansetzen, da dann die sozialen Verhältnisse genau berücksichtigt werden können. Verkehrspreise erscheinen uns ein untaugliches Objekt für eine Redistributionsabsicht darzustellen.

Abschließend sollte nicht übersehen werden, daß die Einführung eines Nulltarifs für öffentliche Beförderungsleistungen immer die Gefahr einer Steigerung der Begehrlichkeit nach sich ziehen kann. Es ist ohne weiteres denkbar, daß dann die Forderung nach weiteren unentgeltlichen Angeboten an die öffentliche Leistungspolitik gestellt werden wie kostenlose Inanspruchnahme von Postdiensten, unentgeltliche Zurverfügungstellung von Energie und Wasser, eintrittsfreie Theater usw. Damit wäre die versorgungsstaatliche Angebotspolitik nicht mehr an der Leistungsnachfrage ausgerichtet.

III. Kritische Anmerkungen zu einem Basistarif als politischem Preis

Als politischer Kompromiß wurde die Einführung eines Basis- oder Minimumtarifs für die Benutzung öffentlicher Verkehrsmittel vorgeschlagen.[237] Statt eines Einheitstarifs hat man auch einen Zonentarif diskutiert. Dabei handelt es sich um eine kombinierte Änderung an der Tarifhöhe und des Tarifsystems. Bei solchen alternativen Preisstrategien versucht man, die Ballungsreduktion ausschließlich über einen preislichen Druck auf den Individualverkehr zu erreichen.[238] Darüber hinaus entfällt eine totale Subventionierung des öffentlichen Verkehrs. Der Basistarif fußt also weder auf einem Markt- noch auf einem Kostenpreis, sondern er resultiert aus der kompromißbereiten Zielstruktur demokratischer Entscheidungsträger und kann somit als ein "zumutbarer Tarif" bezeichnet werden.

Die Einführung eines Basistarifs bedeutet, daß der Problematik der Anwendung des Eigenwirtschaftlichkeitsgrundsatzes im öffentlichen Verkehr ausgewichen wird. Dieses Verhalten erklärt sich aus der Tatsache, daß zum einen die bestehenden Rentabilitätsverhältnisse im öffentlichen Personenverkehr bei Anwendung des Prinzips der Kostendeckungen weitere Preiserhöhungen notwendig machen. Zum anderen existiert jedoch für

Preiserhöhungen eine Obergrenze, von der ab sich der unerwünschte Prozeß der Substitution beschleunigt. Offensichtlich liegt das gegenwärtige Preisniveau im öffentlichen Verkehr nahe an dieser Obergrenze. Zudem wird die Leitmaxime kostendeckender Tarife zusehends zur Utopie, wenn man die Aufwendungen berücksichtigt, die notwendig sind, um die Attraktivität des öffentlichen Verkehrsmittels so zu erhöhen, daß es als vollwertige Alternative angesehen werden könnte.

Zur Defizitreduzierung und Sanierung des öffentlichen Verkehrs reichen bei Verwendung eines nicht mehr erhöhbaren Basistarifs Steuerbefreiungen und Ausgleichszahlungen nicht mehr aus. Auf der Basis einer infrastrukturfunktionalen Interpretation des öffentlichen Verkehrsangebots werden drei Forderungen erhoben:[239)]

- Übernahme der Infrastrukturkosten durch öffentliche Haushalte;
- Beteiligung der öffentlichen Haushalte an den Kosten der Erstellung einschließlich Erneuerung der Unterhaltung der aktivierungspflichtigen Anlagegüter der Investitionskosten;
- Beteiligung der Träger von Wohnsiedlungen, Großarbeitsstätten, Geschäften und Verwaltungen an den Infrastrukturkosten des öffentlichen Verkehrs.

Interessant ist, daß bereits Preisstrategien der öffentlichen Verkehrsbetriebe gegenüber den Gebietskörperschaften zur Abgeltung politisch motivierter Leistungen entwickelt werden.[240)] Damit erfolgt eine Abgrenzung zu den Preisstrategien, die gegenüber dem individuellen Verkehrsnutzer angewendet werden.[241)] Bei der Erfüllung dieser Forderungen wirft BAUM[242)] die Frage auf, ob solche Abgeltungen Kostenerstattungscharakter haben oder als Subventionen zu bewerten sind.

Der Ansicht von BAUM folgen auch wir, wenn er feststellt, daß die Subventionierung des öffentlichen Nahverkehrs eine politische Entscheidung darstellt. Eine ökonomische Analyse der obigen Forderungen kann zudem nur zu dem Ergebnis kommen, daß die modifizierte Zielsetzung der "gemeinschaftlichen Eigenwirtschaftlichkeit" nicht zu einer operationalen Abgrenzung beiträgt, sondern eher dazu angetan ist, ständig neue Kostenkategorien als infrastrukturrelavent und damit als abgeltungsbedürftig zu deklarieren.[243] Bei der Erhebung eines Basistarifs werden die Einnahmeausfälle der öffentlichen Verkehrsbetriebe und damit auch die finanziellen Belastungen der öffentlichen Haushalte zur Defizitabdeckung zwar in Grenzen gehalten, eine Eigenwirtschaftlichkeit des öffentlichen Verkehrs kann jedoch auch bei Einführung eines Basistarifs nicht erwartet werden.

Zur Erzielung von Umlenkungseffekten ist auch der Vorschlag einer Einführung eines "Mobilitätsfreibetrages" oder einer "Straßenentlastungsprämie" gemacht worden.[244] Beide Arten verringern den steuerpflichtigen Einkommensbetrag der Benutzer öffentlicher Verkehrsmittel im Berufsverkehr. Diese Modifikation des zu versteuernden Einkommensbetrages hat für den Verkehrsnachfrager die gleiche finanzielle Wirkung wie Fahrpreissenkungen, sie verbilligen nämlich die Benutzung öffentlicher Verkehrsmittel. Die Umlenkungswirkung dieser absetzbaren Sonderpauschalen dürfte jedoch geringer sein als die von offenen Tarifsenkungen. Während nämlich eine Tarifsenkung dem Verkehrsbenutzer täglich die Preiswürdigkeit öffentlicher Verkehrsmittel vor Augen führt, tritt der Prozeß des Bewußtwerdens bei einer Steuerersparnis nur einmal im Jahr nachhaltig auf. Zudem müssen bei der Anwendung der steuerlichen Maßnahmen zusätzliche Belege erbracht werden, die die Benutzung öffentlicher Verkehrsmittel erkennen lassen. Auch dürften sich erhebliche Zweifel an der Effizienz solcher steuerlicher Maßnahmen nur schwer entkräften lassen, die einen nicht unerheblichen Kontroll- und Verwaltungsaufwand nach sich ziehen.

IV. Zusammenfassende Beurteilung

Die bisherigen Ausführungen haben zu zeigen versucht, daß die Möglichkeiten für eine Verbesserung der Verkehrsverhältnisse durch politische Preisaktionen offensichtlich begrenzt sind. Ohne Zweifel sind für eine Umlenkung der Verkehrsnachfrage weniger Maßnahmen im Bereich der Tarifgestaltung als vielmehr qualitätssteigernde Maßnahmen wichtig.[245] Ob der Einsatz qualitätspolitischer Aktionen im öffentlichen Verkehr jedoch zu einer wirksamen Entlastung führt, ist ebenfalls nicht sicher.[246] Eine spürbare Entlastung dürfte wohl nur in Verbindung mit monetären Druckwirkungen erreicht werden.

3. Kapitel

Die realtypischen Erscheinungsformen bei der Preisbildung ausgewählter Verkehrsbereiche

Im vorangegangenen Kapitel haben wir feststellen können, daß sich je nach dem Standpunkt der Betrachtung, je nach der Art des Marktes und vor allem auch der Marktdefinition, je nach der Färbung der Unternehmensstrategien und -zielsetzungen durchaus verschiedene Modellkonzeptionen zur Beschreibung eines ganz bestimmten Preisbildungsvorgangs anbieten können. Entscheidend kommt es dabei stets auf die Wahl der zu stellenden Prämissen an. Das Spektrum der Modellansätze reicht von solchen Formen, die wegen ihres engen Zuschnitts auf eine ganz spezielle Situation nicht als allgemein gültige Lösung verwendet werden können, bis zu jenen Modelltypen, die wegen ihrer zu allgemein gehaltenen Konzeption kaum einmal auf ein speziell gelagertes Phänomen anwendbar sind.

Das soeben begonnene Kapitel stellt sich die Aufgabe, die realtypischen Erscheinungsformen bei einigen Verkehrsträgern darzustellen, zu analysieren und ihren Bezug auf die theoretisch formulierten Preisbildungsmodelle zu überprüfen. Das Schwergewicht der Untersuchung liegt dabei auf dem Güterverkehr. Eine Behandlung des Personenverkehrs erfolgt nur bei den Verkehrsträgern, für die er eine entscheidende Komponente des Verkehrsaufkommens darstellt. Dies gilt vor allem für die Eisenbahn und das Flugzeug. Das an sich wichtigste Personenverkehrsmittel, den Pkw, klammern wir an dieser Stelle aus, da es im Rahmen der Betrachtung der Preisbildungstheorien im zweiten Kapitel ausführlich genug dargestellt worden sein dürfte.

1. Abschnitt. Die Preisbildung in der Binnenschiffahrt

A. Die Grundlagen der Preisbildung

I. Die staatlichen Eingriffe in den Binnenschiffahrtsmarkt und ihre Gründe im historischen Ablauf

Wie jeder andere Verkehrsmarkt zeichnet sich der Binnenschiffsmarkt durch einige spezifische Besonderheiten des Verkehrs aus, worunter die Gesamtheit der technischen, wirtschaftlichen und rechtlichen Erscheinungen, die sich im Verkehr anders darstellen als in anderen großen Wirtschaftszweigen, zu verstehen ist.[248] Als die am häufigsten angeführten Besonderheiten[249] seien zusammenfassend genannt:

- die Unmöglichkeit, Verkehrsleistungen zu lagern, bewirkt das zeitliche Zusammenfallen von Produktion und Absatz, wodurch die Anbieter auftretenden Marktschwankungen unmittelbar ausgesetzt sind;
- die Unpaarigkeit der Verkehrsströme und die zeitliche Fluktuation der Nachfrage nach Verkehrsleistungen erfordern eine Ausrichtung der Kapazität auf den stärksten Verkehrsstrom bzw. auf die Spitzennachfrage;
- die Gesamtnachfrage nach Gütertransportleistungen kann im allgemeinen als abgeleitete Nachfrage kaum durch Preissenkungen erhöht werden;
- für die Anbieter von Verkehrsleistungen besteht nur eine geringe Möglichkeit, durch eine Produktionsumstellung Nachfragerückgängen auszuweichen;
- die unterschiedliche Struktur der Angebots- und Nachfrageseite behindert die Bildung von Marktgleichgewichten;
- wegen des hohen Anteils der fixen Kosten an den Gesamtkosten weist das Angebot eine geringe Elastizität auf.[250]

Die genannten Besonderheiten werden als Ursache für eine Tendenz zu permanenter Überkapazität und daraus folgender ruinöser Konkurrenz auf den Verkehrsmärkten angesehen. Besonders ausgeprägt ist in der Binnenschiffahrt die relative Starrheit der Abgebotselastizität wegen der im Vergleich zu anderen Verkehrsträgern ausgesprochen langen Lebensdauer der Transportmittel. Am 1.1.1973 setzte sich die Gesamttonnage der deutschen Binnenschiffsflotte zu ca. 50 % aus über 20 Jahre alten Schiffen zusammen, von denen die Hälfte sogar älter als 50 Jahre war.[251] Zusätzlich zu den in der Regel allen anderen Verkehrsträgern mehr oder weniger eigenen Besonderheiten kommen in der Binnenschiffahrt noch einige außerökonomische Faktoren wie bspw. Wasserstand, Nebel oder Eisgang hinzu, welche die Vorhaltung von zusätzlichen Reservekapazitäten erfordern.

Die Gesamtheit der Besonderheiten bewirkte in Verbindung mit dem konjunkturbedingten Rückgang der Nachfrage nach Transportleistungen auf den Binnenwasserstraßen während der Weltwirtschaftskrise bei den Kleinschiffern ein inverses Angebotsverhalten, in dessen Verlauf sich die Anbieter umso mehr um zusätzliche Transportaufträge bemühten, je niedriger die Transportpreise lagen. Dieses Phänomen führte dazu, daß der Staat dirigistisch in den Markt eingriff.

Dies geschah schrittweise für verschiedene Wasserstraßengebiete in der Zeit von 1931 bis 1933 durch die organisatorische Zusammenfassung der Kleinschiffer in öffentlich-rechtlichen Verbänden und deren Beteiligung am Fracht- und Schleppgutaufkommen der Reedereien durch Mitbeschäftigungsverträge.[252]
Die marktordnenden Bestimmungen galten noch bis zur Umwandlung der Schifferbetriebsverbände in reedereimäßig arbeitende Genossenschaften am 30. April 1972.

Zusätzlich wurde in dieser Zeit der Preis als absatzpolitischer Parameter staatlich beeinflußt, indem man paritätisch mit Vertretern der Schiffahrtstreibenden und der Verladerseite besetzte Frachtenausschüsse einsetzte, die unter staatlicher Aufsicht die Frachten für die jeweiligen Wasserstraßengebiete und die zu befördernden Güter festzusetzen hatten.[253]

Diese die Preisbildung reglementierenden Maßnahmen gelten teilweise heute noch. Sie sind allerdings im Bestreben, den Verkehrssektor an einen verstärkten Wettbewerb heranzuführen[254], schrittweise liberalisiert worden. Vom 1. August 1961 an wurde die Binnenschiffahrt ermächtigt, neben Festtarifen auch Margentarife zu beantragen.[255] Die Frachtenausschüsse verzichteten jedoch von vornherein auf jede preispolitische Maßnahme, die einen zusätzlichen internen Branchenwettbewerb mit Hilfe von Margenfrachten ermöglicht hätte.[256]

Die geschilderten Besonderheiten der Binnenschiffahrt hatten den Wettbewerb in einem solchen Ausmaße verstärkt, daß bei fortwährenden Kostensteigerungen keine Frachterhöhungen durchsetzbar waren. Es war vielmehr so, daß im grenzüberschreitenden Verkehr sogar noch Frachtsenkungen vorgenommen wurden, um nicht Frachtgut zu verlieren.[257] Um sich außerdem gegenüber der Bundesbahn behaupten zu können, glaubte man in Kreisen der Binnenschiffahrt, daß hierfür ausschließlich Festfrachten geeignet seien.[258]

Seit dem Inkrafttreten der Verkehrsänderungsgesetze am 1.8.1961 waren die Frachtenausschüsse nur noch mit Vertretern der Schiffahrtsseite besetzt. Die Verlader wurden in beratenden Ausschüssen zusammengefaßt. Sie hatten lediglich das Recht, zu den Beschlüssen der Frachtenausschüsse Stellung zu nehmen. Die Beschlüsse bedurften der Genehmigung des Bundesverkehrsministers im Einvernehmen mit dem Bundeswirtschaftsminister, die sie auf ihre Marktgerechtheit zu überprüfen hatten.

Ein weiterer Schritt zur Liberalisierung wurde 1969 dadurch vollzogen, daß die bis dahin erforderliche Überprüfung auf die Marktgerechtheit der von den nun wieder paritätisch besetzten Frachtenausschüssen beschlossenen Frachten aufgehoben wurde.[259]

Die Meinungen über die Marktgerechtheit der Frachten gehen relativ weit auseinander. Um zu einer grundsätzlichen Beurteilung fähig zu sein, bedarf es einer Analyse des Preisbildungsprozesses auf dem Binnenschiffahrtmarkt. Diese Untersuchung setzt voraus, die realen Gegebenheiten, die einen die Preisbildung entscheidend beeinflussenden Faktor auf diesem Markt darstellen, zu erkennen.

II. Die Marktstruktur des innerdeutschen Binnenschiffsverkehrs

Die Analyse eines Marktes setzt zunächst seine Abgrenzung voraus. Der Verkehrsmarkt der Binnenschiffahrt ist aus naheliegenden Gründen nie ein Weltmarkt gewesen, wie er sich bspw. in der internationalen Trampschiffahrt herausbilden konnte, sondern stets ein auf wenige Relationen beschränkter Teilbereich eines nationalen Verkehrsmarktes. Grundsätzlich kann gesagt werden, daß sich in diesem Teilbereich des Verkehrswesens ein recht komplexes System von Substitutionsmöglichkeiten und -lücken darstellt. Bleiben wir bei dem Beispiel der bundesdeutschen Binnenschiffahrt, so zeigt sich auch hier, daß sich der Gesamtmarkt aus einer großen Anzahl von Teilmärkten für verschiedene Güter und Verkehrsrelationen in den einzelnen, mehr oder weniger klar abgrenzbaren Wasserstraßengebieten zusammensetzt. In einer weiterführenden Definition kann man sogar soweit gehen, daß jeder einzelne Tauschakt einen Markt und damit einen sog. Elementarmarkt bildet.

Der für eine preistheoretische Untersuchung aber interessantere Ausgleich von Angebot und Nachfrage erfolgt vorzugsweise innerhalb der einzelnen Relationen.[260] In gewissen Grenzen, die durch die Struktur, Qualität und Infrastrukturinvestitionen in die Verkehrswege bestimmt werden, ist allerdings ein Überwechseln der Anbieter in andere regionale Teilmärkte möglich. Desweiteren existiert zwischen einigen Teilmärkten eine gegenseitige Abhängigkeit, die durch die Möglichkeit der Verlader gegeben ist, ihre Transportleistungen alternativ auf diesen Märkten

Tab. 3 : Die Binnenflotte der Bundesrepublik Deutschland am 1.1.1973, aufgeschlüsselt nach Wasserstraßengebieten

Wasserstraßen	Güterschiffe				Schlepper und Schubboote	
	mit Antrieb		ohne Antrieb			
	Anzahl	tdw	Anzahl	tdw	Anzahl	PS
Rheingebiet	1 646	1 500 713	487	643 231	283	127 309
Westdeutsche K	898	626 415	93	109 924	52	17 863
Weser	439	311 614	219	111 916	80	38 293
Elbe	886	544 670	180	154 387	136	50 552
Donau	27	22 151	69	53 273	27	11 279
Saar	137	45 527	2	633	-	-
Berlin (West)	365	393 593	71	35 906	52	11 807
Insgesamt	4 398	3 444 683	1 121	1 109 270	630	257 103

Quelle: Verein zur Wahrung der Rheinschiffahrtsinteressen e.V. (Hrsg.): WESKA '75. Westdeutscher Schiffahrts- und Hafenkalender, Duisburg 1975, S. 1280

Tab. 4 : Die internationale Rheinflotte

Land	Selbstfahrer		Kähne		Schlepper und Schubboote	
	Anzahl	tdw	Anzahl	tdw	Anzahl	PS
Schweiz	372	403 298	107	173 089	16	12 960
Frankreich	108	82 655	100	195 435	34	46 987
BRD	1 646	1 500 713	487	643 231	230	119 668
Niederlande	6 840	3 663 110	2 453	2 489 821	1 069	390 743
Belgien	.	.	.	.	.	.

Quelle: Vgl. vorstehende Tab., a.a.O., S. 1281

nachzufragen. Für die preistheoretische Betrachtung bedeutet dies, daß bei der Analyse eines Teilmarktes nicht nur die gerade dort herrschenden Angebots- und Nachfrageverhältnisse, sondern auch die diesen Teilmarkt umgebenden Angebots- und Reaktionsfunktionen beachtet werden müssen.[261)]

Unter den im folgenden zu betrachtenden Märkten soll deshalb die Gesamtheit der wirtschaftlichen Beziehungen zwischen einer Gruppe von Anbietern und Nachfragern von gleichartigen oder substitutiven Transportleistungen auf einer bestimmten Verkehrsrelation und den dazu in Interdependenz stehenden Verkehrsrelationen zu einem bestimmten Zeitpunkt verstanden werden.[262)] Auf den auf diese Weise abgegrenzten Märkten liegt in der Regel neben der nun weitgehend hergestellten Homogenität der Transportleistung eine große Markttransparenz vor, während die auf fast allen Märkten vorhandenen Präferenzen die Vollkommenheit dieser Märkte einschränken.

Für den Begriff der Marktstruktur existiert eine Fülle von Definitionen in der verkehrswissenschaftlichen Literatur. Hier seien unter der Marktstruktur sowohl die einzelnen Teile eines Marktes, als auch die äußere Gestalt des Marktes als Ganzes verstanden, die sich aus der Zusammenfügung der einzelnen Teile ergibt.

a. Die Struktur des Angebots

1. Das Gesamtangebot an Transportleistungen

Die Angebotsseite ist geprägt durch eine relativ kleine Zahl großer Reedereien und durch eine Vielzahl kleiner und kleinster Schiffahrtsunternehmen.[263)] Diese Unternehmen treten jedoch nicht alle als selbständige Anbieter am Markt auf. Ihre Zahl wird auf etwa 50 bis 70 geschätzt.[264)] Diese geringe Zahl ist darauf zurückzuführen, daß die Partikuliere[265)], die, unterstellt man, daß noch einige von ihnen in der Tonnage-Größenklasse von 2000 - 10 000 Tonnen erfaßt sind, einen

Anteil von ca. 95 % der gewerblichen Binnenschiffahrtsunternehmen mit einem Tonnageanteil von ca. 40 %[266] am Gesamtangebot innehaben, heute entweder in reedereimäßig arbeitenden Genossenschaften zusammengeschlossen sind oder durch einen langfristigen Beschäftigungsvertrag einer Reederei als sog. Hauspartikulier angeschlossen sind. Nach BRANDT[267], der die Organisationsform, in der Angebot und Nachfrage auftreten, als entscheidend für die Beurteilung der Marktform ansieht, weist die Angebotsseite eine oligopolistische Struktur auf, die nach KRELLE[268] durch die fühlbare Beweglichkeit der Nachfrage zwischen den Anbietern charakterisiert ist.

Da jedoch eine globale Betrachtung des Binnenschiffahrtsmarktes nur eine beschränkte Aussagekraft bezüglich des Marktgeschehens auf den einzelnen Teilmärkten ermöglicht, bedürfte es einer systematischen Untersuchung der morphologischen Struktur der einzelnen Teilmärkte, die allerdings den Rahmen des beabsichtigten Gesamtkonzepts verlassen würde. Es soll daher an dieser Stelle eine beispielhafte Beschreibung genügen.
In der Regel treten auch auf den Teilmärkten nur wenige Oligopolisten auf. Bspw. beschränkte sich 1971 die Zahl der möglichen Anbieter für Kohletransporte vom Ruhrgebiet nach Süddeutschland auf 25 Unternehmen, von denen 10 in der Rheinischen Reedergemeinschaft zusammengeschlossen waren. Zur gleichen Zeit traten für den Transport von Eisen- und Stahlerzeugnissen vom Ruhrgebiet nach Süddeutschland nur 8 Reedereien als Anbieter auf.[269] Neben dieser für die meisten Teilmärkte typischen oligopolistischen Struktur weisen einzelne Teilmärkte auch teiloligopolistische bis monopolistische Strukturen auf.
Dies ist in der Regel auf priviligierten Märkten der Fall, auf denen die Großreedereien besondere Präferenzen haben, die auf Kapitalverflechtungen oder langfristigen Verträgen mit den dort nachfragenden Verladern beruhen.

2. Angebotsgruppen und Verhaltensweisen

Grundsätzlich bietet sich bei den Unternehmen auf der Angebotsseite wegen ihrer unterschiedlichen Transportmittelausstattung, ihrer verschiedenartigen Zielsetzungen und Verhaltensweisen eine Einteilung der Schiffahrtstreibenden nach der Beriebsform in Partikuliere und Reedereien an.

(A) Partikuliere

Der wesentliche Unterschied zum Reedereibetrieb besteht darin, daß der Partikulier über keinen eigenen kaufmännisch organisierten Landapparat zur Akquisition des Ladegutes verfügt. Sein Schiff ist für ihn meist Wohnstätte und Produktionsmittel zugleich. Der hieraus resultierende fehlende Kontakt zur Verladerschaft läßt den ursprünglichen Partikulier heute in drei verschiedenen Formen am Markt auftreten.

- Etwa 70 % der Partikuliere[270)] waren 1973 durch einen langfristigen Beschäftigungsvertrag einer Reederei als Hauspartikulier angeschlossen. Sie führen für diese Reedereien als Unterfrachtführer Transporte durch, ihre Schiffe sind in die Reedereiflotte integriert und werden entsprechend disponiert wie die reedereieigenen Fahrzeuge, wobei allerdings der Partikulier das Kapitalrisiko selbst zu tragen hat. Ansonsten aber überträgt der Hauspartikulier seine Unternehmerfunktion weitgehend auf die Vertragsreederei.[271)] Hinsichtlich seines Marktverhaltens und seiner preispolitischen Strategie kann diese Gruppe der Partikuliere dem Kreis der Reedereien zugeordnet werden.

- 30 % der Partikuliere mit einer Flottenkapazität von rund 400.000 Tonnen waren zum gleichen Bezugszeitpunkt in den beiden größten reedereimäßig arbeitenden Partikulierunternehmen, der Elbia-Eilfracht Partikuliergenossenschaft, die vorzugsweise im Westdeutschen Kanalgebiet operiert, und der Partikuliergenossenschaft Jus et Justitia, die sich vornehmlich auf dem Rhein und seinen Nebenflüssen betätigt, zusammen-

Tab. 5 : Unternehmen, Transportraum und Umsätze in der deutschen Binnenschiffahrt, aufgeteilt nach Ladekapazitäten (tdw)

	- 1000		1000 - 2000		2000 - 10 0000		10 000 - 50 0000		über 50 000		Insgesamt	
	Einheit	%	Einheit	%	Einheit	%	Einheit	%	Einheit	%	Einheit	%
Unternehmen am 30.6.1973 (Anzahl bzw. %)	1 859	76,4	362	14,9	165	6,8	37	1,5	11	0,4	2 434	100,0
Transportraum (in 1000 tdw bzw. %)	1 069,1	26,8	478,0	12,0	686,4	17,2	734,8	18,4	1 025,1	25,6	3 993,4	100,0
Umsatz 1972[a)] (in Mio.DM bzw.%	225,7	15,4	104,0	7,1	361,4	24,6	362,2	24,7	412,8	28,2	1 466,2	100,0

Quelle: Zusammengestellt und berechnet nach: Statistisches Bundesamt (Hrsg.): Wirtschaft und Statistik, Heft 6 (1974), S. 434 - a) ohne Umsatz- bzw. Mehrwertsteuer

Tab. 6 : Bestand an Güterschiffen nach Schiffsgattungen und Eigentumsmerkmalen am 1.1.1973

	Güterschiffe						Schubleichter und Schubkähne			Gesamtfrachtraum		
	mit Antrieb			ohne Antrieb								
	Anzahl	tdw	%	Anzahl	tdw	%	Anzahl	tdw	%	Anzahl	tdw	%
Partikuliere	2.379	1.498.327	43,5	151	115.615	23,1	7	7.721	1,3	2.537	1.621.663	35,6
Reedereien	1.707	1.763.542	51,2	342	325.083	65,0	490	577.061	94,8	2.539	2.665.686	58,5
Werksreedereien	312	182.814	5,3	103	59,573	11,9	28	24.217	3,9	443	266.604	5,9
Insgesamt	4.398	3.444.683	100,0	596	500.271	100,0	525	608.999	100,0	5 519	4.553.953	100,0

Quelle: Zusammengestellt nach: Der Bundesminister für Verkehr, Abt. Binnenschiffahrt (Hrsg.): Deutsche Binnenschiffahrt 1973, S. 27a.

geschlossen. Diese beiden Institutionen verfügen wie die Reedereien über einen eigenen Frachtzuleitungsapparat und gleichen sowohl nach ihrer Größe als auch in ihrem Marktverhalten den Reedereien.[272)] Jedoch verhindert der Grad der Flottenqualität, da sich die Tonnage hier hauptsächlich aus konventionellem Schiffsraum - Motorschiffe, Schleppkähne - zusammensetzt, daß sie nur auf bestimmten Relationen den Großreedereien als vergleichsweise starke Konkurrenz entgegentreten können. Dies ist regelmäßig dort der Fall, wo die Beschaffenheit der Wasserstraße sowie Art und Menge des anfallenden Ladegutes einen wirtschaftlichen Einsatz modernster Transportgefäße - im wesentlichen die Schubschiffahrt - nicht zulassen.

Die unterschiedliche Qualität der deutschen Binnenflotte, aufgeschlüsselt nach verschiedenen Eigentumsmerkmalen, verdeutlicht Tabelle 6.

- Neben den beiden genannten Gruppen existiert noch ein verschwindend geringer Prozentsatz[273] an freien Partikulieren, die ihre Beschäftigung durch einen individuellen Vertrag mit kleinen Baustoffverladern am Ober- und Mittelrhein sowie über in demselben Gebiet tätigen Befrachtungsmaklern sicherstellen. Der Einfluß dieser Gruppe kann wegen ihres geringen Anteils an der Gesamtpartikuliertonnage vernachlässigt werden.

(B) Reedereien

Hinsichtlich ihrer Verhaltensweisen ergibt sich bei den Reedereien der Binnenschiffahrt eine Einteilung in Unternehmen, für die der Betrieb der Binnenschiffahrt die Haupttätigkeit darstellt und solchen, die entweder im ökonomischen Sinne Werkschiffahrt betreiben, d.h. einem Industrie- oder Handelsunternehmen hauptsächlich als Transportabteilung dienen und für dessen Zwecke auf dessen Risiko hin als Absatz- bzw. als Beschaffungsinstrument eingesetzt werden[274], oder Werkverkehr im Sinne der Legaldefinition des Gesetzes über den gewerblichen Binnenschiffsverkehr betreiben, worunter "die Beförderung von eigenen Gütern für eigene Zwecke des Unternehmens mit eigenen Schiffen" [275] verstanden wird.

Für die erstgenannte Gruppe kann angenommen werden, daß sie bestrebt ist, ihren Umsatzgewinn zu maximieren. Im innerdeutschen Verkehr können ihr fast alle gewerblichen Binnenschifffahrt betreibenden Reedereien zugeordnet werden, auch die meisten derjenigen, bei denen eine Mehrheitsbeteiligung der verladenden Wirtschaft vorliegt.

Diese Kapitalverflechtungen, die in der Mehrzahl mit Unternehmen der Montanindustrie bestehen, beruhen im wesentlichen auf der Entstehungsgeschichte dieser Reedereien. Sie wurden ursprünglich als Werksreedereien der Montanindustrie gegründet, um unabhängig von "freien" Binnenschiffahrtsunternehmen die von der Konzernmutter produzierten Güter bzw. die zu deren Produktion benötigten Rohstoffe zu transportieren. Im Laufe der Zeit entwickelten sich viele dieser Reedereien zu selbständigen Transportunternehmen, die auch Transporte für Dritte ausführten und zudem ihre Geschäftsbasis vergrößerten, indem sie sich Betriebe des Verkehrshilfsgewerbes wie Lagerei, Speditions- und Umschlagbetriebe angliederten. Diese Entwicklung wurde auch, besonders im innerdeutschen Verkehr, durch die starke Abnahme der Transporte traditioneller Konzerngüter, insbesondere der Kohle , forciert.[276] Heute ist der Anteil der Konzernreedereien, die im innerdeutschen Verkehr hauptsächlich das Ladegut ihrer Muttergesellschaft fahren, sehr gering. Konzernreedereien, die fast ausschließlich das Ladegut ihrer Muttergesellschaft fahren, sind heute nur noch vornehmlich im grenzüberschreitenden Erzverkehr von Rotterdam ins Ruhrgebiet tätig.

Der gewerbliche Charakter der Konzernreedereien wird vor allem dadurch unterstrichen, daß in den letzten Jahren die meisten Konzerne die Konzeption einer krassen Spartengliederung verwirklicht haben, wonach sich jedes Konzernmitglied selbständig am Markt betätigen und die sich ihm bietenden Chancen voll ausschöpfen muß.[277] Das bedeutet für die Konzernreedereien, daß sie, selbst wenn die Konzernobergesellschaft bedeutende Mengen an Ladung zu vergeben hätte, - dies ist zumindest im innerdeutschen Verkehr selten der Fall - dem Wettbewerb der konkurrierenden Verkehrsträger ausgesetzt sind. Damit ist die These, daß auf der Angebotsseite der Binnenschiffahrt über die Konzernreedereien eine "Verladerpolitik" betrieben würde, - dies hieße auf die Preispolitik bezogen, daß die Vertreter der Konzernreedereien in den Frachtausschüssen bestrebt wären, die Frachten zu drücken, damit eventuell benötigter, die Kapazität der eigenen Flotte übersteigender Transport billiger beschafft werden könne[278] - in dieser globalen Form abzulehnen.[279]

Diese Politik betreiben eigentlich nur die Werksreedereien im ökonomischen Sinne, da sie darauf abzielen, durch ihre Tätigkeit den Gewinn des Unternehmens zu maximieren, denen sie als Transportabteilung dienen. Ihre Flottenkapazität ist nicht auf Verkehrsspitzen ausgerichtet, so daß bei Kapazitätsengpässen die von diesen Reedereien nicht zu bewältigenden Transporte auf dem freien Markt nachgefragt werden müssen. Sie werden versuchen, die Frachten auf den sie betreffenden Teilmärkten möglichst niedrig zu halten, um eine kostengünstige Beschaffung des zusätzlich benötigten Transportraumes zu gewährleisten. Ihr preispolitischer Einfluß ist allerdings im innerdeutschen Binnenschiffsverkehr wegen ihres geringen Anteils am Gesamtangebot von untergeordneter Bedeutung.

Der Anteil der Werksreedereien im Sinne der Legaldefinition über den gewerblichen Binnenschiffsverkehr ist mit einem Anteil von 5,9% gering. Werkschiffahrt in größerem Umfang unterhalten bspw. Kiesbaggereien zum Transport von der Baggerstelle nach meist in der Nähe liegenden Landumschlagsstellen.[280]

Die starke Transportkonzentration gerade bei der Güterabteilung "Sand, Kies, Bims, Ton, Schlacken" auf relativ kurze Entfernungen zeigt die nachstehende Tabelle.

Tab.7 : Die Transportleistungen der Binnenschiffahrt in der BRD für die Güterabteilung "Sand, Kies, Bims, Ton und Schlacken" nach Entfernungsstufen 1972

	bis 50 km	51 - 100 km	101 - 150 km	151 - 200 km	201 - 250 km	251 - 300 km
1000 t	21.928	8.093	8.285	5.586	6.598	4.717
in %	35,1	12,9	13,3	8,9	10,6	7,5

	301 - 400 km	401 - 500 km	501 - 700 km	über 700 km	insgesamt
1000 t	2.627	1.114	3.087	460	62.495
in %	4,2	1,8	4,9	0,8	100,0

Quelle: Originalzahlen und eigene Berechnungen nach: Statistisches Bundesamt (Hrsg.): Statistisches Jahrbuch für die Bundesrepublik Deutschland 1974, Stuttgart und Mainz, Nov. 1974, S. 336.

Die hier dargestellte Form des Werkverkehrs ist als ausgesprochene Kleinschiffahrt zu bezeichnen, die nicht so sehr in industriellen Schwerpunktgebieten, sondern vornehmlich auf Nebenwasserstrassen betrieben wird, wodurch sich auch die gegenüber der gewerblichen Schiffahrt geringere durchschnittliche Tragfähigkeit ihrer Fahrzeuge erklärt.[281)] So betrug am 1.1.1973 die durchschnittliche Tragfähigkeit, bezogen auf den Gesamtfrachtraum, bei den Einheiten der Werkschiffahrt ca. 602 t gegenüber ca. 635 t bei den Partikulierschiffen und ca. 1050 t bei den Schiffen der gewerblichen Reedereien.[282)]

Die Hauptgründe für den geringen Anteil der reinen Werkschiffahrt liegen in den fehlenden Marktzugangsbeschränkungen zum Binnenschiffahrtsmarkt, in dem nicht selten relativ unwirtschaftlichen Betrieb,wegen der in der Regel gegenüber der gewerblichen

Schiffahrt schlechteren Fahrzeugausnutzung sowie in der Möglichkeit der Verlader, die Durchführung ihrer zu vergebenden Transportaufträge durch den Abschluß eines langfristigen Transportvertrages mit einem gewerblichen Binnenschiffahrtsunternehmen zu sichern. Diese langfristigen Transportverträge stellen somit ein echtes Äquivalent zum Werkverkehr dar.[283]

Das System der Frachtenbildung selbst verhindert in der Regel ein Ausweichen in den Werkverkehr, da die Verlader in den Frachtenausschüssen Sitz und Stimme haben und somit Frachten, die über den Kosten lägen, nicht zustimmen würden, womit Preisüberhöhungen ausgeschlossen sind.[284]

(C) Horizontale Verflechtungen

Über die Verflechtungen von Hauspartikulieren mit ihrer Hausreederei und dem Zusammenschluß von Partikulieren in Partikuliergenossenschaften hinaus existieren in der Binnenschiffahrt zwischen diesen wegen der Art ihres effektiven Marktauftretens als Einzelanbieter aufgefaßten Unternehmen nochmals auf einer weiteren Stufe vielfältige Formen horizontaler Verflechtungen, deren Art und Weise bedingt und geformt ist durch die jeweilig herrschende allgemeine Verfassung von Gesellschaft und Wirtschaft und durch die besonderen technischen und betrieblichen Gegebenheiten der Binnenschiffahrt.[285]

Die horizontalen Verflechtungen reichen von Kapitalverflechtungen - bspw. ist die Reederei Franz Haniel & Cie. GmbH. Duisburg mit 30% an der Reederei Schwaben GmbH., Stuttgart und mit 27 % an der Rhenania Schiffahrts- und Speditions GmbH., Mannheim beteiligt [286] - über Reedereigemeinschaften, Frachtenausgleichskassen, Mitbeschäftigungsverträgen bis hin zur lockersten Form einer Kooperation, dem gegenseitigen Aushelfen bei Kapazitätsengpässen aufgrund konjunktureller oder witterungsbedingter Einflüsse.

Für die Durchführung von Steinkohletransporten vom Ruhrgebiet nach Süddeutschland haben sich, wie wir bereits gesehen haben,

10 Reedereien in der Rheinischen Reedergemeinschaft GmbH. zusammengeschlossen, welche die von ihren Mitgliedern akquirierten Transportaufträge entsprechend ihrer Beteiligungsquote an der Gemeinschaft, die sich aus dem im Steinkohleverkehr von den einzelnen Mitgliedern einsetzbaren Transporträume errechnet, auf die beteiligten Reedereien verteilt.[287)]

Nehmen wir als weiteres Beispiel die Partikuliergenossenschaft Jus et Justitia. Sie ist durch einen Mitbeschäftigungsvertrag mit 18 % an den Transportmengen der Reedereigemeinschaft beteiligt.[288)]

Zusätzlich besitzt diese Reedereigemeinschaft ein internes Frachtensystem, mit dessen Hilfe eine ausgeglichene Erlössituation in der Gemeinschaft gewährleistet werden soll, da die Frachten in den einzelnen Verkehrsrelationen aufgrund des intensitätsmäßig unterschiedlichen Preiswettbewerbs der Bundesbahn teilweise stark differieren.[289)]

Ferner existiert zwischen den Binnenschiffahrtsunternehmen latent eine lockere Art der Kooperation, die immer dann wirksam wird, wenn ein Unternehmen infolge konjunktureller oder witterungsbedingter Einflüsse zur Erfüllung seiner Transportverträge auf die Gestellung zusätzlichen Transportraumes durch andere Schiffahrtsunternehmen angewiesen ist.

Die genannten Beispiele für eine überbetriebliche Zusammenarbeit der Unternehmen in der Binnenschiffahrt lassen auf ein relativ hohes Maß an Solidarität und gegenseitiger Abhängigkeit innerhalb des Binnenschiffahrtsgewerbes schließen. Somit kann man folgern, daß auf den Märkten, auf denen diese Kooperationsformen ausgeübt werden, auch preispolitisch ein entsprechend hohes Maß an Solidarität vorhanden sein muß. Die Rheinische Reedergemeinschaft gar, die als Quotenkartell aufgefaßt werden kann, in dem Ausgleichszahlungen der Mitglieder zur Kompensation von Nachteilen einzelner im Interesse aller Mitglieder erfolgen, erfüllt einige wesentliche Kriterien, die KRELLE[290)] an das Vorliegen eines Kollektivmonopols knüpft.

3. Die Kostenstruktur der Angebotsseite

Für das Marktverhalten der Verkehrsunternehmen auch im Bereich der Binnenschiffahrt sind neben der Marktform, hier vor allem der Marktstärke der Nachfrageseite, die Kosten ein entscheidender Bestimmungsfaktor.[291] Die differenzierende Beschaffenheit der Fahrtwege, die unterschiedlichen Entfernungen der Transportvorgänge sowie die verschiedenartige Beschaffenheit der zu befördernden Güter lassen vielfältige Leistungsmöglichkeiten zu, so daß die Erfassung der Leistungseinheiten bspw. durch Tonnenkilometer, der eine Kombination von Entfernungs- und Gewichtsmaßstab beinhaltet, im Falle der Binnenschiffahrtsleistungen zu sehr vereinfacht wird; " denn nachgefragt und verkauft werden nicht Tonnenkilometer, sondern der Transport eines ganz bestimmten Gutes unter ganz bestimmten Bedingungen über eine ganz bestimmte Relation".[292] Diesen Gegebenheiten trägt die Kosten- und Frachtkalkulation der Binnenschiffahrt insofern Rechnung, als sie eine Verbindung zwischen den Schiffskosten und einer bestimmten Transportleistung herstellt, indem sie sich nicht wie bspw. die Bundesbahn des Entfernungsmaßstabs, sondern des Zeitmaßstabs bedient. Hiermit werden die jeweils unterschiedlichen Lade- und Löschzeiten, die unterschiedliche Anzahl der zu durchfahrenden Schleusen mit den jeweils anfallenden Wartezeiten sowie die verschiedenartigen Strömungsverhältnisse in den einzelnen Relationen berücksichtigt.[293]

Ferner wird das ungleichartige Ladegut durch eine Kombinationsrechnung aus Gewichts- und Raumbedarf mit in die Kalkulation einbezogen.[294]

Die Erfassung der bei den Binnenschiffahrtsleistungen anfallenden Kosten erfolgt in der Regel durch die Bildung von drei Hauptkostengruppen, und zwar den Bereithaltungskosten, den Fortbewegungskosten und den transportbedingten Sonderkosten.[295]

Die Fortbewegungskosten wie z.B. der Verbrauch von Gasöl und Schmierstoffen und die transportbedingten Sonderkosten, worunter die Aufwendungen verstanden werden, " die in Art und Höhe je nach befahrener Relation oder transportiertem Ladegut unterschiedlich anfallen"[296] wie z.B. Reiseauslagen (Kanalgebühren, Lotsengelder usw.), sind beschäftigungsabhängig und damit variabel. Die Abhängigkeit der Fortbewegungskosten vom jeweiligen Schiffstyp zeigt Tab.

Tab. 8 : Die Abhängigkeit der Fortbewegungskosten vom Schiffstyp[a)] (Stand 1972)

	Zahl der Motoren	Motorleistung insgesamt	Einsatz zu Berg[b)] Fortbewegungskosten pro Std.	Einsatz zu Berg[b)] Fortbewegungskosten pro Std. u. Tonne	Einsatz zu Tal[c) d)] Fortbewegungskosten pro Std.	Einsatz zu Tal[c) d)] Fortbewegungskosten pro Std. u. Tonne
	Stück	PS	DM	Pfg.	DM	Pfg.
Motorgüterschiff						
300	1	150	3,90	1,30	3,26	1,09
500	1	250	5,60	1,12	4,54	0,91
700	1	350	7,30	1,04	5,81	0,83
950	1	480	9,51	1,00	7,47	0,79
1350	1	750	14,10	1,04	10,91	0,81
1550	2	1150	22,25	1,44	17,36	1,12
Schubeinheit						
Typ I (3200)	2	2000	36,70	1,15	28,20	0,88
Typ II (4400)	2	3000	53,70	1,22	40,95	0,93
Typ III (6400)	2	2000	36,70	0,57	28,20	0,44
Typ IV (8800)	2	3000	53,70	0,61	40,95	0,47

Quelle: STACKELBERG, v.F.: Markttests im Verkehr als Instrument zur Ermittlung und Messung marktstrategischer Verhaltensweisen, a.a.O., S. 144.

---

a) Bei einem Einsatz auf dem Rhein; b) volle Abladung und volle Maschinenleistung; c) volle Abladung und 3/4 Maschinenleistung; d) bei einem Verbrauch von 170 gr. Gasöl pro in Anspruch genommene PS und Fahrtstunde und 1,5 kg Schmieröl pro eingesetzten Motor und Stunde, bei einem Preis von 10 DM pro 100 l Gasöl und 0,90 DM pro kg Schmieröl.

Demgegenüber haben die Bereithaltungskosten überwiegend den Charakter von Fixkosten. Man versteht hierunter im allgemeinen[297]: Personalkosten, Versicherungen, Reparaturkosten, Materialkosten, kalkulatorische Zinsen und Abschreibungen, kalkulatorischen Unternehmerlohn sowie Betriebs- und Verwaltungsgemeinkosten.

Nach Durchschnittsberechnungen von HULSMANN[298)] haben die einzelnen Kostenarten beim Selbstfahrerbetrieb folgende Anteile an den Gesamtkosten:

Tab. 9 : Die Kostenstruktur eines Selbstfahrerbetriebes[299)]

Kostenarten	Anteile der Kostenarten an den Gesamtkosten in %	fixe Anteile in %	Fixkostenanteile der Kostenarten an den Gesamtkosten in %
Personalkosten	20,8	65	13,52
Materialkosten	2,7	60	1,62
Reparaturkosten	15,1	40	6,04
Versicherungen	4,5	100	4,50
Steuern	0,8	90	0,72
Betriebsgemeinkosten	1,4	95	1,33
Verw.gemeinkosten	10,6	95	10,07
Abschreibungen	14,4	75	10,80
Zinsen	17,2	100	17,20
Treibstoffkosten incl. Reiseauslagen	12,5	-	-
Insgesamt	100,0		65,80

Quelle: HULSMANN, G.-W.: Das Problem der fixen Kosten bei nicht ausgenutzter Kapazität in der Binnenschiffahrt, a.a.O., S. 127

Die dargestellte Kostenstruktur bezieht sich auf die Unternehmensform der Reederei. Die absolute Höhe der Fixkosten verringert sich beim Partikulier um die Verwaltungs- und Betriebsgemeinkosten. Diese Ersparnis wird jedoch bei ihm durch die für jeden durchgeführten Transport an den Aquisiteur zu zahlenden Provisionen in etwa aufgehoben, zählen allerdings zu den variablen Kosten.[300)] Eine weitere Reduzierung des Fixkostenblocks ergibt sich bei den Partikulierbetrieben, die vorwiegend Familienangehörige beschäftigen, durch deren Verzicht auf die Auszahlung eines angemessenen Arbeitsentgelts.[301] Ebenso fallen bei den Partikulierbebetrieben - d.h. auch bei denjenigen, die mit fremdem Personal fahren - die leistungsabhängigen Personalkosten (Überstundenzulagen, Leistungszulagen) weitgehend fort[302], so daß insofern sowohl die kurzfristige Preisuntergrenze - das Minimum der variablen Stückkosten - als auch die langfristige Preisuntergrenze - das Minimum der totalen Durchschnittskosten - bei Annahme einer gleichen Beschäftigungslage unter den Preisuntergrenzen der Reedereien lägen.

Von der Annahme gleicher Beschäftigung kann jedoch in der Regel wegen der Akquisitions- und Organisationsvorteile der Reedereien nicht ausgegangen werden, so daß die Preisuntergrenzen bei Reederei- und Partikulierbetrieben bei einem Einsatz gleichen Schiffsraumes nach Größe und Art wegen des geringeren Beschäftigungsgrades der Partikuliere aufgrund von längeren Stillstandszeiten und einem höheren Anteil von Leerfahrten ungefähr niveaugleich sind.[303]

Aus der Art der Kostenstruktur lassen sich näherungsweise die Lage und die Gestalt der individuellen Kostenkurven der Anbieter ableiten. Unter den vereinfachenden Annahmen einer linienmäßig betriebenen Schiffahrt, ausschließlich fixer Personalkosten und des Ausschlusses einer intensitätsmäßigen Anpassung[304] bietet sich jeweils ein linearer Gesamtkostenverlauf als erste Beschreibungsmöglichkeit der Wirklichkeit an. In diesem Fall entspricht die Steigung der Gesamtkostenkurve den variablen Stückkosten, die bei diesem Kurvenverlauf gleich den Grenzkosten und für alle Leistungsmengen bis zum Erreichen der Kapazitätsgrenze konstant sind. Ihre Höhe differiert lediglich nach der Art des Schiffstyps. Diese totalen Durchschnittskosten unterliegen jedoch der Degression; sie fallen mit zunehmender Beschäftigung und erreichen ihr Minimum erst an der Kapazitätsgrenze. Unter den genannten Prämissen liegt das Gewinnmaximum an der Kapazitätsgrenze; die individuellen Angebotskurven entsprechen bei gegebenen Preisen den durchschnittlichen variablen Kosten. Eine Ausweitung des

Preisspielraums ergibt sich immer dann,wenn Anbieter ihre ausgabewirksamen Kosten ins Kalkül ziehen. Zu einem derartigen Kostenbewußtsein neigen insbesondere die Partikuliere.[305] Langfristig führen auf einer solchen Kalkulation basierende Preise jedoch zur Substanzaufzehrung und werden deshalb auch nicht von den Partikuliervertretern in den Frachtenausschußsitzungen akzeptiert.[306] Außerdem wird dieser vordergründige Vorteil geringerer ausgabenwirksamer Kosten der Partikuliere gegenüber den Reedereien durch die Möglichkeit der Reedereien, denen fast ausnahmslos Betriebe des Verkehrshilfsgewerbes angegliedert sind, in kurzfristigen Kampfsituationen einen innerbetrieblichen globalen Verkehrsausgleich durchzuführen, kompensiert. Somit ergibt sich für die verschiedenen Anbieter, die mit gleichartigem Schiffsraum auf einem Teilmarkt auftreten, eine weitgehend gleiche Basis für die Selbstkostenpreisgestaltung. Hierzu hat die von 1968 an durchgeführte Abwrackaktion wesentlich beigetragen, in deren Verlauf bereits bis zum 1.1.1974 ca. 1 Mio. tdw unrentablen Schiffsraums verschrottet worden sind.[307]

Niveaugleiche Durchschnittskosten bei verschiedenen Kostenstrukturen der Klein- und Großbetriebe aufgrund unterschiedlicher Beschäftigung liegen jedoch nur im Falle des Einsatzes gleichartigen Schiffsraumes vor. Dagegen führen zunehmende Schiffsgrößen und die Modernisierung und Rationalisierung des Betriebssystems (Schleppzug - Selbstfahrer - Schubschifffahrt) bei ausreichender Beschäftigung der vorhandenen Kapazitäten zu langfristig sinkenden Durchschnittskosten.

Insbesondere die Schubschiffahrt bringt neben einer beträchtlichen Frachtraumerhöhung zusätzlich eine Beschleunigung des Transportvorgangs infolge einer Continue-Fahrt-Möglichkeit mit sich. Dadurch, daß durch den Einsatz von Leichtern die Wartezeiten für Ent- und Beladen verkürzt werden, lassen sich die totalen Durchschnittskosten sowie die Grenzkosten senken.

Die Kostenunterschiede zwischen den einzelnen Transportmöglichkeiten in der Binnenschiffahrt zeigt die nachstehende Abbildung.

Abb. 19 : Die langfristige Kostenentwicklung in der Binnenschiffahrt

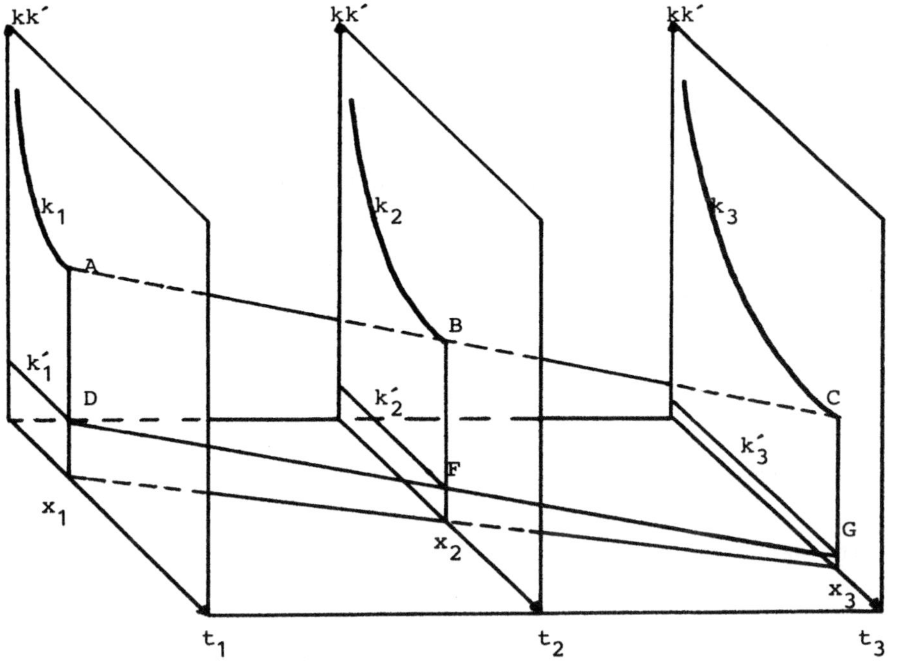

Quelle: Gezeichnet nach K.-P. OTTO: Die Preisbildung in der Binnenschiffahrt, a.a.O., S. 63 sowie POLLEIT, H.: Zur Wettbewerbsfähigkeit der Deutschen Binnenschiffahrt im Rahmen der gegenwärtigen Marktordnungsbestrebungen unter besonderer Berücksichtigung der modernen Transportformen, Diss. Münster 1970, S. 126.

Die Zeitpunkte t_1, t_2 und t_3 zeigen die Kostenkonstellation der drei Betriebsmittelarten in der Reihenfolge: konventionelles Motorgüterschiff, schleppendes bzw. schiebendes Motorgüterschiff und Schubverband im Rheinverkehr. Die Kurven k_1, k_2 und k_3 geben die jeweiligen totalen Durchschnittskosten an. Ihnen sind die entsprechenden Grenzkostenkurven k_1', k_2' und k_3' zugeordnet, die als Folge der Annahme linearer Gesamtkosten parallel zur Abzisse verlaufen und beim Übergang zu einer moderneren Betriebsmittelart sinken.[308] Dies wird durch die Linie D - F - G zum Ausdruck gebracht. Die Verlagerung der Kostenminima wird durch die Verbindungslinie A - B - C verdeutlicht. Die Ausnutzung der Kostendegression setzt insbesondere für die Schubschiffahrt ein regelmäßig anfallendes Ladungsaufkommen in wirtschaftlich ausreichender Menge voraus.[309] Da die Schubschiffahrt an die Wasserstraßen besondere Anforderungen stellt, was die Linienführung, Breite, Tiefe, Schleusenabmessungen, Radar- und Signaleinrichtungen anbetrifft, ist ihr Einsatz nur auf klar abgrenzbaren Teilmärkten möglich.[310]

b. Die Struktur der Nachfrage

1. Die Nachfragegruppierung

Die morphologische Struktur der Nachfrage nach Binnenschifffahrtsleistungen weist, wie dies in durchaus vergleichbarer Weise bereits für die Angebotsseite nachgewiesen wurde, auf den verschiedenen Teilmärkten sowohl monopolistische als auch oligopolistische und teiloligopolistische Züge auf.

Bei der für den innerdeutschen Binnenschiffsverkehr bedeutendsten Gütergruppe "Baustoffe" - dies gilt sowohl für die beförderte Gütermenge als auch für die erbrachte tonnenkilometrische Leistung - ist die Verladerseite durch einen relativ geringen Konzentrationsgrad gekennzeichnet. In diesem Bereich läßt sich insbesondere im Kiestransportgeschäft durchweg eine Vielzahl von Verladern nachweisen, wohingegen im Zement- und Kalksteingeschäft die Anzahl der Verlader ab-

und ihre Unternehmensgröße zunimmt.

Bei den in ihrer Bedeutung nach erbrachter tonnenkilometrischer Leistung - der Menge nach ändert sich die Reihenfolge wegen der niedrigen mittleren Transportweite - an zweiter Stelle rangierenden Mineralölerzeugnissen, aber auch bei der den dritten Rang haltenden Transportgruppe "feste mineralische Brennstoffe" weist die Nachfrageseite regelmäßig einen größeren Konzentrationsgrad als die ihr auf den verschiedenen Teilmärkten gegenüberstehende Angebotsseite auf.

Bspw. wickelt heute die Vertriebsgemeinschaft Süd GmbH der Ruhrkohle AG auf dem Transportmarkt für Steinkohle vom Ruhrgebiet nach Süddeutschland parallel zu Kohlelieferverträgen mit süddeutschen Großabnehmern annähernd 100% der wasserseitigen Transporte ab.[311)] Für 1966 nannte OTTO[312)] als wichtigsten Verlader die Oberrheinische Kohlen-Union, die mit Großverbrauchern Kohlenhandelsverträge ausgehandelt hatte. An den Konzentrationserscheinungen auf der Verladerseite hat sich demzufolge in den letzten 10 Jahren nichts wesentliches geändert, so daß man bisweilen[313)] von einer "ungeheuren Marktmacht auf der Nachfrageseite" zumindest auf vielen Märkten spricht, die es den Verladern ermöglicht, unter Nutzung der internen Wettbewerbssituation unter den Schiffahrtsunternehmen und der Substitutionskonkurrenz der Angebotsseite ihre eigenen Aktionsparameter aufzuzwingen.[314)]

Auch auf den Märkten, auf denen die Nachfrageseite nicht über eine ausgesprochen starke Marktmacht verfügt, tritt sie gegenüber der Angebotsseite durch von den jeweiligen Wirtschaftsvereinigungen bzw. Industrie- und Handelskammern bezüglich ihres Verhaltens in den Frachtenausschußsitzungen festgeleglegten Vertretern geschlossen auf.[315)]

Allgemein kann für die Nachfrageseite die Zielsetzung der Transportpreisminimierung unter Ausnutzung der jeweiligen Marktlage angenommen werden. Allerdings werden sich insbesondere Großverlader begründeten Kostenargumenten der Angebotsseite nicht vollkommen verschließen[316], da sie in der Regel bestrebt sind, die Binnenschiffahrt als leistungs- und wettbewerbsfähigen Verkehrsträger zu erhalten.[317)] Dies ist jedoch nur möglich, wenn die Verladerschaft der Binnenschiffahrt Frachten zugesteht, die langfristig zumindest kostendeckend sind.

Daß die Verladerseite über die Kostenlage der Binnenschiffahrt recht gut informiert ist, folgt aus der Tatsache, daß die Verladerschaft zum einen mit der Angebotsseite über mannigfaltige Kapitalverflechtungen verbunden ist und zum anderen in Form der Werkschiffahrt als Anbieter von Schiffsraum auftritt. Dieser Informationsvorsprung gegenüber der Binnenschiffahrt ermöglicht es den Verladern, das Verhalten der Anbieter in etwa abzuschätzen und hierauf ihre Verhandlungsstrategie für die Frachtenausschußverhandlungen aufzubauen.[318)]

2. Die Verteilung der Nachfrage auf einzelne Wasserstraßengebiete

Bereits OTTO[319)] stellte fest, daß bezüglich der von den Verladern vergebenen Transportaufträge nach Güterart, Gütermenge und Bestimmungshäfen kein ausreichendes Datenmaterial zur Verfügung stehe. Für bestimmte Verkehrsrelationen bzw. Gütergruppen läßt sich ein derartiges Zahlenmaterial durch Befragungen zwar näherungsweise erheben, wie dies in der Untersuchung v. STACKELBERGS's durchgeführt wurde[320)], ein geschlossenes Datenbild ist jedoch nur unter unverhältnismäßig hohem Aufwand zu erhalten. Zur Beschreibung der Nachfrage nach Binnenschiffahrtsleistungen mag uns daher ein Überblick über die beförderten Güterarten für die einzelnen Wasserstraßengebiete genügen. Wie die beiden nachstehenden Tabellen zeigen, gliedert sich der Binnenschiffahrtsmarkt in das Elbegebiet,

Tab. 10 : Die Verteilung des Güterversands mit Binnenschiffen auf die Wasserstraßengebiete 1972

Haupttransportgüter	Elbe-gebiet	Weser-gebiet	Westd. kanalgeb.	Rhein-gebiet	Main/ Neckar	Donau-gebiet	Berlin	DDR	Ausland	Gesamt
	in 1000 t									
Getreide	777	473	430	558	268	53	3	183	3 312	6 057
Feste min. Brennstoffe	304	144	7 549	7 265	26	290	1	138	2 215	17 932
Mineralöl u. -erzeugnisse	4 294	1 722	6 300	13 899	2 393	29	6	1	14 130	42 774
Erze, Metallabfälle	79	77	1 625	1 679	440	528	151	15	27 677	32 271
Eisen und Stahl	77	245	1 912	5 438	37	7	75	284	3 844	11 919
Sand,Kies,Bims,Ton	1 724	3 810	1 774	35 227	6 562	762	64	1 561	10 152	61 636
Steine u.a. Rohmineralien	892	305	1 620	7 946	2 568	177	2	153	3 880	17 543
Düngemittel	264	55	1 121	1 080	352	4	1	34	2 292	5 203
Übrige Güter	1 389	1 604	3 135	8 724	1 679	63	234	192	7 883	24 903
Insgesamt	9 800	8 435	25 466	81 816	14 325	1 913	537	2 561	75 385	220 238
	in %									
Getreide	12,8	7,8	7,1	9,2	4,4	0,9	0,1	3,0	54,7	100.0
Feste min. Brennstoffe	1,7	0,8	42,1	40,5	0,1	1,6	0,0	0,8	12,4	100,0
Mineralöl u. -erzeugnisse	10,0	4,0	14,7	32,5	5,6	0,1	0,0	0,0	33,1	100,0
Erze, Metallabfälle	0,2	0,2	5,0	5,2	1,4	1,6	0,5	0,1	85,8	100,0
Eisen und Stahl	0,7	2,1	16,0	45,6	0,3	0,1	0,6	2,4	32,2	100,0
Sand, Kies, Bims, Ton	2,8	6,2	2,9	57,2	10,6	1,2	0,1	2,5	16,5	100,0
Steine u.a.Rohmineralien	5,1	1,7	9,2	45,3	14,6	1,0	0,1	0,9	22,1	100,0
Düngemittel	5,1	1,1	21,5	20,8	6,8	0,1	0,0	0,6	44,0	100,0
Übrige Güter	5,6	6,4	12,6	35,0	6,7	0,3	0,9	0,8	31,7	100,0
Insgesamt	4,4	3,8	11,6	37,2	6,5	0,9	0,2	1,2	34,2	100,0

Quelle: Zusammengestellt und berechnet nach Statistisches Bundesamt (Hrsg.): Fachserie H: Verkehr, Reihe 1: Binnenschiffahrt 1972, Stuttgart und Mainz 1973, S. 118 - 125 das Wesergebiet, das westdeutsche Kanalgebiet mit Mittellandkanal, Ruhrgebiet, Dortmund-Ems-Kanal, Ems-Seiten-Kanäle und dem Jadegebiet, das Rheingebiet, das Main-/Neckar-Gebiet, das Donau-Gebiet, die Wasserstraßen Westberlins, die Wasserstraßen der DDR und Ostberlins und die übrigen Wasserstraßen außerhalb der BRD. Der gesamte Versand und Empfang ist gegliedert in die Haupttransportgüter Getreide, feste mineralische Brennstoffe, Mineralöl und -erzeugnisse, Erze und Metallabfälle, Eisen und Stahl, Sand, Kies, Bims und Ton, Steine und andere Rohmineralien, Düngemittel und übrige Transportgüter.

Sowohl im Versand als auch im Empfang zeigt sich die dominierende Rolle der Rheinschiffahrt. Wenn man die in Tab. 10 und Tab. 11 ausgewiesenen Verkehrsströme, an denen die DDR und das Ausland beteiligt sind, nicht betrachtet, dann erhöht sich der Anteil der Rheinschiffahrt von 37,2 % auf der Versandseite bzw. von 41,6 % auf der Empfangsseite auf 57,5 % bzw. 52,3 %.[321] In dieser Betrachtungsweise folgt im Versand das westdeutsche Kanalgebiet mit 17,9 %, Main und Neckar mit 10,1 % noch vor Elbe und Weser mit 6,9 % bzw. 5,9 %. Die Donauschiffahrt und die Binnenschiffahrt auf den Wasserstraßen Westberlins sind relativ unbedeutend. Beim Güterempfang liegen Main und Neckar mit 18,5 % vor dem westdeutschen Kanalgebiet mit 15,4 %. Mit 4,7 % bzw. 4,5 % folgen wieder Elbe und Weser. Der Güterempfang West-Berlin ist mit knapp 6 Mio. Tonnen oder 3,4 % beachtlich.

Tab. 10 zeigt, daß aus dem Ausland 75,385 Mio. Tonnen mit Binnenschiffen in die Bundesrepublik transportiert werden. Davon entfallen 36,7 % auf Erzverschiffungen - im wesentlichen die Verkehrsbeziehungen Rheinmündungshäfen - Ruhrgebiet -, 18,7 % auf Mineralöl und Mineralölerzeugnisse, überwiegend Tankschiffahrt von Rotterdam - Rheinhäfen, 13,5 % auf Sand, Kies, Bims, Ton, 10,5% auf sonstige Transportgüter; die Anteile der übrigen Gütertransporte bewegen sich zwischen 3 und 5 %.

Erheblich geringere Gütermengen werden aus der Bundesrepublik ins Ausland transportiert. Sie belaufen sich auf 44 Mio. Tonnen oder 20 % der Verschiffungen. In dieser Transportrichtung fehlen aus naheliegenden Gründen die Erztransporte völlig; bei den 880 000 ausgewiesenen Tonnen dieser Haupttransportgütergruppe handelt es sich hier um Metallabfälle. Wesentlich geringere Transportmengen werden auch in der Güterart Mineralöl und -erzeugnisse befördert. Größere Mengen als auf der Versandseite bezieht das Ausland bei den Güterabteilungen " Feste mineralische Brennstoffe" und vor allem bei "Sand, Kies, Bims, Ton".

Innerhalb der einzelnen Haupttransportgüter ist die Anteilsverteilung der verschiedenen Wasserstraßengebiete durchaus unterschiedlich. Betrachten wir zunächst wieder die Versandseite. Bei "Getreide" dominiert zwar der Versand aus dem Ausland mit 54,7 % deutlich, jedoch halten die traditionellen Getreideumschlagplätze Hamburg (Elbegebiet) und Bremen/Brake (Wesergebiet) mit 12,8 % bzw. 7,8 % noch nennenswerte Anteile. Ein vergleichbarer Prozentsatz ergibt sich für das Elbegiet nur noch bei Mineralöl und -erzeugnissen. Die Anteile für alle übrigen Güter liegen deutlich unter 10 %. Entsprechendes gilt für das Wesergebiet, in dessen Bereich vielleicht noch die Sand- und Kiesverschiffungen genannt werden sollten,die sich 1972 auf 3,8 Mio. Tonnen beliefen.

Der Versand "fester mineralischer Brennstoffe" konzentriert sich etwa zu gleichen Teilen auf die Rheinschiffahrt und auf den Verkehr über das westdeutsche Kanalgebiet. Beim Versand von Mineralöl und - erzeugnissen liegen die innerdeutsche Rheinschiffahrt und der grenzüberschreitende Rheinverkehr etwa gleich auf und halten zusammen einen Anteil von knapp 66%. Es folgen die Kanalschiffahrt mit 14,7% und das Elbegebiet mit 10%. 85,8% aller Erzverschiffungen erfolgen im grenzüberschreitenden Rheinverkehr; nennenswert sind hier zusätzlich nur noch die innerdeutsche Rheinschiffahrt, bei der es sich in diesem Fall nur um Metallabfälle oder um Erztransporte im gebrochenen

Tab. 11 : Die Verteilung des Güterempfangs mit Binnenschiffen auf die Wasserstraßengebiete 1972

Haupttransportgüter	Elbe-gebiet	Weser-gebiet	Westd. Kanalgeb.	Rhein-gebiet	Main/ Neckar	Donau-gebiet	Berlin	DDR	Ausland	Gesamt
	in 1000 t									
Getreide	297	413	1 009	2 740	427	1	160	273	737	6 057
Feste min.Brennstoffe	188	383	2 994	3 490	2 791	5	720	127	7 234	17 932
Mineralöl u.- erzeugnisse	3 243	1 198	7 614	19 684	6 946	86	1 161	-	2 842	42 774
Erze, Metallabfälle	19	95	2 916	27 954	34	342	14	16	881	32 271
Eisen u. Stahl	546	325	1 052	2 491	826	485	253	1	5 940	11 919
Sand, Kies, Bims,Ton	1 738	3 647	6 625	13 278	17 038	794	2 663	1	15 852	61 636
Steine u.a.Rohmineralien	1 052	449	1 996	9 311	1 495	244	167	1	2 828	17 543
Düngemittel	264	382	542	1 683	432	202	-	84	1 614	5 203
Übrige Güter	915	913	2 260	10 994	2 478	69	826	344	6 104	24 903
Insgesamt	8 262	7 805	27 008	91 625	32 467	2 228	5 964	847	44 032	220 238
	in %									
Getreide	4,9	6,8	16,7	45,3	7,1	0,0	2,6	4,5	12,1	100,0
Feste min. Brennstoffe	1,1	2,1	16,7	19,5	15,6	0,0	4,0	0,7	40,3	100,0
Mineralöl u. -erzeugnisse	7,6	2,8	17,8	46,0	16,2	0,2	2,7	-	6,7	100,0
Erze, Metallabfälle	0,1	0,3	9,0	86,6	0,1	1,1	0,0	0,1	2,7	100,0
Eisen u. Stahl	4,6	2,7	8,9	20,9	6,9	4,1	2,1	0,0	49,8	100,0
Sand, Kies, Bims, Ton	2,8	5,9	10,8	21,6	27,6	1,3	4,3	0,0	25,7	100,0
Steine u.a. Rohmineralien	6,0	2,6	11,4	53,1	8,5	1,4	0,9	0,0	16,1	100,0
Düngemittel	5,1	7,3	10,4	32,4	8,3	3,9	-	1,6	31,0	100,0
Übrige Güter	3,7	3,7	9,1	44,1	9,9	0,3	3,3	1,4	24,5	100.0
Insgesamt	3,8	3,5	12,3	41,6	14,7	1,0	2,7	0,4	20,0	100,0

Quelle: Zusammengestellt und berechnet nach Statistisches Bundesamt (Hrsg.): Fachserie H: Verkehr, Reihe 1: Binnenschiffahrt 1972, a.a.O., S. 118 - 125

Tab. 12 : Die Verteilung der Güterabteilungen innerhalb der einzelnen Fahrtgebiete im Empfang in %

Haupttransportgüter	Elbe-gebiet	Weser-gebiet	Westd. Kanalgeb.	Rhein-gebiet	Main/ Neckar	Donau-gebiet	Berlin	DDR	Ausland	Gesamt
Getreide	3,6	5,3	3,7	3,0	1,3	0,0	2,7	32,2	1,7	2,7
Feste min. Brennstoffe	2,3	4,9	11,1	3,8	8,6	0,2	12,1	15,0	16,4	8,1
Mineralöl u. -erzeugnisse	39,3	15,4	28,2	21,5	21,4	3,9	19,5	-	6,4	19,4
Erze, Metallabfälle	0,2	1,2	10,8	30,5	0,1	15,4	0,2	1,9	2,0	14,7
Eisen und Stahl	6,6	4,2	3,9	2,7	2,6	21,8	4,2	0,1	13,5	5,4
Sand, Kies, Bims	21,0	46,7	24,5	14,5	52,5	35,6	44,6	0,1	36,0	28,0
Steine u. a. Rohmineralien	12,7	5,7	7,4	10,2	4,6	10,9	2,8	0,1	6,4	8,0
Düngemittel	3,2	4,9	2,0	1,8	1,3	9,1	-	10,0	3,7	2,4
Übrige Güter	11,1	11,7	8,4	12,0	7,6	3,1	13,9	40,6	13,9	11,3
Insgesamt	100,0	100,0	100,0	100,0	100,0	100,0	100,0	100,0	100,0	100,0

Tab. 13 : Die Verteilung der Güterabteilungen innerhalb der einzelnen Fahrtgebiete im Versand in %

Haupttransportgüter	Elbe-gebiet	Weser-gebiet	Westd. Kanalgeb.	Rhein-gebiet	Main/ Neckar	Donau-gebiet	Berlin	DDR	Ausland	Gesamt
Getreide	7,9	5,6	1,7	0,7	1,9	2,8	0,5	7,2	4,4	2,7
Feste min. Brennstoffe	3,1	1,7	29,6	8,9	0,2	15,2	0,2	5,4	2,9	8,1
Mineralöl u. -erzeugnisse	43,8	20,4	24,7	17,0	16,7	1,5	1,1	0,0	18,7	19,4
Erze, Metallabfälle	0,8	0,9	6,4	2,0	3,1	27,6	28,1	0,6	36,7	14,7
Eisen und Stahl	0,8	2,9	7,5	6,6	0,3	0,4	14,0	11,1	5,1	5,4
Sand, Kies, Bims	17,6	45,2	7,0	43,1	45,8	39,8	11,9	60,9	13,5	28,0
Steine u. a. Rohmineralien	9,1	3,6	6,4	9,7	17,9	9,2	0,4	6,0	5,2	8,0
Düngemittel	2,7	0,7	4,4	1,3	2,4	0,2	0,2	1,3	3,0	2,4
Übrige Güter	14,2	19,0	12,3	10,7	11,7	3,3	43,6	7,5	10,5	11,3
Insgesamt	100,0	100,0	100,0	100,0	100,0	100,0	100,0	100,0	100,0	100,0

Verkehr handeln kann, sowie die westdeutsche Kanalschiffahrt, im wesentlichen die Erzimporte über Emden und weiter über den Dortmund - Ems - Kanal, mit jeweils rund 5%. Von den 11,9 Mio. Tonnen Eisen und Stahl, die 1972 mit Binnenschiffen transportiert wurden, entfielen im Versand 45,6% auf die Rheinschiffahrt, 32,2% auf den grenzüberschreitenden Binnenschiffsverkehr und 16,0% auf die westdeutsche Kanalschiffahrt. Eine vergleichsweise Konzentration auf diese Wasserstraßengebiete zeigt sich auch für die Güterarten "Sand, Kies, Bims, Ton" sowie "Steine und andere Rohmineralien". Bei "Düngemitteln", mit 5,2 Mio. Tonnen die Güterart, von der am wenigsten befördert wurde, führt deutlich der grenzüberschreitende Binnenschiffsverkehr (44,0%) vor der westdeutschen Kanalschiffahrt und der innerdeutschen Rheinschiffahrt. Beim Gütertransport der Gruppe "übrige Güter" ist die Verteilung auf die Fahrtgebiete etwas ausgeglichener, dennoch zeigt sich auch hier das Übergewicht der nationalen und internationalen Rheinschiffahrt.

Die Empfangsseite ist, was das Verhältnis von Rheinschiffahrt und grenzüberschreitendem Binnenschiffsverkehr angeht, fast genau das Spiegelbild der Versandseite. Es dominieren folglich die deutschen Rheinhäfen beim Empfang von Getreide, von Mineralöl und -erzeugnissen, insbesondere von Eisenerz (86,6%), aber auch von Steinen und anderen Rohmineralien sowie von Düngemittel und übrigen Gütern. Für Häfen im Ausland sind vor allen Dingen feste mineralische Brennstoffe (40,3 %) und Eisen- und Stahltransporte (49,8%) bestimmt. Beim Empfang von Sand, Kies, Bims, Ton liegen das Rheingebiet, das Main/Neckar-Gebiet und das Ausland mit zwischen 21 und 27% nahezu gleich auf.

Die nachstehende Abbildung zeigt für die wichtigsten Wasserstraßengebiete der BRD das Übergewicht der Versand- bzw. der Empfangsseite je nach der betrachteten Güterart. Der Versandüberschuß ist jeweils oberhalb der Nullachse, der Überschuß auf der Empfangsseite jeweils unterhalb der Nullachse abgetragen.

Abb. 20 : Das Übergewicht von Versand bzw. Empfang nach Gütern

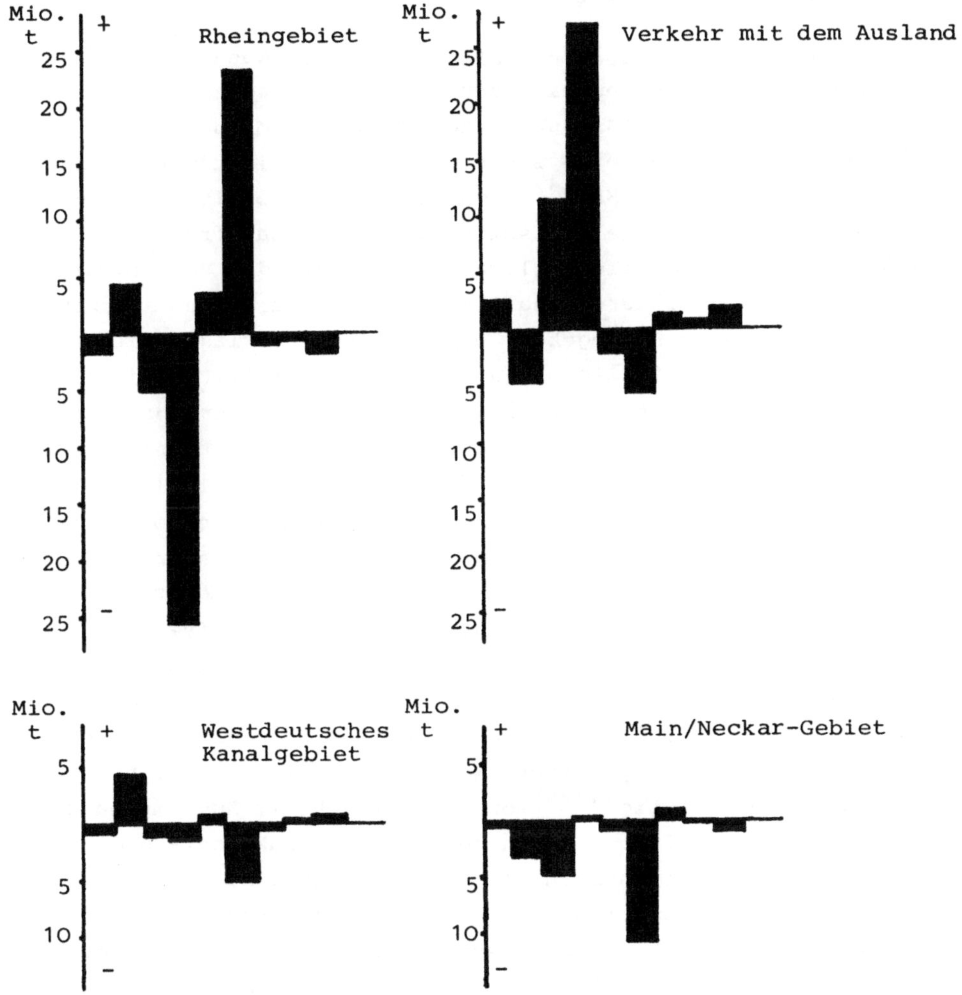

<u>Legende</u>:

Die einzelnen Blöcke stehen jeweils für die verschiedenen Güterarten in folgender Reihenfolge:

- Getreide
- Feste mineralische Brennstoffe
- Mineralöl und -erzeugnisse
- Erze, Metallabfälle - Eisen und Stahl
- Sand, Kies, Bims, Ton
- Steine und andere Rohmineralien
- Düngemittel
- Übrige Güter

3. Die Nachfrageelastizität

Eine exakte Messung der Preiselastizität der Nachfrage[322] im gewerblichen Binnenschiffsverkehr ist wie so häufig bei preistheoretischen Analysen in der Praxis kaum durchführbar. Es bietet sich daher eine Schätzung der Elastizitäten auf der Grundlage der von NIEHANS[323] entwickelten Substitutionsregel an, derzufolge die Preiselastizität der Nachfrage um so größer ist, je eher die Möglichkeit besteht, die Verkehrsleistung durch eine andere, qualitativ gleichartige zu ersetzen. Dieser Fall ist z.B. gegeben, wenn ein Kohleverlader die Wahl zwischen zwei Partikulieren hat.[324] Die Elastizität nimmt einen endlichen Wert an, wenn die Qualität der Verkehrsmittel, zu deren Messung die Verkehrswertigkeit und die Affinitäten der Transportgüter Anwendung finden[325] zwar unterschiedlich sind, vom Verlader jedoch als ähnlich eingeschätzt werden oder/und wenn es möglich ist, sich durch eine Standortverlagerung teilweise oder völlig der Notwendigkeit von Transporten zu entziehen, oder das Transportgut durch ein substitutives Gut zu ersetzen bzw. die Transporte im Werkverkehr selbst durchzuführen; denn abgesehen von konsumtiven Personen- und Nachrichtenverkehr ist die Nachfrage nach Verkehrsleistungen nicht originär, sondern abgeleitete Nachfrage. "Sie wird nicht ihrer selbst willen getätigt"[326] sondern entsteht im Zusammenhang mit der Güternachfrage, da in der Regel Produktions- und Absatzorte nicht identisch sind. Die Transportnachfrage steht somit in einem proportionalen Verhältnis zur Ausbringungsmenge und ist somit von der Beschäftigungslage und der Auftragsentwicklung der Verlader abhängig. Gehen die transportierten Güter als limitationale Produktionsfaktoren[327] in den Produktionsprozeß desjenigen ein, der Binnenschiffahrtsleistungen nachfragt, ist die Aussicht, durch Frachtsenkungen eine Erhöhung der Transportnachfrage zu induzieren, relativ gering, schließt man einmal den Fall aus, daß sich ein zusätzlicher Aufbau umfangreicher Lager betriebswirtschaftlich lohnen würde. In der Regel können jedenfalls die Endproduktpreise auch im Falle einer fühlbaren Transportpreissenkung wegen des - für die Mehrzahl der Produktionsprozesse - verhältnismäßig geringen Anteils der Transportkosten an den gesamten Herstellungskosten nur unwesentlich gesenkt werden[328], wodurch eine Mehrnachfrage nach diesen Gütern ausgelöst werden könnte. Die Wirksamkeit von Transportpreisänderungen zeigt das folgende Rechenbeispiel, welches MERL[329] verwendet hat.

Tab. 14 : Die Auswirkungen von Transportpreisänderungen auf die Preise der Transportgüter

Relative Transportpreisänderung in v.H.	Relative Preisänderung in v.H. bei einem Anteil von Transportkosten am Preis		
	5 %	7,5 %	10 %
5	0,25	0,375	0,50
10	0,50	0,75	1,00
20	1,00	1,50	2,00
30	1,50	2,25	3,00
40	2,00	3,00	4,00
50	2,50	3,75	5,00

Soviel zur Nachfrageelastizität in Hinsicht auf die Gesamtheit der Güterverkehrsleistungen. Die Substitutionselastizität zwischen den relevanten Verkehrsträgern ist ungleich bedeutsamer und interessanter. Die Substitution innerhalb des Verkehrssystems ist jedoch nicht die einzige Ausweichmöglichkeit; auf sie werden wir später noch einmal zurückkommen.

4. Die Substitutionsmöglichkeiten

Zunächst wollen wir den Fall einer Substitution durch Änderung der Produktionsfunktion untersuchen. Angenommen, man habe substitutionale Produktionsfaktoren - bspw. Kohle und Heizöl - und ändere den Preis eines der beiden Faktoren, was, als weitere Annahme, allein durch die Änderung seines Transportpreises zustande komme, dann substituiert das betreffende

Unternehmen den einen durch den anderen Faktor solange, bis die Grenzproduktivitäten der zur Kombination gehörigen Faktoren pro Geldeinheit wieder gleich groß sind. Erhöht sich also der Preis eines zu transportierenden substitutionalen Produktionsfaktors und die Preise der übrigen Produktionsfaktoren bleiben konstant, so wird über die Realisierung der Minimalkostenkombination die Transportnachfrage nach dem teuereren Faktor gesenkt.

Eine Änderung der Binnenschiffsfrachten kann also u.U. zu einer anderen Faktorkombination führen. Dabei ist die Preiselastizität der Nachfrage bei den jeweils relevanten Gütern umso größer, je geringer die Grenzproduktivität und/oder je höher der Anteil der Beförderungskosten am Faktorpreis ist.[330)]

Da der überwiegende Teil der für die Binnenschiffahrt wichtigen Transportgüter Produktionsfaktoren der Schwerindustrie und der Bauwirtschaft sind, können wegen der weitgehend linear-limitationalen Produktionsfunktionen dieser Wirtschaftsbereiche die angesprochenen Ausweichmöglichkeiten zunächst nur als Ausnahmen betrachtet werden. Dies schließt jedoch nicht aus, daß sich längerfristig die Möglichkeit bietet, neue Produktionsfunktionen zu realisieren oder den Standort zu verlagern bzw. den Bezugsort zu wechseln.

Die Reaktionsfähigkeit der Verladerseite ist abhängig von der Art der Transportgüter, die wir zu diesem Zweck in Ubiquitäten und lokalisierte Materialien einteilen können. Im Massengüterverkehr sind erstere besonders transportkostenempfindlich. Auf Transportpreiserhöhungen bei diesen Gütern reagieren die Nachfrager in der Regel in der Weise, daß sie einen näher gelegenen Bezugsort wählen. Damit erübrigt sich im allgemeinen eine Standortverlagerung.[331)]

Bei der Gruppe der lokalisierten Materialien, insbesondere den Gewichtsverlustmaterialien wie Kohle und Erz, neigen die Verlader eher zu einer Substitution durch Standortverlagerung.

Wie LANKES[332] zeigt, wurden Standortverlagerungen im Bereich der Hüttenindustrie trotz hoher Anlageintensität u.a. auch durch die Änderung der Transportkosten verursacht. Weniger ausgeprägt ist dagegen die Neigung zur Substitution durch Standortverlagerung bei den Reingewichtsmaterialien wie z.B. Getreide, weil in diesem Fall die konsumnahen Standorte, die nicht gegebene Möglichkeit der Rohstoffsubstitution sowie die vergleichsweise hohe Anlageintensität der Mühlen auch in längerfristiger Sicht gegen eine Änderung des Produktionsortes sprechen.

Eine völlig andere Substitutionsmöglichkeit ist mit dem Übergang zum Werkverkehr gegeben. Vor allem für einen Großverlader bietet es sich an, eigene Schiffe im Werkverkehr einzusetzen, wenn die Frachten der Binnenschiffahrt langfristig die Kosten einer eigenen Werkschiffahrt übersteigen. Somit bilden die jeweiligen Kostenfunktionen der Werkschiffahrt in den einzelnen Relationen für die Binnenschiffahrt eine Preisobergrenze.

Bereits an anderer Stelle[333] haben wir die uns am meisten interessierende Substitution durch Ausweichen auf konkurrierende Verkehrsträger genannt. Die Neigung, bei Preiserhöhungen auf ein anderes Verkehrsmittel umzusteigen, läßt sich mit der Kreuzpreiselastizität der Nachfrage nach Transportleistungen beschreiben.

Sie gibt in dem hier behandelten Fall über den Grad der Substituierbarkeit von Binnenschiffstransportleistungen durch Transportleistungen konkurrierender Verkehrsträger Auskunft. Je geringere Werte die Elastizitäten annehmen, umso stärker ist die Marktposition des Anbieters.

Besonders im Verkehrssektor zeichnen sich viele Teilmärkte durch hohe Kreuzpreiselastizitäten aus. Für die Binnenschiffahrt bestehen auf fast allen Verkehrsrelationen sehr enge Substitutionsbeziehungen zur Bundesbahn, auf einigen Teilmärkten auch zum Güterkraftverkehr, im Bereich der Mineralöltransporte kommt noch die Wettbewerbsbeziehung zum Rohrleitungsverkehr hinzu.

Auf der Basis einer Unternehmensbefragung hat LANKES[334)] Kreuzpreiselastizitäten ermittelt. Hieraus leitet er die direkten Preiselastizitäten in der Weise ab, daß "die Verlagerungen in Beziehung zu den Transportanteilen gesetzt werden, die der preisaktive Verkehrsträger am gesamten Transportvolumen einer Unternehmung besitzt".[335)]

Er kommt zu dem Ergebnis, daß eine Erhöhung der Binnenschiffahrtsfrachten um 10% einen Nachfrageverlust von 12,5 % nach sich ziehen würde, während eine Frachtsenkung um 10 % eine Nachfrageerhöhung um 18,6 % zur Folge hätte. Für die Bundesbahn weist LANKES dagegen bei Tariferhöhungen einen unelastischen Wert aus, während bei Tarifsenkungen die Nachfrage elastischer reagieren würde als bei der Binnenschiffahrt. Aus beidem läßt sich ableiten, daß die Bundesbahn einen größeren preispolitischen Aktionsradius als die Binnenschiffahrt[336)] besitzt, die ihre Frachten quasi nur im Gleichschritt mit der Bundesbahn erhöhen kann, will sie nicht erhebliche Einbußen im Transportvolumen hinnehmen. Die ermittelten Werte beziehen sich auf den Gesamtverkehrsmarkt und lassen insgesamt auf sehr enge Substitutionsbeziehungen schließen. Ihre Intensität ist jedoch immer dann auf einzelnen Teilmärkten geringer, wenn sich Verlader an bestimmte Verkehrsunternehmen binden, um eine rationelle und kontinuierliche Verkehrsbedienung zu erzielen und sich produktionstechnisch auf eine bestimmte Verkehrsleistungsart einstellen.[337)]

Zuzüglich zu den bisher erwähnten Ausweichmöglichkeiten haben die Verlader auf einigen Teilmärkten die Wahl, Transportleistungen im grenzüberschreitenden Binnenschiffsverkehr, dessen Frachten nicht dem innerdeutschen Festpreissystem unterliegen, sondern sich im freien Spiel von Angebot und Nachfrage bilden, nachzufragen. Falls der Preis frei Werk den Transport eines Gutes gleicher Qualität auf einer innerdeutschen Relation denjenigen auf einer grenzüberschreitenden Relation übersteigt, muß mit einem Verlust der Transporte an den grenzüberschreitenden Binnenschiffsverkehr gerechnet werden.

B. Die praktischen Ausformungen der Preisgestaltung in der Binnenschiffahrt

I. Tarifgrundzüge

Die Binnenschiffsfrachten im innerdeutschen Güterverkehr sind bis auf geringfügige Ausnahmen[338] Festfrachten, die sich für den Bereich der Kanalschiffahrt und für die Flußschiffahrt, bei der Befahrungsabgaben vorgesehen sind, im wesentlichen aus der Schiffsanteilfracht, den Kanalabgaben und dem Schlepplohn zusammensetzen.

Die Schiffsanteilfracht umfaßt alle Kosten, die durch die Bereitstellung des betriebsfertigen Fahrzeugs incl. der Personalkosten anfallen.[339] Die Fracht- und als Grundlage dazu die Kostenkalkulation unterscheidet sich wegen der weit stärkeren Zeitabhängigkeit der Leistungserstellung deutlich von der Preisbildungspraxis etwa der Eisenbahn, bei der die Entfernungsstaffel eine wichtige Komponente der Tariffestsetzung darstellt. Im Falle der Binnenschiffahrt kommt die Entfernung als Kostenmaßstab weniger in Frage, da die Lade- und Löschzeiten, hier oft bedeutsamer sind als die reinen Fahrzeiten, die vor allem in der Kanalschiffahrt durch die Schleusungen und Wartezeiten zusätzlich ausgedehnt werden.

Um in etwa einen Überblick über die Höhe und die Art der verschiedenen Schiffahrtsabgabe zu erhalten, wollen wir wahlweise einige Schiffahrtsgebiete darstellen:

Tarife für die Schiffahrtsabgaben auf den Bundeswasserstraßen Neckar, Main/Regnitz, Main-Donau-Kanal

Nach den allgemeinen Bestimmungen werden Schiffahrtsabgaben als Befahrungsabgaben oder als Schleusengebühren erhoben, sofern mindestens eine Schleuse durchfahren wird. Im besonderen ist für die oben genannten Fahrtgebiete geregelt:

An Befahrungsabgaben sind je nach Güterklasse pro Gewichtstonne der beförderten Ladung im Regelfall unterschiedliche Beträge zu entrichten: Für die Güterklassen I und II je 1,1 Pf./tkm, für die Güterklassen III und IV je 0,9 Pf/tkm, für Güter der Güterklassen V und VI 0,75 Pf./tkm bzw. 0,55 Pf./tkm. Ausnahmen hiervon gelten für bestimmte Güterarten auf bestimmten Streckenabschnitten.[340)]

Innerhalb der festgesetzten Schleusenbetriebszeit kommen für jede Schleusendurchfahrt zur Entrichtung für Kleinfahrzeuge DM 2,-; außerhalb der festgesetzten Schleusenbetriebszeit sowie für Vorschleusungen liegen die Gebühren bedeutend höher. Die Schleusung von Güterschiffen, Schleppern, Schubbooten etc. wird mit DM 15,-, die Nach- und Vorschleusungen werden mit jeweils DM 20,- berechnet.

Neben den genannten allgemeinen Bestimmungen existiert noch eine Fülle von Sonderregelungen bezüglich der Befahrungsabgaben für bestimmte Güter, auf die wir wegen ihrer Vielfalt nicht eingehen wollen. Bei den hier beschriebenen Abgaben handelt es sich nicht um Zahlungen der Verladerseite an die Schiffahrtstreibenden, sondern um eine Zahlungspflicht, die entweder vom Frachtführer, vom Schiffseigner oder vom Schiffsführer zu leisten ist. Diese Tarifart geht folglich als Kostengröße in den Tarif ein, den die Schiffahrt den Verladern berechnet.

Tarif für die Schiffahrtsabgaben auf der Mosel zwischen Thionville und Koblenz[341)]

Die Befahrungsabgaben gliedern sich nach den verschiedenen Güterklassen wie folgt:

Für die Güter der Güterklasse I sind 1,035 Pf./tkm zu entrichten, für II 1,000 Pf./tkm, für III 0,930 Pf./tkm, für IV 0,800 Pf./tkm, für V 0,580 Pf./tkm und für die Güterklasse VI 0,375 Pf./tkm. Ermäßigungen erfahren in der Güterklasse I Benzin und Benzolgemisch mit 0,745 Pf./t, in der Güterklasse III und IV Eisen und Stahl sowie Eisen- und Stahlwaren, außerdem Getreide mit 0,740 Pf./t, in der Klasse V u.a. Zement, Salz und Klinker, Steine mit 0,415 Pf./t bzw. 0,290 Pf./t und schließlich in der Güterklasse VI Kohlen sowie Lehm und Ton mit 0,340, Bimskies etc mit 0,310 Pf./t, Schlacken, Erde, Kies, Sand, Erze, Kalidüngesalz, Schrott usw. mit 0,275 Pf./t. Am Ende der Skala rangiert Grubenholz mit 0,240 Pf./t.

Die Schleusengebühren für die Durchfahrt von Güterschiffen belaufen sich auf mindestens 10,- DM je Schleusung. Befreit hiervon sind aber leere Güterschiffe, Schlepper und Schubboote.

Tarife, Entgelte und Gebühren auf dem Rhein

Gemäß behördlich genehmigtem Beschluß des Frachtenausschusses für den Rhein ist das Liegegeld - weitgehend übereinstimmend mit den für die Stromgebiete der westdeutschen Kanäle und der zuständigen Frachtenausschüssen beschlossenen Sätzen - ab 15.2.1974 wie folgt geregelt.[342)]

Für das Rheinstromgebiet sind für bestimmte Streckenabschnitte Entgelte für Lotsen und Hilfsfachkräfte festgesetzt worden. Es handelt sich im einzelnen um Entgelte für Hilfsschiffsführer und Hilfsfachkräfte auf dem Niederrhein, um Entgelte für die Leistungen der Binnenlotsen auf dem Rhein zwischen Bingen und St. Goar, um Entgelte für die Steuerleute auf dem Main

Tab. 15 : Liegegeldsätze für ausgewählte Schiffsgrößen (gemessen in tdw) in DM

tdw	Motorschiffe	Schleppkähne
100 - 150	248,-	155,-
200 - 250	322,-	202,-
300 - 350	372,-	232,-
400 - 450	422,-	264,-
500 - 550	471,-	295,-
600 - 650	521,-	325,-
700 - 750	571,-	356,-
800 - 850	621,-	387,-
900 - 950	670,-	418,-
1 000 - 1 050	709,-	444,-
1 100 - 1 150	739,-	463,-
1 200 - 1 250	769,-	481,-
1 300 - 1 350	799,-	499,-
1 400 - 1 450	829,-	517,-
1 500 - 1 550	852,-	533,-
1 600 - 1 650	873,-	546,-
1 700 - 1 750	892,-	557,-
1 800 - 1 850	911,-	570,-
1 900 - 1 950	934,-	583,-
2 000 - 2 050	948,-	592,-

und so weiter in Stufen von je 50t Zuschlag 7,- bzw. 5,-

und auf dem Neckar sowie Entgelte für Steuerleute auf der Stromstrecke Mannheim - Kehl.

Nicht explizit behandeln wollen wir an dieser Stelle weitere Teilaspekte wie Schiffahrtsabgaben und Schlepplöhne bei Umschlag und Lagerung, dergl. bei Leichterungen wegen Niedrigwasser, sowie die Hafenabgaben und die Hafenbahngebühren.

Frachtenberechnungsbeispiele

(1) Transport von Braunkohlen und Braunkohlenbriketts (Güterverzeichnis Pos. 525) Klasse VI von Wesseling nach Rhein-, Main- und Neckarstationen[343)]

Grundfrachten für ausgewählte Relationen

Stand: 9.2.1974 Wesseling - nach	Schiffsanteilfracht in DM/t	Reedereientgelt org.-Gebühr KWZ a) -Pausch.	Grundfracht in DM/t
Bendorf/Koblenz	6,28	0,26[b)]	6,54
St. Goarshausen	6,98	0,26[b)]	7,24
Bingen	8,04	0,92	8,96
Mannheim	9,73	0,97	10,70
Karlsruhe	12,07	1,04	13,11
Rheinfelden	22,84	1,36	24,20
Frankfurt/Hoechst	9,44	0,96	10,42
Würzburg	14,09	1,10	15,19
Bamberg	17,06	1,19	18,25
Heidelberg	10,81	1,00	11,81
Stuttgart	17,12	1,19	18,31

a) Kleinwasserzuschlag = 0,65 DM b) ohne KWZ- Pauschale

In dem hier behandelten Fall sind zum Laden und Löschen jeweils eine 1/2 gesetzliche Lade- und Löschzeit angesetzt. Im Falle von 1/4 Lade- und Löschzeit ermäßigen sich die Grundfrachten um 0,35 DM/t. Dabei wird von 1/1 gesetzlicher Lade- und Löschzeit ausgegangen: bis 125 t = 1 Tag, bis 300 t = 2 Tage, bis 500 t = 3 Tage, bis 750 t = 4 Tage, bis 1 000 t = 5 Tage, bis 1 450 t = 6 Tage usw.

Für die Nichtinanspruchnahme eines Meldetages an der Lade- und Löschstelle wird jeweils 0,10 DM/t als Frachtabschlag gewährt.

Im Falle von Ladungspartien werden Zuschläge wie folgt erhoben: für Partien von 200 - 300 t 0,60 DM/t, für Partien über 300 - 450 t 0,55 DM/t und für Partien über 450 - 600 t 0,45 DM/t. Zur Bestimmung des Liegegeldes gelten die allgemeinen Bestimmungen.[344] Die Main - und Neckarschiffahrtsabgaben gehen nach den bereits beschriebenen Bestimmungen[345] zu Lasten der Ware.

Nach A 412/34 werden für frachtzahlende Großbezieher folgende Rabatte gewährt: bei einer Jahresbezugsmenge von 50.000 bis 150.000 t 0,95 DM/t, bis 400.000 t 1,25 DM/t, über 400 000 t 1,40 DM/t.

(2) Transport von Braunkohlen und Braunkohlenbriketts (Güterverzeichnis Pos. 525) Klasse VI. von Wesseling nach Mittellandkanal -Stationen [346]

Grundfrachtraten für ausgewählte Relationen

Stand: 29.6.74 Wesseling - nach	Motorschiffs-anteilfracht in DM/t	Reederei-entgelt Org.-Gebühr (0,03) in DM/t	Grund-fracht in DM/t	Öffentlich-rechtliche Abgaben in DM/t	Transport-satz in DM/t
Minden	11,76	0,38	12,14	0,98	13,12
Hannover	12,35	0,40	12,75	1,21	13,96
Hildesheim	13,01	0,42	13,43	1,36	14,79
Peine	13,03	0,42	13,45	1,38	14,83
Braunschweig	13,54	0,44	13,98	1,45	15,43
Salzgitter	13,73	0,44	14,17	1,49	15,66
Wolfsburg	13,16	0,43	13,59	1,56	15,15

Abweichend zum Beispiel (1) gilt hier für Laden und Löschen 1/2 gesetzliche Lade- und 1/1 gesetzliche Löschzeit.

(3) Transport von Kies und Sand etc. (Güterverzeichnis Pos. 227) Klasse VI [347)]

Grundfrachten

Stand: 9.2.1974	Motorschiffs-anteilfracht in DM/t	Reederei-entgelt Org. - Gebühr (0,02) in DM/t	Grund-fracht in DM/t
ab Rhein - km 3,59,9 - 384,0 nach Mannheim	2,73	0,08	2,81
ab Rhein - km 391,7 nach Mannheim	2,69	0,08	2,77
ab Söllingen und Greffern nach Karlsruhe	2,69	0,08	2,77
ab Ladestellen zwischen Karlsruhe und Kehl nach Breisach	5,35	0,13	5,48

II. Entwicklungsübersicht über die tarifpolitischen Aktivitäten der Binnenschiffahrt

a. Die 60er Jahre

Zusätzlich zu den Wettbewerbsmaßnahmen der Bundesbahn waren die beträchtlichen Kapazitätsausweitungen der Binnenschiffahrtsflotte und die häufig auftretenden Liegezeiten die bestimmenden Faktoren für die sich ständig verschlechternde Lage der Binnenschiffahrt Mitte der 60er Jahre. Zu einem regelrechten Zusammenbruch des Frachtenniveaus kam es im Frühjahr 1966. Die Folge war ein Absinken der innerhalb der deutschen Binnenschiffahrt zu zahlenden Frachten unter die von der Aufsichtsbehörde genehmigten Festfrachten.[348)]

Eine geschlossene Reaktion der Binnenschiffahrt scheiterte an den unterschiedlichen Standpunkten der verschiedenen Gruppen der Binnenschiffahrtstreibenden.Während die Einzelschiffe Margenfrachten grundsätzlich ablehnten und auf den kostengerechten Festfrachten bestanden, forderten die zumeist mit der Verladerseite verbundenen Reedereien,die um diese Zeit über etwa 60% der Flottenkapazität verfügten, die Einführung von Margenfrachten mit einer derart weiten Bandbreite von 45% nach oben und unten, daß dies in praxi einer freien Preisbildung entsprochen hätte.[349)]

In der derzeitigen ausgesprochen schlechten wirtschaftlichen Lage hätte weder die eine noch die andere preispolitische Maßnahme zum stabilisierenden Erfolg führen können, da im Falle einer Durchsetzung von Festfrachten die internationale Rheinschiffahrt die Maßnahme relativiert hätte und illegale Frachtunterbietungen nicht hätten ausgeschlossen werden können. Auf der anderen Seite hätte die Einführung eines Margentarifes bewirkt, daß sich in der offensichtlichen Überkapazitätsphase die Frachtraten an der unteren Grenze der Marge bewegt hätten.[350)]

Durch eine Änderung des BSchVG am 11.13.1968[351)] galt vom 1.1.1969 die Regelung bezüglich der Frachtenausschüsse, wie sie bereits vor 1961 bestanden hatte. Es wurden also wiederum die Ausschüsse paritätisch mit Vertretern der Binnenschiffahrt und der Verladerseite besetzt. Die Festfrachten werden über einen Kompromiß festgelegt und gelten definitionsgemäß als marktgerecht.[352)] Die Transportentgelte werden gemäß § 29 des Gesetzes über den gewerblichen Binnenschiffsverkehr vom 8.1.1969 vom BVM als Rechtsverordnung erlassen und veröffentlicht.[353)]

Es ist dem BVM allerdings nicht gelungen, das Frachtensystem als ebenfalls gültig und verbindlich für den deutschen Abschnitt des internationalen Rheinverkehrs durchzusetzen. Insbesondere die niederländischen Aktivitäten beschworen die Gefahr herauf, daß das Instrument der Festfrachten wirkungslos würde, wenn die Frachtraten im grenzüberschreitenden Verkehr deutlich genug unter dem innerdeutschen Frachtenniveau lägen. Wie SCHLOTTERER[354)] zeigt, konnte noch nicht eindeutig nachgewiesen werden, ob die flankierenden Maßnahmen einer ständigen Frachtenkontrolle wirksam gewesen sind, da ab 1968 eine überdurchschnittlich gute Beschäftigungslage zu verzeichnen war.

b. Die jüngste Entwicklung[355]

1. Innerdeutscher Binnenschiffsverkehr

Am 1. Dez. 1973 kam es zu einer vorübergehenden Erhöhung der Frachtgrundlagen des Frachtenausschusses "Tankschiffsverkehr" für die Berechnung der Regelfrachten für den Flußverkehr (7%) und für den Kanalverkehr (3%). Die Wettbewerbsfrachten wurden gleichzeitig um 7% angehoben. Gerechtfertigt wurden diese Maßnahmen mit der durch die Energiekrise bedingten kritischen Treibstoffsituation. Durch die Einführung von Treibstoffzuschlägen (Anhebung von 13,50 DM auf 24,60 DM je 100 l) kam es zu einer 9 %igen Erhöhung der vom Frachtenausschuß "Rhein" festgelegten Motorschiffsanteilfrachten, der Stationszu- bzw. -abschläge, der Schlepplöhne, der Frachtzuschläge sowie der Schubboottarifsätze.

Durch die Einführung von Gasölpreiszuschlägen in Höhe des gleichen Betrages erhöhten sich je nach dem Zuständigkeitsbereich der verschiedenen Frachtenausschüsse die Frachtbelastungen um zwischen 5 und 9 %, wobei im einzelnen noch die jeweilige Länge der Beförderungsstrecke eine Rolle spielte.

Abgesehen von diesen im Dezember 1973 durchgesetzten vorübergehenden Erhöhungen galt vom 1. Januar 1974 eine allgemeine Anhebung der Schiffahrtsabgaben auf den Wasserstraßen zwischen Rhein und Elbe. Dabei wurden die Regelsätze um 3 bis 7 % erhöht. Im Zuge der weiterhin krisenhaften Energiesituation wurden die Anfang Dezember 1974 eingeführten Gasölzuschläge zunächst durch eine weitere Heraufsetzung den Marktpreis für Gasöl angepaßt. Das bedeutete:

(a) Heraufsetzung (um 3 bis 9 % der genannten Frachtsätze) in den verschiedenen Zuständigkeitsbereichen

Datum	Zuständigkeitsbereich	Δ Preis in %
	Duisburger Frachten - Konvention für Stückguttransporte im grenzüberschreitenden Rheinverkehr für Erzeugnisse	
28.1.	- der eisenverarbeitenden Industrie	+ 111 %
	- der chemischen Industrie	+ 56 %

Datum	Zuständigkeitsbereich	Δ Preis in %
18.2.	Frachtenausschüsse "Rhein" und "Dortmund"	+ 100 %
25.2.	Frachtenausschüsse "Hamburg" und "Tankschiffahrt"	+ 100 %
4.3.	Duisburger Frachten - Konvention für sonstige Güter	+ 50 %
11.3.	Frachtenausschüsse "Berlin" und Bremen"	+ 93 %

(b) Ermäßigung (um 1 bis 2 % der oben genannten Frachtsätze) in den verschiedenen Zuständigkeitsbereichen

Datum	Zuständigkeitsbereich	Δ Preis in %
	Duisburger Frachten - Konvention für Stückguttransporte im grenzüberschreitenden Rheinverkehr für Erzeugnisse	
11.2.	- der eisenverarbeitenden Industrie	- 16 %
	- der chemischen Industrie	- 11 %
4.3.	Frachtenausschüsse "Rhein" und Dortmund"	- 11 %
11.3.	Frachtenausschuß "Berlin"	- 8 %
18.3.	Frachtenausschuß "Hamburg"	- 10 %
25.3.	Frachtenausschuß "Tankschiffahrt"	- 10 %

Unberührt davon wurden am 10.2.74 die Motorschiffsanteilfrachten, Tagesmietsätze und Liegegelder im Bereich des Frachtenausschusses Dortmund um 7% erhöht. Am gleichen Tag wurden die Frachtsätze für bestimmte Transportgüter von Festfrachten in Richtsätze mit Tarifmargen umgewandelt, die zunächst probeweise bis zum 30.9.1974 angewendet werden sollten.

Betroffen waren von dieser Neuerung bspw. Kali-, Zement- und Zementklinkertransporte (Marge : + 5/ - 3 %), Rheinkies von Niederrhein- nach Kanalstationen (+ 5/ - 3 %), Exportkohle von Kanalhäfen nach Emden (+ 10/ - 3 %) und Importerz von Emden nach Dortmund (+ 10/ - 3 %).

An die Erhöhung für den Frachtenbereich "Dortmund" schlossen sich Anhebungen für die Bereiche "Rhein" und "Hamburg" in gleicher Höhe an (15.Feb. 74).

Mitte April 1974 wurden im Zuständigkeitsbereich des Frachtenausschusses "Rhein" die für die Rheinschiffahrt geltenden Schlepp- und Schublöhne um durchschnittlich 7 %, die Vorspannlöhne um 10 % erhöht. Im Bereich "Dortmund" wurden die für die Kanalschiffahrt geltenden Schlepplöhne um 3 % angehoben. In den übrigen Zuständigkeitsbereichen wurden die Frachten um 7 % erhöht. In Anpassung an die etwas ermäßigten Brennstoffpreise wurden die Gasölzuschläge zwischen 12 und 26 % zurückgenommen.

Am 1.Juli 1974 wurden die Schiffahrtsabgabentarife "Neckar" und "Mosel" um zwischen 8 und 13 % angehoben. In Anbetracht der sich allmählich weiter beruhigenden Energiesituation wurden die Gasölzuschläge wiederum um 16 bis 20 % ermäßigt.

Im Dezember 1974 wurde neben einigen speziellen Frachtänderungen im Frachtenausschuß "Berlin" eine 10 %ige Erhöhung der Grundfrachten durchgesetzt. Dagegen wurden die Gasölzuschläge um 11 bis 12 % zurückgenommen. Im Bereich der Frachtausschüsse "Rhein" und "Dortmund" kam es zu einer Erhöhung der Motorschiffsanteilfrachten von 12 %. Die Gasölzuschläge wurden hier um 10 - 11 % reduziert. In den genannten Bereichen wurden die Kiestransporte ab oberrheinischen Baggerstellen um 6,6 % im Beförderungspreis erhöht, für alle sonstigen Güter- und Verkehrsrelationen um 10,8 bis 11,3 %.

2. Grenzüberschreitender Binnenschiffsverkehr

Im Herbst 1973 war auf dem Rotterdamer Rheinfrachtenmarkt eine uneinheitliche Entwicklung der frei gebildeten Abschlußraten zu notieren. Die im September extrem hohem Frachtraten fielen nach Besserung der Rhein - Wasserführung zunächst stark ab, stiegen dann aber infolge zunehmender Überseeanlandungen in Rotterdam wieder an. Zusätzlich wurden die Frachtraten durch den erhobenen Gasölzuschlag in Höhe von 10% entsprechend erhöht. Zwischen Januar und März 1974 gingen die Rotterdamer Abschlußraten infolge schwacher Umschlageergebnisse im Rotterdamer - Überseegeschäft um

Werte zwischen 10 und 40 % zurück. Entsprechend niedrig lagen in diesem Zeitraum auch die Rotterdamer Tagesmietsätze für Binnenschiffstonnage zu Lagerzwecken (durchschnittlich -20 %). Die Ratenrückgänge für Transporte von Exportgütern im Talverkehr waren entsprechend dem höheren Ladungsangebot mit 10 bis 20 % mäßiger.

In den Sommermonaten kam es zu unterschiedlichen Ratenrückgängen am Rotterdamer Frachtenmarkt für Massengüter: bspw. für Getreide (zu Berg) zwischen 8 und 21 %, für Sand, Kies und Schlacken (zu Tal) bis zu 3 % und für Mehl (zu Tal) zwischen 15 und 23 %.

Zwischen Oktober und Dezember 1974 war bei insgesamt steigender Tendenz die Ratenentwicklung uneinheitlich. So bewegten sich die Änderungen zwischen - 10 % und + 15 %.

Die weltweiten Rezessionstendenzen und der daraus resultierende Rückgang des Seegüterverkehrs wirkten sich im grenzüberschreitenden Rheinverkehr in einem stark verminderten Ladungsangebot am Rotterdamer Frachtenmarkt für Gütertransporte aus. Im ersten Quartal 1975 war z.B. mehr als 30 % der Rheintankerflotte ohne Beschäftigung. Im Zuge des allgemeinen Frachtrateneinbruchs gingen vor allem die Raten für Getreidetransport zu Berg sowie die Entgelte für den Transport von Mehl, Bimskies und Eisenschlacke zu Tal zwischen 23 und 39 % zurück.

Tab. 16 : Frachtsätze der Binnenschiffahrt in DM je 1000kg

Tarifstelle	km	Durchschnitt 1962	1970	1972	1973	1974	Dez. 1974
Getreide							
Hamburg-Düsseldorf	791	13,44	11,45	13,13	14,25	17,05	17,11
Hamburg-Braunschweig	392	8,79	8,11	9,40	10,09	11,64	11,69
Bremen-Köln	477	9,74	7,58	8,18	8,53	10,07	10,21
Bremen-Mannheim	779	13,75	10,92	10,58	11,02	13,03	13,22
Bremen-Heilbronn	895	15,43	12,49	13,19	13,78	16,18	16,41
Emden-Köln	396	9,30	7,18	7,18	7,94	9,75	10,25
Emden-Mannheim	656	13,30	10,65	10,65	10,63	12,73	13,40
Emden-Heilbronn	766	14,98	12,29	12,29	13,18	15,94	16,75
Hamburg-Berlin	345	12,15	11,97	13,75	14,58	16,50	16,54
Steinkohle							
Hamburg-Berlin	345	9,05	10,06	10,63	11,99	14,37	14,44
Ruhrgebiet-Hannover	299	8,08	8,77	10,67	11,38	13,02	13,72
Ruhrgebiet-Berlin	894	16,11	17,32	20,63	21,65	24,70	25,99
Rhein/Ruhr-Mannheim	353	7,20	8,51	10,45	11,29	13,60	14,35
Rhein/Ruhr-Frankfurt	320	7,26	8,57	10,49	11,34	13,90	14,69
Rhein/Ruhr-Heilbronn	463	9,54	11,32	13,79	14,86	17,84	18,81
Rhein/Ruhr-Karlsruhe	421	8,53	10,10	12,40	13,39	16,12	17,00
Braunkohle							
Wesseling-Mannheim	242	6,51	7,39	9,11	9,91	11,91	12,56
Wesseling-Frankfurt	209	6,57	7,45	9,16	9,93	11,94	12,59
Wesseling-Heilbronn	352	9,16	10,35	12,62	13,64	16,37	17,26
Wesseling-Karlsruhe	310	8,03	9,08	11,18	12,11	14,59	15,39
Mineralöl (Tarif II)							
Hamburg-Berlin	345	12,80	13,21	15,70	15,72	17,31	17,50
Bremen-Duisburg	431	14,78	15,89	20,24	21,03	23,73	24,08
Bremen-Heilbronn	895	25,18	27,07	34,47	35,89	40,99	41,50
Bremen-Mannheim	779	21,25	22,83	29,04	30,24	34,56	34,97
Eisen/Stahl (ab 300t)							
Rhein/Ruhr-Mannheim	353	8,40	9,39	11,33	12,23	14,75	15,55
Rhein/Ruhr-Heilbronn	463	11,49	12,46	14,81	15,93	19,09	20,13
Rhein/Ruhr-Karlsruhe	421	10,45	11,69	14,09	15,21	18,33	19,34

Quelle: Statistisches Bundesamt (Hrsg.): Fachserie M: Preise,Löhne, Wirtschaftsrechnungen, Reihe 7: Preise für Verkehrsleistungen, verschiedene Vierteljahreshefte 1974/75, Stuttgart und Mainz 1974 u. 1975

C. Der Preisbildungsprozeß

I. Der wettbewerbspolitische Hintergrund

Auf fast allen für die Binnenschiffahrt in Frage kommenden Verkehrsrelationen ist sie der Konkurrenz der Bundesbahn ausgesetzt, die regelmäßig, wie wir im folgenden Abschnitt sehen werden,[356] mit dem Instrument der Preisdifferenzierung in Form von Ausnahmetarifen operiert. Das relativ engmaschige Schienennetz in Verbindung mit der besonderen Art ihrer Unternehmens- und Betriebsstruktur versetzt sie in die Lage, im Rahmen einer Mischkalkulation auf sog. Wettbewerbsmärkten Ausnahmetarife unter Berücksichtigung der Substitutionselastizität der Nachfrage zu gewähren, die sie auf den sog. monopolistischen Teilmärkten durch Ausnutzung der verhältnismäßig geringen Preiselastizität der Nachfrage alimentieren kann.[357] Die angesprochene Preisstrategie ist nach unten hin lediglich durch Art. 80,III des EG-Vertrages begrenzt, demzufolge die Ausnahmetarife die Frachten der konkurrierenden Verkehrsträger nicht unterschreiten dürfen.

Der Wettbewerbsgrad zwischen den Verkehrsträgern äußert sich nicht nur auf dem Gebiet der Preispolitik, eine entscheidende Komponente ist auch in den Qualitätsunterschieden zwischen Verkehrsträgern, Verkehrsmitteln und Transportbehältern zu sehen.[358]

Neben der größeren Netzbildungsfähigkeit weist die Eisenbahn auch auf den meisten anderen Ebenen der Verkehrswertigkeit, insbesondere bezüglich Schnelligkeit und Berechenbarkeit gegenüber dem Binnenschiff höhere Werte auf.

Die Transportgeschwindigkeit ist allerdings bei den vorzugsweise von Binnenschiffen beförderten Massengütern nur von untergeordneter Bedeutung. Die Unterlegenheit der Binnenschiffahrt im Bereich der Berechenbarkeit beruht auf ihrer Anfälligkeit gegenüber Witterungseinflüssen, denenzufolge Transporte nicht nur unpünktlich eintreffen, sondern darüberhinaus noch eine Verteuerung mit sich bringen können, wenn bei Niedrigwasser von einem bestimmten Pegelstand an Kleinwasserzuschläge erhoben werden.

Diesen und andere Wettbewerbsvorteile der Eisenbahn versucht die Binnenschiffahrt mittels preispolitischer Maßnahmen auszugleichen, indem sie ihre Frachten in den "nassen" Relationen - hier liegen Versand- und Empfangsstation an der Wasserstraße - niedriger als die Bundesbahntarife ansetzt. Im gebrochenen Verkehr müssen die Binnenschiffsfrachten - soll zusätzlicher Transport für den Wasserstraßenverkehr gewonnen werden - zuzüglich den Umlade-, Zu- und Ablaufkosten um eine gegenüber den nassen Relationen, wegen der nicht auszuschließenden negativen Auswirkungen des Umladens auf die Qualität und/oder Quantität des Frachtgutes[359], relativ höhere Spanne unter den Tarifen der Eisenbahn liegen. Die besondere Problematik des gebrochenen Verkehrs besteht darin, daß die Bundesbahn durch Gestaltung der Zu- und Ablauftarife in der Lage ist, auf den Endpreis der Transportleistung so einzuwirken, daß dieser teurer wird als ihre eigene Leistung im ungebrochenen Verkehr.

Um sich aus dieser Abhängigkeitsposition zu lösen, ist ein Großteil der wichtigsten Reedereien dazu übergegangen, sich Güternah- und/oder Güterfernverkehrsbetriebe anzugliedern, die den Zu- und Ablauf übernehmen. Von 12 Reedereien, die 1971 Steinkohlentransporte vom Ruhrgebiet nach Süddeutschland durchführten, betrieben 8 eine Spedition. Von den Reedereien, die im gleichen Zeitraum Eisen und Stahl auf den gleichen Relationen beförderten, boten 60% Güternah- und 40% Güterfernverkehrsleistungen an.[360]

Die "Anreizspannen" sind weitgehend zusammengeschrumpft, ohne daß die Binnenschiffahrt einen Nachfrageverlust zu verzeichnen hatte, da die Qualität der Transportleistung der beiden Verkehrsträger heute von den Verladern der für die Binnenschiffahrt wichtigsten Massengüter als weitgehend ähnlich beurteilt wird.[361]

Berührungspunkte mit dem Güterkraftverkehr treten insbesondere auf den Transportmärkten für Kies und Sand ab Niederrheinstationen in das Westdeutsche Kanalgebiet sowie im ober- und mittelrheinischen Baustoffverkehr über kurze Entfernungen auf. Der Preiswettbewerb wird dem Lkw dadurch ermöglicht, daß er für seine Transportleistungen weit geringere Entfernungen als das an den ungünstigen Wasserstraßenverlauf, was Versand- und Empfangsorte anbetrifft, gebundene Binnenschiff zurückzulegen hat. Zusätzlich wird ein gewisser "unechter" Werkverkehr bisweilen betrieben, indem das Ladegut vor der Transportleistung angekauft und nachher wieder verkauft wird.[362)]

Auch in der hier skizzierten Wettbewerbsbeziehung muß die Binnenschiffahrt die Tarife des Güterkraftverkehrs auf den relevanten Relationen,abzüglich einer Anreizspanne wegen des Qualitätsnachteils im Hinblick auf die Netzbildungsfähigkeit des Lastkraftwagens,als Obergrenze für ihre eigenen Tarife ansehen, will sie ihren Marktanteil nicht verlieren.

Eine weitere Wettbewerbslinie ist mit der Substitutionsmöglichkeit durch den Rohrleitungsverkehr gegeben. Dieses Transportmedium weist gegenüber dem Binnenschiffsverkehr,neben Wettbewerbsvorteilen aufgrund geringer Witterungsabhängigkeit, höherer Massenleistungsfähigkeit, Geschwindigkeit,als entscheidendes Kriterium unter der Bedingung des massenhaften und schwerpunktartigen Öltransportes Kostenvorteile auf. Diese Bedingung ist beim Rohöltransport von den Seehäfen zu den Raffineriezentren erfüllt, so daß dieser Verkehr heute fast ausschließlich von den Pipelines übernommen wird. Demzufolge liegen die Berührungspunkte der Binnenschiffahrt mit dem Rohrleitungsverkehr heute fast ausschließlich auf dem Mineralölprodukten-Transportmarkt vor.

Die Binnenschiffahrt nimmt in diesem Transportsektor eine Verteilerfunktion ein, indem sie die in den raffineriefernen Gebieten installierten Zwischenläger der Mineralölgesellschaften versorgt und, wenn auch in geringerem Ausmaß, Transporte von den Raffinerien zu Großkunden durchführt.[363)]

Der Wettbewerbsdruck durch den Bau von Produktenleitungen hat im Zuge der energie- und gesamtwirtschaftlichen Situation in jüngster Zeit wieder nachgelassen. Grundsätzlich besteht bei zunehmendem Mineralölverbrauch aber für die Binnenschiffahrt die Gefahr, daß die Schwelle, von der ab die Beförderung durch

Produktenleitungen wirtschaftlich wird, überschritten wird.[364] So konnte trotz der angebotenen Frachtnachlässe der Bau der parallel zur Wasserstraße verlaufenden Produktenleitung von Köln nach Frankfurt und Ludwigshafen/Mannheim nicht verhindert werden. Die Transporteinbußen waren beträchtlich.[365]

Die Tankschiffahrt auf dem Rhein ist daher gezwungen, bei ihrer Preispolitik neben den Tarifen der Bundesbahn und des Güterkraftverkehrs die Schwelle der Wirtschaftlichkeit neuer Rohrleitungen mit ins Kalkül einzubeziehen,um ein Überschreiten mit Hilfe ihrer Frachten zu verhindern.

II. Innerdeutscher und grenzüberschreitender Binnenschiffsverkehr

Die wichtigsten Märkte, auf denen sich der innerdeutsche und der grenzüberschreitende Binnenschiffsverkehr berühren, sind der internationale Transportmarkt für Erz über die Benelux - Häfen und über die deutschen Nordseehäfen ins Ruhrgebiet sowie der Transportmarkt für Kies ab oberrheinischen deutschen und gegenüberliegenden französischen Kiesgruben.

Auf dem Erzmarkt hat sich weitgehend die internationale Relation bei den Empfängern im Ruhrgebiet durchgesetzt. Die Frachten liegen wegen der Möglichkeit des rationelllen Einsatzes der Schubschiffahrt unter den Frachten des weniger leistungsfähigen Kanalweges. Bspw. bewegte sich die Tagesfracht für eine Tonne Erz von Rotterdam ins Ruhrgebiet im August 1974 um 3,- DM, während der Frachtsatz von Emden nach Dortmund zur gleichen Zeit 7,05 DM (incl. Gasölpreiszuschlag) betrug.[366]

Auf dem oberrheinischen Kiestransportmarkt mußte eine Margenfracht mit einer Bandbreite von 23% eingeführt werden,[367] um den Wettbewerb gegenüber den sich nach Angebot und Nachfrage bildenden Frachten im grenzüberschreitenden Verkehr ab den französischen Kiesgruben aufrechterhalten zu können. Zusätzlich kann dies als Versuch gewertet werden, gewisse illegale Praktiken der Schiffahrtstreibenden einzudämmen, die darin zu sehen sind,daß auf deutscher Seite beladene Schiffe auf der französischen Rheinseite mit Frachtpapieren ausgestattet wurden und somit Transporte als grenzüberschreitenden Verkehr deklariert wurden.[368)]

In diesem Zusammenhang sind auch die sog. Koppelgeschäfte zu nennen, bei denen Verlader, die sowohl grenzüberschreitende als auch innerdeutsche Transporte zu vergeben haben, die Aufträge nur an solche Binnenschiffahrtsunternehmen vergeben, die bereit sind, nicht nur den grenzüberschreitenden Transport unter den jeweils geltenden Marktfrachten auszuführen, um somit indirekt das innerdeutsche Festpreissystem zu umgehen.[369)]

III. Der interne Preiswettbewerb

Wie wir bereits einleitend zu diesem Abschnitt umrissen haben, erfolgt im heutigen System der Preisbildung die Festlegung der Binnenschiffahrtsfrachten, die eine Differenzierung nach unterschiedlichen Transportgütern, Relationen und Transportmengen beinhalten, gemäß den gesetzlichen Bestimmungen durch Frachtenausschüsse, die paritätisch mit Vertretern der Schiffahrt und der verladenden Wirtschaft besetzt sind, wobei jede Gruppe nur über eine Stimme verfügt. Die einstimmig zu bebeschließenden Frachten sind nach Genehmigung durch den Bundesverkehrsminister bindend. Nach der Festlegung der Frachten durch die Frachtenausschüsse ist ein Preiswettbewerb zwischen den Binnenschiffahrtsunternehmen grundsätzlich nicht möglich. Dies trifft allerdings für einige Verkehre nicht zu, deren Frachten eine geringe Marge beinhalten. Da sie aber wegen der herrschenden Überkapazität bei normalem Wasserstand in der Regel permanent auf ihrer Margengrenze verharren, haben sie überwiegend den Charakter von Festfrachten. In den Frachtenausschußverhandlungen selbst könnte ein Preiswettbewerb auftreten. Es zeigt sich jedoch immer wieder, daß das Binnenschiffahrtsgegewerbe ein uneinheitliches Verhalten bei den Verhandlungen mit der Verladerseite vermeidet, um seine ohnehin wegen der starken Substitutionskonkurrenz und dem höheren Konzentrationsgrad des Verhandlungspartners schwächere Position nicht noch weiter zu verschlechtern. Es tritt vielmehr in diesen Ausschußsitzungen regelmäßig als Kollektivmonopol auf.

Bevor die Vertreter der Binnenschiffahrt in die Frachtenausschußsitzungen gehen, kommen sie zur Vorverhandlungen zusammen, in denen man sich auf der Basis von kostenorientierten Frachtenkalkulationen, die von einem betriebswirtschaftlichen Ausschuß, dem Vertreter von Kostenrechnung betreibenden Schiffahrtsbetrieben angehören, für repräsentative Schiffstypen erarbeitet werden, auf eine gemeinsame Ausgangslage einigt.[370)] Hier herrscht aber zunächst aufgrund unterschiedlicher Kostenverläufe, unterschiedlicher Interessen, die aus einem differenzierten Leistungsprogramm von Reedereien mit angegliederten Handels- und/oder Betrieben des Verkehrhilfsgewerbes gegenüber reinen Schiffahrtsbetrieben resultieren können, sowie aufgrund unterschiedlicher Einschätzungen der Intensität des Substitutionswettbewerbs in der Regel auf einigen Teilmärkten ein Wettbewerb unter den einzelnen Anbietern bezüglich der zu fordernden Frachten.

Dort,wo die Beschaffenheit der Wasserstraße und die anfallenden Transportmengen den wirtschaftlichen Einsatz der Schubschiffahrt mit seinen gegenüber dem konventionellen Schiffahrtsbetrieb niedrigeren Durchschnitts- und Grenzkosten wirksam werden lassen, werden diejenigen Anbieter, die diese modernen Transportmittel finanzieren können und über eine vertragliche Zusicherung der notwendigen Transportmenge für den Fall der Durchsetzung einer günstigen Fracht verfügen, versuchen, diese gegenüber den mit konventionellem Schiffsraum ausgestatteten Anbietern durchzusetzen und quasi über den Preis einen Verdrängungswettbewerb zu führen.[371)] So haben die Reederei Franz Haniel und die französische Reederei Communauté de Navigation Française Rhénane nach der vertraglichen Zusicherung eines jährlichen Transportaufkommens von rund 1,8 Mio. Tonnen Kalksteinen von Oppenheim nach Neuwied und von Budenheim nach Bonn-Oberkassel für die Dyckerhoff Zementwerke AG, Wiesbaden - Amöneburg und die Bonner Zementwerke AG[372)] für diesen Verkehr eine Minusmarge von 10% und zusätzlich einen Mengenrabatt durchgesetzt, der bei einer jährlichen Transportmenge von über 1,8 Mio. t einen Frachtnachlaß von weiterhin 10% vorsieht.[373)] Seither wickeln die genannten Reedereien die gesamten Transporte auf den genannten Relationen mit Schubeinheiten ab.

Ebenso werden die Reedereien, die gleichzeitig Lagerei, Umschlag, Spedition und Handel betreiben, die Frachten vornehmlich hinsichtlich ihrer Auswirkungen auf die Summe der Erlöse ihrer verschiedenen Betriebszweige beurteilen. Ihre Frachtforderungen können daher durchaus von den Vorstellungen der anderen Schiffahrtsbetriebe abweichen. Ferner können unter den verschiedenen Anbietern Zielsetzungen wie z.B. die Herbeiführung von Präferenzen zur Verladerschaft, die Erhöhung des Marktanteils, die Verdrängung konkurrierender Verkehrsträger zu differierenden Frachtforderungen führen. Es bilden sich aber stets Gruppen von Anbietern mit gleichen Zielsystemen, die versuchen, ihre Interessen gegeneinander auf dem Verhandlungsweg durchzusetzen. Der Gleichgewichtszustand ergibt sich dann üblicherweise auf dem Wege von gegenseitigen Zugeständnissen.

Die großen Reedereien betätigen sich auf den Teilmärkten, welche den wirtschaftlichen Einsatz modernen Schiffsraums zulassen, während man den Kleinschiffern die Märkte überläßt, auf denen die Voraussetzungen für den Einsatz der Schubschiffahrt nicht gegeben sind. Die auf den jeweiligen Märkten vertretenen Unternehmen läßt man die Frachtforderungen nach ihren Zielvorstellungen erheben. Man kann heute sagen, daß auf den meisten Teilmärkten Anbieter mit gleichartigen Kostenverläufen und Zielvorstellungen vertreten sind. Demzufolge herrscht bei der Preisbildung auf den einzelnen Märkten weitgehende Einigkeit. Sie wird vorrangig von den Kosten als Frachtuntergrenze und von den Preisen der Substitutionskonkurrenten als Obergrenze sowie von der direkten Preiselastizität der Nachfrage bestimmt.

Wir versuchen nun, die bisher dargelegten Überlegungen mittels der spieltheoretischen Terminologie zu umschreiben. Ausgehend von der Annahme, daß sich in der Regel bei den Vorverhandlungen jeweils zwei Gruppen mit gleichgerichteten Zielsystemen und Kostenverläufen bilden, auf der einen Seite die großen Reedereien und auf der anderen Seite die kleineren Reedereien und die Partikuliere, müssen sich beide Gruppen überlegen, welche Preisforderungen sie stellen wollen und welche Zugeständnisse sie zu machen bereit sind. Klarheit muß sich jede Gruppe auch über die Taktik der Verhandlungsführung verschaffen. Eine solche Situation kann man mit einiger Berechtigung als ein Zwei-Personen-Spiel beschreiben.

Jedem Strategienpaar, das hier aus den Preisen der beiden Gruppen besteht, werden die jeweiligen Gewinne der Verhandlungsresultate für die beiden Gruppen zugeordnet. Jede Erfüllung einer Forderung bringt den verhandelnden Parteien einen gewissen positiven oder negativen Gewinn gegenüber ihrer Ausgangssituation. Gegeben der Fall, daß ein Strategienpaar existiert, bei dem der Gewinn beider Gruppen größer ist als in der Konfliktsituation, werden beide Parteien sich im Sinne einer rationalen Kooperation einigen.[374)]

Ausgehend von der Prämisse, daß jeder Spieler seinen Gegner für den Fall der Nichteinigung eine bestimmte Handlungsweise androht, wird die Summe der Möglichkeiten, seinem Gegner Schaden zuzufügen, maximiert.

Für den Bereich der Binnenschiffahrt kann bspw. die Gruppe der großen Reedereien der Gruppe der Kleinschiffer drohen, den Wettbewerb auf Teilmärkten, die man ihr überlassen will oder hat, wieder aufzunehmen [375)] oder bestehende Mitbeschäftigungsverträge zu kündigen. Die Gesamtheit der Kleinschiffer hat dagegen theoretisch die Möglichkeit, bei Niedrigwasser die Aushilfe zu verweigern.

Die Reedereigruppe hat gegenüber den Kleinschiffern einen Informationsvorteil, weil sie aufgrund ihrer eigenen Kostenrechnung über die Kostendaten der Kleinschiffer besser informiert ist. Außerdem kann sie die finanziellen Reserven der Kleinschiffer und deren ökonomischen Horizont besser abschätzen als umgekehrt. Sie kann daher ihr sog. Drohpotential theoretisch noch durch psychologische Momente wie Bluff, Täuschung u.ä. vergrößern.

So wird sich auch bei den Vorverhandlungen der Schiffahrtstreibenden ein Angebotspreis ergeben, der relativ nahe an der ursprünglichen Preisvorstellung der Gruppe der großen Reedereien liegt, da sie regelmäßig über ein besser wirksames Drohpotential verfügt. Ihr bei Kooperation und Einigung maximal zusätzlich zu erwartender Gewinn ist größer als derjenige der Kleinschiffer. Werden Ausgleichszahlungen geleistet, wie innerhalb der Westdeutschen Reedergemeinschaft, wird der Preis gefordert, bei dem die Summe der durch Kooperation zu erzielenden Gewinnzuwächse gegenüber dem Konfliktfall maximiert wird.

IV. Preisfestsetzung durch die Frachtenausschüsse

Wir haben gesehen, daß der gesamte Binnenschiffahrtsmarkt - in unserem Falle - der BRD aus einer Fülle von Teilmärkten besteht, die kaum miteinander in Beziehung stehen, da die Schiffe nicht ohne weiteres von einem Wasserstraßensystem in ein anderes überwechseln können.[376] Auf die Markt- und Machtstellung der Angebots- und Nachfrageseite brauchen wir an dieser Stelle nicht mehr näher einzugehen.[377]

Üblicherweise[378] wird zur modellmäßigen Beschreibung des Preisbildungsprozesses in der Binnenschiffahrt vom Ansatz des bilateralen Monopols ausgegangen. Wenn wir auch bereits an anderer Stelle[379] bezweifelt haben, daß bei den Verhandlungen der Vorteil der Verladerseite in gleicher Höhe der Nachteil der Schiffahrtstreibenden sein müsse und umgekehrt, wollen wir zunächst noch an diesem Gedankengang festhalten.

Abb. 21 : Die Ausgangslage der Schiffahrtstreibenden

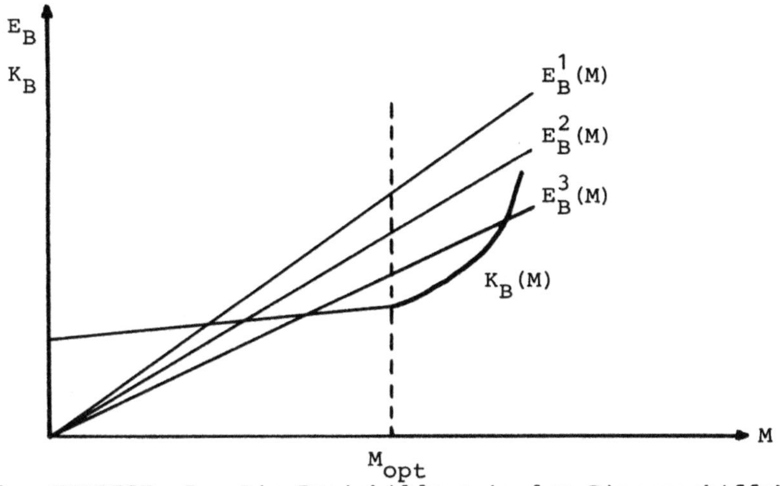

Quelle: FRERICH, J.: Die Preisbildung in der Binnenschiffahrt der Bundesrepublik Deutschland, a.a.O., S.191.

Wir ziehen die von FRERICH[380] verwendete graphische Darstellung derjenigen von OTTO[381] vor, da er neben den proportional ansteigenden variablen Kosten im Falle einer intensivmäßigen Anpassung eine überproportionale Steigung zuläßt. Nach den gesetzten Annahmen stellen andererseits die Erlöskurven der Schiffahrtstreibenden die Kostenkurven der Verladerschaft dar. Zieht man die Kostenkurve der auf einem speziellen Teilmarkt jeweils billigsten substitutiven Transportmöglichkeit[382] der Verlader als Vergleichsgröße zur Beurteilung ihrer Ausgangsposition heran, so stellt die Differenz - lassen wir die Qualitätskomponente zunächst einmal außerhalb der Betrachtung - zwischen der Kostenkurve der jeweils billigsten substitutiven Transportmöglichkeit und den Transportkostenkurven für alternative Binnenschiffahrtsfrachten den für die Verladerschaft entstehenden Gewinn bei Ausweichsmöglichkeit dar.
Offensichtlich entspricht jeder Preis-Mengen-Kombination ein bestimmter Gewinn Q. Die Verbindungslinien aller Punkte gleichen Gewinns liefern bekanntlich die Isogewinnkurve, in diesem Fall Q_B für die Binnenschiffahrt und Q_V für die Verladerseite.

Wie die nachstehende Abbildung zeigt, ergeben die Berührungspunkte der Isogewinnlinien mögliche Einigungspunkte, da an keinem anderen Punkt innerhalb des Einigungsgebietes, das durch die Nullgewinnkurven der Verhandlungspartner begrenzt ist, eine Situation existiert, die für beide Gruppen besser wäre. Verbindet man diese Punkte miteinander, so erhält man die Einigungslinie der Verhandlungspartner, die bei der unterstellten Zielsetzung der Gewinnmaximierung senkrecht zur Abzisse verläuft und damit eindeutig die auszutauschende Menge angibt,[383] die in diesem Fall an der Kapazitätsgrenze der auf dem jeweiligen Teilmarkt eingesetzten Binnenschiffe liegt.

Abb. 22: Einigungsbereich und Einigungslinie

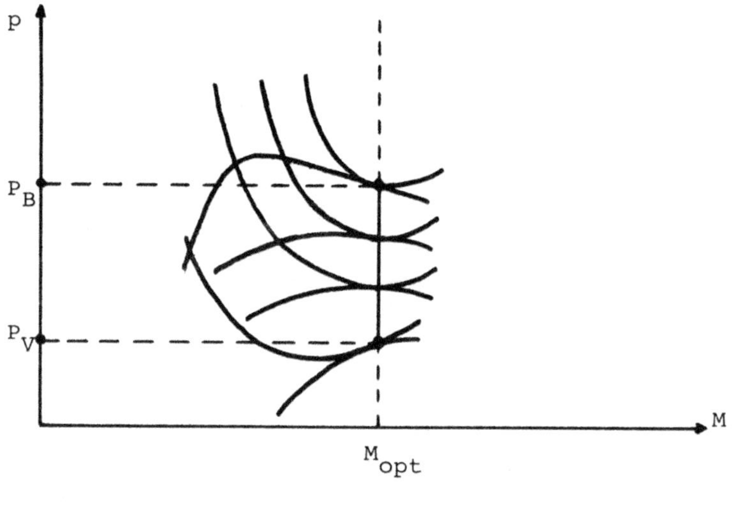

Aushandlungsobjekt ist also nur noch der Preis. Es wird dann ein Preis ausgehandelt werden, der auf der Strecke $\overline{P_B P_V}$ liegt, wobei P_V der für die Verlader günstigste Preis ist, bei dem die Anbieter gerade noch ihre Einheitskosten decken können. P_B ist der maximal erzwingbare Preis der Schiffahrtstreibenden, bei dem die Verladerschaft durch die Vergabe ihrer Transporte an die Binnenschiffahrt gegenüber der billigsten Substitutionsmöglichkeit keinen Gewinn mehr erzielt. Welcher Preis innerhalb dieses Intervalls ausgehandelt wird, hängt von der Verhandlungsdauer und der Verhandlungsstärke der beiden Gruppen ab.

Abb. 23 : Die Konzessionskurven im Einigungsprozeß der beiden Marktparteien.

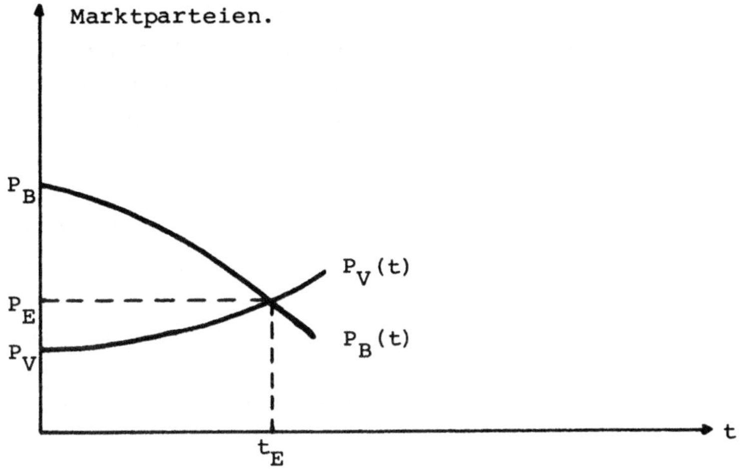

Quelle: FRERICH, J.: Die Preisbildung in der Binnenschiffahrt der Bundesrepublik Deutschland, a.a.O., S. 195.

Da für die Schiffahrtstreibenden eine Einigung quasi lebenswichtig ist, weil sie bei einer Nichteinigung Verluste in Höhe ihrer fixen Kosten erleiden würden, die Verlader dagegen immer noch ihre Nullgewinnsituation realisieren können, indem sie die dem Transport mit Binnenschiffen nächst preisgünstigste Alternative wählen, käme theoretisch nur P_V zustande, bei dem die Binnenschiffahrt gerade ihre Kosten decken kann. Das würde jedoch voraussetzen, daß der transportpreisgünstigste Substitutionskonkurrent die für die Übernahme der gesamten Menge erforderliche Kapazität vorhalten müßte. Dies ist jedoch wenig realistisch.

Vielmehr wird auch für die Verlader eine Einigung auf die Dauer von Vorteil sein, weil sie durch die Ausweichsmöglichkeit auf die Binnenschiffahrt gleichzeitig die Preise der auf den jeweiligen Märkten konkurrierenden Verkehrsträger beeinflussen können.

Die Verladerseite kann aber damit rechnen, daß die Anbietergruppe aufgrund ihrer nahezu permanenten Überkapazitäten ohnehin geschmälerte Erlössituation weitere Verluste durch eine lange Verhandlungsdauer nicht überstehen kann. Es liegt somit der Schluß nahe, daß die Binnenschiffahrt zu größeren Konzessionen als die Verladerschaft bereit ist. Der Einigungspreis wird in der Regel eher den Preisvorstellungen der Verladerschaft als den Preisforderungen der Schiffahrtstreibenden entsprechen.[384)]

Das Ergebnis dieses vereinfachenden Modells wird durch die Entwicklung der Frachten in den letzten Jahren bestätigt. Frachterhöhungen konnten vielfach nicht in Höhe der Kostensteigerungen durchgesetzt werden, weil die Bundesbahn als stärkster Substitutionskonkurrent ihre Tarife nicht um die bei der Binnenschiffahrt zu verzeichnende Kostensteigerungsrate erhöhte.[385)]

D. Andere Preisbildungsformen

I. Die freie Marktpreisbildung

Vor dem Aufkommen der Eisenbahn stellte die Binnenschiffahrt das leistungsfähigste Binnenverkehrsmittel dar. Danach aber wurde die Binnenschiffahrt recht schnell auf den Transport weniger Massengüter zurückgedrängt. Durch die Konzentrierung auf Kohle- und Erztransporte gerieten ganz bestimmte Relationen immer stärker in die Abhängigkeit der Standorte der Zechen und Hüttenbetriebe.[386)]

Anfang des 19. Jahrhunderts wurden Zunft- und Gildenzwang auf den deutschen Wasserstraßen aufgehoben.Damit waren die Voraussetzungen für einen freien Wettbewerb und damit eine freie Marktpreisbildung gegeben. Durch einen freien Marktzugang und die relativ hohe Grenzleistungsfähigkeit des Kapitals erhöhte sich die Zahl der Marktteilnehmer auf der Angebotsseite beträchtlich. Allmählich gewannen neben den Partikulieren die

Reedereigründungen an Bedeutung. Dennoch war deren Markteinfluß zunächst noch ohne Bedeutung.[387] In dieser Ausgangslage waren Angebots- und Nachfrageseite polypolistisch strukturiert und kamen dem klassischen Modell der vollkommenen Konkurrenz recht nahe. Demzufolge konnte auch das Aufkommen von Schiffsbörsen, die sich in Antwerpen, Amsterdam und Duisburg etablierten, nicht ausbleiben.

Die Schifferbörse in Duisburg beschränkte sich dabei auf die Kursnotierung der Kohlefrachten, da die Ruhrkohle das wichtigste Transportgut der von Duisburg ausgehenden Verkehrsströme war. Die Kursnotierung differenzierte wie etwa heute noch an der Rotterdamer Frachtenbörse nach Berg- und Talfahrt sowie nach Schiffsgrößenklassen. Bei freier Preisvereinbarung unterlag die Höhe der Frachten dem Saisonrhythmus und den Konjunkturzyklen.[388]

Die zunächst freie Preisbildung wurde im wesentlichen durch das Verhalten der Großverlader und die unzureichende Anpassungsfähigkeit des Tonnageangebots an ein rückläufiges Verkehrsaufkommen eingeschränkt.[389] Die Unternehmensstrategie war einerseits darauf ausgerichtet, durch langfristige Beschäftigungsverträge die Binnenschiffer an die Großverlader zu binden und durch Ausnutzung des scharfen inneren Wettbewerbs und der Substitutionskonkurrenz der Eisenbahn Frachtzugeständnisse zu erzwingen, andererseits war man auf der Verladerseite bestrebt, eigene Schiffahrtsbetriebe anzugliedern oder neu aufzubauen. In diese Zeit fällt das Aufkommen der Werksschiffahrt. Eine weitere Einengung des freien Marktes resultierte aus der Gründung des Rheinischen Kohlenkontors 1903,[390] eines Preis- und Quotenkartells, in dessen Rahmen die Vergabe der Transportaufträge zu festen Sätzen erfolgte, die in internen Verhandlungen zwischen den beteiligten Schiffahrtsformen und Produzenten vereinbart wurden.[391]

Als Preisrichtlinie dienten die Kosten der Schiffahrtsbetriebe und die am freien Markt zustandegekommenen Frachten.[392]

Während dieser Entwicklungsphase erhöhten sowohl die Werksreedereien, die freien Reedereien als auch die Partikuliere ihre Flottenkapazitäten. Unter dem hieraus entstehenden Überangebot litt insbesondere die Kleinschiffahrt, die nur noch während des saisonalen und konjunkturellen Spitzenbedarfs ausreichende Beschäftigung fand.[393)] Die verzweifelten Versuche der Kleinschiffer,[394)] durch ein inverses Angebotsverhalten das Existenzminimum zu sichern, führten im Zuge der Weltwirtschaftskrise zu den marktregulierenden Eingriffen des Staates, die uns bereits am Anfang dieses Abschnittes beschäftigten.[395)]

II. Das Margentarifsystem

Das System der Margentarife ist von seiner Konzeption her in etwa zwischen die freie Marktpreisbildung und den hoheitlich gesteuerten Preisbildungsprozeß im Sinne von Festfrachten einzuordnen. Beabsichtigt ist, durch Festlegen von Höchst- und Mindestpreisen den Mißbrauch marktbeherrschender Positionen, andererseits aber auch das Entstehen von ruinöser Konkurrenz auszuschalten. Das Margentarifsystem beruht auf der bereits mehrmals genannten Änderung des Gesetzes über den gewerblichen Binnenschiffsverkehr vom 1. August 1961 und ist im wesentlichen ein Ausfluß der Bestrebungen zur Integration des Europäischen Marktes.

Die Form der Margenfrachten ist grundsätzlich möglich als Richtpreise mit prozentualen Abweichungen nach oben und unten oder als absolute Mindest- bzw. Höchstpreise.[396)] Die Margenfrachten lassen sich in sachlicher Gliederung weiterhin unterteilen in Verkehrsfrachten, Referenzmargenfrachten und Unternehmensmargenfrachten. Da diese Zuordnung für unsere Fragestellung nicht von ausschlaggebender Bedeutung ist, verzichten wir auf eine nähere Erläuterung und verweisen auf die relevante Literatur.[397)]

2. Abschnitt: Die Preisbildung bei der Eisenbahn

A. Die Grundlagen der Preisbildung

I. Die Gestaltungskraft der Eisenbahn

Die heute gültige Form des Tarifaufbaus ist kaum ohne die Kenntnis der historischen Entwicklung der Tarife zu verstehen. In der langfristigen Entwicklung der Deutschen Reichsbahn bzw. der Deutschen Bundesbahn ist der Wettbewerb zwischen einer Vielzahl privatwirtschaftlicher Konkurrenzbahnen verschwunden. Geblieben ist nur der Wettbewerb zwischen verschiedenen Verkehrsträgern auf gleicher Relation oder aber der Wettbewerb der Eisenbahnen eines ganzen Staatsgebietes zu den Eisenbahnen eines anderen Staatsgebietes bei der Durchführung von Gütertransporten von einem Land in ein anderes.

Die Eisenbahntarife waren nicht das Ergebnis einer bewußt entwickelten theoretischen Konzeption, sondern die Folge einer typischen Eigendynamik. Die jeweilige Leitung der Eisenbahnen versuchte mit zunächst unvollkommenen Mitteln, einen Überblick über die Nachfrageelastizität in bezug auf den Preis für relativ große Leistungsgruppen zu gewinnen. Tarife wurden aber auch vom Staat aufgrund gesamtwirtschaftlicher Ziel- und Nutzenerwägungen aufgezwungen. Typischerweise waren die Preise für die Leistungen der Eisenbahnen in den meisten Ländern anfangs an die Preise des Straßentransports bzw. der Binnenschiffahrt geknüpft und stellten ganz auf den Wettbewerb mit dem betreffenden Verkehrszweig ab.[398] Durch ständiges Abtasten bildeten sich überall in der Welt Tarifsysteme heraus, die einander ähnlich waren und die in vielerlei Hinsicht bereits der preistheoretischen Modellkonzeption jüngeren Datums glichen. Gleichzeitig wurden aber schon Elemente einer weitreichenden staatlichen Kompetenz der Tarifsetzung deutlich.[399]

Es wurde immer wieder diskutiert, ob sich die Tarifpolitik der Eisenbahn nach gemeinwirtschaftlichen Gesichtspunkten oder nach erwerbswirtschaftlichen Grundsätzen ausrichten solle. Das Prinzip der Gemeinwirtschaftlichkeit betonten die Eisenbahnen in ihrem Tarifaufbau auch in den Fällen, in denen ein Monopolist bei marktwirtschaftlichem Verhalten die gleiche Tarifdifferenzierung entwickelt hätte.

Gerade zum jetzigen Zeitpunkt ist die angesprochene Fragestellung im Zeichen der Streckenstillegungspläne der DB wieder akut geworden; denn hier geht es darum, ob man von der Eisenbahn verlangen soll bzw. kann, ohne Defizite zu arbeiten, wodurch andererseits aber durchaus unerwünschte volkswirtschaftliche Folgeprozesse zustande kommen können. Unter bestimmten Datenkonstellationen - Beispiele hierfür gibt es in Fülle[400] - führen Stillegungsaktionen zumindest auf lange Sicht zu einer Verödung der Grenzgebiete und zu einer weiteren Begünstigung jener Ballungen der Wirtschaftseinheiten und Wirtschaftsräume, die ohnehin schon in ihrer industriellen Entwicklung begünstigt sind. Es erscheint deshalb durchaus vernünftig, in das Zielsystem eines unter entscheidender Einwirkung der staatlichen Hoheit stehenden Verkehrsträgers Elemente einer gemeinwirtschaftlichen Verkehrsbedienung einzubeziehen, um über das Werkzeug der Tarifpolitik z.B. eine Auflockerung von Industriegebieten, die Erschließung schwach besiedelter Gebiete sowie die Förderung bestimmter Wirtschaftszweige zu erreichen.

Dies mag als Hinweis auf die gestaltenden Kräfte der Eisenbahn im Zeitablauf genügen. Zur Vertiefung dieser Problematik sei die umfassende Darstellung bei VOIGT[401] genannt.

II. Die Marktstruktur im Eisenbahnverkehr der Bundesrepublik Deutschland

a. Die Angebotsseite

Wenn man die im Jahre 1973 noch bestehenden 126 nicht bundeseigenen Eisenbahnen im Bereich der Bundesrepublik[402] vernachlässigt, kann man daran festhalten[403], daß die Bundesbahn als einheitliches Unternehmen auf nationaler Basis organisiert ist und daß damit - dies ist ein Spezialfall in der Verkehrswirtschaft - Verkehrsträger und Verkehrsunternehmen identisch sind. Bevor wir uns ausschließlich mit der DB beschäftigen, soll kurz der Marktanteil der Nichtbundesbahneigenen Eisenbahnen skizziert werden. Diesen 126 Unternehmen kommt allenfalls örtliche Bedeutung zu. Zusätzlich ist es in der Mehrzahl der Fälle so, daß sie nur in Verbindung mit der Bundesbahn Verkehrsleistungen über größere Entfernungen anbieten können.[404)]

2,3 % aller Eisenbahner waren 1973 bei den Nichtbundesbahneigenen Eisenbahnen beschäftigt. Den gleichen Anteil erzielten diese Unternehmen an den Verkehrseinnahmen. Dagegen belief sich im gleichen Jahr der Anteil am Fahrzeugpark auf nur 1,3 %. Unverhältnismäßig hoch ist dagegen der Anteil der Nichtbundesbahneigenen Eisenbahnen am Streckennetz. Er erreicht bei der Eigentumsstreckenlänge 10,0 % und bei der Betriebsstreckenlänge sogar knapp 10,5 %.

Die genannten Prozentsätze zeigen deutlich, daß die Deutsche Bundesbahn im Schienenverkehr der BRD über eine Monopolstellung verfügt. Der Spielraum einer zunächst denkbaren monopolistischen Preispolitik ist jedoch, wie wir bereits im Abschnitt über die Binnenschiffahrt gezeigt haben,[405)] durch die Substitutionskonkurrenz begrenzt. Dennoch können wir grundsätzlich an der von LEMPER gewählten Formulierung festhalten. " Der Markt ist umfassend und differenziert: Er überzieht die von der Eisenbahn erfaßten Regionen in einer Dichte, die nur aus der Intensität der Wirtschaftstätigkeit dieser Gebiete ihr Maß empfängt, und er erfaßt Nachfrager mit der unterschiedlichsten Nachfragekapazität und Kaufkraft. Darüber hinaus besitzt die Eisenbahn in hervorragender Weise die Möglichkeit, den Gesamtmarkt in Teilmärkte aufzuteilen und die Vorteile einer Politik der Preisdifferenzierung auszunutzen bis hin in die feinsten Verästelungen der Ausnahmetarifpolitik"[406)]. Doch schon damals erhob sich die Forderung, daß sich die Bundesbahn exakter an den Kosten und den Bedürfnissen der Nachfrage orientieren müsse. Diese Problematik ist zum heutigen Zeitpunkt im Hinblick auf die Streckenstillegungen hochaktuell.

Das Ausmaß der Netzbildung der Eisenbahn läßt sich mit Hilfe der Gleis- und Streckenlänge (im Jahre 1973 Betriebslänge 32.360 km) und mit 18.590 Bahnhöfen, Haltepunkten und Haltestellen sowie Gleisanschlüssen als hoch bezeichnen.[407)]

Tab. 17 : Gleis- und Streckenlänge in km 1973

Nachweisung	Elektrifiziert	Nicht elektrif.	Insgesamt
Eigentumslänge	9 802	22 501	32 302
- Hauptbahnen	9 168	9 512	18 679
- Nebenbahnen	635	12 989	13 624
- Vollspur	517	12 849	13 366
- Schmalspur	118	140	258
Betriebslänge	9 834	22 526	32 360
- Hauptbahnen	9 183	9 552	18 735
- Nebenbahnen	652	12 973	13 625
- Vollspur	520	12 826	13 346
- Schmalspur	131	148	279
Gesamtgleislänge	28 366	43 616	71 981

Quelle: Statistisches Bundesamt Wiesbaden (Hrsg.): Fachserie H: Verkehr, Reihe 4: Eisenbahnverkehr, Stuttgart und Mainz, 1974, S. 13

Tab. 18 : Bahnhöfe, Haltepunkte, Haltestellen, Gleisanschlüsse

	1972	1973
Bahnhöfe	4 656	4 524
darunter: Gemeinschaftsbahnhöfe DBINE	84	82
Haltepunkte und Haltestellen	780	739
Gleisanschlüsse	13 345	13 327
davon:		
- Hauptanschlüsse	9 423	9 335
- Nebenanschlüsse	3 922	3 992

Quelle: Statistisches Bundesamt Wiesbaden (Hrsg.): Fachserie H: Verkehr, Reihe 4: Eisenbahnverkehr, a.a.O., S. 13

Tab.19 : Fahrzeugbestände bei der Deutschen Bundesbahn 1965 - 1974

	1965	1967	1969	1970	1971	1972	1973	1974
Dampflokomotiven	4 172	2 505	1 660	1 636	1 384	1 082	829	616
Elektr. Lokomotiven	1 912	2 118	2 233	2 260	2 339	2 431	2 505	2 572
Brennkraftlokomotiven	1 996	2 200	2 441	2 550	2 673	2 794	2 933	3 013
Kleinlokomotiven	1 500	1 536	1 607	1 606	1 610	1 603	1 633	1 662
Elektr. Triebwagen	209	373	413	415	611	795	881	956
Akkumulatortriebwagen	238	238	238	237	237	237	237	237
Brennkrafttriebwagen	147	160	152	142	140	142	154	206
Schienenomnibusse	905	868	832	829	817	799	768	737
Personenwagen	19 155	18 671	18 007	18 131	18 229	18 122	17 979	17 872
Steuer- u. Beiwagen	1 781	1 775	1 778	1 754	1 746	1 728	1 713	1 699
Güterwagen (Eigentum)	285 119	275 841	274 028	278 395	283 583	282 207	282 182	285 242
Privatgüterwagen	45 843	43 427	42 048	42 651	44 986	46 535	46 912	47 362

Quelle: Deutsche Bundesbahn (Hrsg.): Zahlen von der Deutschen Bundesbahn 1974, a.a.O., S. 16

Tab. 20: Bereitstellung der Güterwagen der Deutschen Bundesbahn 1967 - 1974 (in 1 000 Einheiten)

	1967	1969	1970	1971	1972	1973	1974
Güterwagenstellung nach Wagengattungen							
gedeckte Wagen	8 112	8 831	8 815	8 513	8 164	7 893	7 247
offene Wagen	5 195	5 505	5 649	4 687	4 510	4 684	5 067
Flachwagen	2 520	2 794	2 836	2 783	2 775	3 042	3 026
Dienstgüterwagen	198	154	154	137	120	131	135
bahneigene Wagen zusammen	16 025	17 284	17 454	16 120	15 569	15 750	15 475
Privatgüterwagen	1 215	1 307	1 342	1 316	1 270	1 257	1 194
insgesamt	17 240	18 591	18 796	17 436	16 839	17 007	16 649
Güterwagenstellung nach Güterarten							
Stein- und Braunkohlen	3 137	3 288	3 191	2 621	2 450	2 583	2 822
Eisenerze	353	417	426	328	305	348	425
Schrott	492	570	630	564	589	629	675
Eisen und Stahl	1 096	1 524	1 565	1 373	1 362	1 550	1 630
Eisen und Erden	911	1 024	1 084	1 004	979	998	991
Düngemittel	659	641	644	594	588	585	623
Zuckerrüben	214	202	211	201	212	223	236
Kartoffeln	63	53	45	36	33	31	27
Getreide	86	122	134	131	170	136	102

Quelle: Deutsche Bundesbahn (Hrsg.): Zahlen von der Deutschen Bundesbahn 1974, Frankfurt, März 1975, S.6.

Tab. 19 zeigt die Entwicklung der Fahrzeugbestände bei der Deutschen Bundesbahn. Stark rückläufig ist die Zahl der Dampflokomotiven. Im Zuge der Rationalisierung sind sie weitgehend von Elektro- und von Brennkraftlokomotiven ersetzt worden. Die Zahl der Personenwagen hat von 19.155 (1967) auf 17.872 (1974) abgenommen, während die Zahl der im Eigentum der DB befindlichen Güterwagen mit rund 285.000 Einheiten konstant geblieben ist. Die Ladekapazität belief sich 1974 auf 8,5 Mio.t. Der Gesamtbestand der Wagen setzte sich zu 74 % aus Normalwagen und zu 26 % aus Spezialeinheiten wie Kesselwagen, Kühlwagen, Behältertragwagen etc. zusammen.

Das Rückgrat des Güterverkehrs der Deutschen Bundesbahn ist die hohe Zahl der privaten Gleisanschlüsse. 11.565 Privatanschlüsse im Jahre 1974 (1965 = 10.372) standen 5.245 Mitbenutzer vorhandener Gleisanschlüsse gegenüber. Die Zahl der im Gleisanschlußverkehr aufgekommenen Wagen erreichte 1974 rund 14,8 Mio., das waren 88,9 % der bereitgestellten Güterwagen insgesamt.[408)]

Parallel zu den kapazitätsbedingten Maßnahmen erfolgten verschiedene Aktivitäten, die der Einführung technischer Verbesserungen dienten. Neben dem bereits genannten verstärkten Einsatz von Elektroloks und Brennstofflokomotiven wurde der Güterwagenpark modernisiert, die Elektrifizierung der Strecken vorangetrieben und vieles andere mehr.[409)]

Was die Kostenstruktur angeht, so stehen kaum zufriedenstellende Daten zur Verfügung. Die Selbstkosten der Bundesbahn werden mit 9,77 Pf./Tariftonnenkilometer für 1972 im Wagenladungsverkehr angegeben (dagegen 6,04 Pf./Tarif-tkm 1960). Noch deutlichere Zuwächse sind für den Stückgut- und Expressgutverkehr festzustellen. Im Vergleichszeitraum stiegen die Selbstkosten im Stückgutverkehr von 65,17 Pf./Tarif-tkm auf 133,59 Pf./Tarif-tkm und im Expressgutverkehr von 163,55 Pf./Traif-tkm auf 384,60 Pf./Tarif-tkm.[410)] In Anbetracht der Lohn- und Gehaltserhöhungen sowie der Kostensteigerungen in den übrigen Bereichen sind diese Zahlen heute bereits überholt.

b. Die Nachfrageseite

Die Gesamtnachfrage nach Güterverkehrsleistungen der Bundesbahn setzt sich aus einer Vielzahl von Unternehmen und Haushalten zusammen. Für die Fragestellung nach der Preisbildung sind diejenigen weniger von Bedeutung, die ab und an einmal eine Stückgutsendung aufgeben. Den Preisbildungsprozeß mitzusteuern, sind nur diejenigen Unternehmen der verladenden Wirtschaft in der Lage, die einen genügend großen Teil des Frachtaufkommens stellen, der bei einem Ausweichen auf andere Verkehrsträger als fehlend deutlich empfunden würde.

Untersucht man das gesamte Transportaufkommen nach Güterarten, so zeigt sich das Gewicht der einzelnen Güter für die verschiedenen Verkehrsträger entsprechend den unterschiedlichen Affinitäten und Wertigkeiten. Bedeutendstes Transportgut ist für die Eisenbahn weiterhin die Güterabteilung "feste mineralische Brennstoffe" mit 23,6 %, gefolgt von "Eisen, Stahl, Halbzeug" mit 15,5 %, "Erze und Metallabfälle" mit 13,8 %.

Das Schwergewicht der Gütertransporte mit der Eisenbahn liegt im Nahbereich. Auf einer Entfernung bis zu 50 km werden 38,4 % der gesamten Gütermengen befördert. In der sich daran anschließenden Entfernungsstufe von 51-100 km liegt der Anteil am Gesamttranport bei 10,6 %. Mit zunehmender Entfernung gehen die jeweiligen Anteilswerte langsam zurück. Der Anteil für die Entfernungsstufe über 700 km liegt aber immer noch bei 2,8%.[411)] Abb. 24 zeigt einige Besonderheiten bei der Aufschlüsselung nach Güterabteilungen. Bei Mineralöl und Mineralölerzeugnissen liegt das Schwergewicht der Transportmengen innerhalb der Entfernungsstufe 101-150 km. Dies ist in vergleichbarer Weise auch der Fall bei Sand, Kies usw. Auffällig ist weiterhin, daß bei fast allen Güterabteilungen eine Entfernungsstufe außerhalb des Nahbereichs mit hohen Transportmengen ausgezeichnet ist. Es handelt sich um die Zone von 201-250 km, in anderen Fällen auch von 251-300 km.

Abb.24 : Die Verteilung der Güterhauptgruppen auf die Entfernungsstufen im Eisenbahntransport 1972

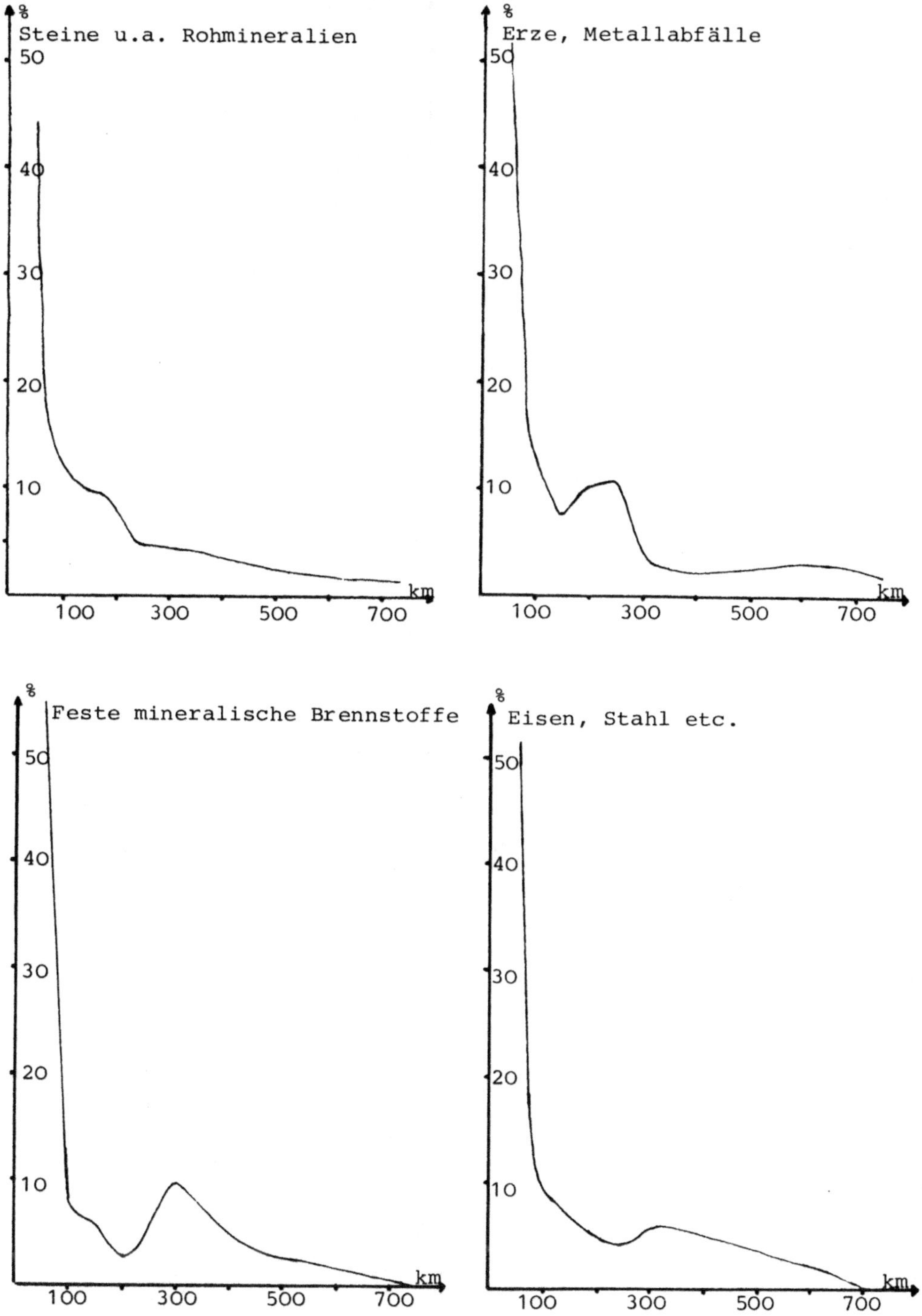

Forts. Abb. 24

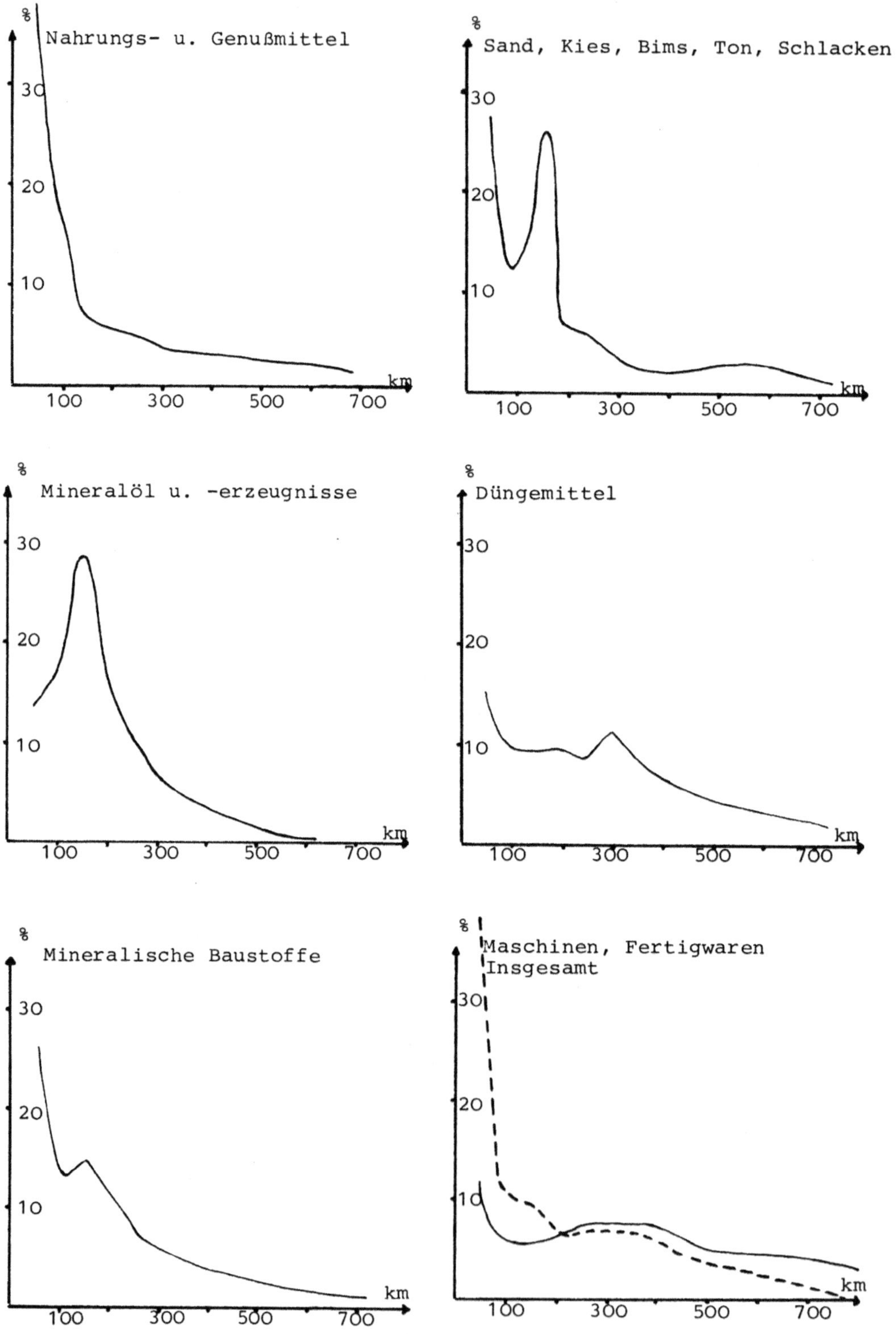
%
Nahrungs- u. Genußmittel
30
20
10
100 300 500 700
km
%
Sand, Kies, Bims, Ton, Schlacken
30
20
10
100 300 500 700
km
%
Mineralöl u. -erzeugnisse
30
20
10
100 300 500 700
km
%
Düngemittel
30
20
10
100 300 500 700
km
%
Mineralische Baustoffe
30
20
10
100 300 500 700
km
%
Maschinen, Fertigwaren
Insgesamt
30
20
10
100 300 500 700
km

Tab. 21 : Die Güterverkehrsleistungen der Eisenbahn in der BRD nach Entfernungsstufen und Güterhauptgruppen 1972 (in 1000 t) einschl. grenzüberschreitender Verkehr

km-Zone / Gütergruppe	bis 50	51-100	101-150	151-200	201-250	251-300	301-400	401-500	501-700	über 700	Total
Nahrungs- u.Genußm.	7 878	3 318	1 353	1 166	1 022	739	1 349	802	1 755	1 374	20 756
Sand,Kies u.a.	2 566	1 158	2 441	612	552	294	385	516	790	113	9 427
Steine u.a.Rohmin.	7 303	2 029	1 603	1 451	742	743	1 291	447	623	308	16 540
Erze,Metallabfälle	24 955	5 864	3 557	1 838	5 101	1 636	915	468	3 484	215	48 033
Feste Brennstoffe	45 193	5 841	4 570	1 946	4 213	8 054	5 488	3 216	3 138	610	82 269
Mineralöl u.-erzeugn.	4 436	5 837	9 506	5 291	3 401	2 073	1 192	557	1 216	187	33 696
Düngemittel	2 415	1 492	1 482	1 486	1 325	1 799	2 337	1 371	1 473	633	15 813
Baustoffe,Glas,-waren	2 978	1 518	1 650	1 356	815	684	767	506	810	327	11 411
Eisen,Stahl u.Halbzeug	27 662	4 873	3 726	2 527	2 382	3 240	3 930	1 811	3 296	587	54 034
Maschinen,Fertigwaren	1 233	636	626	646	787	800	1 465	1 064	2 030	1 232	10 519
sonstige	7 372	4 330	3 293	3 511	3 007	3 891	6 320	3 571	6 774	4 074	46 143
Insgesamt	133 991	36 896	33 807	21 830	23 347	23 953	25 439	12 329	25 389	9 660	348 641

Quelle: Statistisches Bundesamt (Hrsg.), Statistisches Jahrbuch für die Bundesrepublik Deutschland 1974 Stuttgart und Mainz, November 1974, S. 323

Tab. 22 : Die Anteile der mit der Eisenbahn beförderten Gütermengen am Gesamttransport in der BRD nach Entfernungsstufen und Güterhauptgruppen 1972 (in %) , ohne Lkw-Nahverkehr, ohne Pipeline

km-Zone / Gütergruppe	bis 50	51-100	101-150	151-200	201-250	251-300	301-400	401-500	501-700	über 700	Total
Nahrungs- u.Genußmittel	85,96	33,19	13,41	16,71	21,39	19,61	22,41	19,24	29,62	45,26	32,47
Sand, Kies u.a.	10,39	11,52	20,18	8,61	7,33	5,62	11,95	29,90	19,75	19,28	12,36
Steine u. Rohmineralien	80,31	42,41	21,80	28,57	18,72	30,31	35,87	21,21	29,15	55,00	40,22
Erze, Metallabfälle	96,30	19,75	65,11	41,88	93,10	55,31	49,51	38,36	77,23	76,24	58,38
Feste mineral. Brennstoffe	98,59	57,61	68,11	66,46	88,49	87,51	61,03	44,43	61,18	69,16	80,86
Mineralöl u.-erzeugnisse	36,98	29,52	47,57	39,37	48,68	44,60	29,63	20,20	28,93	55,65	38,23
Düngemittel	91,69	65,87	67,18	62,67	74,94	87,50	72,60	47,44	69,19	92,14	71,15
Baustoffe, Glas, -waren	82,31	28,53	17,94	17,71	18,33	26,38	20,63	22,61	35,36	48,73	27,34
Eisen, Stahl u.Halbzeug	98,35	45,18	44,60	45,67	56,22	66,89	62,39	39,47	50,34	60,02	67,30
Maschinen, Fertigwaren	52,69	14,95	11,16	12,57	15,69	17,43	20,95	21,12	29,94	43,12	21,64
Sonstige	67,88	32,39	23,05	26,08	30,36	41,74	44,44	31,31	47,12	67,23	39,35
Insgesamt	76,88	30,51	33,36	29,47	39,66	46,36	40,93	31,58	43,81	57,04	45,66

Quelle: Eigene Berechnungen nach den Originaldaten des Statistischen Bundesamtes, vgl. Quellenangaben zu Tab.

Die Anteile der Eisenbahn am gesamten Transportaufkommen der drei Binnenverkehrsträger Eisenbahn, Binnenschiff und Lkw-Fernverkehr schwanken je nach Güterart und Transportentfernung zwischen 5,6 % und 98,6 %. Die relativ geringste Bedeutung hat die DB für den Transport von Sand, Kies, Bims, Ton und Schlacken. Hier dominiert von den drei untersuchten Verkehrsträgern eindeutig die Binnenschiffahrt.[412)] Bei den einzelnen Güterabteilungen zeigt sich über die Entfernungsstufen hinweg ein deutlicher scherenförmiger Verlauf der Anteilswerte der drei Verkehrsträger, von denen stets zwei in einem relativ klaren Wettbewerbsverhältnis stehen. Dieses Verhältnis für die Verkehrsträger Eisenbahn und Binnenschiffahrt gilt für die Güterabteilungen "Sand, Kies, Bims etc.", "Steine und andere Rohmineralien", " Erze und Metallabfälle", "feste mineralische Brennstoffe", "Mineralöl und Mineralölerzeugnisse", "Düngemittel". Für das Wettbewerbsverhältnis Eisenbahn / Lkw-Fernverkehr kommen die Güterabteilungen "Mineralische Baustoffe" und "Maschinen und Fertigwaren" in Frage. Nicht eindeutige Wettbewerbsverhältnisse zwischen jeweils zwei Verkehrsträgern liegen vor bei den Güterabteilungen "Nahrungs- und Genußmittel" und"Eisen und Stahl".

Untersucht man das binnenländische mit der Eisenbahn beförderte Transportaufkommen, so zeigt sich die überragende Bedeutung Nordrhein-Westfalens. Der Versandanteil Nordrhein-Westfalens am Eisenbahntransport innerhalb der Bundesrepublik beläuft sich auf 50,6 %, der Anteil am Empfang beträgt 41,7 %. Der Anteil der innerhalb Nordrhein-Westfalens beförderten Gütermengen erreicht 36,7 %. An zweiter Stelle rangiert auf der Versandseite Niedersachsen mit 14,6 %. Den Hauptanteil stellt auch hier der Eisenbahntransport innerhalb des Landes. Es verwundert keineswegs, daß ein wesentlicher Teil des Versands aus Niedersachsen zum Saarland geht. Mehr als vier Millionen Tonnen Eisenerz von Emden zu den Eisenhütten an der Saar im Jahre 1973 sind die Folge des lange umstrittenen Saar- oder Als-Ob-Tarifs der Deutschen Bundesbahn. Nach Fertigstellung des Saarkanals wird dieser Transportstrom voraussichtlich aus der Statistik ver-

Abb. 25 : Die Anteilsverteilung der Güterverkehrsleistungen in der BRD nach Entfernungsstufen und Güterhauptgruppen auf die Eisenbahn, die Binnenschiffahrt und den Lkw-Fernverkehr im Jahre 1972

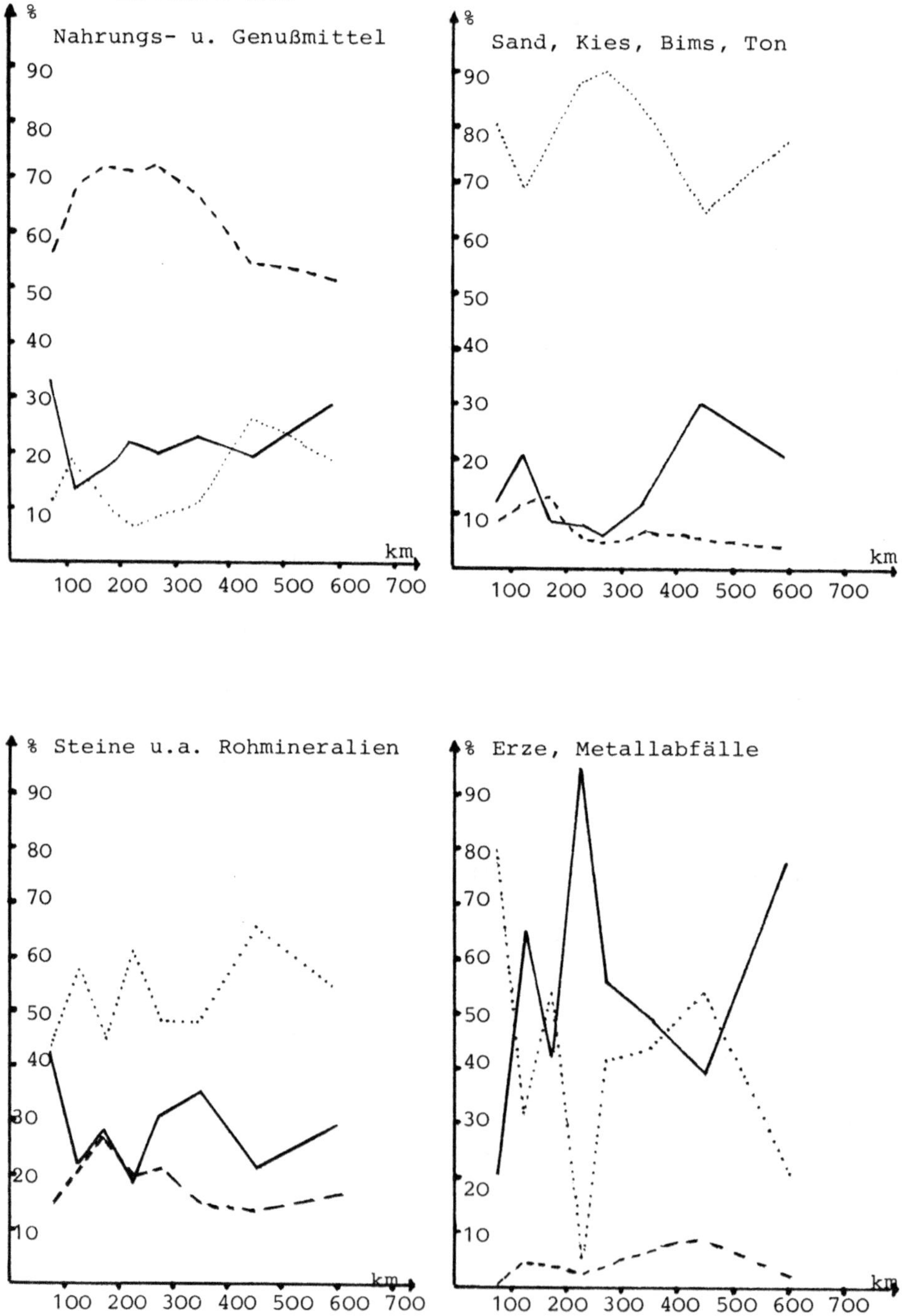

Forts. Abb. 25

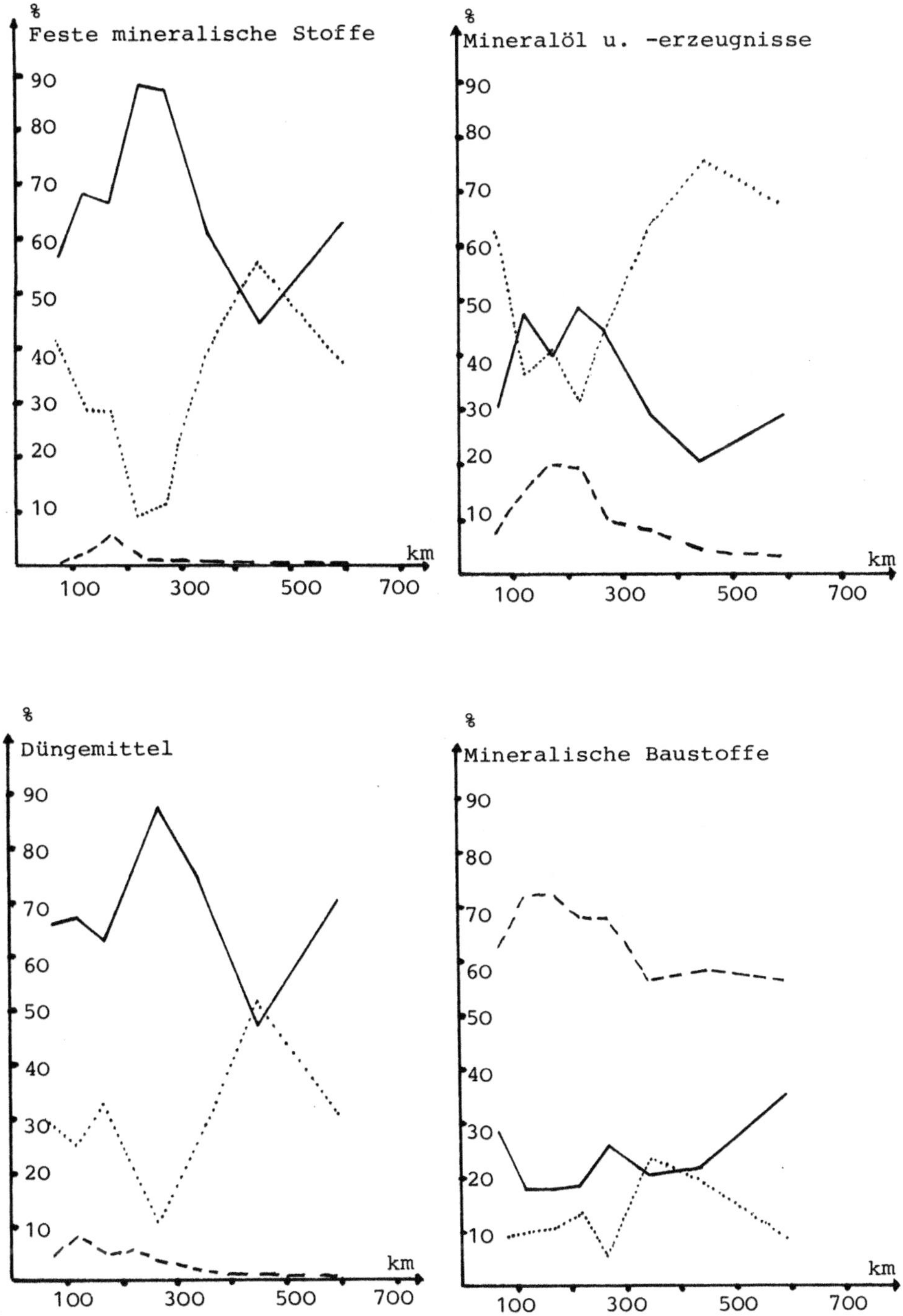
%
Feste mineralische Stoffe
90
80
70
60
50
40
30
20
10
km
100
300
500
700
%
Mineralöl u. -erzeugnisse
90
80
70
60
50
40
30
20
10
km
100
300
500
700
%
Düngemittel
90
80
70
60
50
40
30
20
10
km
100
300
500
700
%
Mineralische Baustoffe
90
80
70
60
50
40
30
20
10
km
100
300
500
700

Forts. Abb. 25

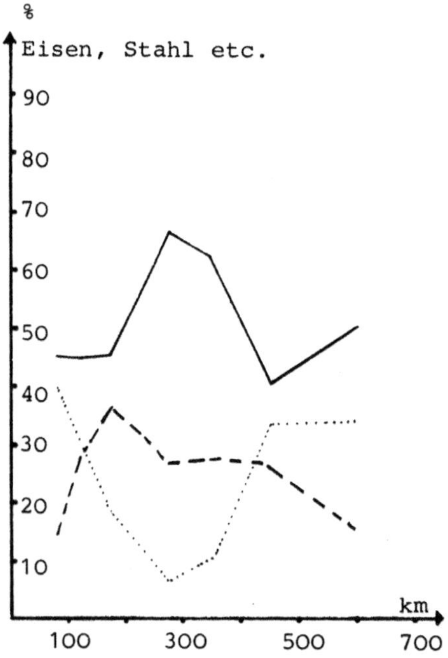

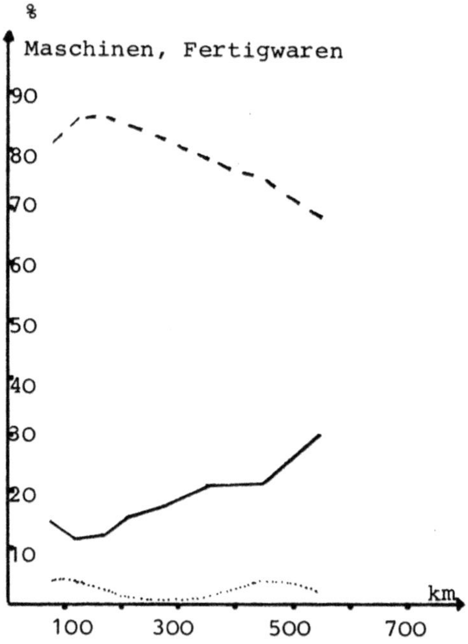

Legende:

—— Anteile der Eisenbahn
····· Anteile der Binnenschiffahrt
--- Anteile des Lkw - Fernverkehrs

Tab. 23 : Eisenbahngüterverkehr der Bundesländer untereinander 1973 (in 1000 Tonnen)

von \ nach	Schleswig-Holstein	Hamburg	Niedersachsen	Bremen	Nordrhein-Westfalen	Hessen	Rheinland-Pfalz	Baden-Württ.-berg	Bayern	Saarland	Berlin (West)	Insgesamt
Schleswig-Holstein	854	179	742	51	334	87	66	190	174	6	51	2 733
Hamburg	255	885	1 880	219	1 119	341	102	359	758	23	758	6 759
Niedersachsen	1 041	1 041	23 543	1 532	4 721	1 314	417	1 229	2 044	4 464	169	41 513
Bremen	65	135	2 717	3 442	1 119	377	155	447	689	21	14	9 180
Nordrhein-Westfalen	1 790	1 808	9 521	5 047	104 200	4 516	2 798	4 247	5 764	2 139	1 941	143 770
Hessen	149	597	816	569	1 611	4 073	652	765	1 561	148	29	10 971
Rheinland-Phalz	136	158	431	261	1 555	631	1 808	3 439	1 439	991	20	10 869
Baden-Württemberg	90	389	333	318	958	764	548	10 991	2 909	300	37	17 638
Bayern	131	503	660	362	1 816	841	525	2 366	19 845	111	145	27 305
Saarland	47	205	304	259	1 000	395	894	1 477	684	7 680	5	12 950
Berlin (West)	18	20	32	6	56	9	7	20	39	1	-	207
Insgesamt	4 575	5 920	40 978	12 064	118 488	13 368	7 973	25 530	35 907	15 884	3 206	283 895

Quelle: Zusammengestellt nach Statistisches Bundesamt Wiesbaden (Hrsg.): Fachserie H: Verkehr, Reihe 4: Eisenbahnverkehr 1973, a.a.O., S. 19

Tab. 24 : Die Entwicklung des kombinierten Verkehrs bei der Bundesbahn 1967-1974

(in 1 000 Einheiten)

Kombinierter Verkehr	1967	1969	1970	1971	1972	1973	1974
Kleincontainer[1]	2 481	2 747	2 688	2 532	2 392	2 363	2 145
Mittelcontainer[1]	685	807	761	648	577	540	469
Großcontainer[1]	9	99	162	214	260	321	317
- ab deutschen Seehäfen[2]	2	16	25	32	35	42	45
- ab Grenzbahnhöfen im Eingang über die trockene Grenze	2	48	69	81	98	115	106
- ab übrigen Bahnhöfen	5	35	68	101	127	165	166
Durchgehender Güterkraftverkehr	2	3	2	1	1	2	1
Huckepackverkehr[3]	8	29	50	72	97	123	128
Straßenrollerverkehr[4]	139	179	190	170	146	141	122

Quelle: Deutsche Bundesbahn (Hrsg.): Zahlen von der Deutschen Bundesbahn 1974, a.a.O., S.8 -
1) bahneigene + private Gestellung; 2) Bremen, Bremerhaven, Hamburg und Lübeck;
3) Straßenlastfahrzeuge und Wechselbehälter; 4) beladen beförderte Güterwagen.

Tab. 25 : Containerumschlag in den deutschen Binnenhäfen 1970 - 1973

	1970		1971		1972		1973	
	Zahl	Tonnen	Zahl	Tonnen	Zahl	Tonnen	Zahl	Tonnen
Berlin	23	235	102	1 602	172	8 680	891	9 945
Düsseldorf	-	-	-	-	-	-	-	-
Duisburg	10	200	4	56	21	378	24	423
Emmerich	5 695	14 255	3 317	7 996	4 099	31 401	4 532	32 497
Frankfurt	-	-	15	250	-	-	-	-
Gelsenkirchen	38	760	-	-	-	-	-	-
Heilbronn	10	Leer	16	Leer	-	-	-	-
Karlsruhe	4	Leer	7	Leer	-	-	-	-
Kehl	-	-		-	-	-	227	920
Köln	-	-	1	20	-	-	5	70
Mainz	18	135	-	-	?	3 029	?	13 760
Mannheim	1 140	19 544	1 540	26 540	2 538	43 744	3 323	54 500
Regensburg	50	215	8	52	?	?	46	869
Trier	-	-	27	513	-	-	-	-

Tab. 26 : Güterumschlag im Lash - Leichter - Verkehr 1970 - 1973

	1970		1971		1972		1973	
	Zahl	Tonnen	Zahl	Tonnen	Zahl	Tonnen	Zahl	Tonnen
Andernach	-	-	-	-	-	-	3	703
Düsseldorf	2	746	7	1 876	9	2 348	22	6 287
Duisburg	21	8 710	35	8 770	32	9 598	171	46 715
Emmerich	-	-	-	-	-	-	9	3 360
Gelsenkirchen	-	-	32	11 200	31	11 656	72	32 072
Germersheim	-	-	-	-	2	327	3	436
Gernsheim	-	-	-	-	-	-	2	231
Kehl	-	-	-	-	-	-	2	188
Köln	117	31 060	141	25 431	72	17 933	40	9 099
Krefeld	3	606	13	2 331	13	2 729	7	1 288
Ludwigshafen	4	1 827	5	1 116	4	1 197	30	6 998
Mainz	2	268	5	825	4	408	11	2 246
Mannheim					92	17 200	184	42 400
Neuss	4	1 494	1	355	3	871	10	2 878
Wesel	23	6 891	7	2 451	-	-	-	-
Worms	-	-	-	-	1	60	13	3 332

Quelle: Zusammengestellt nach Informationen des Verbandes öffentlicher Binnenhäfen e.V., Neuss,12.12.1974 schwinden und der Binnenschiffahrt zufallen. Die weitere Rangfolge kann aus Tab. 23 ersehen werden.

Die Entwicklung der Marktverhältnisse wäre unvollständig dargelegt, würde man kein Wort zum Ausbreitungsprozeß des kombinierten Verkehrs sagen. Die Zahl der mit der Bundesbahn transportierten Großcontainer hat sich zwischen 1969 und 1974 von 99.000 auf 317.000 Einheiten mehr als verdreifacht, allerdings zeigen sich bereits nicht nur konjunkturell bedingte Sättigungstendenzen. Dies gilt auch für den Huckepackverkehr.[413)]

Als Vergleichsmaßstab haben wir in Tab. 25 das Containeraufkommen bei der hierfür wenig geeigneten Binnenschiffahrt zusammengestellt. Nennenswerte Umschlagsergebnisse melden nur Mannheim und Emmerich und mit erheblichem Abstand Mainz und Berlin. Einheitsladungen in Wege des Lash-Leichter-Systems werden in den Binnenhäfen der Bundesrepublik häufiger und wesentlich verbreiteter umgeschlagen. Führend sind hier die Häfen Duisburg, Mannheim und Gelsenkirchen.[414)]

B. Die praktischen Ausformungen der Preisgestaltung der DB

I. Die Willensbildung bei der Tariffestlegung

Ursprünglich war die Stellung der Eisenbahn im Verkehrssystem so überlegen und die erzielten Gewinne so hoch, daß die Eisenbahnen gar nicht darauf angewiesen waren, alle jeweils in der Tarifgestaltung enthaltenen Ertragschancen zu nutzen. Unter dem Einfluß des Wettbewerbs insbesondere des Straßenverkehrs haben die Eisenbahnen begonnen, größere Bewegungsfreiheit zu fordern, um im Wettbewerb bestehen zu können. Im Falle der Bundesbahn steht diesen Bestrebungen mit dem gemeinwirtschaftlichen Pflichtenbündel ein Relikt aus der Zeit des faktischen Verkehrsmonopols der Eisenbahn entgegen, das im wesentlichen als Schutzmaßnahme für die Nachfrageseite konzipiert worden ist. Die Verpflichtungen umfassen die Betriebspflicht, die Beförderungspflicht, die Tarifpflicht, die Tarifveröffentlichungspflicht sowie den gemeinwirtschaftlichen Aufbau der Tarife.

Die Betriebspflicht zwingt die DB, die Betriebsbereitschaft ihres gesamten Streckennetzes zu gewährleisten.[415] Das heißt, daß die Bundesbahn ihre Kapitalanlagen und den Personalbestand am Spitzenbedarf orientieren muß. Daneben führt die Betriebspflicht auch auf wenig frequentierten Streckenabschnitten zu einer permanenten Minderauslastung der bestehenden Kapazitäten, wobei der Mehrertrag verkehrsreicher Strecken die Verluste der verkehrsschwachen Nebenstrecken ausgleichen soll.[416]

Die Beförderungspflicht bedeutet für die Deutsche Bundesbahn eine Zwangsauflage, Personen und Güter befördern zu müssen, auch wenn dies ihrem wirtschaftlichen Interesse widerstrebt, wobei jedoch die Annahme der Beförderung durch den Tarif ausgeschlossen oder beschränkt sein kann.

Der Bundesbahn ist es untersagt, die Beförderung an die Bedingung einer Rückfracht zu knüpfen; um dadurch sonst anfallende Leerfrachten zu umgehen.[417] Sie ist weiterhin gezwungen, bei der Transportübernahme jeweils die gleichen Bedingungen zu gewähren, um eine Diskriminierung bestimmter Personen oder Personengruppen durch Selektion unter den Nachfragern zu vermeiden.[418] Die Beförderungspflicht erschwert wie die Betriebspflicht das Problem der optimalen Kapazitätsauslastung, da stets eine Reservekapazität gehalten werden muß, um eventuell anfallende Nachfragespitzen abdecken zu können. Die Benachteiligungen der DB, die aus diesem Zusammenhang resultieren, gegenüber dem Straßenverkehr, bedürfen im Zuge einer künftigen ordnungspolitischen Neuorientierung einer speziellen Überprüfung, da, wie LINDEN[419] meint, im Verkehrssektor ein Käufermarkt existiert, so daß die Nachfrager nach Verkehrsleistungen ohne zu große Nachteile auf andere Verkehrsmittel ausweichen können.

Diese Argumentation wird allerdings nicht ungeteilt vertreten, vor allen Dingen nicht in jenen Gebieten, die von Entleerungsbewegungen bedroht sind. Hinsichtlich der Beförderungspflicht sind in einigen Ländern bereits gewisse Lockerungen eingeführt worden. Sie ist bspw. in Schweden für das Geschäftsbahnnetz oder in den Niederlanden für den Wagenladungsverkehr aufgehoben worden.[420]

Der Tarifzwang der DB verbietet es, mit speziellen Kunden individuelle Beförderungspreise auszuhandeln, da es im Wesen der Tarifierung begründet ist, daß diese Art der Verkehrspreise für eine nicht zu kurze Zeitdauer unverändert Gültigkeit hat. Die Tarifstarrheit verhindert folglich eine flexible Anpassung an Nachfrageschwankungen im Zeitablauf und drängt die Bundesbahn in gewisser Weise in die Situation eines Mengenanpassers, die allerdings wiederum durch die

Beförderungspflicht eingeengt wird. Es ist deshalb für die Deutsche Bundesbahn nicht möglich, Nachfragespitzen durch eine entsprechende Preisstrategie abzuschwächen und dadurch eine für den Betriebsablauf günstigere mittlere Kapazitätsauslastung zu erreichen.[421)]

Die Tarifpflicht bedeutet jedoch nicht, daß der Bundesbahn die Berücksichtigung individueller Gesichtspunkte bei der Festsetzung ihrer Tarife verwehrt ist. So versucht die DB, durch eine Vielzahl von Sondertarifen der unterschiedlichen Nachfragestruktur gerecht zu werden, zum Zwecke der Erlössteigerung.[422)]

Der gemeinwirtschaftliche Charakter des Tarifzwangs verkörpert sich nicht zuletzt in der Tarifgleichheit im Raum, die die unterschiedliche Wirtschaftlichkeit der Zugstrecken in verkehrsstarken, verkehrsschwachen, in gebirgigen und flachen Gegenden negiert sowie in der Entfernungs- und Wertstaffel, die sich jedoch teilweise mit dem eigenwirtschaftlichen Interesse der DB decken.[423)]
Wie die nachstehenden Abbildungen zeigen, wird die degressive Phase der Entfernungsstaffel von etwa 800 km an bspw. im Stückgutverkehr von einem linear ansteigenden Tarif abgelöst.

Fassen wir, was die Tarifpflicht angeht, noch einmal kurz zusammen: Die Eisenbahn hat die Pflicht, nach § 6, I,1 EVO[424)] Tarife aufzustellen, die alle für die Beförderung maßgebenden Bestimmungen und alle zur Berechnung der Beförderungsentgelte und die Gebühren für die Nebenleistungen der Eisenbahn notwendigen Angaben enthalten. Demzufolge gibt es bei der Eisenbahn keinen tariffreien Raum, wie dies bei anderen Verkehrsmitteln und -trägern der Fall ist.

Abb. 26 : Frachten für Stückgutsendungen der DB nach Frachtberechnungsgewicht und Entfernungsstufen in DM (Stand: 1. Februar 1971)

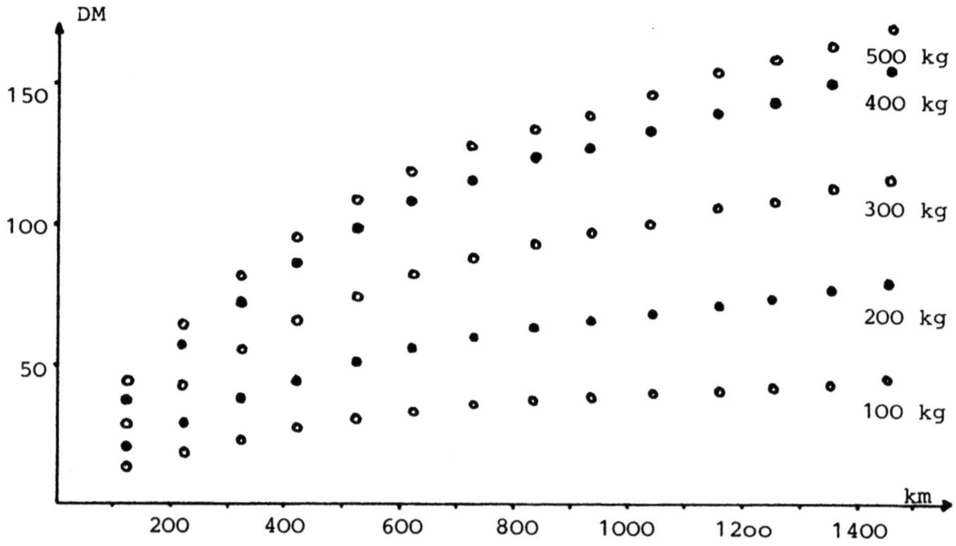

Abb. 27 : Die Abhängigkeit der Frachten für Stückgutsendungen der DB vom Gewicht der Sendung bezogen auf die tkm - Leistung (Stand: 1. Februar 1971)

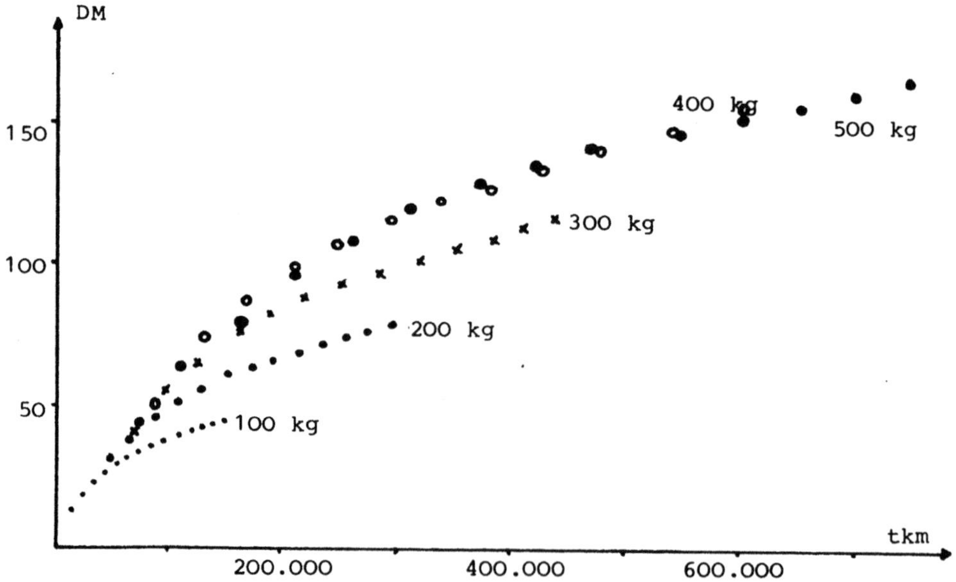

Allerdings finden sich insofern einige Ausnahmen, als Beförderungsleistungen, die nicht unter die Beförderungspflicht der Eisenbahn fallen, nicht von der Tarifpflicht erfaßt sind. Es sind dies etwa die Gestellung von Sonderzügen, die Beförderung von Gegenständen, deren Verladung oder Beförderung außergewöhnliche Schwierigkeiten verursachen, daneben auch der Gleisanschlußverkehr, der Verkehr mit einem nicht zugelassenen Bahnhof, die Gestellung kostspieliger Spezialwagen und nicht zuletzt der eisenbahneigene Werkverkehr.

Im derzeitigen Tarifsystem der Deutschen Bundesbahn finden sich sowohl Einstufungen von Gütern in Klassen als auch Ausnahmetarife. Bezüglich dieser früher durchaus zweckmäßigen differenzierenden Klassifizierung stellt sich heute mehr und mehr die Frage nach ihrer Berechtigung. Eine grundlegende Korrektur dieser Tarifformen ist aber nur unter erheblichen Schwierigkeiten möglich, die nicht zuletzt in der Art des Willensbildungsprozesses begründet sind.

Gemäß Bundesbahngesetz (BbG) vom 13.12.1951[425] in der Fassung der Gesetze bis zum 6.3.1969[426] ist der Verwaltungsrat der DB zuständig für die Beschlußfassung über die für die Finanzlage der DB wesentlichen Eisenbahn- und sonstigen Verkehrstarife. Die Mitglieder des Verwaltungsrates, dem grundsätzlich kein Vertreter der DB angehört, geben, da ihr Erlebnishorizont, ihre spezielle Rolle, ihr Zielsystem und folglich auch ihre virtuellen Aktionsparameter[427] oft durchaus unterschiedlich sind, zu einer Willensbildung der Eisenbahn Anlaß, die in mancher Hinsicht von der Willensbildung eines privatwirtschaftlich organisierten Unternehmens abweicht. Insofern ist der Beschluß über einen neuen Tarif, z.B. einen Ausnahmetarif, regelmäßig ein Kompromiß. Nach Beschlußfassung bedürfen die Tarife der Genehmigung durch den Bundesverkehrsminister. Dieser kann auch Änderungen des Verkehrstarifs der DB verlangen, wenn es aus Gründen des allgemeinen Wohls erforderlich ist.[428]

Verweigert er die Genehmigung oder verlangt er eine Tarifänderung, so setzt ein Erstattungsverfahren ein, das vor allem unter dem Aspekt der Wettbewerbspolitik immer noch umstritten ist. Führt nämlich die Nichtgenehmigung oder eine Auflage im Sinne des § 16, IV BbG dazu, daß bezogen auf diesen Einzelfall die Kosten der DB nicht gedeckt werden, so muß nach § 28a, I., BbG ein entsprechender Ausgleich aus der Bundeskasse gewährt werden. Eine solche Möglichkeit ist für die Binnenschiffahrt und den Güterfernverkehr auf der Straße nicht vorgesehen. SCHLOTTERER[429] nimmt an, daß bei dieser Regelung die Überlegung eine Rolle gespielt habe, daß, wenn schon der Nachweis der Kostenunterdeckung durch Tarifauflagen für den Bereich des Eisenbahnwesens erhebliche Schwierigkeiten aufwerfe, dies insbesondere im Falle einer Vielzahl von einzelnen Verkehrsunternehmen zutreffen müsse. So bleibt es also zunächst dabei, daß einerseits die Kosten des allgemeinen Wohls aus der Bundeskasse und auf der anderen Seite durch das privatwirtschaftlich organisierte Verkehrsgewerbe getragen werden.[430]

Als positiv am Instrument der Gemeinwohltarife sollte festgehalten werden, daß u.U. durch sie erst ein Verkehrsinteresse geweckt wird. Die verbesserte Beschäftigungslage kann über eine Kostendegression zu einer Verbesserung der Wettbewerbslage führen.[431]

Es darf aber andererseits nicht die Gefahr übersehen werden, daß die Erstattungspraxis einen Verdrängungswettbewerb induzieren kann, "indem auf einem bestimmten Verkehrsmarkt die Tarife durch behördliche Anordnung bei entsprechendem finanziellen Ausgleich gesenkt werden und so vorhandene Mitbewerber gezwungen werden, diese Preissenkungen mitzumachen, wenn sie nicht Gefahr laufen wollen, aus diesem Markt auszuscheiden."[432]

Zur Antragstellung bezüglich einer Tarifänderung waren nicht nur die Bundesbahndirektionen und die angeschlossenen Eisenbahnen berechtigt, sondern auch der Verkehrsausschuß und die Beigeordneten der Ständigen Tarifkommission.[433)]

II. Das Tarifsystem des Güterverkehrs

Will man die Gesamtheit der Tarifformen systematisieren, so bietet sich einmal eine Gliederung nach der Art des Transportgutes an, also die Unterscheidung nach Wagenladungs- bzw. Stückgutverkehr, zum anderen eine Trennung nach Regel- bzw. nach Ausnahmetarifen. Unter dem verkehrspolitischen Aspekt, der sich im wesentlichen auf die Wettbewerbspolitik richtet, erscheint eine Systematisierung nach Regel- und Ausnahmetarifen naheliegender, wenn auch die Regeltarife und die Ausnahmetarife im Gesamtrahmen der Wagenladungstarife aus rechentechnischer Sicht zusammengehören.

a. Regeltarife

1. Der Stückguttarif

Unter Stückguttarife fallen die Güter, die vom Verlader am Güterschuppen ausgeliefert und dann von der Eisenbahn mit eigenen Arbeitskräften in den Waggon verladen werden. Der Stückguttarif hatte bis 1930 den Charakter einer Wertstaffel und war in zwei Wertklassen gegliedert. Im Zuge der zunehmenden Konkurrenz des Straßengüterverkehrs wurde er durch einen dreistufigen Gewichtstarif abgelöst und 1960 durch eine weitere Stufe ergänzt (Stufe I für Güter von 1 - 100 kg, Stufe II für 101 - 500 kg, Stufe III für 501 - 1000 kg und Stufe IV für Güter mit einem Gewicht von mehr als 1000 kg.) Für die Regelung vor 1960 konstruiert LEMPER[434)] einen relativen Zusammenhang zur Wertstaffel in der Weise, daß er die Wagenladungsklassen derart zu den Gewichtsklassen des Stückgut-

Tab. 27 : Frachten für Stückgutsendungen nach Entfernungs- und Gewichtsstufen in DM

km	100 kg	200 kg	300 kg	400 kg	500 kg	600 kg	700 kg	800 kg	900 kg	1000 kg
41 - 50	11,0	15,3	20,5	25,7	29,4	31,7	36,2	40,7	45,0	45,0
91 - 100	15,1	22,0	30,6	39,2	43,7	47,3	54,5	61,7	68,9	69,0
181 - 200	21,6	32,9	47,2	61,4	67,4	73,2	84,8	96,4	108,0	108,0
281 - 300	27,3	42,7	61,9	81,2	88,5	96,2	111,8	127,4	142,9	143,0
381 - 400	32,3	51,1	74,6	98,1	106,5	116,0	135,0	153,9	172,8	173,0
481 - 500	36,3	57,9	84,9	111,9	121,3	132,1	153,8	175,5	197,0	197,0
576 - 600	39,7	63,7	93,7	123,7	133,8	145,8	169,8	193,9	217,9	218,0
676 - 700	42,5	68,4	100,8	133,2	143,9	156,8	182,8	208,7	234,6	235,0
751 - 800	44,2	71,3	105,2	139,1	150,2	163,8	190,9	218,0	245,1	246,0
851 - 900	46,0	74,4	109,9	145,4	156,9	171,1	199,4	227,8	256,1	257,0
951 - 1000	47,8	77,5	114,5	151,6	163,5	178,3	207,9	237,5	267,1	268,0
1001 - 1100	49,2	79,8	118,0	156,2	168,5	183,8	214,3	244,8	275,3	276,0
1101 - 1200	51,0	82,8	122,6	162,4	175,1	191,0	222,8	254,5	286,3	287,0
1201 - 1300	52,8	85,9	127,3	168,6	181,8	198,3	231,3	264,3	297,3	298,0
1301 - 1400	54,6	89,0	131,9	174,8	188,4	205,5	239,8	274,0	308,2	309,0
1401 - 1500	56,4	92,0	136,5	181,0	195,0	212,8	248,3	283,7	319,2	320,0

Quelle: Deutsche Bundesbahn (Hrsg.): Deutscher Eisenbahn-Gütertarif, Teil II, Heft A, Frachtentafel und Frachtsatzanzeiger für Stückgut und Wagenladungen - Regeltarif - gültig v. 1. Juli 1974 an, o.O., 1974, S. 4 ff.

tarifs in Beziehung setzt, daß die Gewichtsklassen quasi als Verlängerung der Wertstaffel des Wagenladungstarifs aufgefaßt werden. Demzufolge zeigen sich folgende Relationen:

Tab. 28 : Verlängerung der Wertstaffel um die Gewichtsklassen des Stückguttarifs (vor 1960)

Gewichtsstufe bzw. Wagenladungsklasse	Staffelzahl
Klasse A/B	100
Stufe III über 1000 kg	213
Stufe II 501 - 1000 kg	216
Stufe I 1 - 500 kg	317

Quelle: LEMPER, A.: Die preistheoretischen und preispolitischen Grundprobleme der Tarifgestaltung im Binnenverkehr, a.a.O., S. 51

Nach der heute geltenden Regelung begnügt sich der Stückguttarif mit nur einer Entfernungs- und Wertstaffel. Bis zu seiner Aufhebung im Jahre 1968 wurde zusätzlich "Eilstückgut" zu einem Frachtsatz mit einem Zuschlag für schnellere Verkehrsleistungen befördert. Der erhöhte Frachtsatz wurde aber nur bei der Klasse Ie (allgemeine Eilgutklasse) erhoben. Es fand zwar hier ebenfalls eine schnellere Beförderung statt, ein Zuschlag wurde aber in Anbetracht der besonderen Güterarten (lebende Pflanzen, Lebensmittel, leicht verderbliche Güter) nicht erhoben.

Die Entfernungsstaffel macht neben der Gewichtsstufung heute die entscheidende Komponente des Stückguttarifs aus, der die Gestalt eines verzögerten Degressivtarifs[435] hat, wenn man der Betrachtungsweise die tonnenkilometrische Leistung zugrundelegt.[436]

Abb.28 : Frachtkostendegression für Stückgutsendungen nach Entfernungsstufen für ausgewählte Gewichtsstufen (Fracht für jeweils 100 km)

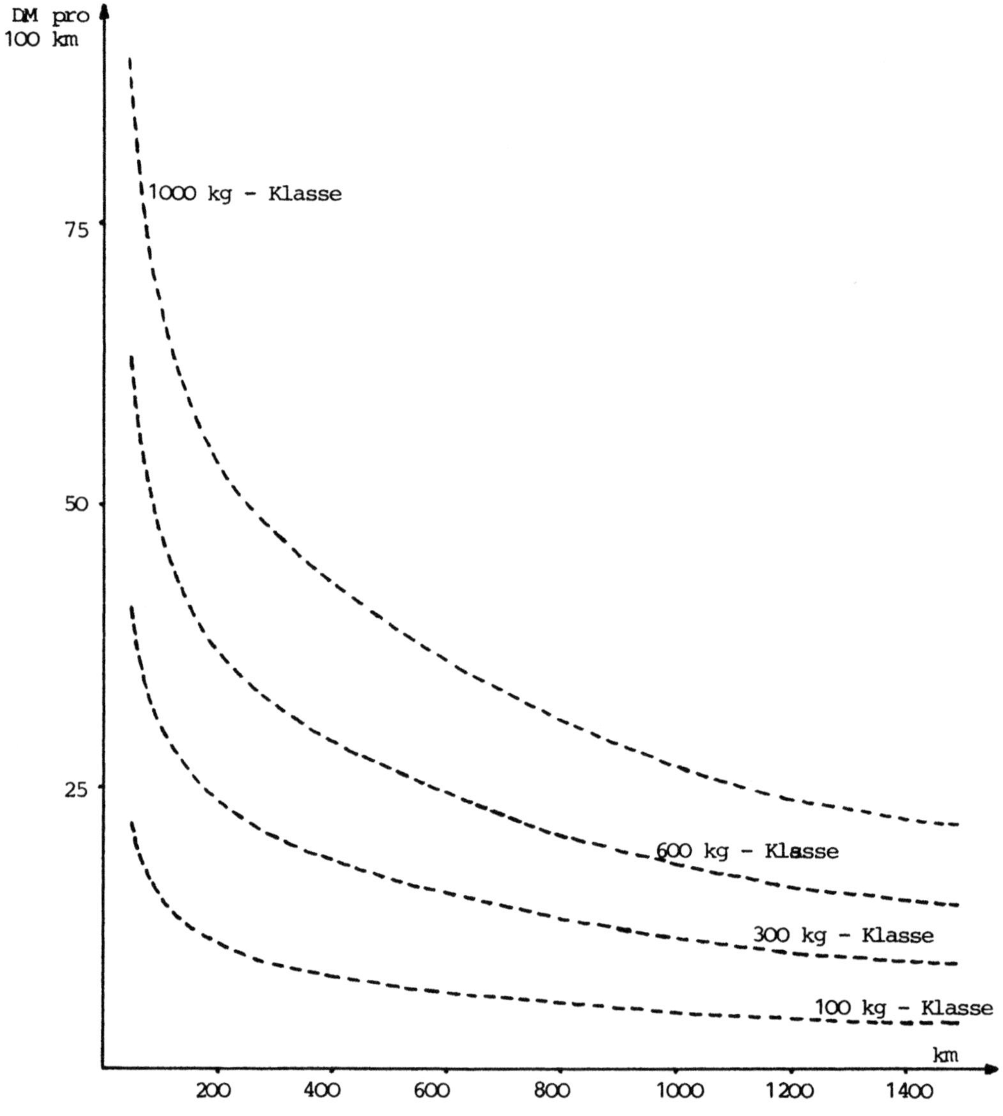

Quelle: Deutsche Bundesbahn (Hrsg.): Deutscher Eisenbahn-Gütertarif, Teil II, Heft A, Frachtentafel und Frachtsatzanzeiger für Stückgut und Wagenladungen - Regeltarif - gültig v. 1. Juli 1974 an, o.O., 1974, S. 4 f.

Tab. 29 : Das Maß der Degression im Stückguttarif, bezogen auf die Fracht für 100 km = Index 100 (Beispiel 500 kg)

km-Zone	DM Fracht	DM Fracht je 100 km	100 km Index = 100
41 - 50	29,4	58,8	135
91 - 100	43,7	43,7	100
181 - 200	67,4	33,7	77
281 - 300	88,5	29,5	68
381 - 400	106,5	26,6	61
481 - 500	121,3	24,3	56
576 - 600	133,8	22,3	51
676 - 700	143,9	20,6	47
751 - 800	150,2	18,8	43
851 - 900	156,9	17,4	40
951 - 1000	163,5	16,3	37
1001 - 1100	168,5	15,3	35
1101 - 1200	175,1	14,5	33
1201 - 1300	181,8	14,0	32
1301 - 1400	188,4	13,5	31
1401 - 1500	195,0	13,0	30

Quelle: Eigene Berechnungen nach Deutsche Bundesbahn (Hrsg.): Deutscher Eisenbahn-Gütertarif, Teil II, Heft A, gültig v. 1. Juli 1974 an, a.a.O., S. 4 ff.

2. Wagenladungstarife

Unter Wagenladungsgut versteht man eine solche Fracht, die der Verlader in einen von ihm angeforderten und von der Eisenbahn gestellten Waggon selbst mit eigenen Arbeitskräften verlädt. In den Wagenladungstarifen sind verschiedene Tarifprinzipien verankert, die wir im folgenden aufzeigen wollen.

Abb.29 : Frachtkostendegression für Stückgutsendungen nach Gewichtsstufen für ausgewählte Entfernungsstufen (Fracht für jeweils 100 kg)

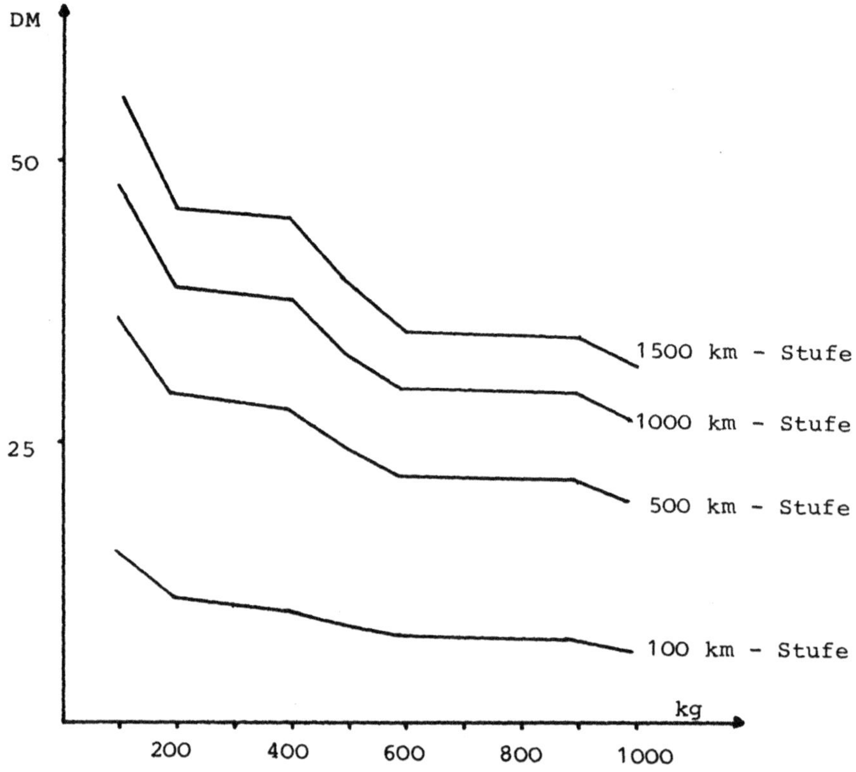

Im Gegensatz zu dem auffällig stetigen Degressivverlauf der Tarifstaffel nach Entfernungsstufen zeigt sich aus der umgekehrten Analyse - d.h. bei der Darstellung der Frachtkostendegression für Stückgutsendungen nach Gewichtsstufen für ausgewählte Entfernungsstufen - eine Art Treppenfunktion, derzufolge der degressive Tarifaufbau gebremst wird, und zwar im Bereich der Gewichtsklassen 200 - 400 kg sowie 600 - 900 kg. Die Eindeutigkeit der treppenförmigen Degression nimmt mit steigender Transportweite zu.

Tab. 30 : Frachtsätze für Güter der Güterklassen A, B und C im Wagenladungsverkehr in Pfennig für 100 kg

km	A					B					C				
	5 t	10 t	15 t	20 t	25 t	5 t	10 t	15 t	20 t	25 t	5 t	10 t	15 t	20 t	25 t
50 - 52	336	197	157	138	131	336	183	146	128	122	336	173	138	121	115
98 - 100	451	308	246	215	205	411	281	224	196	187	381	260	208	182	173
146 - 150	592	404	323	282	269	535	365	292	255	243	493	336	269	235	224
196 - 200	735	501	401	351	334	660	450	360	315	300	605	413	330	289	275
291 - 300	959	654	523	458	436	858	585	468	410	390	783	534	427	374	356
391 - 400	1 164	794	635	555	529	1 038	708	566	496	472	946	645	516	452	430
481 - 500	1 320	900	720	630	600	1 177	803	642	562	535	1 071	731	584	511	487
581 - 600	1 465	999	799	699	666	1 305	890	712	623	593	1 186	809	647	566	539
681 - 700	1 599	1 091	872	763	727	1 421	969	775	678	646	1 291	881	704	616	587
781 - 800	1 683	1 148	918	803	765	1 496	1 020	816	714	680	1 357	926	740	648	617
881 - 900	1 758	1 199	959	839	799	1 562	1 065	852	746	710	1 417	966	773	676	644
981 - 1000	1 833	1 250	1 000	875	833	1 628	1 110	888	777	740	1 476	1 007	805	705	671
1051 - 1100	1 894	1 292	1 033	904	861	1 683	1 148	918	803	765	1 527	1 041	833	729	694
1151 - 1200	1 969	1 343	1 074	940	895	1 749	1 193	954	835	795	1 586	1 082	865	757	721
1251 - 1300	2 044	1 394	1 115	975	929	1 815	1 238	990	866	825	1 643	1 121	896	784	747
1351 - 1400	2 119	1 445	1 156	1 011	963	1 881	1 283	1 026	898	855	1 703	1 161	929	813	774
1451 - 1500	2 193	1 496	1 196	1 047	997	1 947	1 328	1 062	929	885	1 762	1 202	961	841	801

Quelle: Deutsche Bundesbahn (Hrsg.): Deutscher Eisenbahn-Gütertarif, Teil II, Heft A, Frachtentafel und Frachtsatzanzeiger für Stückgut und Wagenladungen - Regeltarif - gültig v. 1. Juli 1974 an, o.O., 1974, S. 8 ff.

(A) Die Wertstaffel

Im Gegensatz zum Stückgutverkehr der DB bildet die Staffelung nach Wertklassen eines der entscheidenden Aufbauprinzipien, die die Tarifsystematik für Wagenladungsklassen wesentlich bestimmen.[437] Die Wertstaffel differenziert das Transportentgelt nach Maßgabe der Preiselastizität der Nachfrage. Je größer die Transportmengenelastizität in bezug auf die Transportentgelte ist, umso geringer ist die Höhe des Frachtsatzes unter der Voraussetzung gleichen Gewichts, gleichen Raumbedarfs und gleicher Transportentfernung.[438] Die heute gültige Einteilung in die Wagenladungsklassen A, B und C ist das Ergebnis verschiedener Klassifikationsänderungen.

Die Überlegung, die hochwertigen Güter in den oberen Klassen zu tarifieren und mit einer entsprechend hohen Fracht zu belasten, zeigt sich besonders deutlich an der früher geltenden Systematik A/B, C/D, E, F, G und der zusätzlich am 1.2.1958 eingeführten Montangüterklassen I bis V, die im übrigen auch heute noch gültig sind. Als typisches Beispiel für das Spannungsverhältnis eines Werttarifs stellt KLOTEN[439] die Wertstaffelung dar.

Tab. 31 : Die Wertstaffelung im DEGT vom 1.1.1951[440]

Gewichtsstufen und Wertklassen	Stückgut			Wagenladungen						
	1-500 kg	501-1000 kg	über 1000 kg	A	B	C	D	E	F	G
Verhältniszahlen	242,7	213,5	186,9	100	93,6	88,4	82,8	71,5	59,9	49,1
Spannungsprozente		12,0	12,5	46,5	6,4	5,6	6,3	13,6	16,2	18,0

Tab. 32 : Frachtsätze für Güter der Güterklassen I - V im Wagenladungsverkehr in Pfennig je 100 kg

	I.					II/III				
	5t	10t	15t	20t	25t	5t	10t	15t	20t	25t
50- 52	336	192	154	134	128	336	180	144	126	120
98- 100	398	299	239	209	199	368	276	221	193	184
146- 150	536	402	322	281	268	486	365	292	255	243
196- 200	666	500	400	350	333	596	447	358	313	298
291- 300	872	654	523	458	436	780	585	468	410	390
391- 400	1058	794	635	555	529	944	708	566	496	472
481- 500	1200	900	720	630	600	1070	803	642	562	535
581- 600	1332	999	799	699	666	1186	890	712	623	593
681- 700	1454	1091	872	763	727	1292	969	775	678	646
781- 800	1530	1148	918	803	765	1360	1020	816	714	680
881- 900	1598	1199	959	839	799	1420	1065	852	746	710
981-1000	1666	1250	1000	875	833	1480	1110	888	777	740
1051-1100	1722	1292	1033	904	861	1530	1148	918	803	765
1151-1200	1790	1343	1074	940	895	1590	1193	954	835	795
1251-1300	1858	1394	1115	975	929	1650	1238	990	866	825
1351-1400	1926	1445	1156	1011	963	1710	1283	1026	893	855
1451-1500	1994	1496	1196	1047	997	1770	1328	1062	929	885

Fortsetzung Tab. 32

	IV					V				
	5t	10t	15t	20t	25t	5t	10t	15t	20t	25t
50- 52	336	180	144	126	120	336	180	144	126	120
98- 100	368	276	221	193	184	368	276	221	193	184
146- 150	484	363	290	254	242	478	359	287	251	239
196- 200	586	440	352	308	293	570	428	342	299	285
291- 300	780	585	468	410	390	750	563	450	394	375
391- 400	944	708	566	496	496	472	944	708	566	472
481- 500	1070	803	642	562	535	1070	803	642	562	535
581- 600	1186	890	712	623	593	1186	890	712	623	593
681- 700	1292	969	775	678	646	1292	969	775	678	646
781- 800	1360	1020	816	714	680	1360	1020	816	714	680
881- 900	1420	1065	852	746	710	1420	1065	852	746	710
981-1000	1480	1110	888	777	740	1480	1110	888	777	740
1051-1100	1530	1148	918	803	765	1530	1148	918	803	765
1151-1200	1590	1193	954	835	795	1590	1193	954	835	795
1251-1300	1650	1238	990	866	825	1650	1238	990	866	825
1351-1400	1710	1283	1026	898	855	1710	1283	1026	898	855
1451-1500	1770	1328	1062	929	885	1770	1328	1062	929	885

Quelle: Deutsche Bundesbahn (Hrsg.): Deutscher Eisenbahn-Gütertarif, Teil II, Heft A, Frachtentafel und Frachtsatzanzeiger für Stückgut und Wagenladungen-Regeltarif, a.a.O., S. 12ff.

KLOTEN[441] beurteilt diese Wertstaffel als unorganisch strukturiert und verweist auf Bestrebungen der Tariftheorie, einen übersichtlichen und in sich geschlossenen Tarifaufbau zu konzipieren und einzuführen, wie es bspw. von LINDEN[442] vorgeschlagen wurde. Seinen Überlegungen zufolge sollte das Spannungsverhältnis zwischen den Eckklassen 100 : 40 betragen, wobei die Frachtsatzminderung von Wagenklasse zu Wagenklasse einheitlich auf jeweils 10% des Frachtsatzes der Wagenklasse A bei einer Versandweite von 200 km festzulegen sei. Es wird bei diesem Ansatz zugelassen, daß die Spannungsprozente im Sinne der obigen Tabelle mit der jeweiligen Beförderungsweite variieren. Eine derartige Konzeption ist aber auch im heute geltenden Tarifaufbau nicht verwirklicht, **wie** die folgenden Beispiele zeigen.

Tab. 33 : Spannungsverhältnis im Wagenladungstarif 1.7.1974

Tarifklasse	A	I	B	II/III	IV	V	C
Frachtsatz[a)] in Pfg/100 kg	351	350	315	313	308	299	289
Staffelsatz	100,0	99,7	89,7	89,2	87,8	85,2	82,3

a) Bei Auslastung mit mindestens 20 t

Das dargestellte Beispiel zeigt, daß das Spannungsverhältnis gegenüber früher geltenden Tarifen erheblich geringer geworden ist.

Tab. 34 : Spannungsverhältnis im Wagenladungstarif 1960[443]

Tarifklasse	A/B	C/D	I	II	E	F	III	IV	V	G
Frachtsatz[a)] in Pfg./100 kg	282	267	267	262	247	208	206	203	193	172
Staffelsatz	100,0	94,7	94,7	92,9	87,6	73,8	73,0	72,0	68,4	61,0

a) Bei Auslastung mit mindestens 20 t

Plausiblerweise wurden in der Regelklasse mit den niedrigsten Tarifen solche Transportgüter eingestuft, die eine hohe Transportmengenelastizität in bezug auf die Transportentgelte aufweisen, wie dies bei bestimmten Massengütern und Abfallstoffen der Fall ist. Der Klasse A wurden alle diejenigen Güter zugeteilt, die in den Klassen B - G nicht explizit erwähnt wurden. Hier hatten vorzugsweise hochwertige Fertigwaren ihren Platz.

Grundsätzlich ließ sich aber schon damals nur in begrenztem Maße feststellen, daß wertvolle Güter im Tarif höher belastet wurden als weniger wertvolle. Infolge der derzeitigen Zusammendrängung der Wertstaffel als Auswirkung des Wettbewerbs mit dem Straßengüterverkehr lassen sich derartige Beziehungen im heute geltenden Tarifaufbau noch weniger aufzeigen. Die Schrumpfung der Wertstaffel verdeutlicht das nachstehende Schema:

gültig: von	1927	1958	1966
	A	A/B	A
	B		
	C	C/D	
	D	E	B
	E	F	
	F	G	C
	G		

Trotz vielfacher Reformen mit z.T. in sich widersprüchlichen Einzelmaßnahmen folgt auch das heutige Tarifsystem im Prinzip noch dem Grundaufbau der Wertstaffel. Wie wir gesehen haben, ist die Staffelung stark zusammengedrückt worden, wie auch die Verhältniszahlen zwischen den Eckklassen des Normaltarifs auf 200 km beweist:[444)]

1922	100 : 26,1	1955	100 : 56,8
1926	100 : 26,1	1958	100 : 60,8
1930	100 : 27,0	1960	100 : 61,0
1931	100 : 34,2	1974	100 : 82,3
1949	100 : 49,1		

(B) Die Mengenstaffel

Als zweites Prinzip wurde in dem Wagenladungstarifaufbau des DEGT das Gewichts- oder Wagenraumsystem verankert. Unter Wagenraumtarifen versteht man Tarife, die ausgehend von der normierten Einheit des Eisenbahngüterwagens die Ladung entweder nach dem Gewicht oder nach dem in Anspruch genommenen Raum klassifizieren. Die meisten Tarife der Eisenbahnen sehen die geringsten Tarifsätze - bezogen auf 1 tkm - dann vor, wenn eine (normierte) Einheit des Güterwagens optimal ausgelastet wird. Die Tarife sind regelmäßig so gestaltet, daß für jede einzelne Klasse ein Grundpreis für volle Wagenladungen gefordert und eine geringere Ausnutzung der Wagen mit Zuschlägen belastet wird.

Das Tarifsystem umfaßt für jede der drei Wagenladungsklassen A, B und C nach der heute geltenden Regelung 5 Gewichtsklassen mit jeweils anders gestaffelten Frachtsätzen. Hierbei kann weiter unterschieden werden nach 3 Hauptklassen (25 t, 20 t und 15 t) und nach 2 Nebenklassen (10 t und 5 t).

Das Verhältnis der Frachtsätze für die einzelnen Gewichtsklassen zueinander änderte sich mehrmals seit Aufstellung der Grundeinteilung ebenfalls im Zusammenhang mit dem zunehmenden Wettbewerb des Lkw. Sie berechnen sich heute wie folgt:

Klasse	25 t	20 t	15 t	10 t	5 t
A - C	100	105	120	150	220
I - V	100	105	120	150	200

Die früher übliche horizontale Staffelung[445] der 5t-Klasse die bewirken sollte, daß Güter der niedrigen Wertklassen möglichst nicht in geringen Mengen verladen werden sollten, ist aus dem Tarifaufbau herausgenommen worden. Vielmehr zeigt sich, daß die Montangüterklassen I-V für die Wagenladungsklasse 5t günstiger behandelt werden als die Klassen A, B und C.

(C) Die Entfernungsstaffel

Unter der Entfernungsstaffel versteht man einen Tarifaufbau, bei dem in der Regel das durchschnittliche, auf einen tkm bezogene Entgelt mit zunehmender Entfernung abnimmt. Fälle, in denen der Kilometerpreis für alle Entfernungen konstant bleibt oder mit der Entfernung sogar progressiv steigt, sind bislang kaum angewendet worden und daher auch von geringem Interesse. Es sollte aber beachtet werden, daß sich auch bei konstantem Kilometerpreis eine Entfernungsstaffelung ergibt, sobald man die für alle Entfernungen gleiche, einmalige Abfertigungsgebühr in die Betrachtung mit einbezieht.

Wie KLOTEN[446] zeigt, war die Entfernungsstaffel im DEGT mit ihrer Einführung keine einfache, sondern eine differenzierte Entfernungsstaffel, da sie sich auf die Frachtsätze bezog, also die bereits genannten Abfertigungsgebühren und deren degressiv wirkender Effekt nicht berücksichtigt würde.

Abb. 30 : Frachtkostendegression im Wagenladungsverkehr nach Entfernungsstufen, dargestellt am Beispiel der Güterklasse A - Ladungsgewicht 5 t, 15 t bzw. 25 t (Fracht für jeweils 100 km in Pfennig pro 100 kg)

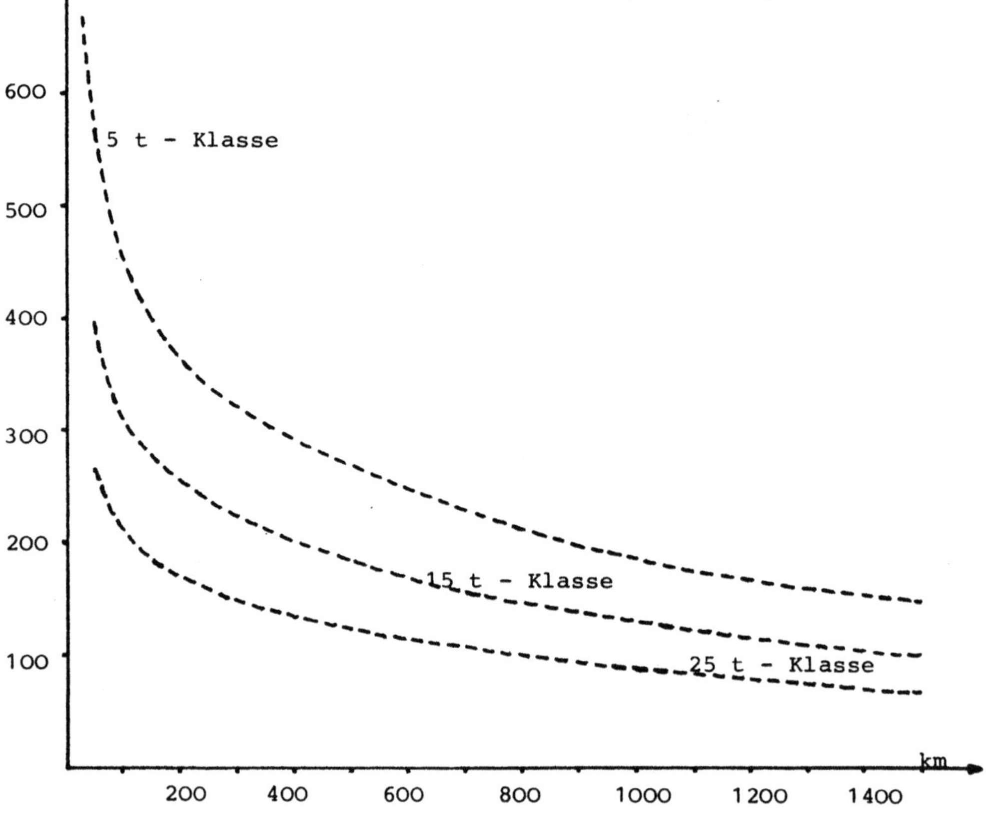

Abb. 31 : Verhältniszahlen der Frachtberechnung im Wagenladungsverkehr der DB zwischen den Gewichtskategorien 5 t, 10 t, 15 t, 20 t und 25 t, gültig für alle Entfernungsstufen und die drei Güterklassen (5 t = 100)

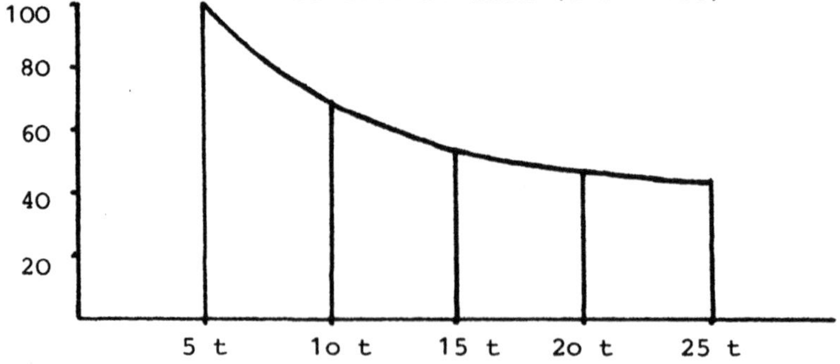

Tab. 35 : Vergleich zwischen der Frachtdegression im Wagenladungsverkehr 1958 und 1974

Tarifentfernung in km	1958				1974			
	Fracht DM/t Klasse F20	Fracht Pf/tkm	Staffelzahl	km[a)]	Fracht DM/t Klasse C20	Fracht Pf/tkm	Staffelzahl	km[a)]
100	12,70	12,70	100,0	100	18,20	18,20	100,0	100
200	20,80	10,40	81,9	164	28,90	14,45	79,4	159
300	27,50	9,17	72,2	217	37,40	12,47	68,5	206
400	33,10	8,28	65,2	261	45,20	11,30	62,1	248
500	37,20	7,44	58,6	293	51,10	10,22	56,2	281
600	40,70	6,78	53,4	320	56,60	9,43	51,8	311
700	43,10	6,16	48,5	340	61,60	8,80	48,4	339
800	45,00	5,83	44,3	354	64,80	8,10	44,5	356
900	46,90	5,21	41,0	369	67,60	7,51	41,3	372
1000	48,70	4,87	38,3	383	70,50	7,05	38,7	387

Quelle für 1958: LEMPER, A.: Die preistheoretischen und preispolitischen Grundprobleme der Tarifgestaltung im Binnenverkehr, a.a.O., S. 46 - für 1974: eigene Berechnungen nach Deutscher Eisenbahn-Gütertarif 1974

a) virtuelle Entfernung in km

Abb. 32 : Vergleich zwischen den virtuellen Entfernungen 1958 und 1974 für Wagenladungen

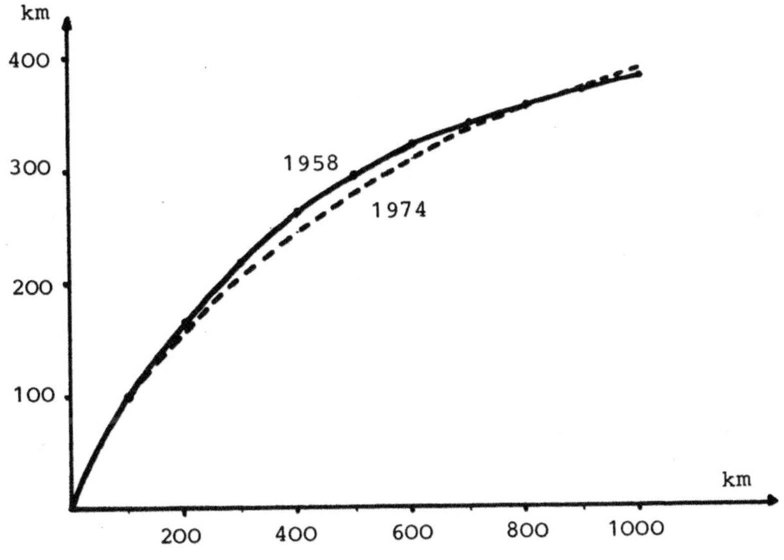

Es wird deutlich, daß sich die Dynamik der Frachtkostendegression über die Entfernungsstufen zwischen 1958 und 1974 kaum geändert hat. Es zeigt sich aber auch, daß die Transportpreissteigerungen im Bereich der Entfernungsstufen von 200 bis 600 km deutlich unter denjenigen für die übrigen Bereiche liegen. Begründet ist dies mit dem Lkw - Wettbewerb, vor allem in der 300 - 400 km - Zone.

Abb. 33 : Frachterhöhungen von 1958 bis 1974 in %

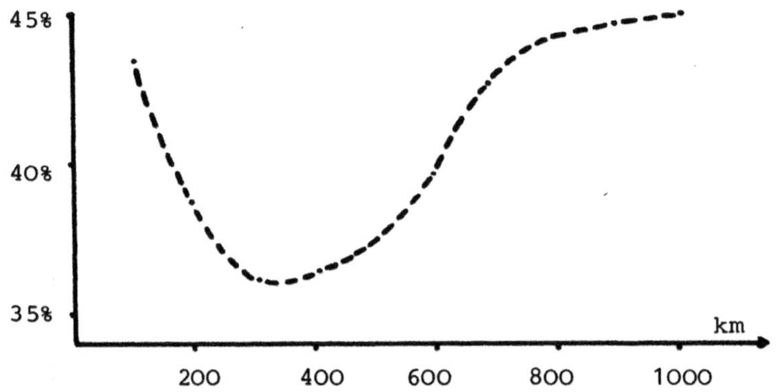

Quelle: Eigene Berechnungen

Die schrumpfende Entfernungsstaffel zieht frachtungünstige Gebiete näher an die Rohstofflagerstätten heran, sie "korrigiert" somit die Entfernungen in gewisser Weise. Insbesondere im Falle der Eisenbahn ist für den Betriebsablauf in der Regel bedeutsam, daß bei längeren Transportwegen der Organisations- und Betriebsapparat besser ausgenutzt werden kann als auf kurzen Entfernungen. Diese Aussage hat allerdings auch nur für eine gewisse Entfernung Gültigkeit, da - sagen wir einmal - von etwa 750 km an es immer schwieriger wird, ganze Züge zusammenzustellen. Hieraus erklärt sich auch, daß der Degressivtarif von dieser Entfernungsstufe an in einen linearen Tarif übergeht.

Neben der reinen Streckenfracht enthält der Frachtsatz im Wagenladungsverkehr regelmäßig eine Abfertigungsgebühr als Entgelt für die Stationskosten, die das zu zahlende Transportentgelt unterschiedlich erhöht. Eine ähnliche, wenn auch geringere Auswirkung haben die Nebengebühren. Sie werden in Form von Wiegegeld, Leihgebühren, Ladegebühr, Krangeld, Wagenstandsgeld, Lagergeld und Platzgeld erhoben.

Nicht identisch, so doch verwandt mit der Entfernungsstaffel ist das Prinzip der Tarifgleichheit im Raum. Obgleich die Koeffizienten der Transportmengenelastizität inbezug auf die Transportkosten von Relation zu Relation unterschiedlich sind, gelten zumindest die Regeltarife des DEGT für das gesamte Gebiet der Bundesrepublik Deutschland, gleichgültig wie groß der Anfall der Transportleistungen ist, wie sich die Kostenfrage stellt, wie die sonstigen Bedingungen der Angebots- und Nachfrageseite gelagert sind. Die Tatsache, daß in diesen Fällen die Benutzer rentabler Relationen für die Transporte auf defizitären Strecken mitzahlen müssen, hat zu Diskussionen über eine Tarifbildung in Abhängigkeit von der Verkehrsintensität der Strecken geführt. Auf die Problematik der Streckenstillegungen haben wir bereits hingewiesen.

b. Ausnahmetarife

Unter Ausnahmetarifen versteht man solche Tarife, die Abweichungen von den Regeltarifen darstellen. Der Begriff des Ausnahmetarifs darf jedoch nicht darüber hinwegtäuschen, daß in den meisten Eisenbahntarifsystemen diese Form der Tarife nicht die eine Ausnahme, sondern zwingendes Ergebnis der pluralistischen Art der Willensbildung und der Reaktionsfähigkeit der Eisenbahnen ist.[447] Auch im Tarifsystem der DB bilden die Beförderungen zu Ausnahmetarifen mit 73 % den überwiegenden Teil aller Beförderungsleistungen.
Dabei weist der Komplex der Ausnahmetarife nicht die festen Konturen der eben dargestellten Regeltarife auf. Neben ihrer grundsätzlichen Variabilität werden Ausnahmetarife dauernd eingeführt, aufgehoben oder verändert, je nachdem wie die unternehmensmarkt - oder wettbewerbspolitische Motivation es erfordert.
Die Ausnahmetarife gliedern sich in allgemeine Ausnahmetarife - das sind Tarife, die für bestimmte Güter nach allen Stationen

oder für bestimmte Waren eines Gebietes nach allen anderen Gebieten der BRD bzw. für die Versendung von Gütern aus allen Gebieten nach bestimmten Gebieten gelten - und in spezielle Ausnahmetarife, die sich auf bestimmte Transporte für bestimmte Güter für bestimmte Verkehrsrelationen beziehen. Sie werden theoretisch zwar allen Verladern und Empfängern zur Verfügung gestellt, sie dienen tatsächlich jedoch nur bestimmten Unternehmen. In der praktischen Handhabung der speziellen Ausnahmetarife kommt eine deutliche Durchbrechung des Prinzips der Tarifeinheit im Raum zum Ausdruck.

Ausnahmetarife werden aus verschiedenen Gründen beantragt und vom BVM genehmigt.

(1) Verfolgung von Interessen der Eisenbahnen selbst, d.h.
- Wettbewerbstarife.
- Günstigere Ausnutzung ungleichartiger Verkehrsströme.
- Bessere Ausnutzung ansonsten überhängender Kapazitäten im Gefolge einer tariflichen Begünstigung von Transporten, die sonst nicht zustande kämen.

(2) Begünstigung bestimmter Räume resp. Industrien, also:
- in der Entwicklung zurückgebliebener Räume,
- notleidender Industrien,
- neu entstehender Industrie- und Wirtschaftszweige,
- unerwünschter Standortverlagerungen,
- zur Unterstützung der Handels- und Zahlungsbilanzpolitik,
- zur Begünstigung oder Gleichstellung inländischer gegenüber ausländischen Entwicklungschancen.

Aus der Beschreibung des Ausnahmetarifs ergibt sich in der Regel, ob sie auf Dauer angelegt sind oder ob sie nur zur Steuerung vorübergehender Erscheinungen dienen sollen. Wie bereits gezeigt, gelten die Ausnahmetarife entweder für bestimmte Güter nach allen Bahnhöfen oder für Gütertransporte jeglicher Art aus bestimmten Gebieten nach allen anderen

Gebieten oder von allen anderen Gebieten nach bestimmten Bahnhöfen. Es lassen sich somit warenmäßige und gebietsmäßige Orientierungen der Ausnahmetarife unterscheiden. Die regional unterschiedliche Behandlung der Verkehrsrelationen innerhalb der Bundesrepublik Deutschland zeigen die im folgenden abgebildeten Ausnahmetarife.

Obwohl manche Ausnahmetarife nur beschränkt gültig sind und u.U. nur für wenige Versender oder Empfänger, nicht selten sogar nur für ein einziges Unternehmen anwendbar sind, hat die Gesetzgebung bisher streng darauf geachtet, daß die grundsätzlich erarbeiteten Bestimmungen des Tarifrechts auch für den Komplex der Ausnahmetarife Bestand haben. Demzufolge muß jeder Ausnahmetarif genehmigt und veröffentlicht werden. Die Deutsche Bundesbahn ist an den AT (Ausnahmetarif) gegenüber jedermann gebunden, der in der Lage ist, die Tarifbedingungen zu erfüllen. Nicht veröffentlichte Vergünstigungen sind verboten.

Auf die Vielfalt der Güterarten, die nach Ausnahmetarifen befördert werden können, wollen wir nicht näher eingehen.[448)] Interessanter erscheint uns die Frage, welchen Zielen sie im einzelnen dienen. Zur Demonstration der Verfolgung mehrerer Zielsetzungen wählen wir das Beispiel der Seehafen-Ausnahmetarife. Sie sind damit begründet worden, daß den deutschen Seehäfen gleiche Bedingungen gegenüber konkurrierenden ausländischen Seehäfen im Interesse der Entwicklungsfähigkeit der deutschen Küste gegeben werden sollten. Andererseits sind die Seehafen-Ausnahmetarife ein Mittel der Tarifpolitik, das hinsichtlich der besseren Ausnutzung des Betriebsapparates im eigenen Interesse der Deutschen Bundesbahn selbst liegt. Die DB zieht dadurch Güter auf ihren - meist längeren - Weg, die sie sonst an die Binnenschiffahrt oder an fremde Eisenbahnen mindestens zum Teil verlieren würde.

Bei den Seehafendurchfuhrtarifen sind die Nullregulierung und die Hafengleichbehandlung (Port Equalisation) zu unterscheiden. Bei der sog. Nullregulierung werden die Transportkosten des geschlossenen Bahnweges zwischen einem bestimmten Binnenplatz und einem der ausländischen Seehäfen auf die längere Strecke zwischen dem Binnenplatz und dem deutschen Hafen übertragen. Die prozentuale Ermäßigung gegenüber dem Regeltarif, die sich für den betreffenden deutschen Seehafen ergibt, wird in entsprechender Weise auch den anderen deutschen Häfen zugestanden, so daß die Wettbewerbslage der deutschen Seehäfen untereinander von der Eisenbahntarifpolitik nicht berührt wird.

Im Gegensatz dazu bedeutet die "Port Equalisation" eine vollkommene Wettbewerbsgleichheit aller Häfen bei Ausschaltung geographischer Standortvorteile.

Bei dem von uns wahlweise dargestellten Ausnahmetarif AT 356, der den Verkehr mit Chemikalien von ausgewählten Versandbahnhöfen in der BRD auf die deutschen Seehäfen regelt (Stand: 1.11.1971), zeigt sich die Verwirklichung der Nullregulierung, d.h. Bremen hat gegenüber den übrigen Seehäfen - nach Maßgabe der km-Entfernung - einen Frachtvorteil, der nicht im Sinne eines "Port Equalisation" über die Ausschaltung der geographischen Lagevorteile beseitigt wird.

Abgesehen von dieser Erkenntnis erscheint uns der Tatbestand wesentlich, daß bei den in Form einer Punktwolke dargestellten Verkehrsrelationen (also bspw.: Bremen - Frankfurt, Hamburg - Frankfurt, Bremen - München, Hamburg - München usw.) in Abb. 34 deutlich 3 Typen von Relationen erkennbar sind.

Tab. 36 : Ausgewählte Ausnahmetarife der DB, gültig für die BRD in Pfg. pro 100 kg

jeweils 25 t	AT 320[1] Dünge-mittel	AT 325[2] Dünge-torf	AT 431[3] Kartoffeln	AT 432[4] Mohrrüben etc.	AT 435[5] Getreide	AT 436[6] Malz	AT 442[7] Wein etc.	AT 450[8] Misch-futter	AT 482[9] Spediteur-sammelgut
50 - 52	70	81	85	80	93	96	89	78	105
98 - 100	106	124	124	127	142	151	137	120	167
146 - 150	138	160	157	160	181	197	179	158	218
196 - 200	170	197	190	193	228	243	222	197	271
291 - 300	223	257	247	247	319	308	291	260	354
391 - 400	267	308	294	284	384	369	349	313	426
481 - 500	298	345	331	310	434	418	395	351	482
581 - 600	326	377	365	335	481	463	437	384	534
681 - 700	345	399	393	356	516	497	469	407	574
781 - 800	360	416	410	371	540	520	492	425	601
881 - 900	374	433	426	386	563	541	510	442	625
981 - 1000	88	449	442	400	585	562	.	459	649
1051 - 1110	400	463	455	412	.	.	.	474	670
1151 - 1200	415	480	471	427	.	.	.	491	695
1251 - 1300	429	496	.	.	.	.	.	508	719
1351 - 1400	443	513	.	.	.	.	.	525	743
1451 - 1500	457	529	.	.	.	.	.	542	768

1) 1.5.1972, arithm. Mittel der 4 Abtlg.; 2) 1.5.1972; 3) 1.6.1972; 4) 1.7.1972; 5) 1.6.1972; 6) 1.6.1972; 7) 1.5.1972; 8) 1.11.1971; 9) 3.7.1972, Abtl. I.

Abb. 34 : Ausnahmetarif 356 - nach Verkehrsrelationen

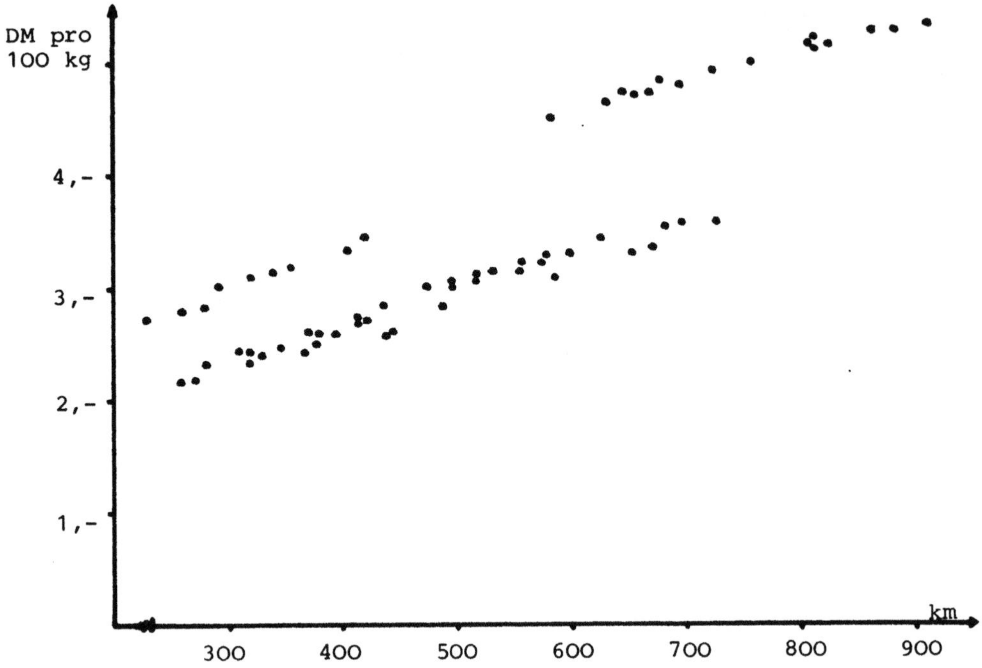

Abb. 35 : Ausnahmetarif 452 - nach Verkehrsrelationen

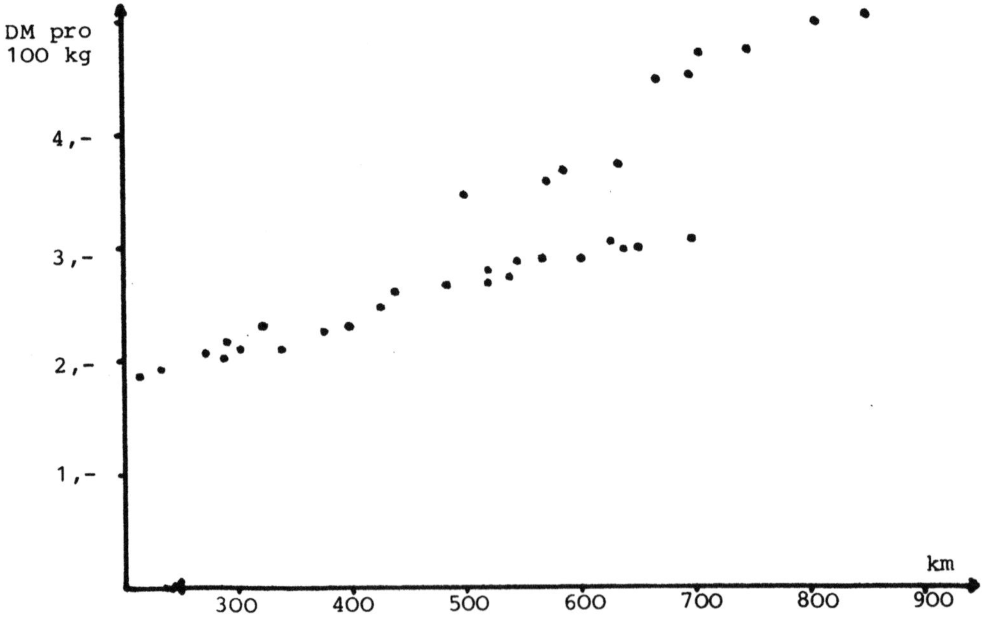

Abb.36 : Ausnahmetarif 445 - nach Verkehrsrelationen

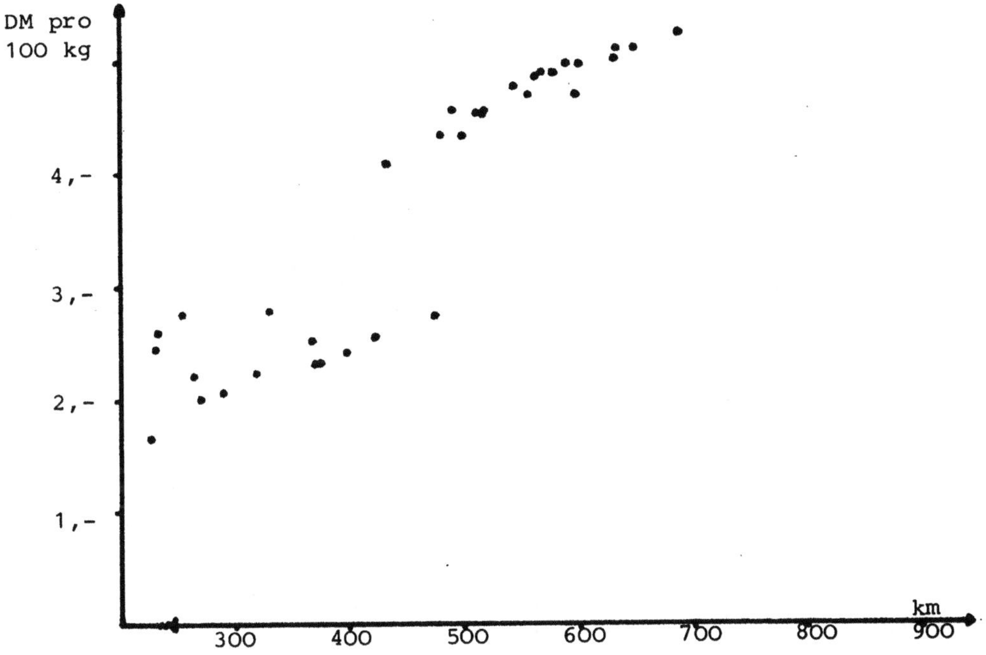

Abb.37 : Ausnahmetarif 437 - nach Verkehrsrelationen

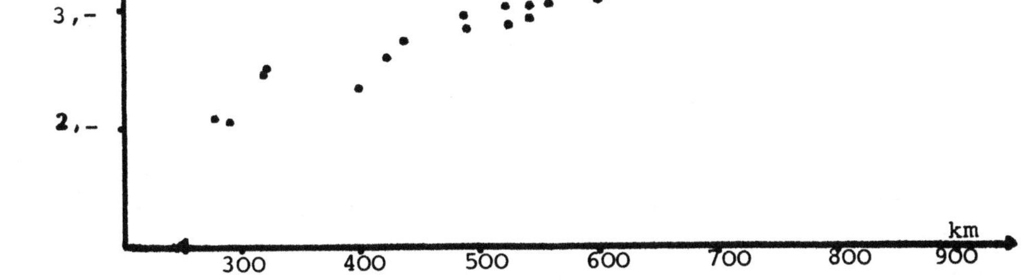

Ausnahmetarif 356: Chemikalien usw. - Verkehr auf die deutschen Seehäfen von ausgewählten Versandbahnhöfen (Stand: 1.Nov.1971) 25 t-Ladung in DPF pro 100 kg, Abtlg. I

nach / von	Bremen Pfennig	km	Bremerhaven Pfennig	km	Hamburg Pfennig	km	Lübeck Pfennig	km
Dortmund	274	227	302	286	314	331	330	400
Düsseldorf	232	284	249	343	260	391	270	408
Duisburg	220	264	240	323	250	371	262	440
Essen	216	256	235	315	244	363	258	432
Frankfurt	287	431	304	490	306	513	314	582
Hagen	283	254	311	313	323	348	344	415
Köln	243	315	261	374	270	417	282	486
Konstanz	523	801	531	860	532	877	536	908
Leverkusen	245	305	263	364	271	407	283	273
Ludwigshafen	315	513	329	572	333	595	338	664
Mainz	301	467	315	526	319	549	324	582
München	506	752	522	811	517	803	522	820
Nürnberg	452	578	474	637	470	629	475	650
Regensburg	475	660	494	719	484	688	485	664
Stuttgart	345	618	356	677	358	691	361	713
Worms	306	491	323	550	324	573	332	642

Quelle: Zusammengestellt nach: Deutscher Eisenbahn-Gütertarif, Teil II, Heft C, Ausnahmetarif 356, gültig vom 1. November 1971 an bis auf jederzeitigen Widerruf, hrsg. von der Bundesbahndirektion Hamburg, S. 6 ff.

Die unterschiedliche Belastung der Transporte von Chemikalien auf die deutschen Seehäfen für bestimmte Regionen innerhalb der Bundesrepublik Deutschland erklärt sich aus der unterschiedlichen Wettbewerbslage gegenüber der Binnenschiffahrt. Als Monopolbereich wollen wir diejenige Gruppe von Relationen bezeichnen (in unserer Abbildung rechts oben), innerhalb der die

Ausnahmetarif 437: Getreide, aus außerdeutschen Ländern über See eingeführt, Versand nach ausgewählten Empfangsbahnhöfen (Stand 1. Juni 1972); 20 t- und 25 t-Ladung in DPF pro 100 kg

	Bremen		Emden		Hamburg	
	Pfennig	km	Pfennig	km	Pfennig	km
Augsburg	504	694	510	805	508	739
Bayreuth	426	487	439	685	431	563
Düsseldorf	247	284	247	272	272	391
Frankfurt	314	431	320	484	321	513
Kaiserslautern	349	542	349	540	356	633
Karlsruhe	356	562	361	612	362	644
Köln	287	315	287	313	298	417
Ludwigshafen	340	513	343	547	346	595
Mannheim	340	512	343	553	346	594
München	516	752	522	866	521	803
Nürnberg	419	578	430	697	423	629
Regensburg	473	660	484	768	477	688
Saarlouis	396	590	400	588	405	692
Stuttgart	374	618	378	671	378	691
Würzburg	331	477	340	596	334	528

Quelle: Zusammengestellt nach: Deutscher Eisenbahn-Gütertarif, Teil II, Heft C, Ausnahmetarif 437, gültig vom 1.Juni 1972 an bis auf jederzeitigen Widerruf, hrsg. von der Bundesbahndirektion Hamburg, S. 2 ff.

Binnenschiffahrt gar nicht oder in nicht nennenswerter Weise als Konkurrent auftreten kann. Es handelt sich um die Verkehrsbeziehungen: deutsche Küste - München, Nürnberg, Regensburg sowie Konstanz. Eine zweite Gruppe wird ebenfalls deutlich stärker belastet als andere Relationen in vergleichbarer Entfernung. Sie liegen allerdings im Nahbereich (250 - 450 km), haben aber ebenfalls die Konkurrenz der Binnenschiffahrt kaum zu fürchten, vor allem nicht die Binnenschiffahrt Richtung Rheinmündungshäfen. Es sind dies die Gebiete am Ostrand des Ruhrgebietes, also die Relationen Bremen/Hamburg - Dortmund/Hagen.

Ausnahmetarif 445: Apfelsinen usw. - Verkehr von den Seehäfen Bremen und Hamburg auf ausgewählte Empfangsbahnhöfe (Stand: 1. Nov.1971), 5 t-und 25 t-Ladungen in DPF pro 100 kg

von / nach	Bremen			Hamburg		
	km	5 t	25 t	km	5 t	25 t
Aachen	370	506	230	471	607	276
Bamberg	487	1 00&	457	563	1 071	487
Bielefeld	148	416	189	228	576	262
Dortmund	227	546	248	331	614	279
Düsseldorf	284	460	209	391	528	240
Duisburg	264	444	202	371	513	233
Emden	112	374	170	249	612	278
Essen	256	484	220	363	557	253
Frankfurt	431	902	410	513	1 005	457
Hannover	100	363	165	168	471	214
Heidelberg	516	1 005	457	598	1 093	497
Kaiserslautern	542	1 049	477	633	1 126	512
Karlsruhe	562	1 071	487	644	1 126	512
Köln	315	495	225	417	563	256
Ludwigshafen	513	1 005	457	595	1 093	497
Nürnberg	578	1 071	487	629	1 109	504
Saarbrücken	583	1 093	497	685	1 157	526
Trier	496	959	436	592	1 027	467
Würzburg	477	959	436	528	1 027	467

Quelle: Zusammengestellt nach: Deutscher Eisenbahn - Gütertarif, Teil II, Heft C, Ausnahmetarif 445, gültig vom 1. November 1971 an bis auf derzeitigen Widerruf, hrsg. von der Bundesbahndirektion Hamburg, S. 2ff.

Erheblich niedriger als alle anderen Verkehrsbeziehungen werden die Versandbahnhöfe tarifiert, die an der Rheinstrecke liegen oder in relativer Nähe zu den Rheinmündungshäfen, z.B. Düsseldorf, Duisburg, Essen, Frankfurt, Köln, Leverkusen, Ludwigshafen, Mainz, Stuttgart und Worms.

Ausnahmetarif 452: Futtermittel - Verkehr von den Seehäfen Bremen und Hamburg auf ausgewählte Empfangsbahnhöfe (Stand: 1. Dez. 1972), 15 t- und 25 t-Ladungen in DPF pro 100 kg

von / nach	Bremen			Hamburg		
	km	15 t	25 t	km	15 t	25 t
Augsburg	694	566	472	739	570	475
Bamberg	487	418	348	563	428	357
Dortmund	227	230	192	331	252	210
Düsseldorf	284	259	216	391	280	233
Duisburg	264	250	208	371	271	226
Frankfurt	431	312	260	513	324	270
Hamm	206	223	186	294	254	212
Kaiserslautern	542	348	290	633	356	297
Karlsruhe	562	349	291	644	356	297
Köln	315	278	232	417	295	246
Ludwigshafen	513	336	280	595	348	290
Münster	172	217	181	279	244	203
Nürnberg	578	442	368	629	446	372
Oberstaufen	800	602	502	851	610	508
Regensburg	660	539	449	688	547	456
Stuttgart	618	364	303	691	370	308
Würzburg	477	322	268	528	330	275

Quelle: Zusammengestellt nach: Deutscher Eisenbahn-Gütertarif, Teil II, Heft C, Ausnahmetarif 452, gültig vom 1. Dez. 1972 bis auf jederzeitigen Widerruf, hrsg. von der Bundesbahndirektion Hamburg, S. 3 ff.

Prinzipiell gleiche Strukturen lassen sich auch für die übrigen Seehafentarife nachweisen, nach unserer Auswahl also für die AT 437 (Getreide), AT 445 (Südfrüchte), AT 452 (Futtermittel) und AT 485 (besondere Einfuhrgüter). Je nach der Art der Güter sowie der Wettbewerbsintensität auch im Verhältnis zum Güter-

Ausnahmetarif 485: Bestimmte See- Einfuhrgüter - Verkehr von den Seehäfen Bremen und Hamburg auf ausgewählte Empfangsbahnhöfe (Stand: 1. Juni 1972), 5 t- und 25 t-Ladungen in DPF pro 100 kg (Abtlg. I)

nach \ von	Bremen			Hamburg		
	km	5 t	25 t	km	5 t	25 t
Aachen	370	704	320	471	737	335
Dortmund	227	583	265	331	620	282
Düsseldorf	284	614	279	391	649	295
Duisburg	264	590	268	371	627	285
Essen	256	581	264	363	614	279
Frankfurt	431	785	357	321	821	373
Heidelberg	516	904	411	598	926	421
Karlsruhe	562	922	419	644	942	428
Köln	315	658	299	417	693	315
Leverkusen	305	651	296	407	682	310
Ludwigshafen	513	884	402	595	911	414
Mainz	467	843	383	549	869	395
Münster	172	491	223	279	598	272
Saarbrücken	583	957	435	685	977	444
Stuttgart	618	1 023	465	691	1 045	475
Trier	496	891	405	592	913	415
Würzburg	477	917	417	528	950	432

Quelle: Zusammengestellt nach: Deutscher Eisenbahn-Gütertarif, Teil II, Heft C, Ausnahmetarif 485, gültig vom 1. Juni 1972 an bis auf jederzeitigen Widerruf, hrsg. von der Bundesbahndirektion Hamburg, S. 7 ff.

fernverkehr auf der Straße können die Übergänge zwischen Monopol- und Wettbewerbsbereichen fließender sein. Die grundsätzliche Differenzierung ist jedoch eindeutig.

Im folgenden sollen einige Beispiele für den sich im Zeitablauf ändernden wettbewerbspolitischen Charakter und die jeweils unterschiedlichen Folgewirkungen diskutiert werden.

Die Aufgabe des Kilometertarifs durch die Deutsche Reichsbahn im Jahre 1920 wurde von der Binnenschiffahrt als besonders gefährlicher Angriff empfunden. Insbesondere befürchtete man einen nachhaltigen Einbruch der Eisenbahn in das vorwiegende Betätigungsfeld der Binnenschiffahrt, den Massenguttransport über relativ weite Strecken. Da außerdem die Binnenschiffahrt infolge ihrer geringeren Netzbildungsfähigkeit vielfach auf Zu- oder Abfuhr ihrer Transportgüter durch die Eisenbahn angewiesen war, bedeutete für sie das neue Tarifsystem eine Verschlechterung der eigenen Wettbewerbsfähigkeit und eine Begünstigung des ungebrochenen Verkehrs bei der Eisenbahn. Auf vielen Relationen war es für die Unternehmen kostengünstiger, die Transporte nur noch mit der Eisenbahn durchführen zu lassen. Die sich hieraus entwickelnde Machtprobe zwischen Binnenschiffahrt und Eisenbahn wurde am 15.4.1924 mit dem ersten und gleichzeitig wichtigsten Wasserumschlagstarif für Kohle auf dem Rhein, dem AT 6 U, beigelegt.

Der Wettbewerbscharakter der Ausnahmetarife zeigte sich auch im Verhältnis zwischen der Eisenbahn und dem an Bedeutung gewinnenden Lastkraftwagen. Gerade der Lkw zwang die Eisenbahn trotz der Umständlichkeit des Tarifänderungsverfahrens zu vielen Umstellungen, nicht zuletzt auch der Ausnahmetarife.

Davon waren insbesondere solche Tarife betroffen, die nach Meinung der Eisenbahn eine relativ starre Transportmengenelastizität in bezug auf die Transportentgelte besitzen, so daß bei Tariferhöhungen kein größerer Rückgang

Tab. 37 : Stückgutfrachten des DEGT je Sendung (240 km) in DM

	Durchschnitt				1974	
	1962	1970	1973	1974	Jan.	Febr.-Dez.
50 kg	7,10	8,95	13,57	14,63	13,80	14,70
100 kg	15,00	22,02	23,78	22,40	22,40	23,90
250 kg	29,20	32,00	42,98	46,45	73,70	46,70
500 kg	49,60	53,43	69,94	75,68	71,10	76,10
750 kg	68,40	72,35	94,24	101,94	95,80	102,50
1000 kg	82,70	87,08	112,27	121,33	114,00	122,00
1500 kg	113,90	118,25	153,40	166,08	156,00	167,00

Quelle: Statistisches Bundesamt (Hrsg.): Fachserie M: Preise, Löhne, Wirtschaftsrechnungen, Reihe 7: Preise für Verkehrsleistungen, verschiedene Vierteljahreshefte 1974/75, Stuttgart und Mainz, 1974 und 1975

Tab. 38 : Frachtsätze des DEGT je 100 kg für Wagenladungen (25-t-Klasse) in DM

	Durchschnitt				1974		
	1962	1970	1973	1974	Jan.	Febr.-Juni	Juli-Dez.
Regelgüterklasse (220km)							
A	2,91	2,25	3,09	3,46	3,14	3,45	3,52
B	2,41	2,03	2,77	3,11	2,82	3,10	3,16
C	1,81	1,86	2,54	2,85	2,58	2,84	2,90
Montangüterklasse (220km)							
I	2,83	2,25	3,09	3,46	3,14	3,45	3,52
II/III	2,50	2,03	2,77	3,11	2,82	3,10	3,16
IV	2,14	2,00	2,72	3,05	2,76	3,04	3,10
V	2,03	2,02	2,62	2,94	2,66	2,93	2,99
Ausnahmetarif							
180 Kohle 220 km	1,86	1,68	2,09	2,34	2,12	2,31	2,40
104 Grubenholz 500 km	2,37	2,36	3,08	3,60	3,17	3,55	3,71

Quelle: vgl. Tab. 37

Tab. 39:
<u>Ausnahmetarif 329 DB :</u> Ammoniumnitrat - Verkehr auf die deutschen Seehäfen von ausgewählten Versandbahnhöfen

	Brake		Bremen		Bremerhaven		Emden		Hamburg		Lübeck	
	Pf/100 kg	km	Pf/100 kg	km	Pf/100 kg	km	Pf/100 kg	km	Pf/100 kg	km	Pf/100 kg	km
Dortmund	124	248	118	227	129	286	120	233	135	331	136	400
Duisburg	130	267	129	264	140	323	127	252	146	146	147	440
Essen	128	267	127	256	135	315	127	252	144	363	144	432
Frankfurt	177	484	174	431	177	490	177	484	180	513	182	582
Hamm	116	227	111	206	126	265	114	270	131	292	134	363
Köln	147	328	146	315	154	374	146	313	160	417	160	486
Ludwigshafen	191	562	183	513	192	572	190	547	194	595	195	664
Nordenham	44	25	88	41	134	18	127	113	173	176	215	245
Saarbrücken	196	596	195	583	200	642	195	581	203	685	203	754
Salzgitter	197	246	171	169	203	228	230	315	181	205	191	174
Wesseling	153	340	151	327	161	386	151	325	163	427	162	496
Worms	185	540	180	491	188	550	183	523	190	573	191	642

der Beförderungsmenge zu befürchten war. In dieser Dynamik ist die Änderung der Kohletarife interessant. Die Spanne zwischen der allgemeinen Wagenladungsklasse B und dem Rohstofftarif 2 - der für die Kohlebeförderung angewendet wurde - betrug für 200 km Transportweite 1914 noch 100 : 38,6 und 1927 sogar 100 : 27. Am 1.1.1950 wurde die Spanne auf 100 : 48,7 zusammengedrückt, am 1.1.1951 auf 100 : 49,8 und am 1.8.1953 sogar auf 100 : 57,9 mit dem Ausnahmetarif (AT 6 B1).

Aus dem gleichen Grunde verringerte sich z.B. der Abstand des Tarifs für die Beförderung von Eisenerz (AT 7 B1) zur obersten Wagenladungsklasse, der 1914 noch 100 : 37,1 betrug, im späteren Ausnahmetarif auf 100 : 51,6 im Jahre 1955. Andere Ausnahmetarife bspw. für Düngekali und -kalk vergrößerten dagegen ihren Abstand zur obersten Wagenladungsklasse[449].

In der Bundesrepublik unterblieb die ansonsten zu beobachtende relativ starke Belastung des Massengutverkehrs im Falle der am 1.9.1960 eingeführten beiden Ausnahmetarife für die Beförderung von Kohle und Eisenerz aus deutschen Vorkommen in geschlossenen Zügen von mindestens 900 Netto-t, die mit einem ausgesprochen günstigen Tarifsatz ausgestaltet waren.

Die nachstehende Abb. 38 macht deutlich, daß die Systematik des Tarifaufbaus bei Wagenladungs-Regeltarifen und bei den Ausnahmetarifen die gleiche ist. Unterschiedlich ist nur die jeweilige Höhe der Frachtbelastung und die Degression über die Entfernungsstufen.

Abb. 38: Ausgewählte Ausnahmetarife der DB, gültig für die BRD in Pfg. pro 100 kg, jeweils 25 t.

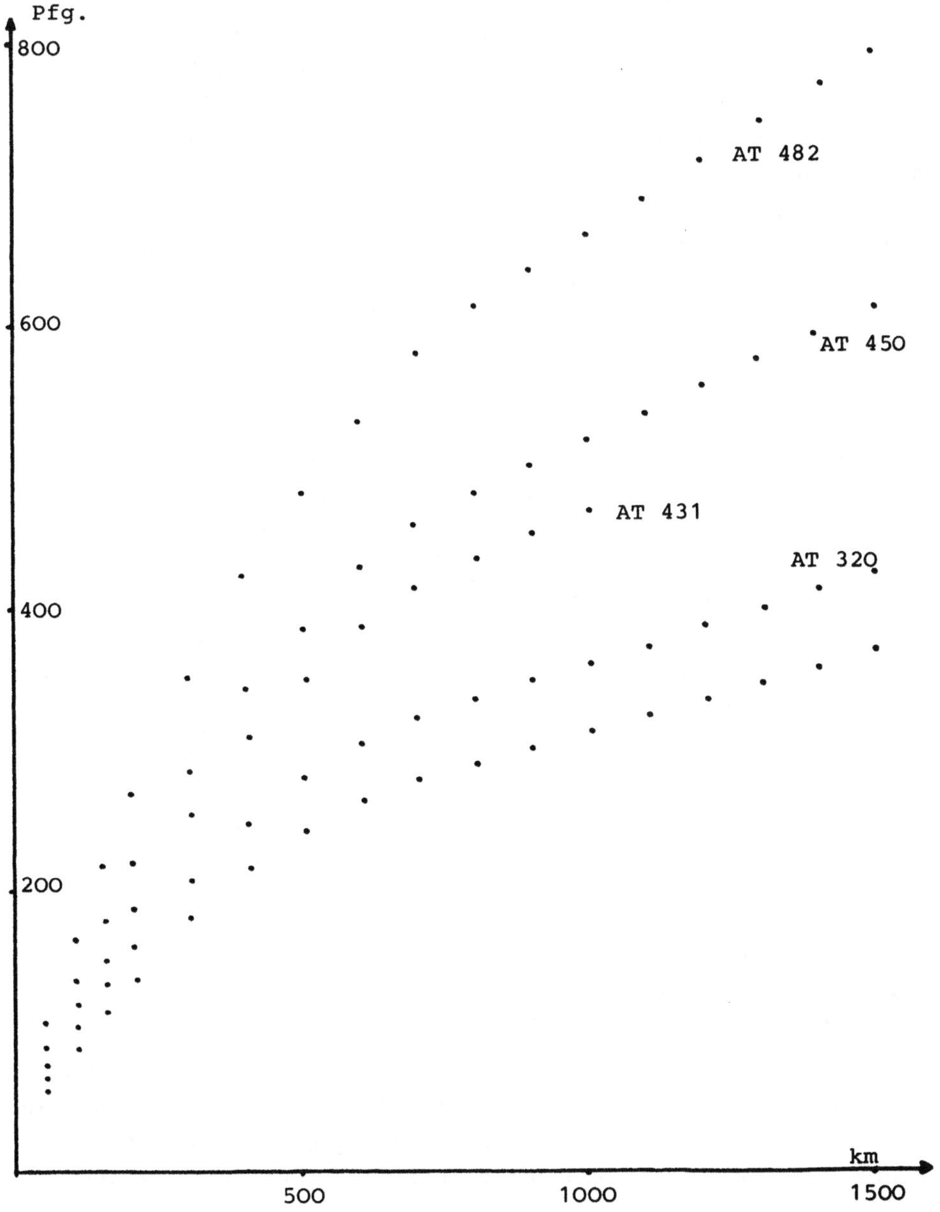

III. Das Tarifsystem des Personenverkehrs

Zwar ergaben sich grundsätzlich wie im Güterverkehr auch im Personenverkehr der Eisenbahnen verschiedene Tarifformen, allerdings kann man bereits vorwegnehmend sagen, daß es im Personentarifsystem im Vergleich zum Güterverkehr erheblich weniger Preisabstufungen und -differenzierungen gibt. Es muß betont werden, daß die jeweiligen Änderungen der Tarifformen nicht zuletzt darauf zurückzuführen sind, daß sich die Bedeutung wandelte, die die Eisenbahnen der Personenbeförderung zugestanden. Es lassen sich z.B. Tarife mit einer stark ausgeprägten Entfernungsstaffel nachweisen, aber auch Tarife ohne Ermäßigung für lange Strecken. Häufig gliedern sich die Tarifsätze zum Zwecke einer besseren Abrechnung stufenweise.

Bis vor einiger Zeit - am 1.April 1974 wurde die zuletzt nur noch bei Entfernungen von mehr als 200 km gewährte Rückfahrermäßigung abgeschafft - hatte man noch die preiswirksame Differenzierung nach einfacher Fahrt ohne Degression des km-Preises mit der Entfernung und nach Rückfahrt mit einer Degression von maximal 40%. [450)]

Nicht nur die Entfernungsstaffel war lange Zeit in das Tarifsystem eingearbeitet, sondern auch die heute weiterhin praktizierte Wertstaffel. Letztere kommt in der Klasseneinteilung- heute 1. und 2. Wagenklasse, bis zum 31.5.1956 gab es drei Klassen- sowie in den Zuschlägen für besonders gut ausgestattete Züge wie Intercity und Transeuropaexpress zum Ausdruck.

Außerdem sind bei den meisten Eisenbahnen Zuschläge für schnell fahrende Züge üblich. Für den Bereich der Deutschen Bundesbahn wird seit dem 1.Juni 1969 bei Reisen über 80 km, seit dem 1.März 1971 bei Reisen über 50 km kein D-Zugzuschlag mehr erhoben. Vielmehr ist der anteilige Zuschlag in die Grundpreise eingerechnet. Die Erhebung des D-Zugzuschlags für Fahrten bis zu 50 km dient weiterhin dazu, den Nah- und Berufsverkehr von der Benutzung dieser Züge abzuhalten.

Nach dem 2. Weltkrieg wurden die Personentarife auf Anordnung der Alliierten zunächst drastisch erhöht, und zwar von 4 Rpf. auf 8 Rpf. als km-Grundpreis.Nach der Währungsreform wurde der Grundpreis auf 6 Pf. neu festgesetzt, dem drei Jahre später am 15.10.1951 eine Anhebung auf 6,9 Pf. folgte. Weitere Tariferhöhungen wurden am 1.2.1958 (7,5 Pf.), am 1.1.1963 (8,0 Pf.), am 1.3.1966 (8,5 Pf.) und am 1.3.1971 (9,5 Pf.) wirksam. Am 15.1.1972 kam es zur Einführung eines Nahverkehrstarifs bis zu 50 km ohne Rückfahrermäßigung, der mit 8,18 Pf./km berechnet wurde. Ein Jahr später wurden der Nahtarif auf 9,571 Pf/km und der Ferntarif auf 10,748 Pf./km angehoben. Die nächste Erhöhung erfolgte am 1.4.1974 auf 10,337 Pf./km bzw. 11,608 Pf./km. Seit dem 16.Februar 1975 sind als Grundpreise 12,501 Pf./km für den Ferntarif und 11,133 Pf./km für den Nahtarif gültig. [451)]

Mit dem Bedeutungsgewinn des Pkw und der damit verbundenen Abwanderung der Fahrgäste im Laufe der 50er Jahre - später kam immer stärker das Flugzeug als Konkurrent hinzu - versuchten die Eisenbahnen mit Hilfe der Tarife für die Beförderung derjenigen Bevölkerungsgruppen, die besonders begünstigt worden waren, im wesentlichen Berufs-und Schülerverkehr, die dort anzutreffende relativ starre Preiselastizität der Nachfrage auszunutzen. Die Deutsche Bundesbahn erhöhte z.B. die Zeitkarten des Berufsverkehrs, wie folgt: 1958 (50%), 1960 (25%), 1966 (12,5%).

Damit war für diesen und die übrigen verbilligten Tarife ein einheitlicher Ermäßigungssatz von 30% durchgesetzt. Dies bedeutete einen erheblichen Abbau der sozialen Leistungen der DB, wenn man bedenkt, daß für Schülerfahrkarten vorher zwischen 79 und 93% Ermäßigung gewährt wurden. [452)]

Die Ausnutzung der kurzfristig zweifellos starren Preiselastizität der Nachfrage ist jedoch auf Dauer nicht möglich. Vielmehr ist gerade dieser Verkehr langfristig besonders einkommens- und preiselastisch. [453)]
Ein Großteil früherer Eisenbahnbenutzer siedelte sich bereits in der Nähe der Arbeitsstätte an oder wanderte auf Individualverkehrsmittel ab. [454)]

Die Tarife derjenigen Verkehrsmittel, die für eine lange Zeit

Tab. 40 : Berufspendelbewegungen über die Gemeindegrenzen nach überwiegend benutzten Verkehrsmitteln in ausgewählten Großstädten Nordrhein-Westfalens 1970

Einpendler	kein Verkehrsmittel	Eisenbahn	Straßenbahn	Werkbus	Linienbus	Pkw	Motorrad	Fahrrad u.a.	Gesamt
Aachen	530	1 815	2 040	907	9 932	17 439	724	451	33 838
Bielefeld	321	2 614	1 959	667	7 359	23 278	622	646	37 466
Bochum	1 248	1 985	6 130	1 104	2 975	25 912	912	893	41 159
Bonn	419	6 270	2 040	1 428	4 199	22 547	723	525	38 151
Dortmund	350	8 125	1 184	1 827	1 938	23 779	718	653	38 574
Düsseldorf	426	13 196	10 862	1 117	12 930	67 343	879	1 127	107 880
Duisburg	357	4 806	2 582	914	3 501	30 356	2 030	2 120	46 666
Essen	1 525	6 997	3 119	1 455	3 874	28 323	864	1 056	47 213
Köln	425	20 711	7 457	2 503	10 296	66 904	1 209	1 004	110 509
Münster	41	7 333	-	732	4 258	18 451	678	742	32 235
Wuppertal	379	3 721	320	1 525	4 334	13 315	120	39	23 753
∑ Stichprobe	6 021	77 573	37 693	14 179	65 596	337 647	9 479	9 256	557 444
Aachen	1,6	5,4	6,0	2,7	29,4	51,5	2,1	1,3	100,0
Bielefeld	0,9	7,0	5,2	1,8	19,6	62,1	1,7	1,7	100,0
Bochum	3,0	4,8	14,9	2,7	7,2	63,0	2,2	2,2	100,0
Bonn	1,1	16,4	5,4	3,7	11,0	59,1	1,9	1,4	100,0
Dortmund	0,9	21,1	3,1	4,7	5,0	61,6	1,9	1,7	100,0
Düsseldorf	0,4	12,2	10,1	1,0	12,0	62,4	0,8	1,1	100,0
Duisburg	0,8	10,3	5,5	2,0	7,5	65,0	4,4	4,5	100,0
Essen	3,2	14,8	6,6	3,1	8,2	60,0	1,8	2,3	100,0
Köln	0,4	18,7	6,8	2,3	9,3	60,5	1,1	0,9	100,0
Münster	0,1	22,8	-	2,3	13,2	57,2	2,1	2,3	100,0
Wuppertal	1,6	15,7	1,3	6,4	18,3	56,1	0,5	0,1	100,0
∑ Stichprobe	1,1	13,9	6,8	2,5	11,8	60,6	1,7	1,6	100,0

des Jahres Überkapazitäten halten müssen, sind in der Regel so gestaltet, daß sie für die Zeit der Nichtauslastung einen psychologischen Anreiz zur besseren Ausnutzung geben. Im Gegensatz zum Berufs-und Schülerverkehr läßt sich beim Reiseverkehr auch kurzfristig eine hohe Preiselastizität der Nachfrage nachweisen. Tarifermäßigungen sind daher ein besonders wirksamer Anreiz, die Reisetätigkeit zu erhöhen. Die Ermäßigungen im Zuge von Sonderaktionen haben deshalb vom betriebswirtschaftlichen Standpunkt der Bundesbahn her gesehen stets eine große Bedeutung gehabt. [455)]

IV. Entwicklungsübersicht über die tarifpolitischen Aktivitäten der Eisenbahn

a. Die Zeit zwischen den beiden Weltkriegen

Als nach dem Ersten Weltkrieg[456] die verschiedenen deutschen Staatsbahnen zu einem einheitlich verwalteten neuen Verkehrsunternehmen zusammengeschlossen wurden, hatte die Eisenbahn in vielen Bereichen eine nahezu vollständige Monopolstellung inne. Diese Ausgangslage spiegelt sich in dem damals geschaffenen, formell und materiell einheitlichen Deutschen Bundesbahngütertarif (DEGT) wider. Mit diesem Tarifsystem wurden die schon in früheren Eisenbahntarifsystemen enthaltenen Kombinationen von Entfernungsstaffel, Werttarifsystemen und Mengenstaffel weiter entwickelt. Es ist aber zu beachten, daß das Tarifgebäude einer Gesamteisenbahn, die mit einem großen Netz arbeitet, innerhalb dessen stark unterschiedliche Nachfragelastizitäten in bezug auf Preis und Einkommen und sehr verschiedene Verkehrsströme auftreten, eine völlig andere Gestalt annehmen muß als das Tarifgebäude einer für sich kalkulierenden Eisenbahnlinie.

Mit dem die Entfernungen korrigierenden Instrument der Entfernungsstaffel sollten im wesentlichen die fern von den Industriezentren liegenden Teile des Deutschen Reiches begünstigt werden. Desweiteren nahm die Entfernungsstaffel bereits gewisse Elemente des Wettbewerbs zur Binnenschiffahrt in sich auf. Um zu erreichen, daß die anderenfalls auf Binnenschiffen beförderten Güter möglichst lange auf der Eisenbahn blieben und nicht gebrochene Transporte zwischen Eisenbahn und Binnenschiffahrt zustande kamen, waren die Tarifsätze in nahen Entfernungen verhältnismäßig hoch, bei weiten Entfernungen dagegen relativ niedrig. Die 1920 aufgestellte Entfernungsstaffel blieb in den nächsten Jahren fast konstant. Die Staffelung wurde lediglich am 1. Sept. 1940 für Entfernungen über 900 km vermindert.

Das Werttarifsystem war 1920 noch etwas unvollkommen ausgebildet. Die vorher gültige allgemeine Wagenladungsklasse B wurde zur Klasse A. Die vorherigen Spezialtarife I, II, III erhielten im neuen Tarifsystem die Bezeichnung Klasse B, C, D. Außerdem wurde eine weitere Klasse E und schließlich am 1.1. 1923 noch eine sechste Klasse - jeweils in grober Annäherung an den Wert des Beförderungsgutes - geschaffen.

Der Expreßgutverkehr hatte ursprünglich die bessere Ausnutzung der vorhandenen Einrichtungen des Eisenbahnverkehrs zum Ziel. Leicht zu handhabende Stückgüter sollten die Möglichkeit besonders schneller Beförderung erhalten. Während in früheren Gütertarifen das Mindestgewicht für Bahngüter jeder Art 20 kg betrug, wurde 1922 das Mindestgewicht für Expreßgut auf 5 kg gesenkt, und die Tarife und die Einlieferungsformen wurden dem Postpaket angenähert. Am 31. Juli 1931 wurde zwischen der Deutschen Reichsbahn und der Deutschen Bundespost ein Übereinkommen getroffen, worin beide Verkehrsträger sich gegenseitig verpflichteten, keine Werbung zu treiben, die sich gegen den anderen Verkehrsträger richtete. Am 12. Dez. 1932 folgte das sog. Kleingutabkommen, wonach die Beförderung von Kleingut künftig zum Aufgabengebiet der Post, die Beförderung von Großgut zu dem der Bahn zu zählen sei.[457)]

Ab 1927 wurde der Wettbewerb des Kraftwagens und des Sammelverkehrs der Spediteure deutlicher. Folgerichtig senkte die Bahn die Frachtsätze in jenen Klassen, bei denen die stärkste durch den Wettbewerb verursachte Abwanderung von Frachtgut beobachtet wurde. Die Tarife der Klasse A wurden um 5%, die der Klasse B und C um je 7% und die der Klasse D um 2% gesenkt. sowie die Abfertigungsgebühr für Klasse B und C um je 10% verringert.[458)] Diese Maßnahmen hatten jedoch praktisch keinen Erfolg und wurden deshalb wenig später wieder rückgängig gemacht.

Im Zuge des sich verschärfenden Wettbewerbs des Kraftwagens kam es am 1. Nov. 1931 zu einer weiteren kleinen Tarifreform. Die Klasse A wurde aufgehoben, Klasse B wurde oberste Tarifklasse. Im Tarifaufbau bedeutete diese Reform eine Tarifsenkung der ursprünglichen Klasse A um ungefähr 20%, der Klasse B um 3,6% und schließlich noch eine geringfügige Tarifsenkung der Klasse C. Im Dez. 1931 schloß sich eine Verbilligung der Stückgutfrachten an.[459)]

Unter dem Wettbewerb des Kraftwagens war die Wertstaffel der Regelklassen für Transporte über 200 km auf 100 : 34,3 geschrumpft.[460)] Der Reichskraftwagentarif, der die Eisenbahn vor dem Wettbewerb wenigstens in gewissem Umfang schützen sollte, wurde 1931 in Anlehnung an den DEGT aufgebaut. Man ging zunächst von einer einzigen Klasse aus und glich sie in der obersten Wagenladungsklasse der Eisenbahn an.[461)]

In den folgenden Jahren wurde der RKT auf mehrere Klassen ausgedehnt und weitgehend den Tarifen der Eisenbahn angepaßt. 1936 erfolgte ein linearer Tarifzuschlag in Höhe von 5%.

b. Die Zeit nach dem Zweiten Weltkrieg

Nach dem zweiten Weltkrieg spielte wegen der ursprünglichen Transportnot der Wettbewerb des Kraftwagens zunächst nur eine untergeordnete Rolle. Die im August 1948 durchgeführte 40%ige allgemeine Tariferhöhung wurde deshalb linear vollzogen. Der Klassenabstand und die Einteilung der Klassen blieben unverändert. Nach der Währungsreform setze jedoch der Wettbewerb des Kraftwagens mit zunehmender Intensität ein. Am 1.1.1950 wurden Krisenabschläge bei den oberen Tarifklassen eingeführt; dafür wurden bei den unteren Klassen Krisenzuschläge erhoben. Am 1.1. 1951 erfolgte eine Tariferhöhung um 17% für alle Klassen - begrenzt bis zu 219 km; von da ab blieben die erreichten Zuschläge bei zunehmender Entfernung absolut gleich. Am 15.10. 1951 wurden die Stückguttarife um 20 - 30% und die Wagenladungstarife von Klasse A nach G absinkend um 25 - 15% erhöht. Am 5.8.1952 erfolgte noch einmal eine lineare Erhöhung aller Wagenladungssätze in Höhe von 7%. In den Beratungen der Tarifkommission und den darauf erfogenden Maßnahmen erkennt man deutlich die Unsicherheit über Art und Ausmaß der Veränderungen der Nachfrage nach Transportraum, so vor allem auch der

Transportmengenelastizität in bezug auf die Transportkosten.

Am 1.8. wurden als besondere Maßnahme im Wettbewerb mit dem Lkw die Regelklassen A - D in ihren Sätzen wieder ermäßigt: die Tarife der Klasse A wurden um 20%, die der Klasse B um 16%, die der Klasse C um 13% sowie die der Klasse D um 10% gesenkt.

Tab. 41 : Wagenladungssatz bei mindestens 15t - DM je 100 kg bei 150 km Entfernung

Tarif-Klassen	1.1.1951	15.10.1951	5.8.1952	1.8.1953
A	2,11	2,64	2,82	2,25
B	1,98	2,44	2,61	2,19
C	1,87	2,26	2,42	2,10
D	1,74	2,07	2,21	1,99
E	1,52	1,78	1,90	1,90
F	1,29	1,50	1,61	1,61
G	1,06	1,22	1,31	1,31
6 B 1	1,06	1,23	1,32	1,32

Quelle: Statistisches Bundesamt (Hrsg.): Statistisches Jahrbuch für die Bundesrepublik Deutschland 1969, a.a.O., S.447

Die folgenden Tarifänderungen zeigen noch mehr, wieviel Schwierigkeiten bei einem Großunternehmen bestehen, die nun in allen Ebenen einsetzenden Wettbewerbsverhältnisse zum Kraftwagen, zur Binnenschiffahrt und später auch zur Pipeline und zum Flugzeug richtig abzuschätzen.

Die am 1.2.1958 in Kraft getretene Änderung des DEGT verschärfte die Entfernungsstaffel, indem die Frachten auf den kurzen Entfernungsstufen verteuert wurden. Die Klassen A und B sowie die Klassen C und D wurden jeweils auf dem Niveau des billigsten Tarifs zusammengefaßt. Zusätzlich wurde eine billigere 20 - t - Hauptklasse eingeführt. Auf 500 km verbilligten sich

Gütertransporte der Klasse A in 15 - t - Ladungen um 2%, in 2o - t - Ladungen sogar um 7%, wohingegen sich Massenguttransporte der Klasse B bspw. in 20 - t - Ladungen in der gleichen Entfernung um 65% verteuerten. Insbesondere der Kohleausnahmetarif wurde stark erhöht, und zwar in Entfernungen auf 200 km um 150% und auf 500 km um 126%.[462)]

Die erste Tarifänderung der 60er Jahre erfolgte im Bereich des Stückgutverkehrs am 1.11. 1960. Sie diente einer höheren Belastung des Nahverkehrs sowie kleingewichtiger Sendungen. Im einzelnen wurde verfügt: Erhöhung der Abfertigungsgebühr für alle Gewichtsstufen und alle Entfernungen einheitlich auf 100 Pf. je 100 kg; Einführung einer neuen Gewichtsstufe 1 bis 100 kg mit den um 9% erhöhten Streckenfrachten der Gewichtsstufe 1 bis 500 kg; Erhöhung des festen Zuschlags je Sendung für die Gewichtsstufen 1 bis 100 kg, 101 - 500 kg, 501 - 1000 kg auf 140 Pf; Erhöhung der Streckenfrachten der Gewichtsstufe 101 - 500 kg um 4%; Erhöhung der Streckenfrachten der Gewichtsstufen 501 - 1000 kg und über 1000 kg um 3%.

Als Maßnahme zur Erhaltung desjenigen Verkehrsaufkommens, das wegen struktureller Veränderungen gefährdet schien, diente z.B. die Senkung der allgemeinen Kohleausnahmetarife und des Getreidetarifs im Jahre 1962.[463)] Aus Rücksicht auf die Belange der Landwirtschaft waren z.T. auftretende Tariferhöhungen - bspw. der Tiertarif - sehr maßvoll. Allerdings versuchte die DB, die Landwirtschaft für eine bessere Ausnutzung des Transportraumes zu gewinnen.

Am 1.2.1963 wurden die bereits 1960 erhöhten Stückguttarife erneut angehoben. Die Tarifänderungen bezogen sich auf die Erhöhung der Abfertigungsgebühr für alle Gewichtsstufen und alle Entfernungen auf einheitlich 1,20 DM je 100 kg, auf die Erhöhung des festen Zuschlags je Sendung für die Gewichtsstufen 1 bis 100 kg, 101 bis 500 kg und 501 - 1000 kg auf 1,70 DM.

Die Bundesbahn wurde tarifpolitisch stets dann tätig, wenn einer der konkurrierenden Verkehrsträger etwas in Richtung Tarifänderung unternommen hatte. Im Wettbewerb mit dem Güterkraftverkehr auf der Straße reagierte z.B. die DB auf die angekündigte und ab 1.10.1964 wirksame Senkung der Beförderungsteuer für LKW von 5 auf 3% je tkm mit einer Tarifsenkung für die Wagenladungsklassen A/B, C/D und E um ca. 20%, für die Klasse F um ca. 10% im Rahmen des neuen Regeltarifs vom 1.8.1964. Zusätzlich wurde die Entfernungsdegression für alle Wagenladungsklassen in den mittleren Entfernungen von 300 - 400 km, die dem LKW - Wettbewerb besonders ausgesetzt waren, verstärkt.[464)] Als vorläufig letzte Wettbewerbsmaßnahme gegen den Straßengüterverkehr gilt die Einführung der von der Mengenstaffel her gesehen billigsten 25 - t - Wagenladungsklasse im Jahre 1966.[465)]

Dem Wettbewerbskampf gegen die Binnenschiffahrt diente die Einführung von Ausnahmetarifen vor allem in Hinblick auf den geplanten "Saar-Pfalz-Kanal"[466)] Auch im grenzüberschreitenden Kohleverkehr nach Frankreich und im Verkehr von Luxemburg in die Bundesrepublik richteten sich die Ausnahmetarife gegen die 1964 fertiggestellte Moselwasserstraße.

Schließlich nahm die Bundesbahn auch mittels Ausnahmetarifen den Wettbewerb mit dem Rohrleitungsverkehr auf. Einige der ersten Ausnahmetarife - die AT 382, AT 383 und AT 384, die am 15.9.64 als sog. Ingolstadt-Tarife wirksam wurden[467)] - verfolgten den Zweck, den geplanten Bau der Produkten-Pipelines von Ingolstadt/ Neuburg (Donau) nach Nürnberg bzw. München zu verhindern.[468)]

In der sich anschließenden Zeit der tarifpolitischen Abstinenz der DB kam es nur 1966 zu einer geringfügigen Erhöhung der Abfertigungsgebühr auf einheitlich 1,50 DM je 100 kg. Ebenfalls am 15. März des genannten Jahres wurde der feste Zuschlag je Stückgutsendung für die Gewichtsstufen auf 3,00 DM angehoben. Im Bereich des Wagenladungsverkehrs dienten die durchgesetzten Änderungen der Vereinheitlichung des Leistungsangebots. Insbesondere wurde die Wertstaffel auf die Güterklassen A, B und C zusammengedrängt.

Am 1. Mai 1970 begann die Zeit, in der jährlich mindestens einmal die Eisenbahntarife erhöht wurden. Zunächst wurden die Abfertigungsgebühr für die Güterklassen A bis C und I bis V, die Streckensätze der Güterklassen A bis C und die Grundstreckenfrachten der Klassen I bis V um jeweils 10% angehoben. Einen Monat später folgten Tariferhöhungen im Stückgutbereich. Die Abfertigungsgebühren wurden hier um 8% auf 150,6 Pf./100 kg, der feste Zuschlag um ebenfalls 8% auf 301 Pf./100 kg und die Streckensätze um die gleiche Rate erhöht.

Am 1. Februar 1971 wurden beide Transportbereiche im Tarif angehoben, und zwar der Stückguttransport um linear 20%, der Wagenladungsverkehr um linear 18% mit Ausnahme der Klasse V, die bis zu einer Entfernung von rund 250 km um etwa 11%, danach ansteigend bis etwa 18% erhöht wurde.

Auf der Sitzung der Ständigen Tarifkommission am 6.4.1972 wurde beschlossen, die Verhältniszahl der Mengenstaffel für die 15 - t - Klasse auf 120 : 100 (25 - t - Klasse) anzuheben. Außerdem wurde eine Abschwächung der Entfernungsdegression vorgenommen, die eine durchschnittliche Erhöhung der Frachtsätze im Wagenladungsverkehr von 2,1% zur Folge hatte; die festen Zuschläge wurden um ca. 5% erhöht.[469)]

Abb. 39: Die Tarifentwicklung bei Eisenbahn und Binnenschiffahrt 1972 - 1975, dargestellt am Beispiel des AT 242 und des FTB B 606 für den Transport von Erz von Emden nach Dortmund (Index 1972 = 100)

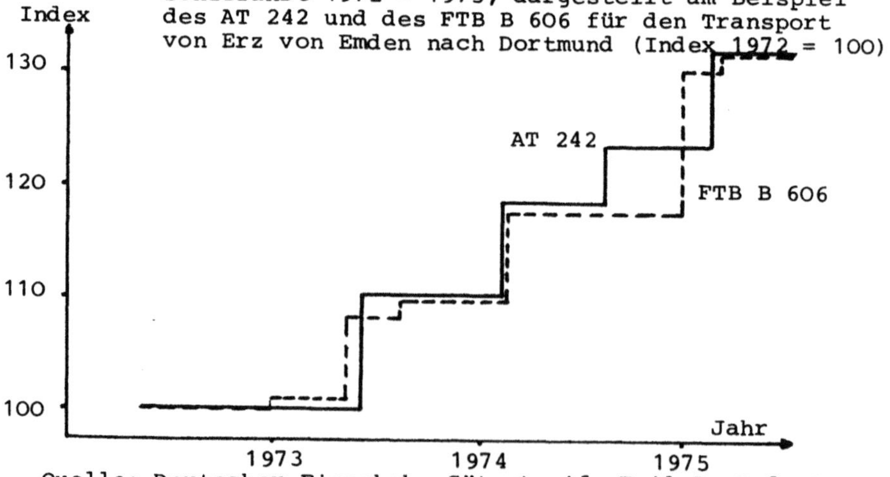

Quelle: Deutscher Eisenbahn-Gütertarif, Teil I, Heft C, AT 242; Frachten- und Tarifanzeiger der Binnenschiffahrt B 606.

c. Die wesentlichen Änderungen in den Verkehrsleistungspreisen der Deutschen Bundesbahn 1973 - 1975

1. Güterverkehr

Die preispolitischen Maßnahmen der DB im Herbst 1973 richteten sich erstens auf die Beschleunigung des Güterwagenumlaufs. Für verschiedene Güterwagenkategorien wurden die Standgelder verdoppelt. Zweitens wurden die Ausnahmetarife 146, 349, 144, 106, 122 und 452 erhöht. Mit Wirkung vom 1.2.1974 trat eine allgemeine Erhöhung der DB - Tarife für den Güter- und Tierverkehr in Kraft und zwar in Höhe von durchschnittlich 9,7 %. Am 1. März wurden die Kundensätze der Container - Transportpreise der "Transfracht Deutsche Transportgesellschaft" an die kurz vorher gestiegenen Tarife des Schienen - bzw. Straßengüterverkehrs angepaßt und um 9,5 % erhöht. Am 4.3. wurden Standgeldverdoppelungen wieder aufgehoben.

Mit der Einführung des Stückgut - Städtetarifs AT 483, der sich auf den Stückgutversand in etwa 1 500 wichtigen Eisenbahnverbindungen der DB zwischen rund 50 Städten bezieht, wird es der DB möglich, mit den Verladern Frachtermäßigungen zu vereinbaren und zwar im Falle von Großauflieferungen von Stückgut sowie bei Übernahme zusätzlicher Speditionsleistungen.

Im zweiten Quartal 1974 kam es durchweg zu Erhöhungen verschiedener Ausnahmetarife. Des weiteren wurden vorzugsweise bei den Steinkohlenausnahmetarifen die 10-t-Gewichtsklassen aufgehoben und die 15-t-Klassen im Frachtentgelt angehoben. Die Änderungen zeigt die nachstehende Tabelle 42.

Tab. 42: Änderungen ausgewählter DB-Ausnahmetarife im 2. Quartal 1974

AT	Bezeichnung		%
120	Hafenbahnverkehr Bamberg		+ 18
127	Granitsteinblöcke		
132	Asbestzementwaren		+ 5
150	Kalk		bis zu + 13
155	Dolomit		+ 9
157	Zement	: Aufhebung 10 t	
159	Schwerspat (gemahlen)	: Aufhebung 10 t	
160	Kalk		+ 8
163	Zement in geschlossenen Zügen		+ 8
165	Kalk		+ 8
170	Steinsalz		+ 7
192	Steinkohlen	: Aufhebung 10 t	
193	Steinkohlen	: Aufhebung 10 t	
195	Steinkohlen	: Aufhebung 10 t	
216	Steinkohlen	: Aufhebung 10 t	
220	Steinkohlen	: Aufhebung 10 t	
309	Stahl	: Aufhebung 10 t	
320	Düngemittel		+ 13-16
321	Düngemittel nach Außenlagern		mehr + 10
323	bestimmte Düngemittel		mehr + 10
324	Kaliumchlorid		mehr + 10
325	Düngetorf		+ 13
326	Glühphosphat		
327	Soda		mehr + 10
328	Ammoniumchlorid		mehr + 10
335	Brenntorf	aufgehoben	-
356	Chemikalien		
382	Hafenbahnverkehr Bamberg		+ 18
384	Hafenbahnverkehr Bamberg		+ 18
461	Baumwolle	: Aufhebung 10 t	
493	Großcontainer - Ladung		+ 10
494	Großcontainer - privat - Leerlauf		+ 20

Am 1.7.1974 kam es zu einer allgemeinen Erhöhung der Wagenladungstarife nach Regelgüterklassen um 2 %. Im Rahmen von Strukturveränderungen der DEGT wurden die Mindestfrachten der Regelgüterklassen A - C und I - V auf 168,- DM festgesetzt. Außerdem wurden verschiedene Spezialgebühren merklich angehoben. Die Mehrzahl der Ausnahmetarife wurde erhöht, und zwar 144 Tarife bis zu 6 % und 19 Tarife zu 20 %. Der Hafenbahnverkehr wurde mit 10 - 20 % stärker belastet, desgleichen der Bahnhofsverkehr zahlreicher Güterbahnhöfe mit 10 - 25 %. Weiterhin wurden der DDR - Durchfuhrtarif (&,6 bis 8 %) und der deutsche Durchfuhrtarif für Steinkohlentransporte von deutschen Seehäfen nach Regensburg und Passau (4 %) erhöht.

Im Oktober 1974 wurden wiederum einige Ausnahmetarife zwischen 2 und 10 % erhöht. Bemerkenswert sind die beträchtlichen Erhöhungen im Transitverkehr durch die DDR mit 7 bis 45 %.

Das Jahr begann mit der erneuten Anhebung einiger Ausnahmetarife, u.a. der AT 180, 185, 189, 190 und 198 für Koks sowie der AT 295 und 309 für Eisen und Stahl. Am 31. Januar 1975 wurden etwa 70 Ausnahmetarife, die in die Kategorie Wettbewerbstarife einzustufen sind, als Anpassungsmaßnahme an die Anhebung der Binnenschiffahrtsfrachtsätze vom 15.12.74 bzw. 25.1.75 bis zu 11 % erhöht. Hierunter fallen verschiedene industrielle Grundstoffe wie Baustoffe, Salz, Erz, Kohle sowie Transporte von Eisen- und Stahlerzeugnissen, NE-Metallen und chemischen Produkten, die diejenigen Verkehrsrelationen begünstigen, die auch von der deutschen Binnenschiffahrt bedient werden.[470)]

2. Der Personenverkehr

Im Personenverkehr verdient die zeitlich begrenzte Fahrpreisermäßigung der DB "Fahrt zusammen, spart zusammen" Erwähnung, die vom 1.10. bis 9.12.73 Gültigkeit hatte. Eine vergleichbare Aktion lief vom 7.1. bis 16.5.74 unter dem Motto "Senioren-Reisen".

Am 1.4.74 traten die allgemeinen Erhöhungen der Fahrpreise und Frachtsätze des Personen-, Gepäck- und Expreßguttarifs in Kraft. Die Tarifanhebungen beliefen sich für eine gewöhnliche Fahrt auf 8 %, für Rückfahrkarten auf 11 % (1. Klasse) bzw. 9 % (2. Klasse). Die Preise für Wochen- und Monatskarten des Berufsverkehrs stiegen um 4 %,die des Schülerverkehrs um 15 %. Ebenfalls am 1.4.1974 wurden neuartige "Ferienkarten" mit 12,5 %iger Rückfahrermäßigung und zwei-monatiger Geltungsdauer für jeweils dienstags, mittwochs oder donnerstags durchgeführte Bahnreisen nach mindestens 200 km entfernten Zielbahnhöfen eingeführt.

Auch im Nahverkehrsbereich ergaben sich einige Änderungen,die sich im wesentlichen auf Verbund- und Sondertarife für die Räume Frankfurt und München beziehen.

Vom 1.6. bis 30.9.74 hatten die ausgegebenen "Tourenkarten" Gültigkeit, die über eine DB-Strecke von mehr als 200 km ausgestellt wurden und für beliebig viele Fahrten an 10 aufeinander folgenden Tagen innerhalb des Geltungsbereich einer Bezirkskarte benutzt werden konnten.

Vom 1.10.bis 12.12.74 lief der 2. Verkaufsabschnitt der bereits genannten Fahrpreisermäßigung der DB "Senioren - Reisen zu Junior - Preisen" für Frauen ab 60 Jahren und für Männer ab 65 Jahren. Die Ermäßigung bewegte sich zwischen 40 und 50 %.[471)]

C. Skizzierung der Preisbildungsvorgänge

Wir haben bereits an anderer Stelle betont, daß es nicht leicht ist, eine eindeutige Unternehmensstrategie für die Eisenbahn abzuleiten. Die Denkansätze und die praktischen Preisbildungsvorgänge reichen im Zeitablauf von Zielsetzungen, die Elemente des erwerbswirtschaftlichen Prinzips darstellen, bis zu staatlich gestützten Aufgaben, die in den Bereich der Gemeinwirtschaftlichkeit fallen. Daher können wir festhalten, daß wir neben den eigentlich ökonomischen Bestandteilen eines zu konzipierenden Modells einen Vektor einbeziehen müssen, der die staatliche Einflußnahme dokumentiert.

In seiner grundlegenden Arbeit über die Eisenbahntarife im Güterverkehr hat KLOTEN [472)] u.a. die Grundformen der Tarifsysteme dargestellt und verglichen. Die grundsätzliche Trennung in rein ökonomische Tarifsysteme und solche Systeme, die auf der Basis einer Tarifpolitik des gesamtwirtschaftlichen Ausgleichs beruhen, ist auch heute weiterhin aktuell, bedarf jedoch einer gewissen Relativierung im Zeichen der veränderten wirtschaftlichen (defizitären) Lage der Bundesbahn gegenüber den 50-er Jahren. Von den möglichen ökonomischen Zielsetzungen, die wir theoretisch im 2. Kapitel dieser Untersuchung abgeleitet haben, betrachtet KLOTEN die Gewinnmaximierung und die Kostendeckungsmaxime näher. Auf die theoretische Auseinandersetzung können wir an dieser Stelle verzichten und behandeln nur die für die Eisenbahn typischen Folgerungen.

Im Falle eines Strebens nach maximalem Umsatzgewinn, das in der Frühzeit der Eisenbahnen die Regel war, heute dagegen die Ausnahme ist, wird in dem von KLOTEN verwendeten Modell unter den gestellten Bedingungen verlangt, daß die Eisenbahn als Monopolist die Aufgabe habe, unter Verwendung marktstrategischer Mittel einen Tarif abzuleiten, " der für jegliche Form der Güterbeförderung gilt, hinreichend klar gegliedert ist und unter den gegebenen Bedingungen einen maximalen Gewinn abwirft ". [473] Dabei wird im wesentlichen an Nachfragespaltung und Preisfixierung gedacht. Wie wir bereits bei der theoretischen Darstellung des Monopols gezeigt haben, findet die Absatzausweitung, die mit der degressiven Kostenstruktur der Eisenbahn zunächst konform geht, ihre Grenze an der Stelle, von der an ein zuwachsender Absatz im Erlös nicht die zurechenbaren Kosten deckt. Da aber z.B. die Deutsche Bundesbahn einer Vielzahl von gemeinwirtschaftlichen Verpflichtungen unterliegt, kann sie sich nicht unbegrenzt - in gewissem Rahmen ist seit kurzem eine Politik der Streckenstillegungen - schwerpunktmäßig auf die Bereiche konzentrieren, in denen die Verkehrsintensität überdurchschnittlich hoch ist, in denen die Möglichkeiten der Ausnutzung der Kostendegression besonders deutlich sind.

Bereits am Beispiel der Binnenschiffahrt konnte gezeigt werden, daß die preispolitischen Aktioitäten der konkurrierenden Verkehrsträger eine entscheidende Komponente der Preisbildung bei einem im Mittelpunkt der Untersuchung stehenden Verkehrsleistungsanbieter ist. Bei der hier betrachteten Wettbewerbsbeziehungen der übrigen relevanten Verkehrsträger zur Eisenbahn können wir uns, was die Wettbewerbslinie Eisenbahn/Binnenschiff anbetrifft, mit einem Hinweis auf den Abschnitt über die Preisbildung der Binnenschifffahrt begnügen.

Grundsätzlich wollen wir aber noch einmal betonen, daß die Verhaltensweise eines monopolistischen Preisfixierers für die Eisenbahn stets dann unangebracht ist, wenn sie ihre Absatzmengen von den Preisen, die sich für die Verkehrsleistungen konkurrierender Verkehrsleistungsanbieter auf dem Markt herausbilden, nachhaltig beeinflußbar empfindet.

Je mehr die Transportgüter stückgutartigen Charakter annehmen, verstärkt sich der wettbewerbsdruck von Seiten des Kraftverkehrs auf der Straße. Seine bekannten Qualitätsmerkmale, im wesentlichen seine hohe Netzbildungsfähigkeit, die

Bedienung im Haus-Haus-Verkehr mit der Möglichkeit, spezielle Transportwünsche zu berücksichtigen, die relativ gute Anpassungsmöglichkeit an wechselnde Marktbedingungen verhindern auf allen Relationen zumindest für einen Großteil der Güterabteilungen eine isolierte Preisbildungspolitik der Eisenbahn, Bedeutungsgewinne des gewerblichen Güterkraftverkehr auf der Straße sind regelmäßig von einem schnellen Wachstum des Werkverkehrs verbunden.

Realistischer ist insgesamt eine Wettbewerbssituation, in der ein Eisenbahnmonopol um Kostendeckung bemüht, sich der Konkurrenz anderer Verkehrsträger gegenübersieht. Dies ist der Fall im heutigen Güterverkehrssystem der Bundesrepublik Deutschland, innerhalb dessen sich die Bundesbahn heute glücklich schätzen würde, wenn sie mit der Zielsetzung der Kostendeckung zurecht käme. Daneben hat sich die von KLOTEN [474)] zur damaligen Zeit als ausgesprochen stark eingeschätzte Wettbewerbsanlage der Eisenbahn heute durch die aufgrund starker Personalkostenbelastungen beträchtlich angehobenen Tarife wesentlich verschlechert. So kann man heute sicherlich nicht mehr mit der damals naheliegenden Direktheit behaupten, daß die Operationsbereiche z.B. des Kraftwagens, aber auch der Binnenschiffahrt bei einer kostendeckenden Tarifierung der Eisenbahn relativ eng begrenzt seien. In den letzten 15 Jahren ist es vor allem beim Transport höherwertiger Güter dem LKW gelungen, immer größere Marktanteile zu gewinnen. Durch den Wettbewerbsdruck ist der Preisbildungsspielraum der DB immer mehr zusammengedrückt worden. Dies gilt in entsprechender Weise auch für die Marktbeziehung Eisenbahn/Binnenschiff, allerdings für entschieden andere Güter des Massentransports. Im Einzelfall wird der Eisenbahntarif für den Transport einer bestimmten Ladung auf einer bestimmten Relation wegen des Qualitätsvorteils gegenüber dem Binnenschiff und wegen des Qualitätsnachteils gegenüber dem Kraftverkehr auf der Straße stets zwischen den Transportpreisen der beiden betrachteten anderen Verkehrsträgern liegen. In diesem Rahmen spielt sich dann der Preisbildungsvorgang zwischen Eisenbahn und Verladerschaft in durchaus vergleichbarer Weise ab, wie wir dies für die Binnenschiffahrt dargestellt haben.

Abb. 40 : Die modelltheoretische Ausgangslage der Eisenbahn bei der Preisbildung im Falle der Kostendeckung

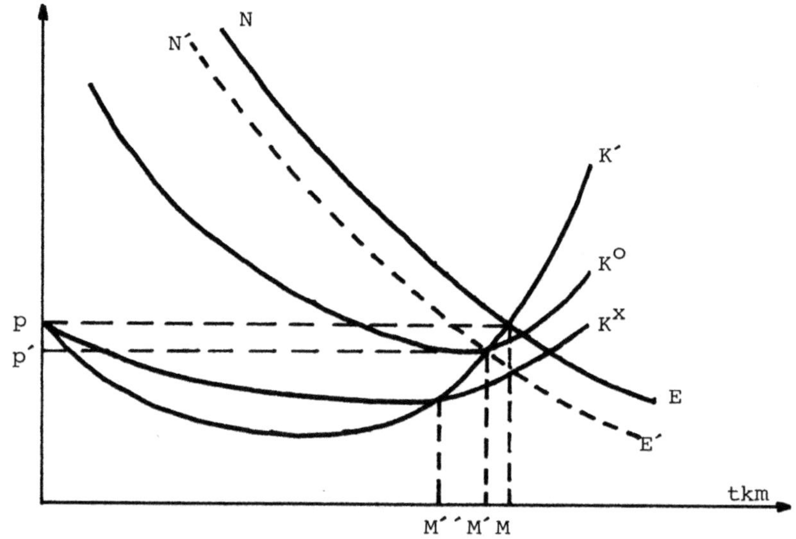

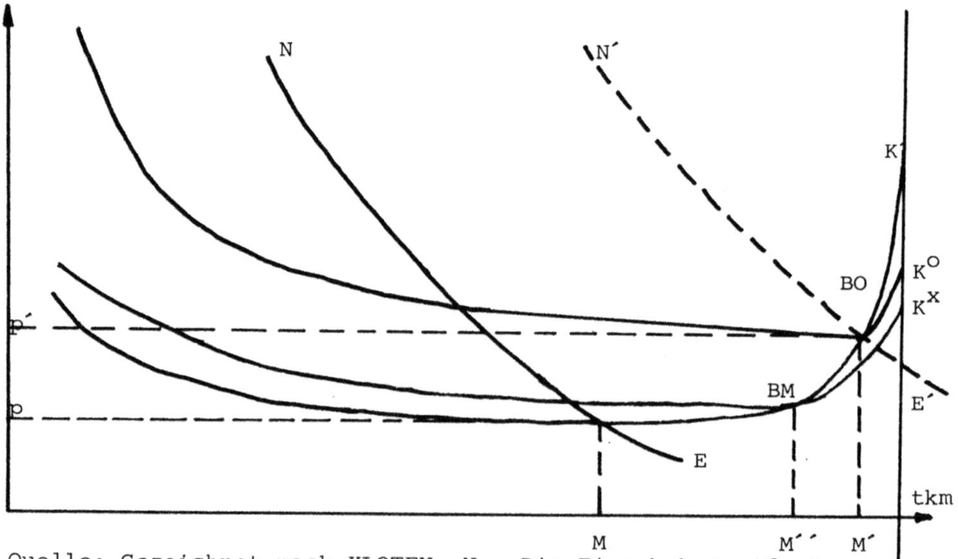

Quelle: Gezeichnet nach KLOTEN, N.: Die Eisenbahntarife im Güterverkehr, a.a.O., S. 163.

Der Preisbildungsspielraum der Eisenbahn wird stets dann noch stärker eingeengt, wenn sie dem Oberziel einer Tarifpolitik des gesamtwirtschaftlichen Ausgleichs unterworden ist. Auf die verschiedenen gemeinwirtschaftlichen Auflagen der DB sind wir bereits weiter oben eingegangen. Auf ein erneutes Eingehen auf die Betriebs-, Beförderungspflicht usw. und das Prinzip der Tarifgleichheit im Raum können wir daher verzichten.

Doch nicht die Bundesbahn allein ist durch staatliche Auflagen in ihrer Preispolitik gebunden, sondern auch für die Unternehmen der Binnenschiffahrt und des Güterkraftverkehrs auf der Straße sind die Preisbildungsspielräume durch den Gesetzgeber beschränkt. Vor allen Dingen die Binnenschifffahrt ist, wie wir gesehen haben, an kollektiv zustandegekommene Preisvereinbarungen gebunden im Gegensatz zur freien Preisbildung im grenzüberschreitenden Binnenschiffsverkehr.

Die Tarife des RKT im gewerblichen Güterfernverkehr auf der Straße sind an die Tarifdynamik der Eisenbahn gekoppelt, bieten aber im Rahmen festgelegter Margen die Möglichkeit einer begrenzten individuellen Preisaushandlung.[475)]

3. Abschnitt: Die Preisbildung im Seeverkehr

A. Die Grundlagen der Preisbildung

I. Die Marktstruktur des internationalen Seeverkehrs

Wenn man sich mit der Gesamtheit des Seeverkehrs und der Theorie und Praxis der Preisbildung beschäftigt, bedarf es zunächst einer differenzierten Klärung der Unterschiede in den überkommenen Organisationsformen. Wenn wir vom Weltseeverkehrsmarkt sprechen, so meinen wir damit einen solchen Markt, auf dem es nicht einen Preis für ein Gut, sondern Preisbündel für jeweils durchaus ähnliche, aber dennoch andersartige Gütervarianten gibt.[476] Das bedeutet aber, daß wir die enge Prämisse homogener Güter aufgeben müssen. Verlassen wir die Güterhomogentitätsanforderung, so wird dies auch bezüglich des Wegfalls der Prämisse der Leistungshomogenität notwendig. Damit aber wird der Begriff der Heterogenität zum hervorstechensten Merkmal der Seeverkehrswirtschaft.[477]

Im Sinne der traditionellen Marktformenlehre gilt gerade ein solcher heterogener Markt als unvollkommen.[478] Bei diesen Erscheinungsformen ist es dann gemeinhin üblich, den gesamten unvollkommenen Markt in seine Bestandteile, die sogenannten Elementarmärkte, zu zerlegen. SANMANN geht davon aus, daß die Zerlegung des Gesamtmarktes in seine Elemente und deren spezifische Analyse besonders im Falle des Seeverkehrs wesentliche Zusammenhänge und Vorgänge nur unvollkommen verdeutlichen können.[479]

Wir wollen zunächst überprüfen, wie und in welchem Maße mögliche Differenzierungen bei der Erbringung einer Seetransportleistung dazu Anlaß geben, von den sachlichen, räumlichen, personellen und zeitlichen Bedingungen der Unterschiedslosigkeit im Sinne des in der Theorie verwendeten Theorems des homogenen Gutes resp. der homogenen Leistung Abstand zu nehmen.

Differenzierungen sachlicher Art resultieren grundsätzlich aus der Verschiedenartigkeit der transportierten Güter. Recht trivial kann unterschieden werden zwischen der Beförderung von Personen und Gütern, zu denen wir der Vereinfachung halber auch den Transport von materiell faßbaren Nachrichten rechnen wollen. Die zweite Art einer sachlichen Differenzierung ergibt sich aus qualitativen Leistungsunterschieden. Hierbei geht es im Grunde um das Bestreben des Reeders, seine Leistung von den Leistungen konkurrierender Unternehmen abzuheben.[480)]

Die Differenzierungen räumlicher Art entstehen einfach daher, daß sich die ansonsten möglicherweise gleichartigen Leistungen danach unterscheiden, wo sie erbracht werden. Entscheidendes Kriterium ist hier die unterschiedliche Route. Gerade im Seeverkehr, insbesondere in der Trampschiffahrt, schlagen sich die räumlich bedingten Leistungsunterschiede im allgemeinen deutlich in Preisunterschieden nieder.

Relativ häufig trifft man auf den Seeverkehrsmärkten auch auf das Vorliegen zeitlicher Differenzierungen. Bspw. werden je nach der zeitlichen Verfügbarkeit des nachgefragten Schiffsraums unterschiedliche Frachtraten für ansonsten gleiche Seetransportleistungen erzielt. Nicht immer ist jedoch die Beziehung so, daß bei prompter Tonnage stets eine höhere Rate erreicht wird als bei späteren Bereitstellungen des Schiffes. Nicht zu unterschätzen ist nämlich der Einfluß der vorherrschenden Ratentendenz und der Markterwartungen. Es gibt Beispiele genug dafür, daß bei steigender Tendenz und Erwartung weiterer Erhöhungen des Ratengefüges vereinbart wird, daß bei der Verschiffung zu einem späterem Zeitpunkt eine höhere Rate zu zahlen sei als bei prompter Übernahme der Ladung.

Was die personellen Differenzierungen anbetrifft, so sind gerade bei der Nachfrage nach Seeverkehrsleistungen Präferenzen für bestimmte Anbieter, die man kennt und deren Leistungsqualität bisher überzeugt hat, feststellbar.

Dies mag an dieser Stelle zunächst als Begriffsbestimmung zur Frage der Heterogenität der grundsätzlich anfallenden Seeverkehrsleistungen genügen. Bei der Analyse der typischen Verkehrsmärkte in der Linien-, Tramp-, Tank-, Spezial-, Küsten- und Werkschiffahrt werden wir hierauf noch einmal zurückkommen.

Der Seefrachtenmarkt ist ein Weltmarkt, der aus vielen, durch Substitutionslücken voneinander getrennten Teilmärkten besteht. Der sich trotz dieser Erscheinungsformen tendenziell dennoch über die ganze Welt erstreckende Ausgleich von Angebot und Nachfrage auf den Teilmärkten der Seeschiffahrt sowie die über die Teilmärkte hinaus übergreifenden Beeinflussung auf dem Gebiet der Preisbildungsprozesse wurden erst möglich, als das Nachrichtennetz einem weltweiten und schnellen Informationsfluß genügte, als es über die Anwendung des technischen Fortschritts gelungen war, die Schiffstechnik so zu verbessern, daß die Transportvorgänge von den erschwerten Bedingungen der See weitgehend unabhängig geworden waren.[481)] Übrigens ist das Streben nach technischer Verbesserung und Erhöhung der Betriebssicherheit nie erlahmt. Zusätzlich werden Bemühungen weiterentwickelt, bestmögliche Anpassungen an neuartige Beschäftigungsformen in der Schiffahrt zu erreichen. Wir brauchen hier nur an das mit besonderen Problemen behaftete Geschäft der Bohrinselversorgung zu denken.

Eine weitere Voraussetzung dafür, daß im weltweiten Rahmen Substitutionsprozesse über die Tonnage und Frachten möglich wurden, war die Tatsache, daß eine große Anzahl von Unternehmern tätig wurden, die ausschließlich Schiffahrt betrieben. Der hierdurch bedingte, lange Zeit fortschreitende Trend zur Ausbildung eines Weltseeverkehrsmarktes ist allerdings insbesondere nach dem zweiten Weltktieg in entscheidenden Positionen wieder zerstört worden. Zwar hat sich auch vorher nie ein einheitlicher Weltseeverkehrsmarkt herausgebildet, sondern es waren von Hafen zu Hafen unterschiedliche Substitutionsmöglichkeiten und -lücken zu verzeichnen. Aber dennoch waren relativ einheitliche Merkmale, Entwicklungstendenzen und Reaktionsweisen von Teilmarkt zu Teilmarkt feststellbar.

Die volkswirtschaftliche Gestaltungskraft - oder gar die weltwirtschaftliche Gestaltungskraft - des Seeverkehrs war es weitgehend selbst, die immer stärker dazu beitrug, die erreichte Einheitlichkeit des Marktes zu gefährden. Wenn die Verkehrsströme auf wenigen Relationen stark zunehmen, sich sozusagen bündeln, wie dies im Warenaustausch zwischen Industriebändern die Regel ist, während die Verkehrsströme zwischen den in der Entwicklung zurückgebliebenen Räumen veröden, wenn die Verkehrsströme zwischen Rohstofflieferanten und Rohstoffabnehmergebieten im Vergleich zu den Strömen zwischen den Industriebändern einen grundlegend anderen Charakter annehmen und wenn im ersten Fall sogar Hin- und Rückfahrt unter völlig anderen Datenkonstellationen, anderen Preiselastizitäten, anderen Einkommenselastizitäten stehen, so bedeutet dies eine Auflösung des weltweiten Charakters der Gruppe von Teilmärkten, die den Seeverkehrsmarkt in seiner Gesamtheit bilden.

a. Die Struktur des Angebots

1. Flottenentwicklung

Im Gefolge des Jahr für Jahr mehr oder weniger deutlich zunehmenden Weltseehandels[482)] hat die Entwicklung der Welthandelsflotte einen stark expansiven Verlauf genommen.

Abb. 42 : Die Entwicklung der Welthandelsflotte[a]
1963 - 1974

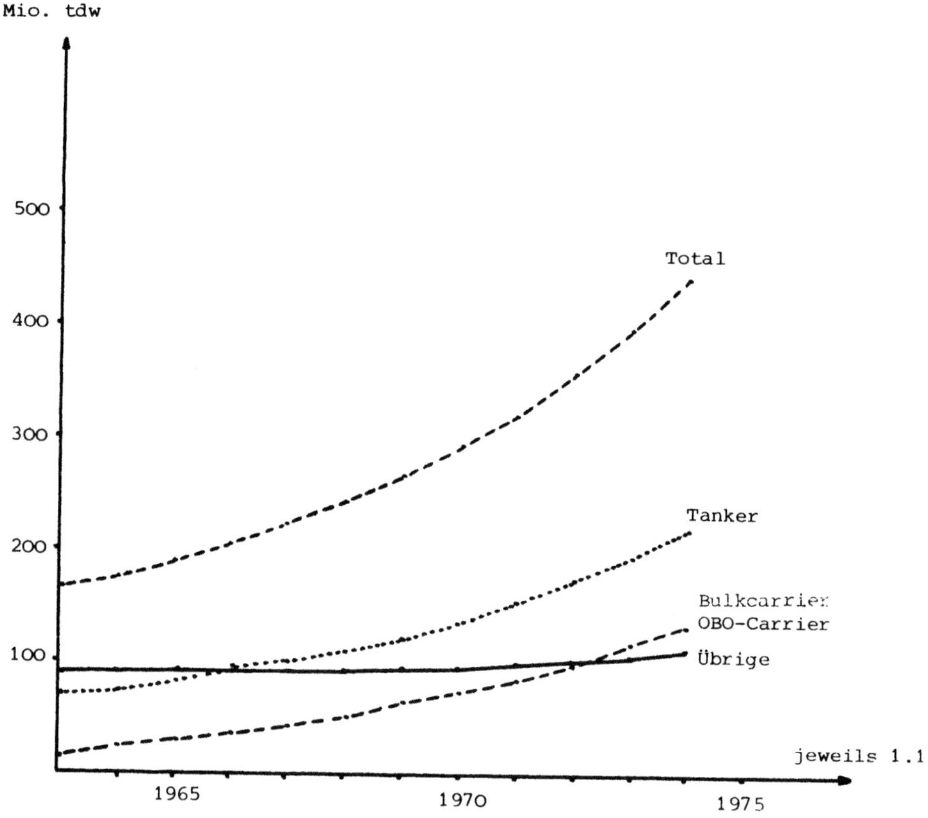

Quelle: Fearnley & Egers Chartering Co. Ltd.: Review 1974 Oslo, Jan. 1975

a) Ohne US-Reserveflotte, Tanker,Bulkcarrier und Kombinierte:nur Schiffe mit mehr als 10 000 tdw; Übrige und Total: alle seegehenden Frachtschiffe über 1000 BRT

Wie Abb. 42 zeigt, gilt dies insbesondere für Tankertonnage und Bulktonnage. Aufgrund der guten Ertragslage und der Erwartungen der freien Reeder, weiterhin mit einem starken Nachfragedruck im Tankergeschäft rechnen zu können, ist ab

Herbst 1972 eine Vielzahl von Supertankern in Auftrag gegeben worden, die nun bereits abgeliefert sind oder noch in den Auftragsbüchern stehen und schon heute ohne Beschäftigung sind, bzw. kaum Aussicht auf Beschäftigung haben. Diese Auswirkungen der Ölkrise 1973/74 haben zu einer Stornierungsflut, zu einem völligen Stillstand der Auftragstätigkeit und zu Auflegungen in Höhe von mehr als 15 Mio. tdw geführt. Selbstverständlich herrscht auf den Frachtenmärkten eine tiefe Depression, so daß man geneigt ist, auch in diesem Fall von dem von TINBERGEN[483)] gefundenen Schiffbauzyklus zu sprechen.[484)]

Eine entscheidende Determinante des Ratengefüges - übrigens nicht nur in der Tankschiffahrt - ist folglich die Dynamik auf den Schiffbau- und Schiffsverkaufsmärkten. Dieser Zusammenhang wirkt jedoch nicht nur in dieser Richtung allein, sondern auch in umgekehrter Relation sind eindeutige Interdependenzen nachweisbar.

Neben der Auftragstätigkeit der Schiffahrtsunternehmen hat die Angebotsseite über die Möglichkeiten der Auflegung und der Abwrackung der Schiffe zwar weitere Variationsmöglichkeiten, dennoch ergeben sich bei Änderungen einer gegebenen Datenkonstellation besondere Schwierigkeiten bei der Preisbildung der Schiffahrt aus der sehr unterschiedlichen Fähigkeit der Anpassung.

Bei einer Nachfrageerhöhung paßt sich das Tonnageangebot erst nach einem time-lag an, dessen Dauer nicht zuletzt vom Auftragsbestand der Werften und zusätzlichen Neubauaufträgen abhängig ist. Da es sich bei den Auftragsentscheidungen der Reederseite in der Regel um Willensbildungsprozesse handelt, die die Ausnutzung der Gewinnchancen zum Ziel haben, geschieht es bei Überschätzung der positiven Erwartungen allzu häufig, daß die Schiffsraumkapazität relativ schnell die Transportraumnachfrage übersteigt. Die Folge ist ein Nachgeben oder gar ein Zu-

Tab. 43 : Die Entwicklung der Welthandelsflotte 1900 - 1975 nach ausgewählten Jahren (in 1000 BRT)

Jahr	1000 BRT	Jahr	1000 BRT	Jahr	1000 BRT
1900	21 670	1947	78 705	1968	194 152
1905	25 420	1950	84 583	1969[a)]	189 773
1910	28 092	1955	100 569	1970	204 926
1913	30 408	1960	129 770	1971	219 181
1922	64 371	1962	139 980	1972	236 548
1925	64 641	1964	153 000	1973	256 538
1930	68 024	1965	160 392	1974	277 060
1935	63 727	1966	171 130	1975[b)]	301 800
1939	68 509	1967	182 100		

Quelle: Für die Jahre 1900 -1925: Nauticus, Jahrbuch der Deutschen Seeinteressen (nach Lloyd's Register of Shipping) - für die Jahre 1930 - 1968: United Nations: Statistical Yearbook, versch. Jahrgänge - für die Jahre 1969 - 1975: Institut für Seeverkehrswirtschaft (Hrsg.): Statistik der Schiffahrt, versch. Jahrgänge, Bremen

a) ab 1969 sind nur Schiffe mit 300 BRT und mehr erfaßt; hieraus erklärt sich der Flottenrückgang 1969 gegenüber 1968

b) 1. Febr. 1975

Tab.44 : Die Welthandelsflotte nach Ländergruppen[1)]

	am 1.12.1960		am 1.1.1971		am 1.1.1972		am 1.5.1974	
	1000 BRT	%	1000 BRT	%	1000 BRT	%	1000 BRT	%
Industriestaaten[2)]	96.062	77,1	144.569	66,0	154.490	65,3	178.944	62,8
Ostblock[3)]	5.869	4,7	18.103	8,2	18.678	7,9	19.792	6,9
Billige Flaggen[4)]	15.983	12,9	40.073	18,3	45.322	19,2	61.277	21,5
Entwicklungsländer[5)]	6.638	5,3	16.436	7,5	18.058	7,6	25.081	8,8
- Asien[6)]	3.081	2,5	10.472	4,8	11.305	4,8	16.575	5,8
- Südamerika	2.926	2,3	4.309	2,0	4.467	1,9	5.067	1,8
- Mittelamerika	404	0,3	395	0,2	766	0,3	611	0,2
- Afrika	227	0,2	1.295	0,5	1.495	0,6	2.779	1,0
- Ozeanien	-	-	25	0,0	25	0,0	49	0,0
Insgesamt	124.552	100	219.181	100	236.548	100	285.094	100

1) Errechnet nach Statistik der Schiffahrt, hrsg. v. Institut für Seeverkehrswirtschaft, Bremen, versch. Jg. und Hefte - nur Handelsschiffe mit mehr als 300 BRT

2) Incl. Griechenland, Spanien, Portugal, Südafrika, Israel, Übriges Commonwealth und die Länder der franz. Union.

3) Incl. VR China, Albanien, Nordkorea, Kuba

4) In der hier verwendeten Abgrenzung: Liberia, Panama, Honduras, Hongkong

5) Inc. der billigen Flaggen Zypern und Somalia

6) Incl. Malta und Zypern

sammenbrechen des Frachtratengefüges.

Somit vermag sich die Angebotsseite kaum einem fühlbaren Nachfrageeinbruch anzupassen. Die genannte Möglichkeit der Stillegung von Schiffen ist meist deutlich kostspieliger als eine vergleichbare Aktion in der Industrie oder anderen Wirtschaftszweigen.

Als wichtigste Reaktionsmöglichkeit der Schiffahrtstreibenden auf Nachfrageeinbrüche bleibt damit das Aussetzen der Auftragstätigkeit. Die Veränderung der Auftragsbücher zwischen dem 30.4.1974 und dem 31.1.1975 zeigt die folgende Übersicht.

Tab. 45 : Auftragsbestände im Weltschiffbau

Schiffstyp	30.4.1974			31.1.1975		
	Zahl	tdw	Ø	Zahl	tdw	Ø
Dry Cargo	1 054	8 152 961	7 735	1 196	9 301 713	7 777
Container	155	2 768 323	17 860	171	3 105 214	18 159
Tanker ≥ 150 000	563	161 452 668	286 772	479	138 160 694	288 436
übrige Tanker	1 082	62 226 777	57 510	1 057	59 296 113	56 098
O/O & OBO-Carrier	86	11 181 431	130 086	68	8 702 777	127 982
Bulkcarrier	630	27 249 698	43 253	600	27 067 608	45 113
Passagierschiffe & Fähren	(172)	.	.	(150)	.	.
übrige	(301)	.	.	(332)	.	.
Gesamt[a)]	3 570	273 037 858	76 481	3 571	245 634 119	68 786

Quelle: Fairplay. World Ships on Order, 23.5.1974, S.2 und 24.2.1975, S.2 sowie eigene Berechnungen. - Zahlen in Klammern für Schiffe ohne tdw-Angabe - a) ohne weitere 12 Schiffe (1974) bzw. 13 Schiffe (1975), für die keine tdw-Angabe vorliegt.

Tab. 46: Die Weltauftragsbestände im Schiffbau nach Ländergruppen in 1000 tdw

	Dry Cargo	Container	Tanker ≥ 150000 tdw	Tanker < 150000 tdw	Bulk Carrier	OBO - Carrier	Insgesamt
Industrieländer	3271,0	1763,5	86604,5	31661,2	16069,7	6914,1	146484,0
Billige Flaggen	1175,6	148,3	57511,5	15299,3	6363,7	1216,2	81714,6
Ostblock	2009,7	541,5	1270,0	4683,0	1513,7	315,0	10332,9
Entwicklungsländer	1532,6	315,0	6591,6	8090,6	2727,8	2216,5	21474,1
nicht zurechenbar	164,1	-	9275,0	2492,7	574,8	525,6	13032,2
Welt	8153,0	2768,3	161452,6	62226,8	27249,7	11187,4	273037,8

1) Ohne Fähr- und Personenschiffe, ohne Fischerei- und sonstige Fahrzeuge

Tab. 47 : Die Weltauftragsbestände im Schiffsbau nach Ländergruppen in % der Flottenanteile

	Dry Cargo	Container	Tanker ≥ 150000 tdw	Tanker < 150000 tdw	Bulk Carrier	OBO-Carrier	Insgesamt
Industrieländer	40,1	63,7	53,8	50,9	59,0	61,8	53,9
Billige Flaggen	14,4	5,4	35,6	24,6	23,4	23,4	29,9
Ostblock	24,7	19,6	0,8	7,5	5,5	2,8	3,8
Entwicklungsländer	18,8	11,3	4,1	13,0	10,0	19,8	7,9
nicht zurechenbar	2,0	-	5,7	4,0	2,1	4,7	4,8
Welt	100,0	100,0	100,0	100,0	100,0	100,0	100,0

Tab.48 : Aufgelegte Tonnage

	1972		1973		1974	
	Anzahl	BRT	Anzahl	BRT	Anzahl	BRT
Januar	380	2 867 531	273	2 048 895	109	735 735
Februar	397	2 844 424	241	1 793 321	109	722 615
März			222	1 639 536	109	766 688
April	410	3 201 673	197	1 431 706	109	780 965
Mai	433	3 681 118	185	1 339 008	104	694 618
Juni	457	4 595 654	172	1 200 999	104	683 800
Juli	434	4 244 536	121	963 516	94	640 909
August	414	3 577 551	118	917 896	90	720 353
September	409	3 473 826	117	889 979	93	838 103
Oktober	382	3 074 123	99	699 773	96	873 258
November	360	2 811 668	113	767 428	93	899 764
Dezember	307	2 342 799	109	735 746	97	1 026 230

Quelle: Institut für Seeverkehrswirtschaft (Hrsg.): Statistik der Schiffahrt, 17. und 19. Jg. (1973/1975), Heft 2 Februar) jeweils, Bremen, S. 15 bzw. S. 14

Tab. 49 : Die Entwicklung der monatlichen Abruchtonnage 1971-1974

1971			1972		
Monat	Zahl	BRT	Monat	Zahl	BRT
Januar	27	186.085	Januar	31	218.379
Februar	26	133.842	Februar	66	431.076
März	51	288.784	März	83	590.973
April } Mai	96	642.814	April	83	518.263
			Mai	83	613.042
Juni	21	160.814	Juni	50	378.196
Juli	31	241.554	Juli	100	688.203
August	194	1 020.617	August	72	415.923
September	44	311.302	September	50	307.821
Oktober	58	365.674	Oktober	49	278.569
November	49	335.572	November	69	368.315
Dezember	86	468.170	Dezember	111	538.730
Insgesamt	458	4.155.229	Insgesamt	847	5.347.488

1973			1974		
Monat	Zahl	BRT	Monat	Zahl	BRT
Januar	78	394.688	Januar	69	428.897
Februar	99	633.599	Februar	63	305.599
März	119	698.134	März	53	297.076
April	66	411.986	April	54	331.137
Mai	84	506.758	Mai	53	281.811
Juni	98	409.794	Juni	39	207.785
Juli	83	411.312	Juli	54	265.141
August	98	324.678	August	134	599.449
September	108	534.272	September	112	479.471
Oktober	81	346.637	Oktober	60	265.038
November	55	402.240	November	61	444.556
Dezember	55	209.467	Dezember	52	344.082
Insgesamt	1.024	5.283.565	Insgesamt	804	4.250.042

Quelle: Institut für Seeverkehrswirtschaft (Hrsg.): Statistik der Schiffahrt 18. und 19. Jg. (1974/75), Heft 2, Februar jeweils, Bremen, S. 16 in beiden Fällen.

2. Schiffsgrößenentwicklung

Parallel mit dem stürmischen Ausbau der Welthandelstonnage ist auch die Entwicklung der Schiffsgrößen vorangetrieben worden. In der trockenen Massengutfahrt, insbesondere aber in der Tankfahrt sind heute Einheiten mit solch gewaltigen Abmessungen und Tragfähigkeiten in Fahrt bzw. im Auftragsbestand, an die man vor einigen Jahren noch nicht zu denken wagte. Das Infahrtkommen von immer größeren Tankern hat die durchschnittliche Schiffsgröße deutlich erhöht. Gleichzeitig hat die durchschnittliche Reisegeschwindigkeit durch den Einsatz immer leistungsfähigerer Schiffsmotoren geringfügig zugenommen.

Tab. 50 : Schiffsgrößenentwicklung und Reisegeschwindigkeit 1963 - 1973

Jahr	durchschnittliche Tdw	Durchschnittsgeschwindigkeit	Jahr	durchschnittliche tdw	Durchschnittsgeschwindigkeit
1963	23 200	15,4	1969	37 500	15,8
1964	25 300	15,6	1970	42 000	15,8
1965	27 100	15,7	1971	46 100	15,8
1966	29 200	15,7	1972	50 900	15,8
1967	31 100	15,7	1973	56 300	15,8
1968	33 900	15,8			

Quelle: Analysis of World Tank Ship Fleet, Oec. 31,1973; abgedruckt in: Statistik der Schiffahrt, hrsg. v. Institut für Seeverkehrswirtschaft Bremen, 19. Jg. (1975), Heft 5 (Mai 1975), S.20

Einen weiteren Aufschluß über die Schiffsgrößenentwicklung liefert die Anteilsverteilung auf die verschiedenen Tiefgangsbereiche, wie sie die nachstehende Tabelle verdeutlicht.

Tab. 51 : Tiefgang-Analyse der Welt-Tankerflotte

	Anzahl	1 000 tdw	Anzahl in T-2-Äquivalenten	in % der Flotte
bis zu 30 ft	1 314	13 721	789	4,7
" 38 ft	2 965	61 605	3 919	23,5
" 40 ft	3 245	76 353	4 900	29,4
" 44 ft	3 636	103 291	6 687	40,2
" 48 ft	3 822	119 590	7 764	46,6
" 53 ft	3 991	137 282	8 922	53,6
" 60 ft	4 168	163 282	10 626	63,8
" 67 ft	4 472	232 042	15 094	90,6
" 72 ft	4 535	247 856	16 103	96,7
" 85 ft	4 560	255 383	16 569	99,5
Gesamt	4 563	256 716	16 650	100,00

Quelle: Vgl. vorstehende Tabelle

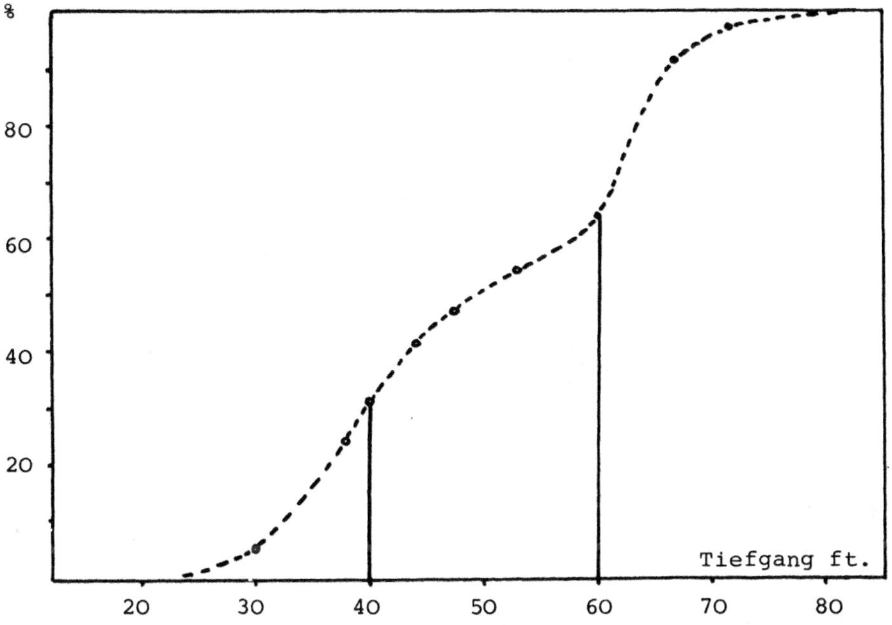

Abb. 44 : Das Verhältnis von Schiffslänge und Tragfähigkeitstonnage bei Tankern (Auftragsbestände April 1974)

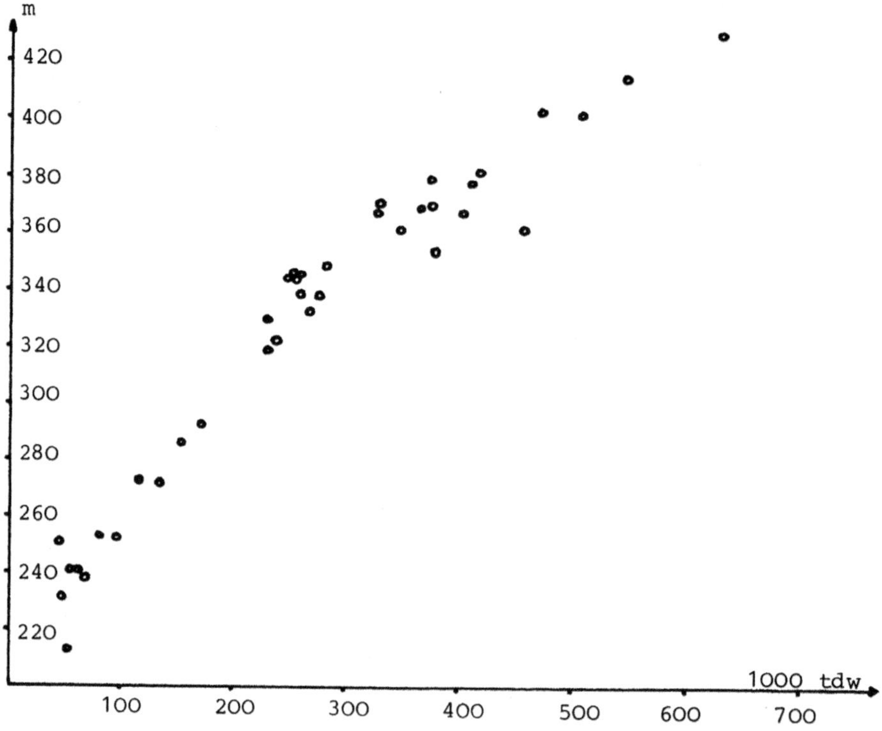

Abb. 45 : Das Verhältnis von Schiffsbreite und Tragfähigkeitstonnage bei Tankern (Auftragsbestände April 1974)

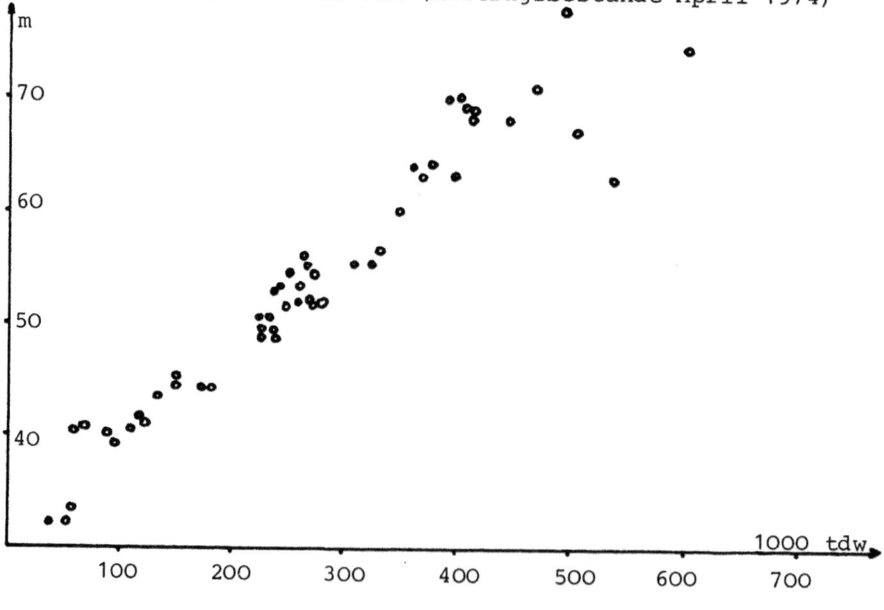

b. Die Struktur der Nachfrage

Das Ausmaß der Nachfrage nach Seeverkehrsleistungen hängt vom Volumen und der Struktur des internationalen Warenaustauschs ab, des weiteren von der geographischen Streuung der Produktion bzw. dem Verbrauch der wichtigen Rohstoffe, landwirtschaftlicher und industrieller Erzeugnisse.

Tab. 52 : Weltseehandel 1962 - 1974 in Mio. metr. Tonnen

Jahr	Rohöl	Ölprodukte	Eisenerz	Kohle	Getreide	übrige Ladung[a]	Total[a]
1962	366	177	102	53	53	506	1 250
1963	424	158	107	64	59	540	1 352
1964	482	170	134	60	71	590	1 507
1965	552	175	152	59	70	630	1 638
1966	607	195	153	61	76	680	1 772
1967	672	193	164	67	68	700	1 864
1968	768	207	188	73	65	740	2 041
1969	871	209	214	83	60	800	2 237
1970	995	245	247	101	73	820	2 481
1971	1 068	247	250	94	76	840	2 575
1972	1 184	261	247	96	89	885	2 762
1973	1 359	274	298	104	116	964	3 115
1974[a]	1 385	275	320	113	107	1 070	3 270

Quelle: Fearnley & Egers Chartering Co. Ltd.: Review 1973, Oslo 1974, S. 8 und Review 1974, Oslo 1975, S. 10.

a) die Zahlenangaben beruhen auf Schätzungen und weichen geringfügig von den Angaben der UNO ab; vgl. UN, Monthly Statistical Bulletin, verschiedene Jahrgänge und Monatsberichte

Die weltweite Entwicklung des Stückguthandels, der in der vorstehenden Übersicht nicht explizit ausgewiesen ist, weist, sieht man einmal von dem Krisenjahr 1974 ab, im Zeitablauf eine gegenüber dem genannten Welthandelsvolumen wesentlich anders gelagerte Eigendynamik des Wachstums auf. Der Warenaustausch in General Cargo zeigte in den davor liegenden Jahren durchschnittlich erheblich geringere Zuwächse als bspw. die Tankerladung oder das Transportaufkommen in trockenen Massengütern. War es bei der Tankerladung der ständig wachsende Energiebedarf vor allem der hochindustrialisierten Länder, der die Transportmengen mit konstanten resp. zunehmenden Wachstumsraten ansteigen ließ, so war es bei den Stückgutverschiffungen im wesentlichen die Entwicklung des Bruttosozialprodukts der beteiligten Handelsnationen, welches das Transportvolumen determinierte.

Tab. 53 : Welthandel 1962 - 1974 in Mrd. Tonnenmeilen

Jahr	Rohöl	Ölprodukte	Eisenerz	Kohle	Getreide	übrige Ladung[a)]	Total[a)]
1962	1 650	650	314	170	272	1 300	4 356
1963	1 850	600	348	202	304	1 400	4 704
1964	2 150	620	456	199	378	1 550	5 353
1965	2 480	640	527	216	386	1 600	5 949
1966	2 629	700	575	226	408	1 700	6 238
1967	3 400	730	651	269	380	1 800	7 230
1968	4 197	750	775	310	340	2 000	8 378
1969	4 853	760	919	385	307	2 150	9 374
1970	5 597	890	1 093	481	393	2 200	10 654
1971	6 554	900	1 185	434	406	2 250	11 729
1972	7 719	930	1 156	442	454	2 400	13 101
1973	9 171	1 010	1 398	467	622	2 700	15 368
1974	9 350	1 015	1 500	505	580	3 050	16 000

Quelle und Anmerkungen vgl. vorstehende Tabelle.

Während die Tankerladung in ihrem Wachstum im wesentlichen durch politische Faktoren negativ beeinflußbar ist, wie sich dies seit dem Ausbruch der Feindseligkeiten im Nahen Osten nachhaltig zeigte, reagiert das Stückgutvolumen ausgesprochen empfindlich auf konjunkturelle Schwankungen. Diese enge Korrelation zeigte sich, als bei einer starken Abnahme der Wachstumsrate des Sozialprodukts in den wichtigsten Handelsräumen

1970/71 auch die Wachstumsrate des internationalen Stückgutaustausches, die 1969/70 noch sehr hohe Rate von 8,9% erreicht hatte auf 2,6% absank. Die langfristige durchschnittliche Wachstumsrate im Stückguthandel über See lag zwischen 1962 und 1971 etwa bei 6,8%. Im Vergleich hierzu beliefen sich die Wachstumsraten im Weltseehandel insgesamt auf durchschnittlich rund 10%.

Analysiert man die vorstehenden Tabellen etwas genauer, so zeigt sich, daß die Transportweiten mit Ausnahme des Ölproduktenhandels durchweg zugenommen haben.

Durchschnittliche Transportweite in Seemeilen

Jahr	Rohöl	Ölprodukte	Eisenerz	Kohle	Getreide	übrige Ladung	Total
1962	4 508	3 823	3 078	3 207	5 132	2 569	3 484
1974	6 750	3 690	4 687	4 469	5 420	2 850	4 893
Saldo	2 242	- 133	1 609	1 262	288	281	1 409

Das bisher umrissene allgemeine Bild der Nachfrageentwicklung im Zeitablauf bedarf zu einer wirksameren Aussage einiger Differenzierungen. Man muß zunächst festhalten, daß die jeweilige Marktsituation der Nachfrage nach Schiffsraum wesentlich von einer Palette von Güterströmen bestimmt wird, die mit jeweils unterschiedlicher Dringlichkeit auf den Transport angewiesen sind. So gibt es beispielsweise Verkehrsströme, die gleichmäßig über das ganze Jahr hinweg anfallen, die langfristig nur wenig von einem eindeutigen Trend abweichen und nur geringe saisonale und konjunkturelle Schwankungen zeigen. Andere Verkehrsströme sind gerade durch einen ausgeprägten Schwankungsverlauf charakterisiert, bspw. jene, die von Erntezeiten (Getreide und andere landwirtschaftliche Produkte) bestimmt werden oder die sich dadurch ergeben, daß bestimmte Verkehrswege z.B. wegen Vereisung der Häfen während eines Teiles des Jahres nicht benutzt werden können.

Das Ausmaß der unterschiedlichen Dringlichkeit der Nachfrage nach Schiffsraum läßt sich aus mehreren Motivationen der Verladerseite herleiten, die wir im folgenden darstellen wollen.

Ein erster Beweggrund resultiert aus dem Vorliegen unterschiedlicher Marktchancen. Läßt bspw. eine Warenbörse eine überdurchschnittlich günstige Marktlage in einem überseeischen Land erkennen, so besteht vorrangig ein Interesse, denjenigen Transport zuerst durchzuführen, bei dem nur kurzfristig ein hoher Gewinn erzielbar ist. In diesem und anderen vergleichbaren Fällen kommt es letztlich darauf an, vor den Konkurrenten am Ort des Bedarfs aufzutreten.

Eine hohe Transportdringlichkeit liegt stets dann vor, wenn es sich um die Beförderung leicht verderblicher Güter handelt. Je weniger Lagermöglichkeiten bspw. für landwirtschaftliche Erzeugnisse im Ladehafen vorhanden sind, je größer damit die Gefahr einer Wertminderung oder eines Wertverlustes einzuschätzen sind, desto dringender ist die Nachfrage nach Schiffsraum.

Eine dritte Bestimmungsgröße der Dringlichkeit der Nachfrage leitet sich aus der Kostenlage der Verladerseite her. Im Falle einer drohenden Kreditsperre wird der Verfrachter auf möglichst baldigen Zahlungseingang Wert legen, der wiederum eine Funktion der Warenübergabe ist. Weiterhin sind Produzenten oder Händler in Zeiten eines hohen Zinsniveaus bemüht, die Waren zur Vermeidung hoher Kredite so schnell wie möglich dem Abnehmer zuzuleiten.

Und eine letzte Determinante der Transportdringlichkeit, die kurz vor dem Ausbruch der Nahostkrise im Herbst 1973 offenkundig geworden ist, ist zu nennen. Immer wenn sich abzeichnet, daß der Preis einer transportrelevanten Ware drastisch erhöht werden wird bzw. eine Ausfuhrdrosselung eines wichtigen Gutes bevorsteht, versucht die Nachfrage, noch soviel wie eben möglich hiervon zu transportieren. Die hierdurch ausgelöste Nachfrage nach - im Falle der Ölkrise - prompter Tankertonnage ließ die Frachtraten für Einzelfahrten vom Persischen Golf Richtung USA, Europa bzw. Japan innerhalb kürzester Zeit auf ein Rekordniveau hochschnellen.[485)]

Zusammenfassend können wir festhalten, daß neben anderen, insbesondere externen Effekten Schwankungen in der Dringlichkeit, aber auch hinsichtlich der Menge der angebotenen Waren zu besonders hohen Preisschwankungen für die Seeverkehrsleistung führen können, höher jedenfalls als in Wirtschaftszweigen, in denen bei Absatzschwankungen auf Vorrat produziert werden kann.[486)]

Wie bei vielen anderen wirtschaftlichen Phänomenen, so läßt sich auch im Verhältnis von Güternachfrage und Transportvorgang der umgekehrte, als der eben dargestellte Zusammenhang nachweisen. Typisch ist nicht nur, daß die Variabilität der Nachfragedringlichkeit die Transportpreise beeinflußt, sondern daß in umgekehrter Richtung auch die längerfristige Entwicklung der Seetransportpreise die Produktionsstruktur einiger Wirtschaftszweige verändern kann. Bei verschiedenen Gütergruppen hat es sich erwiesen, daß einem hohen Frachtratenniveau die Neigung, das Transportgut roh und unbearbeitet zu versenden, abnimmt. Sind die Frachtraten dagegen niedrig, so spielt es keine entscheidende Rolle, wie schwer oder wie voluminös ein bestimmtes Gut ist. Dieser Zusammenhang kann am Beispiel der Fleisch- und Gütertransporte gezeigt werden. Nach einer relativ langen Zeit hoher Transportkosten wurde das Vieh nicht mehr lebend versandt, sondern am Versandort geschlachtet und in Form von Fleischkonserven oder als Gefrierfleisch transportiert. Je nach der Höhe der Frachtraten wurde auch Getreide entweder im Ursprungsland oder im überseeischen Bestimmungsland verarbeitet.[487)]

II. Die marktspezifischen Besonderheiten der unterschiedlichen Beschäftigungsarten in der Seeschiffahrt

a. Linienfahrt

1. Organisatorische Merkmale

Die besondere Kennzeichnung der Linienschiffahrt ist das Konferenzsystem. Die Schiffahrtskonferenzen sind in der Regel kombinierte Preis-, Rabatt-, Quoten- und Regionalkartelle, die im Linienverkehr tätig sind. Sie sind insoweit Preis- und Rabattkartelle, als innerhalb ihres Zuständigkeitsbereiches Frachtraten und Rabatte für alle Mitglieder verbindlich festgelegt werden. Sie sind als Quotenkartelle zu klassifizieren, weil für jedes Mitglied die Abfahrtshäufigkeit bestimmt wird. Sie gelten immer dann als Regionalkartelle, wenn sie den einzelnen Mitgliedern der Konferenz die jeweiligen Lade- und Löschhäfen zuweisen.[488)]

Gegenwärtig werden etwa 20 - 25 % der gesamten seegehenden Ladung und rund 45 % der weltweit verschifften Trockenladung in Schiffen transportiert, die einer Konferenz angeschlossen sind. Diese globalen Zahlenangaben sagen allerdings nicht genügend aus über die Stärke und Struktur der Handelsströme zwischen Ländern und Erdteilen oder über den unterschiedlichen Grad der Wettbewerbsintensität durch den die Konferenzlinien von Außenseitern tangiert werden, aber auch von anderen Formen der Schiffahrt, wie Tramp-, Küsten- und Spezialschiffahrt und von alternativen Transportmöglichkeiten.[489)]

Vor allen Dingen in Zeiten eines relativ geringen Ladungsaufkommens wirkt sich das Auftreten von Outsidern besonders nachhaltig negativ auf die Ertragslage der Linien aus. Hierzu sei auf die stark fühlbare Konkurrenz durch die osteuropäischen Staatsreedereien im Winterhalbjahr 1974/75 verwiesen, die zu gegenüber den Konferenzlinien extrem ermäßigten Raten Transportraum anboten.

1971 beteiligten sich bspw. 368 Konferenzen am weltweiten Seehandel.[490] In vielen Konferenzen werden die Frachtraten durch Mehrheitsentscheid der Mitgliedslinien bestimmt. In Hinblick auf die geplante Neuordnung der Linienschiffahrt im Rahmen des Code of Conduct[491] ist bemerkenswert, daß 1971 nur in 24 Fällen die Hälfte der jeweiligen Mitglieder oder darüber Schiffahrtslinien von Entwicklungsländern waren.

In einigen Fällen ist die Zustimmung der Schiffahrtslinien oder einer der Schiffahrtslinien desjenigen Landes erforderlich, das von einer vorgesehenen Ratenänderung betroffen ist. Dies bezieht sich besonders auf das Vetorecht für staatlich gelenkte Reedereien, die nach Weisungen zu handeln haben. Hierdurch hat die jeweilige Regierung die Möglichkeit, Einfluß auf die Ratengestaltung zu nehmen. Neben dieser mehr indirekten Einflußnahme kann eine Regierung namentlich dann direkt eingreifen, wenn die Konferenzregeln vorsehen, daß die Zustimmung des zuständigen Ministeriums oder einer staatlichen Organisation erforderlich ist, die eigens für diesen speziellen Fall gegründet sein kann.

Die Konferenzen haben die ökonomische Wirkung, das Angebot auf wenige Marktpartner zu reduzieren. Dabei ist aber stets eine verhältnismäßig hohe Substitutionselastizität zum Restbestand des Marktes festzuhalten. Die Konferenzraten werden entscheidend durch die Vollständigkeit und die Stärke der Konferenz bestimmt. Je vollkommener diese sind, umso mehr wird der Preis zu einem Mittel der Kampfstrategie gegen aufkommende Außenseiter, wobei es für die Untergrenze des Kampfpreises nicht zuletzt darauf ankommt, inwieweit sich die Reedereien auf andere Linien mit unbestrittenen und gewinnbringenden Raten oder auf noch andere Gewinnquellen zu stützen vermögen.

Besonders auffällig tritt bei der Linienfahrt in kurzfristiger Perspektive die mangelnde Anpassungsfähigkeit des angebotenen Schiffsraums an nicht voraussehbare Schwankungen der Nachfrage nicht nur allgemein, sondern besonders für bestimmte Relationen hervor. Da eine im Fahrplan der Linie vorgesehene Fahrt ohne Rücksicht auf die Auslastung des Schiffes erfolgen muß und die Verkehrsströme meist einseitig sind und zusätzlich saisonale und konjunkturelle Schwankungen aufweisen[492], wird das Problem der Rückfracht besonders dringend. Um die Aufnahme von Ballast zu umgehen, mimmt eine Reederei bei nicht genügender Schiffsauslastung bisweilen zu jedem Preis Rückfracht auf.

Eine weitere Folge des Leerfrachtenproblems ist darin zu sehen, daß es auf einer Hauptstrecke für verschiedene Entfernungen nur verhältnismäßig geringe Tarifunterschiede gibt. Merkliche Frachtunterschiede innerhalb einer Range entstehen heute eigentlich nur dann, wenn aus Gründen der Risikoabwägung Hafenzuschläge erhoben werden.

Die Verladerseite zieht stets dann das Leistungsangebot der Linienfahrt demjenigen der Trampschiffahrt vor, wenn es ihr auf die Berechenbarkeit der Fahrt, auf genau bestimmbare Abfahrts- und Ankunftstermine ankommt. Wenn diese oder auch andere Bedingungen erfüllt sind, wenn man besonderen Wert auf das "goodwill" einer bestimmten Reederei legt, ist man regelmäßig bereit, einen höheren Transportpreis als für eine vergleichbare Leistung eines Tramps zu zahlen.

Den Angebotsoligopolen der Konferenzen steht eine Nachfrage gegenüber, die je nach der Art der Transportgüter, dem individuellen Entwicklungsstand und der geographischen Verteilung durchaus unterschiedliche Machtpositionen besitzen kann. Auf verschiedenen Teilmärkten spielen einige wenige Großverlader die entscheidende Rolle. Häufig wird hier die Einfuhr von Zucker, Kaffee, Tee, Wolle uund Baumwolle sowie die Ausfuhr von Kapitalgütern, Chemikalien, Pharmazeutika und Pkw geregelt.[493]

Gerade bei Vorliegen einer Transportsituation, in deren Verlauf relativ viel und regelmäßig Ladung anfällt, kann der Aufbau einer werkseigenen Flotte interessant werden.[494] Während die hierfür in Frage kommenden Unternehmen ursprünglich höchstens als Charterer auftraten, hat vor allem im Laufe der letzten 10 Jahre der Auf- und Ausbau von Werksflotten erheblich zugenommen. Bis dahin konnte man davon ausgehen, daß diese Tendenz zunächst noch durch das schnelle Wachstum der Schiffsgrößen relativiert wurde. Heute ist die Entwicklung soweit gegangen, daß etwa 75% der Tankertonnage im Eigentum der großen Ölgesellschaften oder unter deren Zeitcharter steht. Stark an Bedeutung hat auch die Werkschiffahrt im Rahmen der trockenen Massengutfahrt gewonnen.

2. Kostenstruktur

Wie bei allen anderen Untersuchungen, die sich mit preistheoretischen und preispolitischen Abläufen beschäftigen, spielen auch im Bereich der Linienfahrt die Höhe und die Art der Kosten eine entscheidende Rolle. In seiner sehr differenziert gehaltenen Analyse bezüglich des Kostenvergleichs zwischen unterschiedlichen Transportkonzeptionen im Bereich der Linienschiffahrt beschäftigt sich KÄSELAU[495] zunächst mit dem Kapitaldienst für die vorzuhaltenden Betriebsmittel - Potentialfaktoren. Dabei wird eine Untergliederung in den Kapitaldienst für die vorzuhaltenden Schiffe, für die vorzuhaltenden Transporthilfsmittel und die vorzuhaltenden Umschlagsfahrzeuge vorgenommen[496].

Der zweite Kostenfaktor gliedert sich nach der gewählten Systematik in die Reparatur-, Wartungs-, und Versicherungskosten für die vorzuhaltenden Betriebsmittelpotentialfaktoren.

Die Lohn- und Besatzungskosten setzen sich aus den Heuern, den Überstundenvergütungen, Nacht- und Sonntagszuschlägen, Abgeltungen für Urlaubstage etc., den Kosten für Verpflegung und den Sozialaufwendungen zusammen.

Einen weiteren Kostenfaktor stellen die Treibstoff- und sonstigen Materialkosten dar. Gerade ihnen kommt im Zeichen der stark

Tab. 54 : Japanischer Kostenvergleich nach Schiffstypen in %

Typ	tdw		Kosten		
			Seeleute	Kapital	sonstige Kosten
Liners		1969	32,6	32,9	34,5
		1973	49,5	14,1	36,4
General Cargo	20 - 40	1969	29,3	46,9	23,8
		1973	46,7	26,5	26,8
General Cargo	40 - 70	1969	19,9	36,7	43,4
		1973	51,0	34,8	19,2
Bulk Carriers	40 - 70	1969	19,1	46,3	34,6
		1973	33,5	32,3	34,2
Bulk Carriers	100 - 200	1969	19,9	60,8	19,3
		1973	32,0	35,9	32,1
Oil Tankers	40 - 70	1969	24,0	46,0	30,0
		1973	38,5	21,4	40,1
Oil Tankers	200	1969	18,6	52,2	29,2
		1973	34,0	27,5	38,5

Quelle: SEATRADE, Nov. 1974, S.3f. unter der Überschrift "Japan's cost-push move into foreign flags"

erhöhten Ölpreise heute weit größere Bedeutung zu als noch vor relativ kurzer Zeit. Preiserhöhungen und gleichzeitige Mengenrestriktionen haben ja bekanntlich am Jahreswechsel 1973/74 zu einer merklichen Drosselung der Fahrtgeschwindigkeiten geführt.

Die Hafen- und Umschlagkosten variieren durchaus fühlbar nach der Art des verwendeten Transportkonzepts. Wenn man zunächst davon ausgehen kann, daß vergleichbar große Schiffe im gleichen Hafen die gleichen Hafenabgaben - Liegeplatzgebühren,

Tab.55 : Neupreise für geschlossene bzw. offene 11000/13 000 tdw Shelterdecker 1965 - 1974 nach FAIRPLAY

Stichtag	Preis in 1000 L	Closed Shelter-decker - Preis L	S	Open-Shelter-decker - Preis L	S
		pro tdw			
30.6.1965	1050	80	15	95	5
31.12.1965	1060	81	10	96	5
30. 6.1966	1090	83	15	99	0
31.12.1966	1095	84	5	99	10
30. 6.1967	1095	84	5	99	10
31.12.1967	1160	89	10	105	0
30. 6.1968	1165	89	12	105	18
30.12.1968	1180	90	15	107	2
30. 6.1969	1200	92	2	109	0
31.12.1969	1270	97	7	115	6
30. 6.1970	1350	100	16	122	14
31.12.1970	1380	106	0	125	5
30. 6.1971	1600	123,00		145,40	
31.12.1971	1800	138,40		163,20	
30. 6.1972	1900	146,15		172,72	
31.12.1972	2000	153,85		181,81	
30. 6.1973	2250	165,38		204,64	
31.12.1973	2800	215,38		254,54	
30. 6.1974	3500	269,23		318,18	
31.12.1974	3700	284,61		336,36	

Quelle: Fairplay International Shipping Weekly, v.9.1.1975, S. 42

Tab. 56 : Die Preisentwicklung eines 25 000 tdw-Bulk-carriers 1970 - 1974 (in 1 000 Ł)

Stichtag	Preis	Stichtag	Preis
30. 6.1970	2 500	31.12.1972	3 700
31.12.1970	2 700	30. 6.1973	3 800
30. 6.1971	3 100	31.12.1973	4 000
31.12.1971	3 200	30. 6.1974	4 500
30. 6.1972	3 600	31.12.1974	5 000

Quelle: International Shipping Weekly, v. 9.1.1975, S.43

Tab. 57 : Die Preisentwicklung eines 25 000 tdw-Containerschiffs[a] 1967 - 1974 (in 1 000 Ł)

Jahr	Preis	Jahr	Preis
1967	3 500	1972	8 200
1968	4 000	1973	10 000
1969	4 400	Jan. 1974	15 000
1970	5 000	Juni 1974	20 000
1971	6 800	Dez. 1974	22 000

Quelle: Fairplay International Shipping Weekly, v. 9.1.1975, S.43 - a) incl. einer Containerausstattung von 800 Normal-Containern resp. von 400 Kühlcontainern.

Lotsengelder und Schleppgebühren - zu entrichten haben, so können die mit dem Umschlag der Ladung verbundenen Kosten durchaus unterschiedlich sein, je nachdem, ob es sich um einen traditionellen Stückgutfahrer, um ein modernes Containerschiff, um einer Barge-Carrier oder um ein Ro-Ro-Schiff handelt.

Zieht man die japanische Kostenanalyse als Bewertungsmaßstab heran, so zeigt sich bei allen Schiffstypen eine deutliche Verlagerung zwischen den Kostenblöcken von 1969 bis 1973. Bei den hier besonders interssierenden Linienschiffen hat sich allerdings bis zum Ausbruch der Ölkrise, der Anteil der Personalkosten von 32,6% auf 49,5% erhöht, während der Anteil der Kapitalkosten von 32,9% auf 14,1% zurückging. Der Anteil der sonstigen Kosten blieb fast konstant (1969 = 34,5%, 1973 = 34,4%).

b. Trampschiffahrt

1. Organisatorische Merkmale

In der Trampschiffahrt spiegeln sich die Angebots- und Nachfrageverhältnisse des Weltfrachtenmarktes in viel stärkerem Maße wider als in irgendeinem anderen Transportbereich. Die Trampschiffahrt bedient dort, wo Frachtgut zwischen den verschiedenen Teilen der Welt befördert werden muß - im Ausmaß der erwarteten Raten und der erwarteten Mengen des Frachtaufkommens - alle Teile des Weltmarktes. Der sich unter diesen Verhältnissen bildende Preismechanismus erfaßt theoretisch alle Relationen und alle Transportgüter, wobei eine Vielzahl selbständiger Unternehmer aus verschiedenen Ländern miteinander im Wettbewerb stehen. Allerdings führt die Datenkonstellation, die einerseits in den technisch recht ungleichartigen Schiffen, Maschinenleistungen und damit auch unterschiedlichen Kosten, andererseits in dem unterschiedlich großen Frachtanfall der einzelnen Häfen sowie der unterschiedlichen Dringlichkeit der zu befördernden Güter zum Ausdruck kommt, dazu, daß der weltweite

Tab. 58 : Die Entwicklung der Schiffspreise auf dem Second-Hand-Markt für Trockenladungstonnage (in Mio $ am Jahresende)

Schiffstyp	tdw	Baujahr	1967	1968	1969	1970	1971	1972	1973	1974
Closed Shelterdecker	6 600	1958	0,8	0,9	0,9	1,0	0,8	0,8	1,1	1,5
"	12 500	1956	1,3	1,4	1,4	1,5	0,9	1,0	1,5	2,2
"	13 500	1959	1,6	1,6	1,6	1,7	1,2	1,4	2,1	3,1
"	16 000	1963	2,3	2,8	2,8	3,0	2,3	2,5	3,4	4,5
Bulkcarrier	18 000	1963	2,1	2,1	2,2	2,8	2,2	2,3	4,5	4,8
"	25 000	1966	3,4	3,5	3,6	4,8	3,1	4,1	6,5	7,2
"	35 000	1965	-	4,0	4,2	6,0	3,7	4,9	8,0	9,0
"	50 000	1967	-	5,0	5,2	9,0	5,7	7,0	11,5	13,0
"	60 000	1972	-	-	-	11,0	8,3	9,5	17,0	17,0

Quelle: Fearnley & Egers Chartering Co. Ltd.: Review 1974, S. 20, abgedruckt in: Statistik der Schiffahrt, hrsg. vom Institut für Seeverkehrswirtschaft Bremen, 19. Jg. (1975), Heft 3 (März 1975), S. 48

Ausgleich, den die Trampschiffahrt prinzipiell bewirken kann, letztlich doch nicht vollkommen erreicht wird. Zwar bilden sich über die ganze Welt hinweg nahezu einheitliche Bewegungen der Frachtraten, in dem sich die Impulse eines Marktes auf andere Märkte fortpflanzen. Dennoch bleibt die Preisbildung der Trampschiffahrt meist eine Preisbildung aufgrund von besonders vereinbarten Einzelverträgen.[497]

2. Kostenstruktur

Die Kosten eines Unternehmers in der Trampschiffahrt setzen sich wie in der Linienfahrt grundsätzlich zusammen aus Kapitalkosten, Treibstoff- und sonstigen Materialkosten, Lohnkosten und Kosten landseitiger Art. Der Betrieb eines Trampschiffahrtsunternehmens setzt den Gebrauch von Kapital und Ausrüstungsgegenständen voraus. Hierunter versteht sich zunächst das Schiff selbst, die Antriebsmaschinen, die Hilfsmaschinen, die elektronische Ausrüstung und die sonstigen zum Schiffsbetrieb notwendigen Kapitalien. Je nach der Art des Trampschiffahrtsunternehmens differiert die Zusammensetzung der einzelnen Posten voneinander; gemeinsam ist ihnen aber stets die Notwendigkeit der Ersatzinvestition nach Ablauf der Produktlebensdauer. Es ist aber festzuhalten, daß einige dieser Kostenarten in relativ kurzem Abstand anfallen, während andere nur einmal oder selten zur Diskussion stehen.[498]

Die Kosten für Treibstoff und andere Materialien unterscheiden sich beim Tramp grundsätzlich nicht von denjenigen eines Linienschiffes; allerdings steigt der spezifische Brennstoffverbrauch mit der Reisegeschwindigkeit des Schiffes und liegt damit bei einem Liner stets höher als bei einem Tramp, da die Linienschiffe im allgemeinen über einen leistungsfähigeren Schiffsantrieb verfügen als die Trampschiffe.

c. Tankschiffahrt

Die Tankschiffahrt bildet eigentlich nicht eine dritte eigenständige Beschäftigungsform neben der Linien- und der Trampschiffahrt; vielmehr vereinigt sie beide Komponenten teilweise auf sich, wobei ohne Zweifel der Anteil der letzteren überwiegt. Wegen der weitgehenden Regelmäßigkeit des Tankereinsatzes zwischen den Ölfördergebieten und den Verbraucherregionen spricht man in zunehmenden Maße von "Pendelschiffahrt". Eine gegenüber der Trampschiffahrt gesonderte Analyse rechtfertigt außerdem der Umstand, daß im Gegensatz zum normalen Trampschiff, das für viele Verwendungszwecke geeignet ist, die Verwendung von Tankern für Gütertransporte nur in beschränktem Umfange möglich ist. Wegen der Eigentums- und Charterverhältnisse im Bereich der Tanktonnage wird der größte Teil der Öltransporte vom freien Markt ferngehalten. Schon verhältnismäßig geringfügige Schwankungen im Ölverbrauch und damit im Öltransport führen dann auf dem Markt zu großen Nachfrageschwankungen nach Schiffsraum. Hinzu kommt, daß ein Teil der Reise stets mit Ballast zurückgelegt werden muß. Aus diesen Gründen schwanken die Tankraten deshalb weit stärker als die Frachtraten des übrigen Marktes für Trampschiffe.

Die labile, sich schnell ändernde Tankermarktsituation wird bspw. dadurch deutlich, daß im Gegensatz zum Dry Cargo- Markt häufig Tankerneubauten aufgelegt werden, wenn das Tankratenniveau zusammengebrochen ist. Erst jüngst wurde die Auflegung des 240.000 tdw-Tankers "Wilhelmine Essberger" unmittelbar nach seiner Taufe bei HDW bekannt.[499)]

Aus Tab. 59 wird deutlich, daß sich unter den aufgelegten Schiffen eine ganze Reihe relativ großer und neuer Tanker befindet. Nach Angaben des zitierten Instituts war am Erhebungsstichtag außer dem Passagierschiff "France" (66 348 BRT) kein anderes großes Schiff, abgesehen von der Tankertonnage, aufgelegt.

Tab. 59 : Auflegungen Mitte April 1975 nach Baujahren

Baujahr	Zahl	BRT	Ø BRT	Baujahr	Zahl	BRT	Ø BRT
vor 1945	55	315 081	5 728	1963	7	240 917	34 416
1946-50	27	193 327	7 160	1964	8	216 190	27 023
1951	11	100 112	9 101	1965	9	261 961	29 106
1952	11	132 249	12 022	1966	5	254 131	50 826
1953	9	119 075	13 230	1967	9	404 818	44 979
1954	16	207 918	12 994	1968	2	160 829	80 414
1955	9	124 380	13 820	1969	4	319 028	79 757
1956	15	241 190	16 079	1970	3	304 412	101 470
1957	11	167 246	15 204	1971	8	602 171	75 271
1958	19	368 660	19 403	1972	4	431 300	107 825
1959	23	455 578	19 807	1973	7	749 661	107 094
1960	10	198 465	19 865	1974	15	1 159 915	77 327
1961	6	170 012	28 335	1975	10	881 219	88 121
1962	5	82 668	16 533	Gesamt	318	8 859 512	27 860

Quelle: Institut für Seeverkehrswirtschaft Bremen (Hrsg.): Statistik der Seeschiffahrt, 19. Jg. (1975), Heft 5 (Mai 1975), S.15

Tab. 60 : Die Entwicklung der Neubaupreise für verschiedene Schiffstypen 1964-1973 (in Mio. $ am Jahresende)

Schiffstyp	1964	1965	1966	1967	1968	1969	1970	1971	1972	1973
30 000 tdw Prod.-Tanker	-	-	-	-	6,0	7,0	10,0	11,2	11,4	17,4
87 000 tdw Tanker	8,2	8,5	8,8	9,0	9,4	10,0	17,0	17,3	15,0	25,0
210 000 tdw Tanker	-	-	13,2	14,7	16,6	19,0	31,0	33,5	31,0	47,0
400 000 tdw Tanker	-	-	-	-	-	-	-	-	51,0	78,0
96 000 tdw OBO-Carrier	-	-	9,7	10,0	11,0	12,0	23,0	23,7	21,0	29,0
30 000 tdw Bulkcarrier	3,8	4,3	4,4	4,9	5,4	5,7	8,7	8,1	7,5	12,0
70 000 tdw Bulkcarrier	6,6	7,5	7,8	8,2	8,7	10,2	11,9	12,3	15,0	20,5
120 000 tdw Bulkcarrier	-	-	-	-	11,5	13,5	17,2	20,0	22,0	31,0

Quelle: Fearnley & Egers Chartering Co., Ltd., Review 1973
Oslo, Jan. 1974

Tab. 61 : Die Entwicklung der Schiffspreise auf dem Second-Hand-Markt für Tankertonnage (in Mio. $ am Jahresende)

Schiffstyp	tdw	Baujahr	1967	1968	1969	1970	1971	1972	1973	1974
Tanker	15/16 000	1951/52	0,7	0,5	0,5	0,9	0,5	0,4	1,5	0,5
"	18 000	1952/53	0,9	0,8	0,8	1,5	0,8	0,7	1,9	0,8
"	19/20 000	1959/60	1,7	1,2	1,4	3,3	2,0	2,0	4,0	2,7
"	25 000	1958/59	2,0	1,8	1,9	4,0	2,2	2,2	5,0	3,0
"	35 000	1958/59	2,4	2,4	2,6	6,0	3,5	3,5	7,5	3,5
"	50 000	1963/64	4,4	4,2	4,5	10,0	7,0	6,0	13,0	7,0
"	60 000	1964/65	5,3	5,5	5,8	12,0	8,5	7,5	16,0	8,0
"	80 000	1966/67	-	7,7	8,0	19,0	12,0	10,5	25,0	9,5
"	100 000	1967/68	-	-	12,0	26,0	16,0	13,5	30,0	11,0
"	200 000	1969/70	-	-	-	40,0	30,0	30,0	52,0	23,0
"	300 000	1971/72	-	-	-	-	-	42,0	78,0	36,0

Quelle: Fearnley & Egers Chartering Co. Ltd.: Review 1974, S. 20, abgedruckt in: Statistik der Schiffahrt, hrsg. v. Institut für Seeverkehrswirtschaft Bremen, 19. Jg. (1975), Heft 3 (März 1975), S. 48

d. Küstenschiffahrt

Die Küstenschiffahrt stellt eine notwendige Ergänzung der Hochseeschiffahrt dar. Im Gefolge der wachsenden Schiffsgrößen, aufgrunddessen sich der Überseeverkehr immer stärker auf verhältnismäßig wenige große Häfen auf dem Kontinent und in Großbritannien konzentriert, gewinnt die Verteilungsfunktion der Küstenschiffahrt an Bedeutung, zumal sie den Landverkehrsmitteln wegen der kostensparenden Überlademöglichkeit im Wettbewerb gewachsen ist.[500] Das Schwergewicht der Küstenfahrt liegt heute mit mehr als 90 % in der Auslandsfahrt und impliziert damit eine stärkere Abhängigkeit von den Frachtenmärkten der überseeischen Linien- und Trampschiffahrt, als dies bspw. durch das Übergewicht der Inlandsfahrt vor dem 2. Weltkrieg der Fall war; dennoch sind hier die "Konjunkturspitzen" weniger ausgeprägt als in der Trampschiffahrt, da einerseits infolge des Cabotage-Rechts die Zahl der am Markt beteiligten Unternehmer begrenzt und der Zugang leichter überschaubar ist und andererseits die heute hier eingesetzten Schiffstypen viel gleichartiger sind als in der großen Fahrt.[501]

Ebenfalls sind die anfallenden Frachtgüter nach Art und Menge leichter zu übersehen, unterliegen jedoch meist einem starken Wettbewerb der Landverkehrsmittel.[502]

Realistischer als in der allgemeinen Trampfahrt ist der Versuch, in der Küstenschiffahrt eine gewisse Form der Kartellbildung durchzusetzen, da infolge des bereits genannten Cabotage-Rechts, des Vorbehalts der eigenen Flagge, sowie der Reziprozität die notwendigen Bedingungen eher gegeben sind, wenn auch solch fest gefügte Verbindungen wie in der Linienfahrt nicht zu erreichen sind. Auch heute gilt daher tendenziell die Auffassung BREUER's, daß zumindest die obere Grenze der erzielbaren Frachtraten in der Küstenschiffahrt im Ergebnis vom allgemeinen Frachtentrend des weltweiten Marktes mitbestimmt wird,[503] sieht man einmal von den regional bedingten saisonalen und naturspezifischen Besonderheiten ab.

III. Substitutionsverhältnisse

a. Substitutionsbeziehungen zwischen der Tramp- und der Tankschiffahrt

Der Öltransport in Fässern als ursprüngliche Beschäftigungsart des Tramp ist heute völlig weggefallen. Die Möglichkeit, Trampschiffe durch Umbau als Tankereinheiten einzusetzen, ist in der heutigen Zeit der Überkapazität im Bereich der Tankschiffahrt[504)] auszuschließen; kurzum: die Möglichkeiten einer Substitution von Tank- durch Tramptonnage sind heute gleich Null.

Eindeutiger sind die Substitutionsbeziehungen in der umgekehrten Richtung, wenn auch die Beschäftigungseffizienz beim Einsatz eines Tankers in der Getreidefahrt aufgrund des Zeit- und Kostenaufwandes in der Bereitstellungs- und Ausrüstungsphase nur bei einem überdurchschnittlichen Ratenniveau zufriedenstellend ist. Die Angaben bezüglich der Kosten eines Tankereinsatzes in der Getreidefahrt sind zwar in der Höhe, wie sie METAXAS[505)] nennt, überholt, geben aber den grundsätzlichen Zusammenhang zutreffend wieder.

Ein weiterer Anstoß für das Überwechseln von Tankertonnage in die trockene Fahrt ist immer dann zu beobachten, wenn der Tankermarkt schwach wird bzw. zusammenbricht. Unter dem Angebotsdruck von Großtankern versucht eine Anzahl von kleinen und mittelgroßen Tankern in die Getreidefahrt überzuwechseln, sofern das hier zu erzielende Ergebnis günstiger ist als die Höhe der Kosten, die im Falle einer Auflegung entstehen.
Die Problematik der Auflegungen ist nicht neu. Bspw. erreichte die aufgelegte Tankertonnage im August 1959 ein Volumen von 7,7 Mio. tdw.,[506)] obwohl ein Teil der unbeschäftigten Tanker in die Getreidefahrt wechselte. Im Gefolge der Ölkrise ging im Laufe des Jahres 1974 die gute Beschäftigungslage der Schiffahrt immer mehr zurück und erreichte im Mai 1975 ein negatives Rekordniveau, das sich in einem Auf-

legungsvolumen von knapp 15,47 Mio. tdw (8,86 Mio. BRT) widerspiegelte. Der überwiegende Anteil - bezogen auf BRT - entfiel mit 91,5 % auf Tankertonnage. Dies soll an dieser Stelle zum Phänomen der Auflegungen genügen.

Ein bis vor gar nicht langer Zeit relativ häufig durchgeführter Rundreiseeinsatz von Tankern vollzog sich in der Weise, daß bspw. auf der Relation US-Golf nach Indien Getreide transprotiert wurde und nach einer kurzen Leerfahrt Rohöl vom Persischen Golf nach US-Ostküste. Ein technisches Ergebnis dieses einträglichen Transportgeschäftes war der verstärkte Bau von Combined Carriers, deren Verwendungsfähigkeit auch auf den Transport von Erz, Kohle und anderen Massengütern ausgeweitet wurde. Zweifelsfrei hängt der kurzfristige Substitutionsprozeß vom Frachtratenniveau ab. 1963, als das Ratenniveau im Tankermarkt relativ niedrig lag, betrug bspw. der Substitutionsgrad von Dry-Cargo-Schiffen durch Tanker rund 900 000 Tonnen.[507)] Im Sommer 1965 erreichte bei einem wiederum niedrigen Frachtratenniveau in der Tankerfahrt der beschriebene Substitutionsprozeß - Überwechseln in die Getreidefahrt - am 31. August das beachtliche Ausmaß von mehr als 5,1 Mio. tdw.

Wegen der eindeutigen Überkapazitäten auf der Angebotsseite ist heute auch die längerfristige Substitutionsmöglichkeit in Form des Umbaus von Tankertonnage in Bulktonnage wenig erfolgversprechend; sie hatte ihren Anfang 1959 genommen, als sich erstens die Ablösung des traditionellen T2-Tankers durch größere Einheiten abzeichnete und parallel dazu der Bedarf an trockener Massenguttonnage ständig zunahm. Die Umbauaktivität wurde von dem Vorhandensein freier Schiffbaukapazitäten insbesondere auf japanischen Werften begünstigt, wodurch die Umbaupreise auf einem relativ niedrigen Niveau lagen. Diese kurz umrissene Entwicklung wurde gestoppt, als 1962 das Frachtratenniveau in der Bulk- und Trampschiffahrt absackte und sich der Einsatz von Umbauten in diesem Schiffahrtsbereich nicht mehr lohnte.

Das Phänomen der Umbautätigkeit zeigte sich nach dieser Zeit nur noch einmal, diesmal aber im Bereich des Stückguttransportes. Im Verlauf der Expansionsphase des Containerverkehrs versuchte man über die Möglichkeit des Umbaus die Tonnage an die Nachfrage im Containertransport anzupassen. Doch auch diese Erscheinung war nur kurzfristiger Art und kann heute als abgeschlossen angesehen werden.

b. Substitutionsbeziehungen zwischen der Tramp- und der Bulkschiffahrt

Das entscheidende Kennzeichen des Bulkcarriers ist der Transport großer Mengen von Massengütern über regelmäßige Routen und regelmäßige Zeitabstände. Diese Art der Pendelschiffahrt ist einem Großteil der Tankschiffahrt durchaus vergleichbar. Die Mehrzahl der heute in Fahrt befindlichen Bulkcarrier sind entweder in Zeitcharter gebunden oder als Werkschiffe im Einsatz.

Nicht zuletzt im Bereich der Bulkschiffahrt ist - neben der Tankschiffahrt - ein enormes Größenwachstum hinsichtlich der Gesamttonnage sowie der Schiffsgröße vor sich gegangen.

Die ursprünglich kaum Unterschiede zueinander aufweisenden beiden Typen, der aufkommende relativ kleine Bulkcarrier und ein für die beginnenden 60er Jahre hochmoderner großer Tramp, haben sich in den letzten Jahren immer weiter voneinander fortentwickelt. Die zunächst feststellbare Typenähnlichkeit führte dazu, daß diese Bulkcarrier und die moderneren S.D.14- und Freedom-Typen zusammen die älteren Liberty-Einheiten allmählich ersetzten.

In der heutigen Situation einer Vielzahl von sehr großen Bulkcarriern ist der Tramp auf den Relationen, auf denen auch Bulkcarrier im Einsatz sind, nur dann wegen der ansonsten eindeutigen Überlegenheit des Bulkcarriers, gemessen in Kosten pro Tonnenmeile, konkurrenzfähig, wenn es sich bei dem Ladungsanfall um relativ kleine Mengen handelt, die der Bulkcarrier nur als Teilladung akzeptieren und transportieren könnte.

Es bleibt den Trampschiffen trotz des wachsenden Konkurrenzdrucks auch von der Seite der Bulkcarrier dennoch eine Vielzahl von Beschäftigungsmöglichkeiten, vor allem in der mittleren und kleinen Fahrt, und selbst die einmal vor 15 Jahren totgesagte 3000-6000 Tonnen-Kategorie wird sich weiterhin einer ausreichenden Nachfrage erfreuen. Darüber sollte die augenblicklich herrschende allgemeine Schiffahrtsdepression nicht hinwegtäuschen.

c. Substitutionsbeziehungen zwischen der Bulk- und der Tankschiffahrt

Wir haben bereits gezeigt, daß der Tanker unter gewissen Bedingungen in der Getreidefahrt eingesetzt wird. Damit ist gleichzeitig bereits die Substitutionsbeziehung zwischen dem Bulkcarrier und dem Tanker beschrieben. Auffällig ist bei den Getreideabschlüssen, daß sich die Raten für Tankertonnage regelmäßig etwas unterhalb deren für Bulktonnage bewegen. Dieser Unterschied begründet sich damit, daß der Tanker ohne Lösch- und Ladegeschirr den Charterfirmen höhere Umschlagkosten verursacht als ein Bulkcarrier mit bordeigenen Umschlagseinrichtungen. Schließlich findet auch die Möglichkeit einer Verunreinigung der Ladung im Falle des Tankertransportes im etwas geringeren Transportpreis Berücksichtigung.[508] Auf die Thematik der Konstruktion von O/O - bzw. OBO-Carriern sind wir bereits an anderer Stelle eingegangen.[509]

d. Substitutionsbeziehungen zwischen der Tramp- und der Linienschiffahrt

Eine Aufteilung des Gesamtmarktes der Seeschiffahrt in Tramp- bzw. Linienschiffahrt erscheint ökonomisch nur dann gerechtfertigt, wenn der Begriff der Trampschiffahrt im weitesten Sinne verwendet wird, d.h. wenn dabei auch die Tramptanker, Trampkühlschiffe, Trampschwergutschiffe etc. berücksichtigt werden. Nur unter Einbeziehung auch dieser Spezialtonnage, jedoch nur derjenigen, die auf dem freien Markt angeboten wird, was auch die aus Beschäftigungsmangel arbeitsuchende Werkstonnage einschließt, läßt sich die Preisbildung der Trampschiffahrt im engeren Sinne hinreichend genau erklären; denn trotz der verschiedenen Spezialisierungsformen ist ein fühlbarer Einfluß auf die Trampfahrt im engeren Sinne möglich.

Unter diesen Rahmenbedingungen kann der Seefrachtenmarkt unter der Vernachlässigung der Küstenschiffahrt in die beiden Marktkomplexe der Tramp- und Linienfahrt gegliedert werden. "Die Preisbildungsprozesse in diesen verschiedenen Sektoren unterscheiden sich so wesentlich voneinander, daß auf dieser Ebene eine erste Marktgruppenbildung gerechtfertigt erscheint."[510]

Während in der Trampschiffahrt die Frachtraten für jede Verschiffung in der Regel neu ausgehandelt werden, ist die Linienschiffahrt durch das Konferenzsystem gekennzeichnet, aufgrunddessen die Transportpreise hier im Sinne von Tarifen über einen längeren Zeitraum hinaus festgelegt werden.

Es kann jedoch trotz Differenzierungen verschiedenster Art nicht von einer totalen Trennung zwischen diesen beiden Marktkomplexen gesprochen werden. Eine Gegenüberstellung der Indexreihen für die Frachtratenentwicklung in der Linien- und Trampschiffahrt macht deutlich, daß sie bezüglich des Konjunkturverlaufs gleichgerichtet, die Ratenausschläge in der Trampschiffahrt jedoch wesentlich ausgeprägter sind. Dies muß u.a. auf folgende Interdependenzbeziehungen zurückgeführt werden, die sowohl vom Trampmarkt ausgehend auf den Linienschiffahrtsmarkt wirken können als auch umgekehrt. Der mögliche Einfluß der Tramp- auf die Linienschiffahrt ist in folgenden Punkten zu sehen:

- in der Vercharterung von Trampschiffen an Stückgutgroßverlader;
- in der Komplettierung von Teil-Massengutladungen durch Stückgüter;
- im Transport von Stückgut zur Vermeidung von Ballastreisen;
- in der Bildung von Außenseiterlinien.

Der mögliche Einfluß der Linienschiffahrt auf die Trampschiffahrt besteht u.a.:

- in dem Eindringen von Reserveschiffen der Linien in den Trampmarkt;
- in dem wegen geringen Stückgutanfalls aus dem regelmäßigen Verkehr gezogenen Linientonnage als Angebot auf dem Trampmarkt;

- im Transport von Massengütern als Teilladung im Liniendienst;
- in den Kontrakten über Massengüter in der Linienfahrt, um eine Mindestbeschäftigung zu garantieren in dem Sinne, daß Massengüter hierbei häufig als "open cargo" transportiert werden; d.h. Menge und Preis können zwischen Linie und Verlader ausgehandelt werden;
- in der Charterung von Tramptonnage zum Ausgleich des Spitzenbedarfs der Linie.

Die gezeigten Interdependenzen bewirken u.a., daß sich die beiden Schiffahrtskomplexe nicht in entgegengesetzter Richtung entwickeln können. Dabei scheint aber der Einfluß der Tramp- auf die Linienfahrt den umgekehrten Zusammenhang zu dominieren. Die zeitweise Substitution des Cargo Liners durch den Tramp hat mitunter beachtliche Ausmaße angenommen. Man schätzt, daß in den ersten Nachkriegsjahren rund 20 % der Trampflotte im Stückgutverkehr auf Liniencharter eingesetzt war. Wie METAXAS[511)] zeigt, begründet aber die oligopolistische Marktstruktur der Linienschiffahrt über das systemimmanente Konferenzsystem eine entscheidende Sperre für den nachhaltigen Einsatz des Tramps in den Linienschiffahrtsmarkt.

B. Die praktischen Ausformungen der Preisgestaltung im internationalen Seeverkehr

Wie schon in einem anderen Zusammenhang gezeigt, hängt das jeweilige Frachtratenniveau in den verschiedenen Teilbereichen der Schiffahrt von mehreren Bestimmungsgrößen ab, die in umgekehrter Richtung aber auch von der Entwicklungsdynamik des Frachtratengefüges beeinflußt werden. Die zunächst ins Auge fallenden Kennziffern wie Flottenbestand, Neubauaufträge, Ablieferungen, Auflegungen und Abbruchtonnage im wesentlichen als die Determinanten des Schiffbauzyklus, müssen aber, um ein abgerundetes Bild des Gesamtzusammenhanges zwischen Frachtratenentwicklung und der Gesamtheit der Einflußgrößen zu gewinnen, um weitere Variablen wie Frachtratenniveaus und deren Veränderungen in anderen Teilmärkten, exogen wirksame Faktoren wie Hafenarbeiterstreiks, Hafenblockaden, Schließung wichtiger Schiffahrtswege usw. ergänzt werden. Quasi als notwendige Rahmenbedingungen müssen dabei das Wachstum und die Schwankungsverläufe des Weltseehandels insgesamt und seiner Teilbereiche mit in die Analyse einbezogen werden.

I. Linienschiffahrt

Die Zielsetzung der Kartellierung in der Linienfahrt ist es, unter Vermeidung eines ruinösen Wettbewerbs der Verladerseite einigermaßen stabile Frachtratenverhältnisse zu garantieren sowie einen festen Fahrplan und einen qualitativ optimalen Dienst zu gewährleisten. Hierzu sind - durchaus der innerdeutschen Binnenschiffahrt vergleichbar - Tarife aufgebaut und zur Anwendung gebracht worden.

Es lassen sich im Liniendienst drei Tarifarten unterscheiden:

- Beim Gütertarif handelt es sich um einen solchen Tarif, bei dem für jedes Transportgut eine eigene Frachtrate festgesetzt ist;
- mit dem Klassentarif werden mehrere Güter in einer Preiskategorie zusammengefaßt;
- außerdem existiert der sog. Generaltarif, der für Güter gilt, die nicht im Klassen- oder Gütertarif erfaßt sind. Er stellt normalerweise die Höchstrate dar.[512)]

Da es den Konferenzen daran liegt, ein möglichst gleichmäßiges Ladungsaufkommen zu akquirieren, werden der Verladerseite Treuerabatte gewährt. Dabei lassen sich das Doppelratensystem und die Form der zurückgestellten Rabatte unterscheiden. Beim Doppelratensystem verpflichtet sich der Verlader gegen Ratenermäßigung für einen bestimmten Zeitraum, sich ausschließlich derselben Konferenz zu bedienen. Die zurückgestellten Rabatte werden ohne vertragliche Bindung bei Konferenztreue gewährt.[513)]

Die Tarifart, die sich am flexibelsten der Marktsituation anpassen kann und somit das Hauptinstrument der Preisstrategie der Konferenzen darstellt, ist naturgemäß der Gütertarif. Durch ihn ist es am ehesten möglich, die Nachfrageelastizitäten voll auszunutzen. Dabei werden meist die Raten bei den Gütern auf einem hohen Niveau gehalten, die entweder wertvoll sind oder bei denen die Konferenz nicht dem Konkurrenzdruck anderer Verkehrsmittel oder dem von Außenseitern ausgesetzt ist.

Die Einflußmöglichkeit durch Außenseiter ist zwar von Fahrtgebiet zu Fahrtgebiet und von Güterart zu Güterart unterschiedlich, es lassen sich aber vier grundsätzlich auftretende Außenseitertypen nachweisen:

(1) Außenseiter, die einen ständigen Dienst außerhalb der Konferenz eingerichtet haben.

(2) Außenseiter, die aufgrund geringerer Abfahrtsdichte oder eines anderen Leistungsnachteils ihre Frachtraten in ein verhältnismäßig gleiches Spannungsverhältnis unterhalb der Konferenzsätze legen.

(3) "Wilde" Außenseiter, die als Linienunternehmen von Schiffsmaklern und Spediteuren nur in Zeiten eines sehr hohen Ladungsanfalls einen Liniendienst aufbauen.

(4) Trampreeder, die ihre Schiffe gelegentlich in einer lieniendienstartigen Beschäftigung einsetzen.

Neben der Frage nach dem Einfluß von Outsidern auf die Preisbildung in der Linienschiffahrt ist für diese Thematik wesentlich, ob es sich im Einzelfall um sich selbstregulierende oder um staatlich regulierte Konferenzen handelt.

Die selbst-regulierten Konferenzen haben ihre Verhaltensregeln selbst aufgestellt und verfügen über ein eigenes institutionelles Verfahren zur Überwachung, Aufsicht und Kontrolle. Die meisten Konferenzen stellen auch heute noch mit eigener Zuständigkeit die letzte Instanz zur Regulierung von Streitigkeiten dar. Jedoch haben sich in den letzten Jahren die Stimmen gemehrt, die dieses System für unzulänglich erachten. Bspw. wird im Rochdale Report[514] das Konferenzsystem zwar insgesamt als adäquat erachtet, allerdings werden die zu veröffentlichenden Richtlinien und eine Anzahl von prinzipiellen Grundsätzen zur Sicherstellung wesentlicher Nationalinteressen empfohlen.[515]

Die staatlich regulierten Konferenzen verfügen zwar in der Regel über die gleiche institutionelle Ausgestaltung wie die selbstregulierten Konferenzen, sie werden jedoch von staatlicher Seite direkt oder indirekt kontrolliert. Die direkte Einflußnahme über die Gesetzgebung läßt viele Möglichkeiten offen. "Der Schiffahrtsindustrie kann z.B. erlaubt werden, gewisse Kartellabsprachen, wie die Festlegung der Preise, durchzuführen, wenn nur gewisse genau spezifizierte Voraussetzungen erfüllt werden (USA). Oder es werden vom Gesetzgeber nur ganz bestimmte Aktivitäten der Konferenzen geregelt, wie die Registrierung der Absprachen und die Sicherung eines bestimmten Teiles des Ladungsaufkommens der Konferenz für die nationalen Linien (Brasilien). In anderen Ländern geben die Gesetze gegen Wettbewerbsbeschränkungen dem Staat bzw. den Behörden die Möglichkeit, auch gegenüber den Konferenzen der Seeschiffahrt einzugreifen."[516]

Die Form einer indirekten Kontrolle ist möglich durch die Gewährung von Subventionen, wie dies bspw. für Südafrika gilt, oder über die Vorschrift, die Konferenzen nur nach einem bestimmten institutionellen Verfahren mit den staatlich geförderten Verladerzusammenschlüssen über Frachtraten verhandeln zu lassen. Letzteres ist der Fall in Australien und Neuseeland.

Bei einer dritten Form, der quasi-staatlichen Kontrolle, kann z.B. vorgeschrieben werden, daß im Rahmen des Konsultationsverfahrens Angelegenheiten von allgemeinem Interesse nur unter Beteiligung von Regierungsvertretern behandelt werden können (Indien). Desweiteren besteht die Möglichkeit, daß Staaten mit verschiedenen Konferenzen Frachtabkommen schließen, die ihnen Einblick in die Betriebskosten verschaffen (Südafrika).[517)]

Für die Linienschiffahrt gibt es keinen allgemein gültigen Frachtratenkatalog, der für alle Konferenzbereiche Anwendung finden könnte. Vielmehr ist es so, daß die einzelnen Konferenzen die Tarife autonom festsetzen, während die Nachfrageseite als Mengenanpasser handelt. Mit dem Tarifpreis verzichtet der Anbieter auf die Auswahl seiner Vertragspartner. Er ist im wesentlichen an der Nachfragemenge interessiert. In der Regel verpflichtet sich die Linie gegen jedermann. Die übrigen Fragen, die bei der Thematik über die Ausformungen der Preisgestaltung in der Linienschiffahrt anstehen, sind bereits bei der Analyse der Organisations- und Kostenstruktur gestellt und beantwortet worden und können daher an dieser Stelle übergangen werden.[518)] Es mag hier ein kurzer Überblick über die Entwicklungstendenz des Ratengefüges in den letzten eineinhalb Jahren genügen. Einen solchen Tendenzüberblick- wenn auch nur in grober Näherung - vermag der vom BVM[519)] herausgegebene Frachtratenindex für die Linienfahrt zu liefern. Wie Tab.62 und Abb. 46 zeigen, sind diese Indices über mehrere Jahre relativ stabil gewesen, wenn sie auch stets eine leicht steigende Tendenz aufwiesen. Der Gesamtzuwachs zwischen 1965 und August 1973 beläuft sich auf insgesamt rund 39%. Zu einer regelrechten Aufblähung des Ratengefüges kam es erst nach Ausbruch des Nahostkrieges im Herbst 1973. Der Index erhöhte sich zwischen September 1973 und Juli 1974 um 36% bzw. April 1975 um 44%.

Tab. 62: Deutsche Seefrachtenindices - Linienfahrt (1965 = 100)

	1969		1970		1971	
	Stück-gut	Massen-gut	Stück-gut	Massen-gut	Stück-gut	Massen-gut
Januar	109,1	102,1	112,8	105,2	120,9	119,7
Februar	109,4	102,1	114,6	105,9	122,5	119,9
März	110,7	102,8	113,6	107,6	124,0	120,3
April	110,8	103,4	113,4	111,4	125,2	122,6
Mai	109,4	102,9	113,4	112,2	124,9	122,3
Juni	110,1	103,6	113,5	113,6	125,3	122,1
Juli	110,3	103,2	113,8	115,7	126,2	123,2
August	110,5	103,5	114,3	116,2	127,7	122,8
September	111,2	104,1	114,9	115,0	128,7	123,0
Oktober	111,2	104,0	115,3	115,2	130,5	124,4
November	111,2	104,1	116,6	116,8	131,6	125,0
Dezember	111,9	104,7	116,7	116,7	131,7	123,0

	1972		1973		1974	
	Stück-gut	Massen-gut	Stück-gut	Massen-gut	Stück-gut	Massen-gut
Januar	132,4	124,1	134,1	132,6	167,6	187,6
Februar	132,5	124,4	134,4	133,7	171,4	191,0
März	132,3	124,4	135,1	134,0	175,2	198,0
April	133,0	126,9	135,5	136,0	179,0	207,2
Mai	132,7	127,1	137,1	140,6	181,1	207,2
Juni	132,3	127,1	136,6	141,2	182,9	209,1
Juli	132,1	127,4	137,1	148,4	185,4	210,0
August	132,2	127,0	137,4	149,0	189,0	215,1
September	131,7	127,2	140,7	149,7	190,2	218,1
Oktober	132,0	129,6	144,4	152,6	189,6	218,4
November	132,3	130,8	144,4	151,3	191,7	222,3
Dezember	132,4	131,4	151,4	165,4	192,0	222,2

Quelle: Der Bundesminister für Verkehr / Abt. Seeverkehr, Hamburg, August 1974, abgedruckt in: Statistik der Schiffahrt, hrsg. vom Institut für Seeverkehrswirtschaft, Bremen, versch. Jg.

Abb. 46 : Deutsche Seefrachten - Indices - Linienfahrt - (1965 = 100)

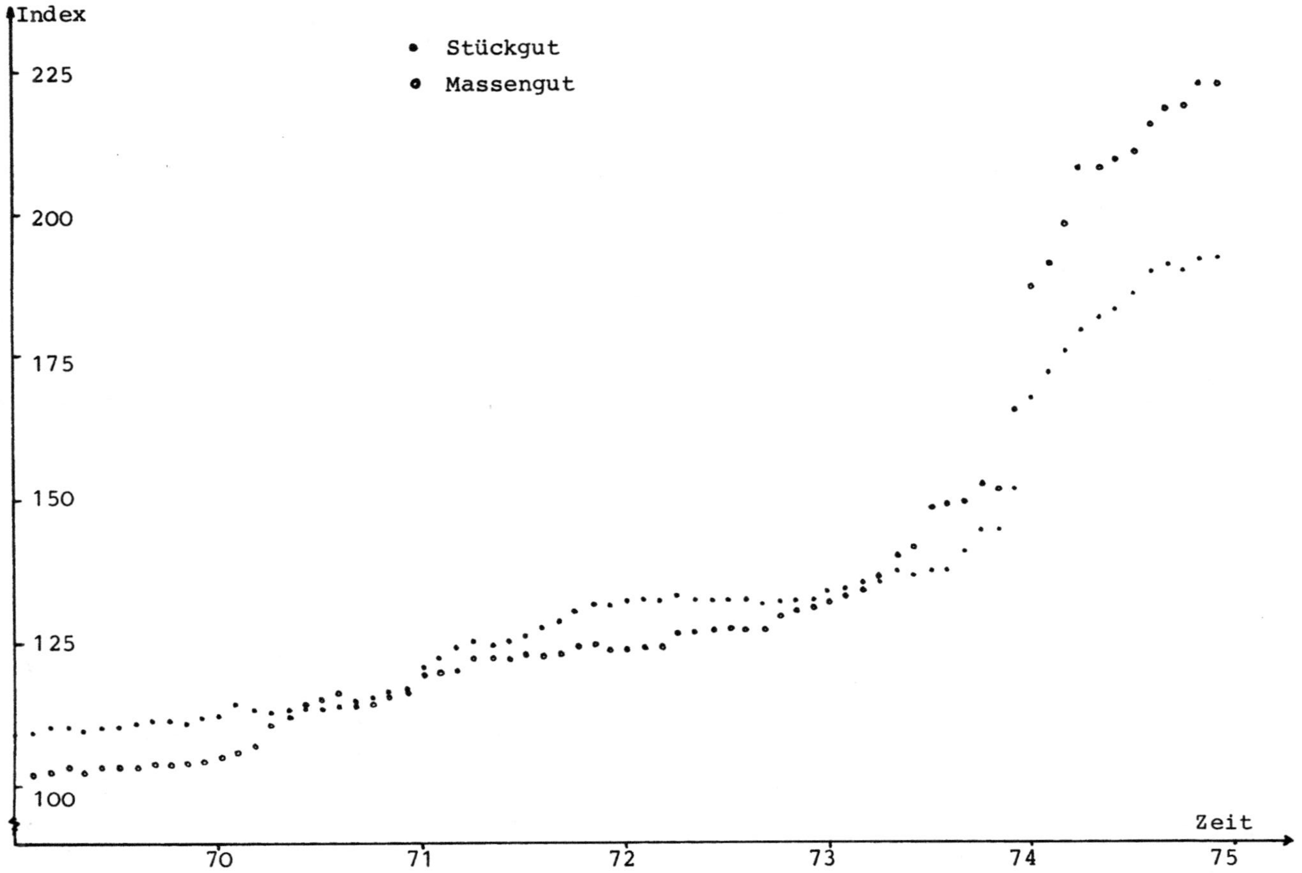

II. Trampschiffahrt

Sowohl bei den Reise- als auch bei den Zeitchartern haben sich die Schwankungen des Ratengefüges von 1965 bis zum heutigen Zeitpunkt immer mehr verstärkt. Während dieses Zeitraumes sind drei deutliche Spitzen innerhalb der Frachtratenentwicklung feststellbar.[520)] Sie liegen im Spätsommer 1967, im Spätsommer 1970 und im Herbst 1973. Dieser jeweils drei Jahre dauernde Zyklus zeigt sich bei den Reisechartern stets um ein bis zwei Monate später als bei den Zeitcharterabschlüssen. Während aber von der Höhe her gesehen bis 1970 die Ratenbewegung bei Zeit- und Reisechartern fast identisch war, bewegte sich sich die Frachtratenentwicklung bei den Zeitchartern ab Mitte 1970 stets und erheblich über derjenigen bei den Reisechartern.

1973 war ein ganz besonders bedeutsames Jahr für die Trampreeder. Die relevanten Märkte standen während des ganzen Jahres im Zeichen eines sich voll entfaltenden Aufschwungs. Ein deutliches Nachlassen der Hausse-Situation zeigte sich erst im November 1973 unter dem Einfluß der Ölverknappung und der Bunkerölpreiserhöhungen. Das Aufschwingen des Trampratengefüges war die Folge einer lebhaften Nachfrage nach Getreide-, Kohle- und Erztransporten.[521)]

Im Gegensatz zum Tankermarkt brach in den verschiedenen Trockenladungsmärkten das Frachtratenniveau im Spätherbst 1973 nicht zusammen, sondern hielt sich zunächst noch auf einem relativ hohen Niveau. Der Reisecharterindex nach Norwegian Shipping News stieg zwischen Januar und Dezember 1973 um 120%. Zwischen Januar 1973 und Juli 1974 betrug die Zuwachsrate immer noch mehr als 87%. Im Zeitchartermarkt belaufen sich die entsprechenden Prozentwerte auf 101 bzw. 73%.[522)]

Auf die Dauer konnte allerdings das immer noch beachtlich hohe Frachtenniveau nicht gehalten werden. Parallel zur sich abschwächenden Weltkonjunktur ging die Nachfrage nach Massenguttransporten zurück. Die freiwerdende Tramptonnage, die zusätzlich durch das Überwechseln von kleiner und mittelgroßer Tanktonnage in die trockene Fahrt erhöht wurde, drückte das Ratenniveau erheblich nach unten.

Tab. 63 : Norwegian Shipping News Dry Cargo - Reisecharterindex

	1965	1966	1967	1968	1969	1970	1971	1972	1973	1974
Januar	97,6	99,9	76,5	92,7	88,1	99,1	107,4	67,8	109,4	235,4
Februar	98,6	100,3	77,5	91,8	88,0	111,9	96,0	68,6	115,4	217,7
März	101,3	102,9	83,0	94,5	84,5	120,1	87,5	65,8	121,0	245,3
April	95,5	96,8	84,7	90,3	81,2	121,3	86,8	66,0	136,5	233,4
Mai	97,6	86,1	82,8	93,1	79,8	124,1	82,8	66,9	145,4	234,6
Juni	100,4	83,2	91,9	92,9	84,1	121,8	74,5	68,5	148,6	226,3
Juli	102,0[a)]	80,8	104,0	93,4	82,2	120,4	71,6	70,1	144,4	205,3
August	104,2	78,9	102,2	94,0	81,4	126,7	73,5	69,4	155,2	203,5
September	105,7	80,9	105,2	91,6	84,4	128,4	74,8	77,1	183,3	204,8
Oktober	103,5	83,9	107,5	90,1	89,2	128,9	73,8	89,7	214,8	208,9
November	103,7	82,1	110,0	92,1	87,9	119,6	75,1	90,2	222,3	206,3
Dezember	104,2	78,7	103,5	92,2	91,4	110,6	70,1	93,7	241,2	193,4
Durchschnitt	X	87,9	94,1	92,4	85,2	119,4	81,2	74,5	161,5	217,9

Quelle: Norwegian Shipping News No. 2A, 1974, S. 159 und No. 1, 1975, S. 6

a) ab Juli 1965 revidierter Index auf der Basis der Indices Juli 65 - Juni 66 = 100

Abb. 47 : Dry Cargo Indices nach Norwegian Shipping News 1965 - 1974

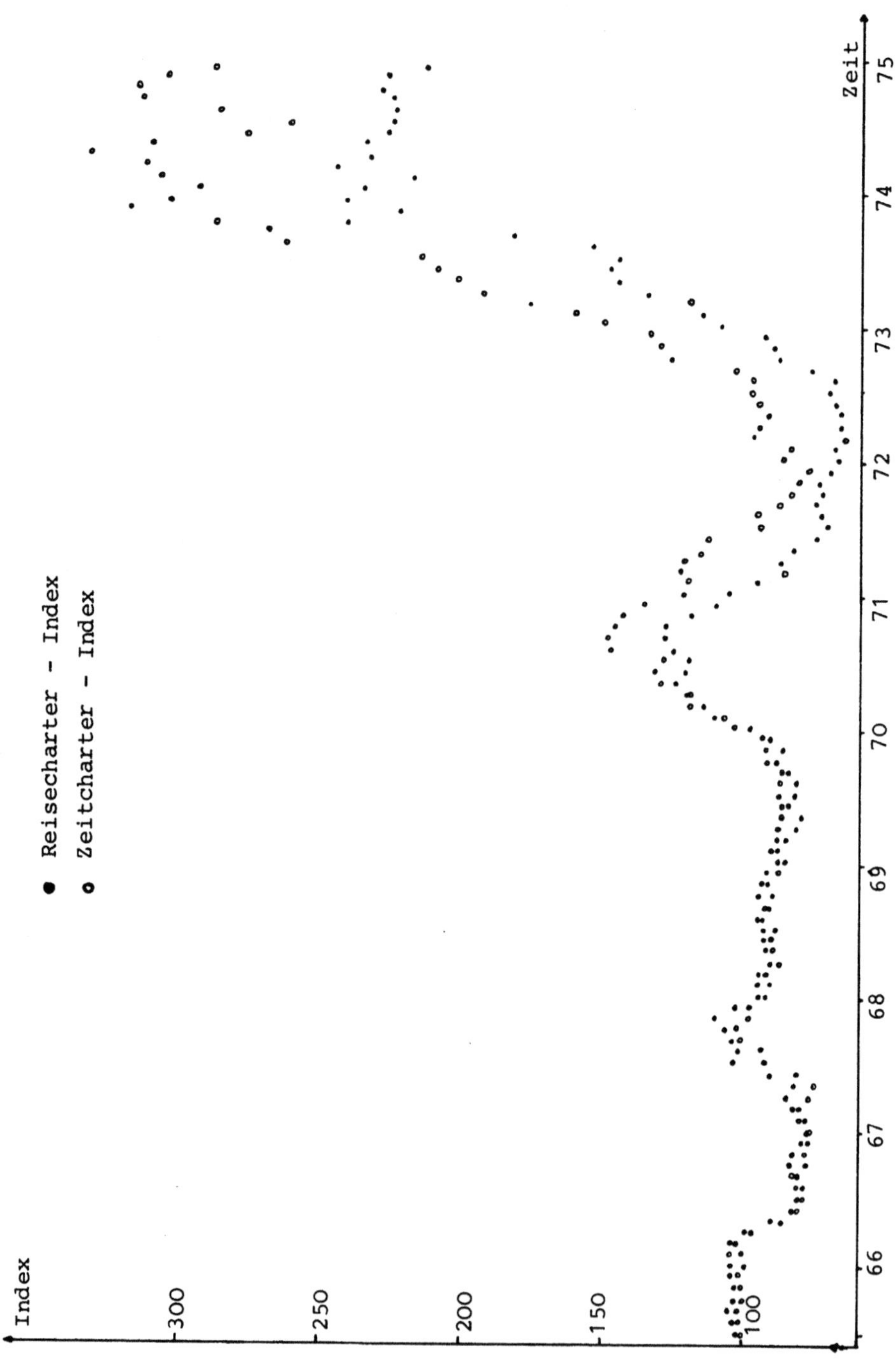

Tab. 64 : Norwegian Shipping News Dry Cargo - Zeitcharterindex

	1965	1966	1967	1968	1969	1970	1971	1972	1973	1974
Januar	91,7	104,5	77,4	95,1	86,4	105,2	123,9	88,6[b)]	151,1	293,7
Februar	89,1	105,4	80,3	96,2	90,0	108,0	122,1	85,4	162,1	308,1
März	95,3	104,3	80,8	94,0	88,1	114,1	123,3	98,4	177,4	313,1
April	96,3	99,3	76,7	88,5	88,8	120,1	122,9	96,4	194,8	333,1
Mai	99,8	90,8	75,7	91,0	87,7	131,9	117,0	93,8	203,5	310,9
Juni	104,1	82,0	81,5	91,3	86,9	133,1	114,4	96,9	211,0	277,8
Juli	102,6[a)]	79,8	93,6	88,4	89,7	130,0	96,4	99,3	214,5	262,2
August	102,4	81,7	94,8	95,6	89,3	148,8	96,9	99,3	264,2	287,2
September	102,7	81,7	103,6	92,1	87,1	149,7	89,7	105,3	269,3	314,8
Oktober	100,1	77,8	103,1	96,0	92,4	147,2	85,0	127,1	289,8	315,3
November	101,3	78,8	98,5	93,5	92,9	145,4	82,2	131,7	318,0	305,5
Dezember	102,4	77,0	99,4	89,2	94,3	137,3	79,2	134,1	305,2	288,2
Durchschnitt	X	88,7	88,8	92,6	89,5	130,9	104,4	104,7	230,1	300,8

Quelle: Norwegian Shipping News No. 2A, 1974, S. 159 und No 1, 1975, S. 6

a) ab Juli 1965 revidierter Index auf der Basis der Indices Juli 65 - Juni 66 = 100;

b) ab Januar 1972 revidierter Index auf der Basis 1971 = 100

Tab. 65 : Tramp-Zeitchartern nach United Kingdom Chamber of Shipping (in $ pro tdw und als Index)

Quartals-werte	9 - 16 000 tdw		20 - 40 000 tdw		über 40 000 tdw	
	$	Index 1968=100	$	Index 1968=100	$	Index 1968=100
1972						
I	3,29	81	2,16	79	1,58	78
II	3,64	90	2,05	75	1,69	83
III	3,53	87	2,53	93	2,05	101
IV	4,66	115	3,64	134	2,87	141
1973						
I	5,60	138	4,85	178	3,77	186
II	7,21	178	5,92	218	4,39	216
III	8,06	199	7,10	261	5,93	292
IV	10,19	252	9,53	350	8,08	398
1974						
I	11,23	277	8,44	310	6,33	312
II	11,97	296	9,10	335	6,43	317
III	11,42	282	7,69	283	4,30	212
IV	10,99	271	7,92	291	4,53	223
1975						
I	7,75	191	4,70	173	2,88	142

Quelle: United Kingdom Chamber of Shipping, abgedruckt in: Statistik der Schiffahrt, hrsg. vom Institut für Seeverkehrswirtschaft Bremen, 19. Jg. (1975), Heft 5, Bremen 1975, S. 36

Tab. 66 : Getreide- und Kohlefrachtraten 1971 - 1975
(in $ fio.)

Jahres-und Monatswerte	Getreide			Kohle		
	hoch	niedrig	mittel	hoch	niedrig	mittel
1971	5,50	2,50	3,80	4,00	1,85	2,63
1972	6,25	2,15	3,90	4,25	2,00	2,60
1973	21,50	6,25	12,42	10,25	5,50	7,87
1974	22,00	6,25	13,15	11,40	7,85	9,24
Jan. 73	9,00	6,25	7,51	5,50	5,50	5,50
Febr. 73	8,50	7,65	8,10	6,35	6,35	6,35
März 73	9,50	8,10	8,68	-	-	-
April 73	10,25	9,75	10,00	-	-	-
Mai 73	12,00	10,75	11,21	-	-	-
Juni 73	13,50	10,00	11,38	-	-	-
Juli 73	12,15	10,00	11,34	-	-	-
Aug. 73	12,00	10,75	11,41	6,75	6,75	6,75
Sept. 73	13,00	12,00	12,50	-	-	-
Okt. 73	20,00	15,50	19,17	10,25	10,25	10,25
Nov. 73	21,50	15,90	18,81	10,00	8,90	9,45
Dez. 73	20,00	17,00	18,91	8,90	8,90	8,90
Jan. 74	16,05	14,50	15,65	-	-	-
Febr. 74	16,00	14,20	14,95	9,00	9,00	9,00
März 74	22,00	18,25	20,88	11,40	10,25	10,83
April 74	18,00	15,25	16,09	-	-	-
Mai 74	18,75	16,00	18,17	-	-	-
Juni 74	19,35	11,25	14,53	10,50	10,25	10,38
Juli 74	11,50	9,00	10,37	8,15	8,15	8,15
Aug. 74	10,00	8,25	9,22	7,85	7,85	7,85
Sept. 74	8,50	8,00	8,27	-	-	-
Okt. 74	12,50	8,50	10,59	-	-	-
Nov. 74	11,75	8,10	10,68	-	-	-
Dez. 74	11,25	6,25	8,42	-	-	-
Jan. 75	6,25	5,75	6,11			
Febr. 75	6,50	5,20	6,03	5,25	5,25	5,25

Quelle: Daily Freight Register 3. und 10. März 1975, jeweils S. 5; abgedruckt in: Statistik der Schiffahrt, hrsg. vom Institut für Seeverkehrswirtschaft Bremen, 19. Jg. (1975), Heft 4, Bremen 1975, S. 38 f.

III. Tankschiffahrt

Bereits bei der Behandlung der Trampfrachtraten haben wir auf das eigenartige Auf- und Abschwingen der Ratenbewegung hingewiesen. Dieses Phänomen zeigt sich überdeutlich auch im Bereich der Tankschiffahrt, und zwar sowohl in der Rohöl- als auch in der Produktenfahrt.

Nach der zweijährigen Baisse-Situation auf dem freien Tankermarkt bewirkte Ende 1972 die Zunahme der Nachfrage nach Schiffsraum einen erheblichen Anstieg des Ratengefüges. Der Tendenzumschwung setzte sich mit zunehmender Beschleunigung bis Ende 1973 fort. Die Entwicklung verlief dabei keineswegs einheitlich; vielmehr muß nach Schiffsgrößen, Charterarten und Relationen genauer differenziert werden.[523)]

Für die außergewöhnliche Entwicklung in der Tankschiffahrt des Jahres 1973 nennt BÖHME[524)] im wesentlichen folgende Bestimmungsgründe: 1973 stand im Zeichen einer nicht zu erwartenden Steigerung des Ölverbrauchs. Dies lief parallel mit den Bemühungen, die geschrumpften Lagerbestände wieder aufzufüllen. Insbesondere die USA traten als bedeutender Importeur auf. Mitentscheidend war auch das durch pessimistische Erwartungen geprägte Marktverhalten vieler Charterer mit zeitweilig überstürzter Nachfrage nach Tanktonnage. Ein Teil der Ratensteigerungen muß auch auf die Wechselkursänderungen zurückgeführt werden.

Die Drosselung der Ölausfuhr aus dem Persischen Golf, verbunden mit dem Angebotsdruck einer Vielzahl von "relets", ließ die Frachtraten insbesondere für Großtonnage innerhalb kürzester Zeit ins Bodenlose absinken.

Die Aufhebung des Ölembargos gegen die USA Mitte März 1974 schien eine Entwicklung zur Markterholung einzuleiten. Diese Hoffnung erwies sich als trügerisch. Bereits im April setzte sich der Ratenabschwung fort und erreichte im August 1974 einen ersten deutlichen Tiefpunkt.[525)]

Tab. 67 : Norwegian Shipping News Tanker - Index

	1965	1966	1967	1968	1969	1970	1971	1972	1973	1974
Januar	78,0	98,2	62,0	99,7	83,4	128,9	206,7	85,2	140,8	219,4
Februar	66,3	88,2	50,3	88,7	72,5	133,6	154,6	68,4	147,3	198,5
März	58,1	61,5	49,1	94,7	75,3	145,5	139,8	57,6	151,7	221,0
April	48,8	48,0	39,1	98,4	59,5	137,0	110,4	59,2	141,9	174,5
Mai	49,7	52,9	49,0	121,4	65,5	132,9	103,9	54,6	182,2	150,2
Juni	49,4	43,5	145,4	129,9	71,5	173,4	79,8	76,2	268,3	103,5
Juli	46,9	49,2	183,8	110,3	80,5	223,1	69,4	80,3	267,2	108,3
August	66,2	46,2	187,2	88,9	81,4	225,8	81,0	81,4	301,3	97,8
September	66,8	56,3	190,6	91,5	97,1[a]	295,5	70,8	97,1	345,9	115,4
Oktober	67,2	72,3	160,9	95,5	96,1	286,3	75,4	96.1	389,7	131,5
November	81,4	66,2	139,5	115,4	116,4	281,5	87,0	116,4	249,3	110,5
Dezember	110,4	61,3	107,1	111,3	132,0	225,6	107,7	132,0	216,0	108,3
Insgesamt	65,8	61,9	113,7	103,8	83,7	196,1	107,2	83,7	233,5	144,9

Quelle: Norwegian Shipping News No. 2a, 1974, S. 159 und No. 1, 1975, S. 10

a) ab September 1969 revidierter Index

Abb. 48 : Tankerfrachtraten nach Norwegian Shipping News 1965 - 1974

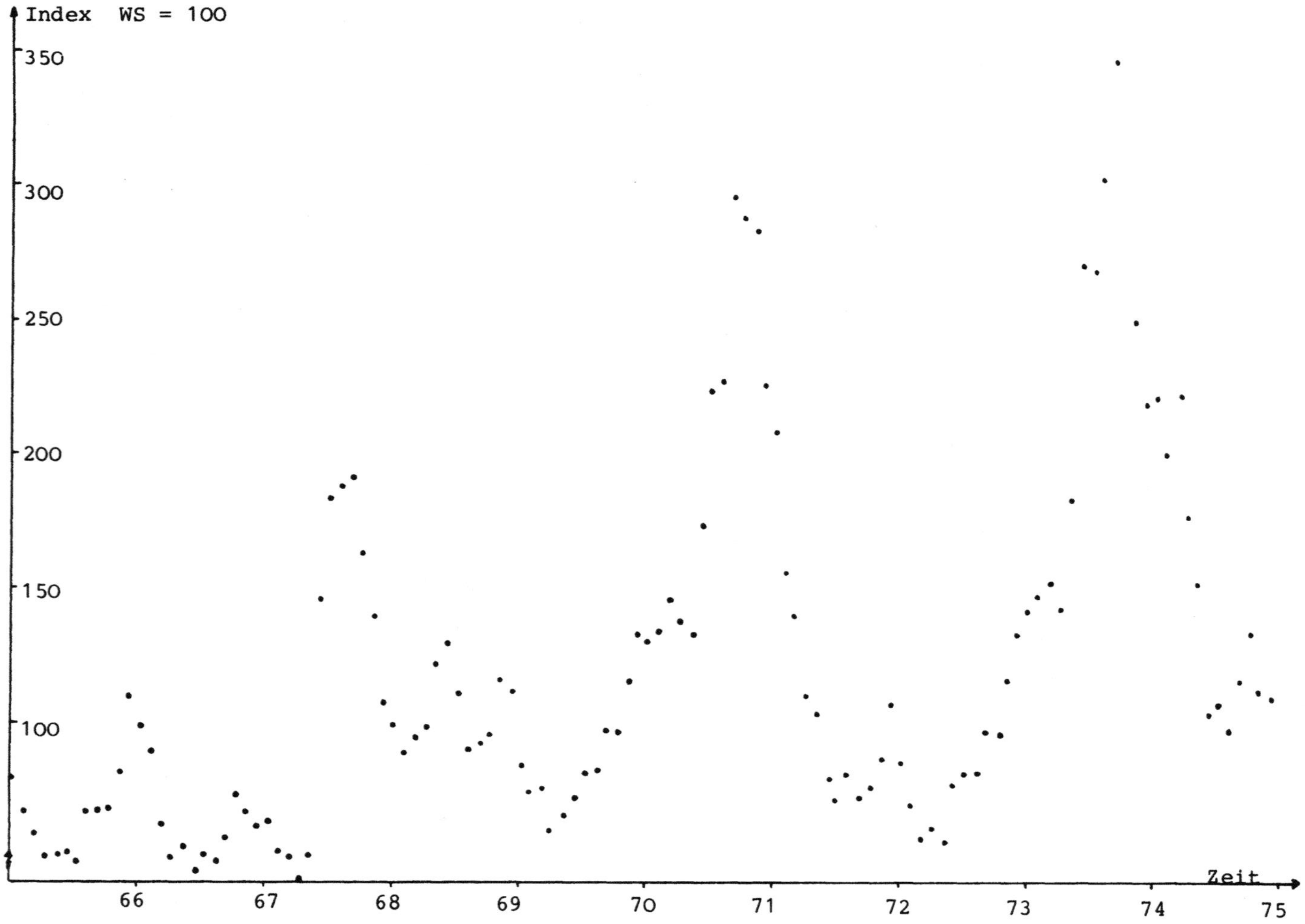

Die heutige Marktsituation ist gekennzeichnet durch ein ausgeprägtes weltweites Ungleichgewicht zwischen angebotenem und nachgefragtem Tankschiffsraum. Diese Diskrepanz, die sich u. E. auch ohne die Preiserhöhungen und Mengenrestriktionen im Erdölgeschäft in den nächsten Jahren, wenn auch wahrscheinlich nicht in dem heute feststellbaren Ausmaß, eingestellt hätte, ist durch die Ereignisse im Nahen Osten zeitlich beschleunigt worden. Zweifellos hätten die Wachstumspropheten, die unter Zugrundelegung der letzten 20 Jahre von einer durchschnittlichen konstanten Wachstumsrate ausgegangen waren, auch ohne die einschneidenden Marktereignisse 1973/74 Unrecht gehabt.

Wenn wir bereits an anderer Stelle von der herrschenden Schiffahrtsdepression sprachen, so gilt dies insbesondere für den Bereich der Tankschiffahrt. Dies bezieht sich nicht nur auf den Tatbestand, daß die Reisecharterfrachtraten weit unter dem Ratenniveau im Herbst 1973 liegen und heute nicht einmal die variablen Kosten der Großtanker abdecken, sondern auch in dem Umstand, daß es kaum ein Anzeichen für eine Belebung des Zeitchartermarktes gibt.[526]

Einige der Folgen sind die bereits genannte große Menge an aufgelegter Tonnage und eine zunehmende Tendenz zur Abwrackung älteren Schiffsraums. Angesichts des fehlenden Vertrauens in eine kurz- oder mittelfristige Markterholung dürfte sich das Volumen der Auflegungen in den nächsten Monaten weiter beträchtlich erhöhen.

Weiterhin ist die Lage dadurch gekennzeichnet, daß bspw. an freier Tonnage im Persischen Golf nur 10 Mio. tdw liegt. Das Angebot wird künstlich verkleinert durch die reduzierte Fahrtgeschwindigkeit sowie durch ein relativ häufiges Akzeptieren von Teilladungen.

Trotz der augenblicklich wenig ermutigenden Situation auf den Tankschiffsmärkten, wird von einigen Fachleuten mittelfristig das Zustandekommen eines neuen Marktgleichgewichts nicht ausgeschlossen. Bspw. leitet BETH[527)] seine Hypothese von verschiedenen kompensatorisch wirkenden Marktmechanismen ab. Einigen pessimistischen Vorausschätzungen der mittelfristigen Entwicklung, die vor allem auf die Annahme einer sinkenden Wachstumsrate der Nachfrage nach Energie, einer zunehmenden Bedeutung substitutiver Energiequellen, den Auswirkungen der unlängst erfolgten Wiedereröffnung des Suez-Kanals und den Ausbauplänen der Tankerflotten der OPEC-Länder und der Ostblockstaaten beruhen, wird entgegengehalten, daß die Abnahme des Energiebedarfs langfristig der Aufgabe der Zielsetzung eines angemessenen Wirtschaftswachstums gleichkomme,da Energie als solche nicht ersetzt werden kann. Deshalb werde es in Kürze bei allerdings ermäßigten Wachstumsraten zu einem weiteren Anstieg der Öltransporte kommen, da zusätzlich sich immer mehr die Ansicht durchsetze, daß der Substitution des Erdöls durch andere Energiequellen relativ enge Grenzen finanzieller, gesamtwirtschaftlicher, preislicher und physikalischer Art gesetzt sind.[528)] Der Verfasser ist außerdem der Ansicht, daß die Auswirkungen der Kanal-Wiedereröffnung und des Flottenausbaus der arabischen Staaten weit überschätzt worden sind. Insgesamt wird aber akzeptiert, daß etwa bis 1976 ein deutliches Überangebot an Tankschiffsraum bestehen bleiben werde. Erst von da ab werde die zurückgestaute Nachfrage allmählich das Angebot wieder einholen. Uns scheint der grundsätzliche Zusammenhang richtig dargestellt, der quantitative und vor allem der zeitliche Rahmen scheinen aber angreifbar.

C. Preisbildungsmodelle

I. Modellkonzeptionen für die Linienschiffahrt

a. Prüfung des Marginalprinzips

Zu dem Fragenkomplex der Anwendbarkeit des Marginalprinzips für die Preisbildungsprozesse in der Linienschiffahrt sind in jüngerer Zeit verschiedene Beiträge geliefert worden. Wir beziehen uns an dieser Stelle im wesentlichen auf die Untersuchungen von MIYASHITA[529)], STURMEY[530)] und BENNATHAN und WALTERS[531)].

Ansatzpunkt der Analyse bei STURMEY ist das Prinzip der Gewinnmaximierung, demzufolge - wir haben dies bereits abgeleitet und mehrfach erwähnt - der Ausgleich von Grenzkosten und Grenzerlös anzustreben wäre. MIYASHITA[532)] rechtfertigt das erneute Aufgreifen der Thematik damit, daß zwar die Marktverhältnisse in der Linienschiffahrt als typisch oligopolistisch angesehen worden sind, daß aber bislang nicht analysiert worden sei, wie eigentlich das allgemeine Ratenniveau zu bestimmen ist. Dies versucht MIYASHITA, indem er das - wie er es nennt - Gesetz über die Bildung des allgemeinen Ratenniveaus der Konferenzen theoretisch analysiert und mit den praktischen Ausformungen der Preispolitik der Schiffahrtskartelle vergleicht. MIYASHITA[533)] stützt sich zunächst auf die Modellkonstruktion von STURMEY[534)], derzufolge zwei Analyseformen unterschieden werden, und zwar die kurzfristige Analyse, bei der keine Schwankungen des allgemeinen Ratenniveaus angenommen werden, und die langfristige Analyse, für die diese Schwankungen geradezu typisch sind.

Was die Erlös-, Nachfrage- und Kostenkurven angeht, scheinen folgende Anmerkungen notwendig. Weil der einzelnen Linienreeder innerhalb einer Konferenz lediglich als Preisanpasser einzustufen ist, somit also die Angebots- und Produktionsmenge fixiert werden müssen, verlaufen Nachfrage- und Grenzerlöskurve parallel zur Mengenachse und sind identisch, wenn gilt:

$$E_i = p_i x_i \quad \text{und folglich} \quad \frac{E_i}{p_i} = x_i \quad \text{mit} \quad x_i = x_i \; (p_1, \ldots, p_n)$$

Die variablen Kosten werden definiert als die Summe der Lade-, Stau- und Löschkosten, die im übrigen als proportional zu den zunehmenden Ladungsmengen angenommen werden. STURMEY[535)] nimmt für die Lage der Grenzkostenkurve an, daß sie unter diesen Bedingungen bei etwa 20% der Grenzerlöskurve angesiedelt sein müsse. Damit wird für die kurzfristige Analyse für den Fall normaler Kapazitäten und Auslastungsgrade die Anwendbarkeit des Marginalprinzips ausgeschlossen, weil Grenzkosten- und Grenzerlöskurve nicht zum Schnitt gebracht werden können. Es wird nun zugelassen, daß eine Reederei dadurch kurzfristig die Kapazitätsgrenze hinausschiebt, daß sie die Geschwindigkeit ihres Schiffes bzw. ihrer Schiffe erhöht. Eine andere Möglichkeit besteht darin, zusätzliche Einheiten zu chartern. Die Zusammenhänge bei Kapazitätsausweitung zeigen die nachstehenden Abbildungen. STURMEY[536)] ist der Auffassung, daß das auf die dargestellte Weise konstruierte Gleichgewicht in praxi bedeutungslos sei, da einer Anpassung über die Schiffsgeschwindigkeit relativ enge Grenzen gesetzt sind und da die Hereinnahme eines zusätzlichen Linienschiffes in den Reedereibereich das Kurvengefüge völlig verändert. Soviel zur kurzfristigen Betrachtungsweise.

Langfristig gesehen, sind auch in der Linienschiffahrt, wenn auch nicht in einem vergleichbaren Ausmaß wie in der Tramp- und Tankschiffahrt, Schwankungen des Ratenniveaus feststellbar. Da die Konferenzen die Frachtraten in der Regel für einen Zeitraum von etwa zwei Jahren festlegen, handelt es sich etwa bei einer Ratenerhöhung regelmäßig um eine relativ deutlich Anhebung.

MIYASHITA[537)] baut sein Preisbildungsmodell auf der Überlegung auf, daß die Nachfrage nach Linientonnage in einem Anfangsbereich

Abb. 49 : Erlös und Kosten bei unterschiedlichen Kapazitäten in der Linienfahrt

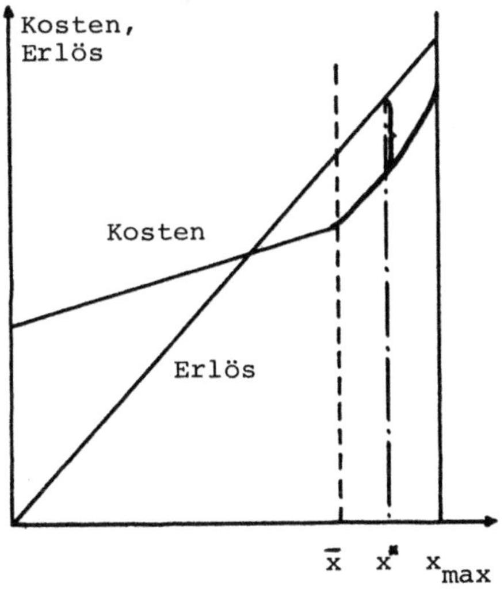

Abb. 50 : Grenzerlös und Grenzkosten bei unterschiedlichen Kapazitäten in der Linienfahrt

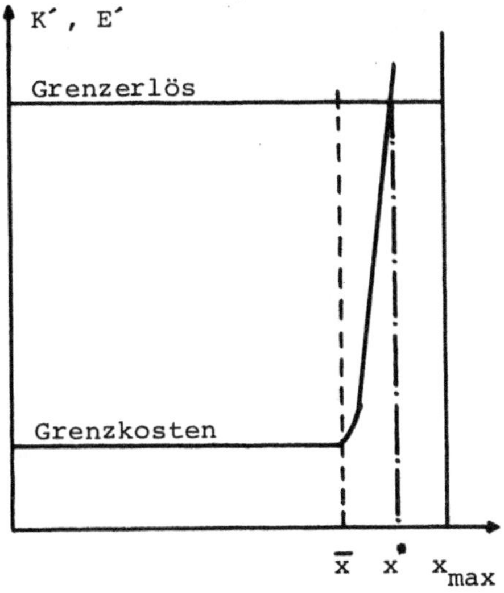

als so starr angenommen werden kann, daß - dies wird vorausgesetzt - eine erste und gar eine zweite Ratenerhöhung die Nachfrageelastizität nicht zu ändern vermögen. In den modelltheoretischen Überlegungen soll erst eine dritte Erhöhung dazu führen, daß die Nachfrage weit elastischer reagiert als zuvor. Dies beruht auf der Prämisse, daß das Ratengefüge der Linienfahrt eine solche Höhe erreicht hat, daß nun Außenseitertonnage in den Linienschiffahrtsmarkt eindringen und Ladung akquirieren kann.

Bei einer weiteren Ratensteigerung wird dann unterstellt, daß sich die Nachfrageelastizität wieder auf die anfängliche Elastizität einstellt. Die nachstehende Abbildung darf nicht als praktisch verwendbare Kurve betrachtet werden, an der sich die Nachfrage entlangbewegt; vielmehr ist nur eine isolierte Analyse der Teilbereiche der geknickten Kurve zulässig.

Abb. 51 : Ratenerhöhungen und ihre Auswirkungen auf die Nachfragekurve

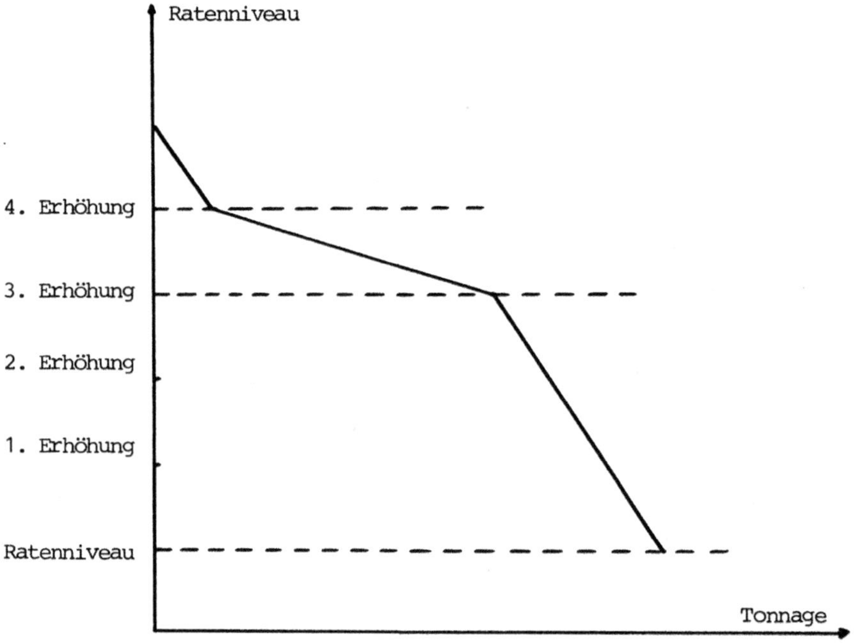

Quelle: MIYASHITA, K.: Über die Theorie der Preisbildung in der Linienschiffahrt, a.a.O., S. 88

STURMEY ist der Auffassung, daß die langfristige Nachfragekurve aus einer solchen Vielzahl von Teilstücken und Sprungstellen zusammengesetzt ist, daß die Konstruktion einer kontinuierlichen Grenzerlöskurve parktisch ausscheidet. Damit entfällt aber die Möglichkeit einer exakten Anwendung der Marginaltheorie zur Bestimmung des zur langfristigen Gewinnmaximierung anzusetzenden Ratenniveaus.

b. Konferenzpolitik auf der Grundlage von Eintrittsverhinderungspreisen

Es stellt sich die Frage, wie man die Preispolitik im Konferenzsystem modellmäßig beschreiben kann. Wir können durchaus davon ausgehen, daß die Preispolitik der Konferenzen darauf gerichtet ist, die Positionen der jeweils augenblicklichen Mitglieder künftig zu erhalten. Dieses Ziel ist relativ sicher mit einer Politik des Eintrittsverhinderungspreises zu realisieren.Die von STURMEY analysierte Theorie läßt sich in zwei definitorische Komponenten zerlegen.

Einer ersten Definition zufolge soll der Eintrittsverhinderungspreis gleich sein der Summe aus den Fahrtkosten der Outsider und den Eintrittskosten in die Konferenz, die eine bestimmte Außenseiterlinie tragen muß[538]. Vor allen Dingen hinsichtlich der Praktikabilität muß hier eingewendet werden, daß die Frage offenbleibt, wie die Eintrittskosten zu berechnen sein sollen. Außerdem kann der so definierte Eintrittsverhinderungspreis gerade nicht den latent möglichen Eintritt verhindern.

Nach einer zweiten Definition ist der Eintrittsverhinderungspreis der Konferenz gleich dem Gesamtbetrag aus Fahrtkosten der in der Konferenz zusammengeschlossenen Liniengesellschaften zuzüglich deren Normalgewinn.[539] Die Anwendbarkeit dieses mit dem Vollkostenprinzip in Einklang stehende Prinzip ist bisher ebenfalls nicht eindeutig belegt.[540]

Im Gegensatz zu STURMEY führen BENNATHAN und WALTERS[541] in eine erste Modellkonzeption die Problematik des Eintritts eines Trampschiffes ein. Dabei werden die Eintrittskosten vernachlässigt, und lediglich die Fahrtkosten der Outsider sind zu bestimmen, womit der beabsichtigte Eintrittsverhinderungspreis kalkulierbar wird. Unter dieser Prämisse spielt der Qualitätsunterschied der Transportleistung zwischen Linien- und Trampschiff die ausschlaggebende Rolle. Die höhere Qualität der angebotenen Verkehrsleistung eines Linienschiffes impliziert höhere Kosten als bei einem Tramp. Weil aber die Qualität im Linienverkehr höherwertiger ist als in der Trampschiffahrt, können die Kosten des Linienschiffes die Kosten eines Tramps um soviel überwiegen, wie der Qualitätsvorsprung bewertet wird, ohne daß die Linie Ladung an den Tramp verliert. Im folgenden unterstellen wir, daß die Qualitätsunterschiede in die unterschiedlichen Kostenniveaus bei Tramp- und Linienschiff bereits eingearbeitet seien, und betrachten die Theorie des Eintrittsverhinderungspreises nur noch von der Kostenseite her.

Entsprechend der unterschiedlichen Organisation und Konstruktion des Schiffes liegt der Schluß nahe, daß die Durchschnittskosten eines Trampschiffes diejenigen eines Linienschiffes dann unterschreiten, wenn es sich um eine massenhafte Ladung einer relativ wertniedrigen Güterart handelt. Das Umgekehrte gilt, wenn eine relativ kleine Menge hochwertiger Güter transportiert werden soll.

BENNATHAN und WALTERS[542)] nehmen der Einfachheit halber für das Linienschiff eine Konstanz der Durchschnittskosten an. Diese Prämisse dürfte zu realitätsfern sein. Aus diesem Grunde modifizieren wir den hier gezeigten Modellansatz und operieren mit - allerdings nicht zu stark - sinkenden Durchschnittskosten, während wir den für das Trampschiff vorgeschlagenen Verlauf der Durchschnittskostenkurve von einer Menge x_{min} an akzeptieren. Es scheint allerdings fraglich, der von MIYASHITA[543)], von BENNATHAN und WALTERS übernommenen Abbildung der Durchschnittskosten für ein Tramp- bzw. ein Linienschiff in dieser Weise zuzustimmen, da hier bereits die Erlös- bzw. der Gewinngedanke intuitiv in die Darstellung der Durchschnittskosten eingeflossen ist; die gezeichneten Kurvenverläufe dürften nicht realistisch sein. Wir sind vielmehr der Auffassung, daß die Stückkostenkurve des Linienschiffes stets über derjenigen eines Tramps liegen muß. Die Vorteile des Linienschiffes im Bereich des Stückgutes liegen aber darin, daß hier wegen der höheren Qualität des Liners regelmäßig höhere Frachtraten durchgesetzt werden können, die zu Erlösen führen, die bereits im Bereich geringerer Mengen als beim Tramp die Kosten übersteigen können. Dies ist aber nicht die eigentliche Fragestellung.

Abb. 52 : Vergleich der Durchschnittskosten bei Tramp und Linienschiff

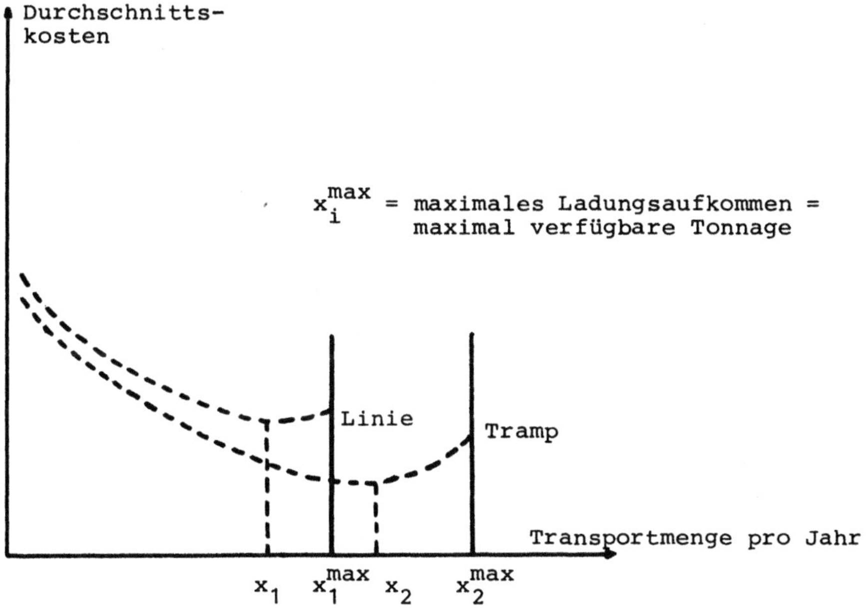

Um die hier offensichtlich zu Tage tretende Problematik zu umgehen, böte es sich eventuell an, die unterschiedlichen Positionen der Linien- und der Trampschiffahrt an Hand der durchschnittlichen Gewinne pro Ladungstonne darzustellen.

c. Vorschlag zum Aufbau eines Margentarifsystems

In einem unlängst erschienen Beitrag von EVANS und BEHNAM[544]) geht es darum, ein Instrumentarium zu schaffen, mit dessen Hilfe der Preisbildungsprozeß im Rahmen des Konferenzsystems flexibler gestaltet werden kann. Die stark beschränkte Wettbewerbssituation zwischen den Konferenzmitgliedern ist gewöhnlicherweise als notwendig angesehen worden, um für alle Mitgliederlinien identische Frachtraten gewährleisten zu können.

Die Autoren gehen davon aus, daß das Konzept tarifartiger Festfrachten zwar zu kurzfristigen Gewinnen führen könne, daß sich aber das Fehlen des Wettbewerbs langfristig zu steigenden Kosten und somit auch zu Frachtratenerhöhungen aufgrund von Ineffizienz und des Fehlens einer sinnvollen Kooperation auswirken könne. Doch auch das andere Extrem ist durchaus denkbar: das Betreiben der Liniendienste würde mit einiger Sicherheit zu Unregelmäßigkeiten bezüglich der Abfahrten und zu einer ruinösen Frachtratenstrategie führen, was für den internationalen Warenaustausch auch nicht das beste wäre.

EVANS und BEHNAM halten es für durchaus möglich, über ein Margentarifsystem einen Kompromiß herbeizuführen.Innerhalb sorgfältig festzulegender oberer und unterer Grenzen soll dem einzelnen Schiffseigner die Möglichkeit eingeräumt werden, auf Nachfrageschwankungen durch eine Variation der "Basisraten" der Konferenz zu reagieren.

Dem vorgeschlagenen Margentarifsystem werden folgende Vorteile zugesprochen:

- Ausgehend von der Überlegung, daß es Zielsetzung der Konferenzen sein sollte, Liniendienste nach Maßgabe der Anforderungen des Handels und der Schiffahrtstreibenden aufzubauen, kommen die Verfasser zu der Aussage, daß es sicherlich nicht optimal sei, wenn stets der gleiche Liniendienst allen Verladern angeboten werde, auch jenen, die für eine Leistungsqualität die Fracht zahlen, die zur korrekten Durchführung des Transports nicht erforderlich sei. Als Lösungsmöglichkeit ist hier eine Preisdifferenzierung je nach Leistungsstandard denkbar. Es ist offensichtlich, daß je nach der Art der nachgefragten Seeverkehrsleistung verschiedene Qualitätskomponenten dominieren. Auf einigen Gebieten hat sich die Angebotsseite dieser Differenzierung angepaßt, wie wir am Beispiel des Containerverkehr,nachweisen können.

- Nach der Diskussion weiterer Zielsetzungen, etwa der Hinwendung zu einer weitgehenden Spezialisierung der Linienschiffe sowie einer besseren Konsolidierung der Verladerschiffe incl. der Umschlagsrationalisierung und dem Aufbau einer transparenten Dokumentation, diskutieren EVANS und BEHNAM[545)] die Problematik der Kapazitätsbereitstellung zur Abdeckung von Nachfragespitzen. Ihrer Argumentation zufolge ist bisher die Vorhaltung von zusätzlichen Kapazitäten im normalen Linientransporttarif berücksichtigt und preislich eingearbeitet. Durch die Schaffung eines Spielraumes, innerhalb dessen sich die Linienfrachtraten bewegen könnten, könnte dazu beigetragen werden, die Nachfragespitzen - sieht man einmal von einigen naturbedingten, kaum beeinflußbaren Stauungsphänomenen ab - zu glätten, indem in Anbetracht höherer Frachtraten die Verladerseite sich bemühen dürfte, ihre Verschiffungen zeitlich besser aufeinander abzustimmen bzw. solche Faktoren zu eliminieren, die für den zeitlichen Nachfrageüberhang ursächlich sind.

- Eine dritte Tarifvariationsmöglichkeit bietet sich mit der Frachtenratendifferenzierung innerhalb einer "Range" nach Maßgabe der Qualität der jeweiligen Hafenkapazitäten. Das heute gültige Range-System, bspw. gleiche Frachtraten auf der Relation US-Ostküste nach Hamburg - Antwerpen - Range, hat sicherlich nicht dazu beigetragen, das Leistungsangebot in den Häfen zu verbessern. Die bisweilen erhobenen Hafenzuschläge sind regelmäßig kurzfristiger Art und wenig effizient in Hinblick auf eine Verbesserung der Infra- und Suprastruktur der Häfen.

Einschränkende Kritikpunkte nennen EVANS und BEHNAM selbst: Die Durchsetzbarkeit des vorgeschlagenen Tarifsystems hängt vom Monopolgrad der Konferenz ab und insbesondere von den Pool-Vereinbarungen. Wie wirkungsvoll eine floatende Rate durchgesetzt werden könnte, würde auch von der Elastizität der Nachfrage nach den Gütern abhängen, die auf einzelnen Handelsrouten befördert werden. Hemmnisfaktoren sind weiterhin der erforderliche Verwaltungsaufwand und die Kosten der Zuschlagskalkulierung und -dokumentation.[546)]

d. Das BAUMOL-HEAVER-Modell

HEAVER hat vor einiger Zeit in die Diskussion über eine wirklichkeitsnahe Preisbildungstheorie für den Bereich der Linienschiffahrt eingegriffen.[547)] Er knüpft zunächst an STURMEY an und stellt fest, daß jener keine akzeptable Grundlage für die Preisbildung im Konferenzsystem hat schaffen können.[548)] Ausgehend von der Erkenntnis, daß die traditionellen Theorien und Modelle, basierend auf Preisen und Mengen, unangemessen sind, sofern Absprachen zwischen den Schiffahrtsfirmen bestehen, ist HEAVER der Ansicht, man könne die Konferenzpreisbildung und die Verhaltensweisen der Linien wohl am ehesten unter den Bedingungen des Ertragsmaximierungsmodells nach BAUMOL[549)] beschreiben. Dagegen ist nach Auffassung HEAVERS's ein spezielles Optimierungsmodell grundsätzlich zum Scheitern verurteilt. So kann bspw. auch das von SIMON[550)] entwickelte Modell nur in einigen Spezialfällen als angemessen bezeichnet werden. Es bleibt nach Ansicht HEAVERS's das allgemein gehaltene BAUMOL-Modell.

Die Elemente dieses Modells sehen folgendermaßen aus: Als Prämisse soll gelten, daß die typische oligopolistische Zielsetzung Erlösmaximierung unter Erreichung eines Mindestgewinns sein soll. Ohne weiter auf Nuancierungen in den Zielsetzungen eingehen zu wollen, können wir festhalten, daß in einer Einproduktunternehmung dieses Modell nur geringfügig von einem Durchschnittskosten-Preismodell abweicht. Gewichtig werden die Unterschiede im Falle von Mehrproduktunternehmen, bei denen keine solch einfache Preisbildungsregel angesetzt werden kann, da hier durchaus die Möglichkeit eines Gewinn- bzw. Verlustausgleichs zwischen den verschiedenen Produktionsbereichen gegeben ist.[551]

Das Erlösmaximierungsmodell stellt einen Rahmen dar, innerhalb dessen das Verhalten vieler Unternehmen, insbesondere von Oligopolisten, besser beschrieben werden kann als durch ein Gewinnmaximierungsmodell; es muß aber hinzugefügt werden, daß es allenfalls eine Näherungslösung an ein Bündel komplexer und sich verändernder Faktoren ist.[552]

Abb. 53 : Erlösmaximierung unter Erreichung eines Mindestgewinns

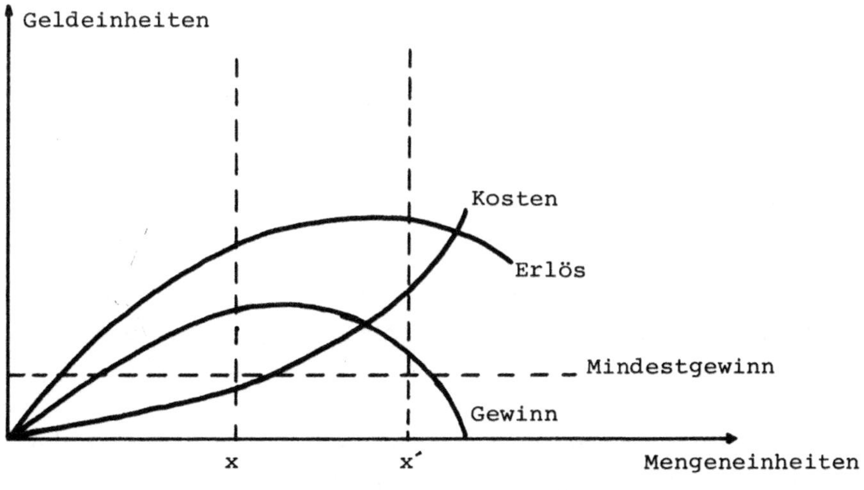

II. Ein Modell zur Beschreibung der Substitution zwischen den Schiffahrtsmärkten

Den grundsätzlich gezeigten Zusammenhang zwischen den Substitutionsbeziehungen und Sunstitutionslücken kann man statistisch-ökonometrisch belegen, sofern eine ausreichende Datenbasis verfügbar ist. Einen dementsprechenden Versuch unternimmt MIYASHITA[553] für den Einsatz von Tankern in der Rohöl- und in der Getreidefahrt. Er legt seinem Schätzmodell den Zeitraum 1961 bis 1968 zugrunde. Dieses Modell sieht in kurzen Worten wie folgt aus:

Ausgeschlossen von der Betrachtung werden die Linienschiffahrt, die langfristigen Zeitchartern und der Werkverkehr. Somit kann MIYASHITA sich vereinfachend auf vier Teilmärkte beschränken.

- Teilmarkt 1 : Trampschiffahrt ohne Getreidefahrt
- Teilmarkt 2 : Trampschiffahrt in der Getreidefahrt
- Teilmarkt 3 : Tankschiffahrt in der Getreidefahrt
- Teilmarkt 4 : Tankschiffahrt nur Rohölfahrt

Hieraus lassen sich folgende Hypothesen ableiten:

(1) Zwischen den Teilmärkten 1 und 2 gebe es nur die Substitutionsbeziehungen zwischen verschiedenen Leistungen der Trampschiffahrt.

(2) Zwischen den Teilmärkten 3 und 4 gebe es nur die Substitutionsbeziehungen zwischen verschiedenen Leistungen der Tankschiffahrt

(3) Zwischen den Teilmärkten 2 und 3 gebe es nur die Substitutionshandlungen der Getreideexporteure und -importeure.

Dabei wird angenommen, daß sich auf den Teilmärkten dort zahlreiche Trampschiffe und Tanker befinden, die je nach der jeweils verlangten Frachtrate auf ein positives oder negatives Interesse der Verladerschaft treffen.

MIYASHITA nennt die dargestellten Hypothesen und Zusammenhänge "kettenmäßige Substitutionshandlungen der Anbieter und der Nachfrager in den Seeverkehrsmärkten".

Ohne näher auf die von ihm verwendeten und hinlänglich bekannten Präferenzen im Rahmen der Regressionsanalyse einzugehen, wollen wir nur die von MIYASHITA erzielten Ergebnisse darstellen.

In der Hypothese (1) dienen als Datenbasis Monatswerte für die Jahre 1965-1968. Es wird davon ausgegangen, daß der Quotient von Angebotsmenge in Teilmarkt 1 und Angebotsmenge in Teilmarkt 2 linear abhängig sein soll von dem Quotienten der beiden entsprechenden Frachtratenniveaus. Es zeigt sich aber, daß die Preisverhältnisse nicht die alleinigen Determinanten des Angebots sein können. Vielmehr spielen verschiedene exogene Faktoren eine entscheidende Rolle, die in Form von 0/1- oder Dummy-Variablen ins Modell einbezogen werden. Es handelt sich hierbei um zwei Saisonvariablen und um drei Variable, die die Auswirkungen der Hafenstreiks in den USA 1965 und 1968 sowie der Blockade Nigerias im Juli 1967 signalisieren. Mit dem gewählten Modell, das wegen eines nicht ganz überzeugenden Bestimmtheitsmaßes von 65,4 % verbesserungsfähig sein dürfte, berechnet sich der Durchschnittswert der Angebotssubstitutionselastizität mit 0,96 und die Anpassungsgeschwindigkeit der Anbieter mit 0,88.

Die Datenbasis der Hypothese (2) sind Monatswerte von Januar 1965 bis November 1968. Als grundsätzlicher Zusammenhang wird das bereits unter (1) beschriebene Modell gewählt: der Quotient aus der Angebotsmenge in Teilmarkt 3 und Angebotsmenge in Teilmarkt 4 soll ebenfalls linear abhängig sein von dem Quotienten der beiden Frachtenratenniveaus zum Zeitpunkt t. Als Erweiterung zu diesem Ansatz tritt in diesem Modell nur eine Dummy-Variable, zusätzlich aber die zeitverzögerte abhängige Variable Y_{t-1} zur Berücksichtigung eines autoregressiven Schemas . Vor allem durch die Einbeziehung von Y_{t-1} in die Gleichung nimmt das Bestimmtheitsmaß in Anbetracht des extrem starken Schwankungsverlaufs den beachtlichen Wert von 0,86 an. Der Durchschnittswert der Angebotselastizität zwischen den Teilmärkten 3 und 4 berechnet sich zu 1,02 und die Anpassungsgeschwindigkeit der Anbieter zu 0,63.

Zum Signifikanztest der dritten Hypothese wird ein logarithmisch-lineares Modell verwendet. Datenbasis ist hier der Zeitraum Juli 1961 bis Januar 1964. Es wird der Logarithmus der Quotienten aus der Angebotsmenge in Teilmarkt 3 und der Angebotsmenge in Teilmarkt 2 auf seine Abhängigkeit vom Logarithmus des Quotienten der Frachtraten im Teilmarkt 3 bzw. 2 sowie vom zeitverzögerten Quotienten der der logarithmierten Angebotsemngen (Y_{t-1}) getestet. Das Bestimmtheitsmaß ist hier mit 0,60 wenig zufriedenstellend.

Die modellimmanenten Schwächen umreißt MIYASHITA[554)] selbst, wenn er sagt,daß sich, obwohl die Angebots- und Nachfragemengen in den vier untersuchten Teilmärkten auf den Vertragsmengen der Reisechartern und der konsekutiven Reisechartern basieren, die entsprechenden Frachtraten nur auf die Reisechartern beziehen. Desweiteren muß beobachtet werden, daß die Aktivitäten der Bulkcarrier mit in den Transportmärkten enthalten sind. Außerdem ist der Transport von Getreide im Rahmen der Linienfahrt nicht berücksichtigt.

Die für die damalige Zeit geschätzten Gleichungen und insbesondere die Parameter sind sicherlich nicht exakt bspw. auf die heutige Situation übertragbar, da sich gerade im Bereich der Schiffahrt die Datenkonstellationen fortwährend ändern. Auf die jüngsten Entwicklungen in Hinblick auf die Tonnagemengen, Schiffsgrößen- und -typenänderungen sowie exogener Faktoren brauchen wir an dieser Stelle nicht ein weiteres Mal einzugehen.

Die Untersuchung von MIYASHITA stellt aber dennoch insgesamt einen wesentlichen Beitrag zur Diskussion über die Marktformen, Marktbeziehungen, Ausgleichsmechanismen und nicht zuletzt der Preisbildung im Seeverkehr dar, auf dessen Grundlage man mit neueren Daten erneut die Hypothesen über die Substitutionsbeziehungen untersuchen könnte.

4. Abschnitt: Die Preisbildung im Luftverkehr

A. Die Grundlagen der Preisbildung

I. Die Marktstruktur des internationalen Luftverkehrs

Im Luftverkehr gibt es wie bei den anderen Verkehrssektoren keinen einheitlichen Markt, Luftverkehrsleistungen werden vielmehr auf zahlreichen Teilmärkten angeboten. Sie unterscheiden sich nicht nur durch einen ökonomischen Ort, sondern zusätzlich nach ihrer geographischen Lage und Ausrichtung sowie nach der sachlich-qualitativen Art der bereitgestellten Transportdienste.[555] Da jedoch die Teilmärkte keine voneinander unabhängigen Gebilde sind, ergibt sich für die Luftverkehrsunternehmen die Notwendigkeit, trotz aller spezifischen Gegebenheiten der einzelnen Teilmärkte gleichzeitig die Preisbildung der Teilmärkte aufeinander abzustimmen, um den Erfordernissen des Gesamtmarktes Rechnung tragen zu können.

Unter dem Begriff der Marktstruktur des Luftverkehrs faßt man alle Faktoren zusammen, die den Gesamtmarkt und das Marktgeschehen im Luftverkehr bilden. Das sind zunächst der Umfang und die Ausdehnung des Marktes selbst, die Struktur der Marktteilnehmer und schließlich die Verhaltensweisen, die von den Marktteilnehmern angewandt werden.[556]

a. Die Struktur des Angebots

1. Das Gesamtangebot im Luftverkehr

Innerhalb des Gesamtangebots sind zu unterscheiden die der IATA angeschlossenen Fluggesellschaften und die der IATA nicht angehörenden Gesellschaften. Das Schwergewicht der Verkehrsleistungen der IATA-Mitglieder liegt im Linienverkehr, während die anderen Unternehmen hauptsächlich den Gelegenheitsverkehr durchführen. Von den beiden Verkehrsarten dominieren die internationalen Liniendienste. Von den Transportleistungen der hier beteiligten 444 Liniengesellschaften[557] entfallen rund 80 % auf den Personenverkehr, 14 % auf den Gütertransport und 6 % auf die Postbeförderung.

Von den 444 im Luftverkehr tätigen Unternehmen waren 1970 103 der IATA angeschlossen. Dies sagt jedoch noch nichts über die Marktstellung dieser Organisation aus. Vielmehr zeigt erst die Größe des Marktanteils mit jeweils fast 90 % der angebotenen und verkauften Leistungen die wirkliche Bedeutung der IATA im internationalen Luftverkehr.[558]

Es spricht kaum etwas dagegen, von einem Teilmonopol auszugehen, wenn neben einem deutlich überlegen großen Unternehmen, in diesem Fall der IATA, noch einige kleinere als Anbieter auftreten, die aber einzeln und auch insgesamt nur einen so geringen Marktanteil versorgen können, daß die Folgen ihres angenommenen marktstrategischen Verhaltens für das Großunternehmen nicht fühlbar sind. Andererseits ist aber gerade das Marktverhalten der IATA für die Preissetzung der Nicht-IATA-Gesellschaften von maßgeblicher Bedeutung. Da diese in einem teilmonopolistischen Abhängigkeitsverhältnis zur IATA stehen, wird jene zum Preisführer mit der Folge, daß die Preise der Nicht-IATA-Gesellschaften regelmäßig nicht über den von der IATA festgelegten Tarifen liegen können.

BERENDT[559] nennt die Marktform auf der Angebotsseite ein organisiertes Oligopol, wobei der Grad der Bindung in der unteren Grenze durch die Preis- und Konditionenfestsetzung der IATA und in der oberen Grenze durch die individuelle zwischen den einzelnen IATA-Mitgliedern abgeschlossenen Poolabkommen bestimmt ist, während den Nicht-IATA-Gesellschaften und den konkurrierenden Bodenverkehrsmitteln die Rolle der Außenseiter zufällt.

2. Das Angebot auf den regionalen Verkehrsmärkten

Auf den regional abgegrenzten Teilmärkten können gegenüber der Struktur des Gesamtangebots erhebliche Unterschiede auftreten.

Einerseits sind Luftverkehrsunternehmen, die einen vergleichsweise bedeutenden Anteil am Gesamtmarkt besitzen, nicht auf allen internationalen Strecken gleich stark vertreten. Andererseits können am Weltmarkt völlig unbedeutende Unternehmen auf bestimmten Relationen, wie dies meistens auf den vom jeweiligen Mutterland ausgehenden Strecken der Fall ist, eine ausgesprochen einflußreiche Rolle spielen.

Auf den meisten Teilmärkten haben wir es in der Regel nur mit wenigen Anbietern zu tun und als Folge der Marktbedingungen, wie die staatliche Genehmigungspflicht, die großen Transportkapazitäten, die Abhängigkeit von den Flughäfen u.a.m. zu betrachten ist, auf einigen, wenn auch unbedeutenden Strecken sogar mit Alleinanbietern. Im Grunde genommen findet man im Luftverkehr auf den Teilmärkten sämtliche Angebotsformen des Monopols und des Oligopols, wobei aber die des Oligopols als typisch anzusehen sind.

3. Die Konkurrenz des Oberflächenverkehrs

Die konkurrierenden Verkehrsträger des Luftverkehrs sind im wesentlichen die Eisenbahn, das Kraftfahrzeug und das Schiff. Wettbewerbsmöglichkeiten ergeben sich grundsätzlich auf den Überseeverbindungen nur zwischen dem Seeschiff und dem Flugzeug, auf den Kontinentalstrecken zwischen der Eisenbahn, dem Straßenverkehr und dem Luftverkehr.

Das Wesen der Verkehrsleistung liegt in ihrer eigentlichen Beförderungsaufgabe, jedoch weisen, wie bereits verschiedentlich gezeigt,[560] die einzelnen Verkehrsträger qualitative Unterschiede auf, "... wenn wir anerkennen, daß verschiedene Erzeugnisse demselben Zweck dienen können, daß also qualitativ verschiedene Mittel das gleiche Ziel erreichen (etwa einen bestimmten Erlebniswert, die Möglichkeit einer bestimmten Betätigung oder ein anderes vom Käufer angestrebtes Ziel), so daß man die Verkäufer differenzierter Güter ganz einwandfrei als Teilnehmer an ein und demselben Wettstreit betrachten kann."[561]

Als Gesamtmaßstab für die Qualität eines Verkehrsmittels und damit auch für die Qualität der Verkehrsleistungen ist der Begriff der Verkehrswertigkeit eingeführt worden, [562] der für die Analyse der Determinanten der Nachfrage nach Verkehrsleistungen und damit auch für die Preisbildung von erheblicher theoretischer und praktischer Bedeutung ist. Denn um die Konkurrenzfähigkeit des Luftverkehrsmarktes im Vergleich zu anderen Verkehrsmärkten sowie die Leistungsfähigkeit des einzelnen Verkehrsmittels Flugzeug bestimmen zu können, bedarf es eines Maßstabs, der die Verschiedenheit aller Verkehrsmittel in bezug auf ihre Merkmale und Wirkungen vergleichbar macht.

Die für die Luftverkehrsleistungen bedeutenden Qualitätsmerkmale ergeben sich einmal aus einem Vergleich mit anderen Verkehrsträgern wie Eisenbahn und Schiff und zum anderen aus der Bestimmung verschiedener Leistungsunterschiede innerhalb des Luftverkehrsangebots selbst.

Tab. 68 : Fahrgastverkehr über den Nordatlantik 1957 - 1970

Jahr	Seeverkehr		Luftverkehr		Jahr	Seeverkehr		Luftverkehr	
	in 1000	in %	in 1000	in %		in 1000	in %	in 1000	in%
1957	1027	50,2	1019	49,8	1964	715	16,8	3551	83,2
1958	946	42,3	1292	57,7	1965	649	13,7	4092	86,3
1959	881	36,4	1540	63,6	1966	603	11,4	4700	88,6
1960	879	31,3	1929	68,7	1967	504	8,4	5505	91,6
1961	785	26,5	2176	73,5	1968	374	6,1	5752	93,9
1962	820	24,1	2587	75,9	1969	338	4,7	6776	95,3
1963	810	22,2	2836	77,8	1970	252	3,0	8018	97,0

Quelle: Lloyd Anversois, Antwerpen, 16.9.1971, S. 3

Der entscheidende Vorteil erwächst dem Flugzeug hauptsächlich aus seiner Geschwindigkeit. Dieser Vorteil wird mit zunehmender Länge der zurückzulegenden Strecke immer größer. Je höher er von der Nachfrageseite eingeschätzt wird, umso höhere Preise können von den Luftverkehrsunternehmen durchgesetzt werden, da die Intensität des Wettbewerbs zwischen dem Luftverkehr und dem Oberflächenverkehr sich verringert.[563)]

4. Die Marktzugangsbeschränkungen

Charakteristisch für die Unvollkommenheit des Luftverkehrsmarktes ist die enge Verflechtung privatwirtschaftlicher und öffentlicher Interessen,[564)] wenn dies auch nicht neu und bereits auf anderen Verkehrsmärkten festgestellt werden konnte. In den meisten Fällen obliegt es zwar privaten Unternehmen, Luftverkehrsleistungen anzubieten und durchzuführen, zwar sind sie verantwortlich für die Investitionen und Absatzpolitik, aber sozusagen flankierend übt der Staat auf die Organisation einen mehr oder minder starken Einfluß aus, der sich einmal in den Marktzugangsbeschränkungen zeigt, zum anderen durch eine staatliche finanzielle Beteiligung an den Unternehmen oder durch direkte oder indirekte Subventionen deutlich wird.

Die Zugangsbeschränkungen ergeben sich aus natürlichen Wettbewerbsbeschränkungen und aus staatlichen Interventionsmaßnahmen.[565)] Die hohe Kapazität der Transportaggregate und die im Vergleich dazu geringen, auf die Flughäfen konzentrierte Nachfrage bieten auf den einzelnen Relationen nur relativ wenigen Anbietern Platz.Nicht zu vergessen sind die hohen Investitionskosten in das Verkehrsmittel selbst.

Die staatliche Regulierung besteht in den beiden Möglichkeiten der Konzessionierung und Kontingentierung.[566)]. Bei der Verkehrskonzession handelt es sich um eine staatliche Erlaubnis für ein Verkehrsunternehmen, den Verkehr auch durchzuführen. Die Erteilung einer Konzession ist in der Regel mit einer Prüfung der technischen und finanziellen Leistungsfähigkeit des Verkehrsunternehmens und einer Prüfung des Verkehrsbedürfnisses verbunden. Konzessionspflichtig ist in der Regel nicht nur die Durchführung des Verkehrs überhaupt, sondern auch der Verkehr auf einer bestimmten Strecke. Bei der Kontingentierung wird den Luftverkehrsunternehmen die Möglichkeit genommen, auf einer konzessionierten Strecke beliebig viele Flüge anzubieten. Durch diese Zugangsbeschränkungen ergaben sich Einschränkungen des Wettbewerbs im Luftverkehr.

b. Die Struktur der Nachfrage

Den monopolistischen und oligopolistischen Angebotsformen auf den Gesamt- und Teilmärkten steht eine sich aus vielen Einzelpersonen zusammensetzende Nachfrage gegenüber, die von sich aus nicht imstande ist, einen nennenswerten Einfluß auf dem Markt auszuüben. Die Gesamtnachfrage gliedert sich sachlich in die Nachfrage nach Passagierplätzen im Personenluftverkehr sowie in die Nachfrage nach Frachtbeförderung im Luftfrachtverkehr.

1. Personenluftverkehr

Im Personenluftverkehr werden zwei große Gruppen von Nachfragern nach Verkehrsleistungen unterschieden, und zwar die Geschäftsreisenden und die Urlaubsreisenden. Die Zusammensetzung der Gesamtnachfrage nach dem Zweck der Reise ist wesentlich für den Grad der Nachfrageelastizität. Der Geschäftsverkehr weist regelmäßig eine relativ starre Nachfrageelastizität in bezug auf den Preis auf, während die Nachfrage im Urlaubsverkehr innerhalb bestimmter Bereiche äußerst elastisch ist.

Neben der Klassifizierung in den Geschäfts- bzw. Touristenverkehr werden die Reisenden von den Luftverkehrsunternehmen oft nach anderen Kriterien, bspw. als Auswanderer, Studenten, Kinder usw. eingeteilt. Diese Einteilung dient dem Zweck der Preisdifferenzierung und ist teilweise recht willkürlich. Auf die Voraussetzungen und die Anwendungsmöglichkeiten der Preisdifferenzierung werden wir weiter unten eingehen.[567)]

Im Passagierverkehr, nach wie vor mit nahezu 95% der Gesamtleistung der bei weitem überwiegende Transportzweig im internationalen Luftverkehr, erhöhte sich die Zahl der auf Linienflügen beförderten Personen 1972 auf 443 Mio. und 1973 auf 478 Mio. Im Linienverkehr wurden 1973 rund 610 Mrd. Pkm geleistet.[568)]

Auf der weiterhin bedeutsamsten internationalen Route über den Nordatlantik wurden 1972 rund 15%, 1973 rund 8% mehr Passagiere befördert als jeweils im Vorjahr. 1972 gelang hier den IATA-Gesellschaften eine Steigerung ihres Marktanteils auf Kosten der Chartergesellschaften, den sie auch 1973 halten konnten.

Tab. 69 : Marktanteile im nordatlantischen Passagierverkehr 1971 - 1973

	1971		1972		1973	
	Mio. Passag.	%	Mio. Passag.	%	Mio. Passag.	%
IATA-Linie	7,53	66,7	9,30	71,3	10,00	71,0
Nicht-IATA-Linie	0,30	2,6	0,30	2,3	0,30	2,0
IATA-Charter	1,06	9,4	1,27	9,7	1,70	12,0
Nicht-IATA-Charter	2,40	21,3	2,18	16,7	2,10	15,0

Quelle: BÖHME, H. und SICHELSCHMIDT, H.: Weltluftverkehr: Neue Wettbewerbsregeln für Liniendienste und Chartermärkte, in: Die Weltwirtschaft, 1974, S.184, zusammengestellt nach DVZ, Hamburg, vom 17.3.73 und vom 2.5.74

2. Luftfrachtverkehr

Der Kundenkreis im Luftfrachtverkehr besteht aus erheblich weniger Nachfragern als im Passagierverkehr. Die dauernde Inanspruchnahme des Flugzeuges im Luftfrachtbereich ist durchweg häufiger anzutreffen als im Personenluftverkehr. Daher gewinnt der einzelne Frachtkunde im allgemeinen eine größere wirtschaftliche Bedeutung als Gesprächspartner der Luftverkehrsunternehmen als der individuelle Fluggast.[569] Eine Umfrage, die HOFF bei verschiedenen Unternehmen in der Bundesrepublik durchführte, macht deutlich, daß die Luftfrachtverkehrsleistung besonders dann in Anspruch genommen wird, wenn der Faktor Zeit eine wesentliche Rolle spielt. Hier entscheidet die Schnelligkeit des Flugzeuges fast ausschließlich die Wahl des Verkehrsmittels.[570] Die anderen Ebenen der Verkehrswertigkeit wie Sicherheit, Bequemlichkeit oder Berechenbarkeit spielen im Urteil der Nachfrager eine untergeordnete Rolle.

Auf der Exportseite dominiert für die BRD der Anteil des warenproduzierenden Gewerbes mit 60-80% der Luftfahrt. Auf der Importseite führt dagegen der Handel mit 90% der Gesamtnachfrage mehr als deutlich.[571]

Regelmäßig sind die transportierten Güter hochwertig und beanspruchen meist einen geringen Transportraum. Güter wie Schmuck, Rauchwaren, optische Geräte, Gold, besondere Chemikalien usw. fallen in diese Kategorie. Verderbliche Güter, wie Gemüse und Blumen werden besonders beim Import in die Industrieländer mit dem Flugzeug transportiert. Vergleichbares gilt für den Transport von zeitpunktbezogenen oder von saisonabhängigen Gütern wie Zeitungen bzw. Modeartikeln. Bei den genannten Gütern ist die Handelsspanne meist groß genug,um auch bei der vergleichsweise teuren Luftfracht die Marktchance zu wahren.[572]

Neben der Konzentration der Nachfrage nach Luftfrachtverkehrsleistungen auf einige Gütergruppen liegt das Schwergewicht der Nachfrage auf einem relativ kleinen Kundenkreis, wenn man die Nachfrage nach Anteilen betrachtet. Die fünf größten Kunden einer Luftfrachtspedition, die im gewählten Untersuchungsbereich[573] einen Marktanteil von rund 50% besaß, hatten einen Anteil an der gesamten Nachfrage dieser Spedition in Höhe von 85%. Die Luftfrachtspediteure sind zwar die größten Kunden der Luftfrachtgesellschaften, ob sie allerdings einen einheitlichen Nachfrageblock darstellen mit einem Gegengewicht gegen die IATA von der Nachfrageseite her, muß für den internationalen Verkehr verneint werden,da die Spediteure von der IATA konzessioniert werden und im Grunde nur die vorgeschriebenen Preise vermitteln. Anders gewichtig ist ihre Bedeutung allerdings im Inlandsverkehr, hier vor allem in den USA.[574]

Wesentlich wird die Nachfrageentwicklung durch die Preiselastizität bestimmt. Für die Luftfrachtunternehmen ist die Kenntnis davon wichtig, ob eine Tarifsenkung bspw. einen Mehrverkehr induziert, der die Mindereinnahmen überkompensiert. Man kann davon ausgehen, daß, wenn die Eilbedürftigkeit des Transportgutes für die Nachfrage entscheidend ist, die Preiselastizität relativ gering ist. In diesem Falle ist auch der Wettbewerb zwischen dem Luftfrachtverkehr und den konkurrierenden Oberflächenverkehrsmitteln geringfügig.[575]

Bei Gütern, die zwar eilbedürftig, nicht aber verderblich sind[576], bleibt die Nachfrage nach Luftfrachtverkehrsleistungen solange unelastisch in bezug auf den Preis, wie die Kosten für den Produktionsausfall größer sind als beim Lufttransport anfallenden Frachtkosten. Um ein Beispiel zu geben, wird ein Nachfrager gegebenenfalls auf der Nordatlantik-Route zur Seeverkehrsleistung übergehen, wenn die Differenz zwischen Luftfrachtrate und Seefrachtrate höher eingeschätzt wird als der kalkulatorische Zeitkostenvorteil.[577]

Die Beurteilung der Preiselastizität der Nachfrage im Luftfrachtverkehr variiert zwar grundsätzlich, jedoch nicht ausgesprochen deutlich. Nach DIRLEWANGER ist die Nachfrageelastizität in bezug auf den Preis allgemein bei einer geringen Tarifsenkung kleiner oder gleich eins, bei einer starken Ermäßigung sogar größer als eins.[578] BERENDT stellt dagegen eine zunehmende Starrheit der Nachfrageelastizität fest. Er begründet dies damit, daß der Anteil der regelmäßig beförderten Güter am Gesamtaufkommen gestiegen ist.[579]

Die Preiselastizität variiert nicht nur mit den Warenarten, sondern auch mit der Transportstrecke und der Verkehrsrichtung. Betrachten wir das folgende von ALLEN verwendete graphische Beispiel:

Abb. 54 : Der Einfluß von Änderungen der Luftfrachtraten auf das Transportaufkommen zwischen New York und Großbritannien im Januar 1967

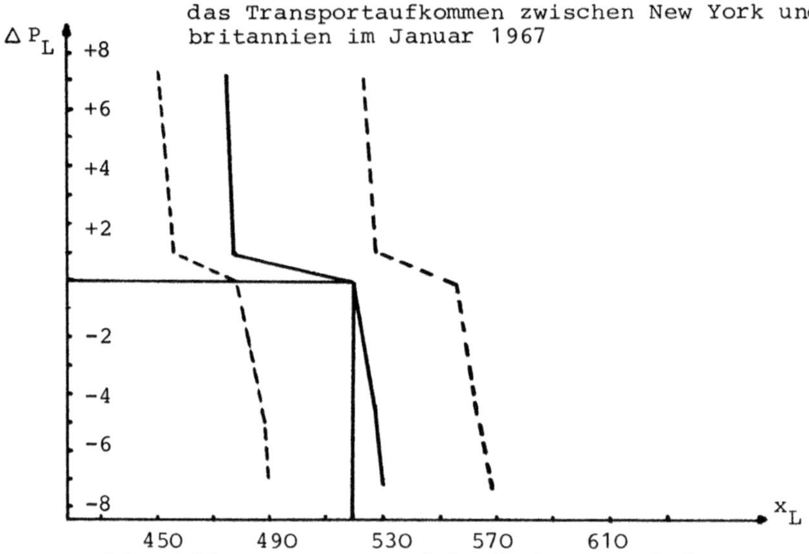

Quelle: Allen, W.B.: A Model of the Demand for Transportation, a.a.O., S.93 ff.

Abb. 55 : Der Einfluß von Änderungen der Seefrachtraten auf das Transportaufkommen im Luftverkehr zwischen New York und Großbritannien im Januar 1967

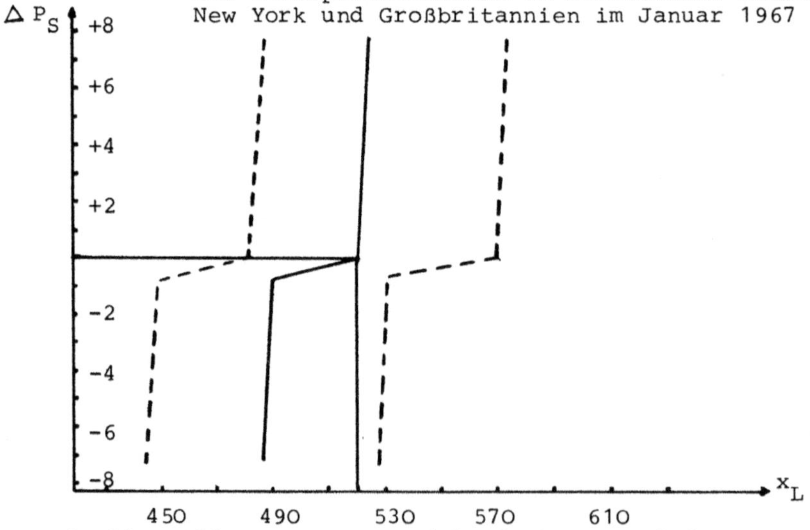

Quelle: Allen, W.B.: A Model of the Demand for Transportation, a.a.O., S. 93 ff.

Die Beziehung zwischen einer Änderung der Seefrachtrate und dem Transportaufkommen im Luftfrachtverkehr zeigt die vorstehende Abbildung.

Steigt P_L, gehen die speziellen Luftfrachtgüter über in die Beförderung durch das Schiff. Selbstverständlich werden zunächst die Güter, die eigentlich für die Beförderung durch das Schiff geeignet wären, aber bislang per Luftfracht befördert wurden, bei einer Anhebung der Luftfrachtrate wieder vom Schiff befördert. Steigt dagegen P_S, so werden Güter von der Beförderung durch das Schiff zur Beförderung durch das Flugzeug abwandern. Zusätzlich werden Güter, die mit dem Schiff befördert wurden, im Grunde aber für die Beförderung per Luft geeignet sind, zur Beförderung durch das Flugzeug übergehen.

Werfen wir einen Blick auf die Entwicklung der Luftfrachtnachfrage im Zeitablauf, so zeigt sich eine mehr oder weniger kontinuierliche Verschiebung der Gesamtnachfrage in den Bereich größerer Transportmengen. Dabei läßt die Art der im Luftfrachtverkehr beförderten Güter vermuten, daß Konjunkturschwankungen einen erheblichen Einfluß auf die Nachfrage nach Luftfrachtverkehrsleistungen ausüben, handelt es sich doch zumeist um Investitionsgüter und hochwertige Konsumgüter.[580)]

1969 war eine starke Nachfragebelebung zu verzeichnen; die Zahl der durchgeführten Flüge erhöhte sich um 33 %. In der ersten Jahreshälfte stand dieser Zuwachs im Zusammenhang mit dem Streik der Hafenarbeiter in den Häfen der US-Ostküste.[581)] Die Verkehrsergebnisse der Liniengesellschaften lagen 1972 um 14 % über denen des Vorjahres, 1973 betrug der Zuwachs sogar 15 %. 1971 war dagegen das Ergebnis von 1970 nur um 10 % gesteigert worden.[582)] Das Gesamtvolumen der von Linienflügen erbrachten Frachtleistung belief sich 1973 auf 17,1 Mrd. tkm. Die Transportleistung ist im internationalen Flugverkehr in den letzten Jahren schneller gestiegen als im Inlandsverkehr. Mit 8,25 Mrd. tkm wies der internationale Verkehr 1972 mit 17 % eine höhere Zuwachsrate auf als der Inlandsverkehr, der es mit 4,95Mrd. tkm auf 11 % brachte.[583)]

Die bedeutendste Verkehrsrelation ist nach wie vor der Nordatlantik, auf der die IATA-Gesellschaften 1973 rund 584 000 Tonnen beförderten; dies bedeutet eine Steigerung um knapp 13 % gegenüber dem Vorjahr. Es ist auffällig, daß knapp die Hälfte des Frachtaufkommens im Laderaum von Passagierflugzeugen transportiert wurde. Daß diese Transportart gegenüber der Beförderung in Nurfrachtern verstärkt zugenommen hat, ist die Folge des Einsatzes von Großraumflugzeugen gewesen.[584)]

II. Die Kostenstruktur

Eine exakte Trennung zwischen Aufwand und Kosten läßt sich im Falle der Luftverkehrsunternehmen schwierig durchführen. Für den Luftverkehr ist es charakteristisch, daß nicht alle bei der Leistungserstellung entstehenden Kosten von den Luftverkehrsunternehmen getragen werden, sondern daß in fast allen Ländern die Infrastrukturkosten, wie Aufwendungen für Flughäfen und Flugsicherung, vom Staat übernommen werden. Zwar wird ein Teil davon durch die Erhebung von Abfertigungs-, Start- und Landegebühren den Benutzern der entsprechenden Einrichtungen angelastet, doch decken diese Beträge nur zu einem verschwindend geringen Teil die Aufwendungen.

a. Typische Kostenarten

Die Kapitalintensität der Luftverkehrsunternehmen ist relativ hoch. Somit machen die Kapitalkosten einen Großteil der Gesamtbetriebskosten aus. Durch den gerade im Luftverkehr schnell voranschreitenden technischen Fortschritt bei der Flugzeugentwicklung bezieht sich der größte Teil der Kapitalaufwendungen hier auf die Anschaffung des Fluggeräts.

Verzinsung und Abschreibung sind die wichtigsten Posten der relativ hohen Anlagekosten. Bedingt durch die immer wieder durchgeführte Modernisierung der Flugzeugparks sowie den Verschleiß des Fluggeräts sind die Abschreibungen sehr hoch.

Zusammenfassung der verschiedenen Kostenfaktoren im Luftverkehr[585]:

(1) Eigenschaften des Flugzeugs:

- Verfügbare Kapazität für Passagiere, Fracht und Post auf einer gegebenen Etappenlänge;
- Reisegeschwindigkeit;
- Besatzung;
- Treibstoffe;
- Wert und Grad der Abschreibung des Flugzeugs;
- Revisionsfristen

(2) Ökonomische Umweltbedingungen

- Lohnniveau;
- Preisniveau;
- Flugzeugmieten;
- Ladegebühren und Gebühren für Flugzeugsicherung;
- Ausmaß der Nachfrage nach Lufttransporten;
- Allgemeine wirtschaftliche Lage;
- Unternehmensgröße

(3) Streckengestaltung

- Nutzlast der Flugzeuge bei gefüllten Treibstoffbehältern;
- Flugfrequenz;
- Kommerzielle Fluggeschwindikeiten
- Einsatz der Flugzeuge

(4) Dispositive Faktoren

- Ausmaß und Qualität der Passagierdienste in der Luft und am Boden;
- Verkaufs- und Werbeaktivität;
- Allgemeine und administrative Produktivität;
- Versicherungsmethode;
- Abschreibungsmethode;
- Flugzeugmietpolitik;
- Aufteilung des Laderaumes zwischen Fracht- und Personentarifklassen.

b. Versuch einer quantitativen Analyse am Beispiel des Luftfrachtverkehrs

Die anschließende Analyse der Kosteneinflußgrößen im Luftfrachtverkehr stellt den Versuch dar, aus einer Vielzahl von Einzelinformationen eine Gesamtkostenstruktur herauszuarbeiten. Wir gehen dabei von einer etwas anders geordneten Kostenverteilung als im vorigen Abschnitt aus.

1. Direkte Betriebskosten

Die direkten Betriebskosten, unter denen wir hier die Flugbetriebskosten, die Erhaltung und Wartung des Geräts sowie die Abschreibungen verstehen wollen, betragen etwa 55 % der Gesamtkosten der internationalen Nurfrachtgesellschaften. Somit wird die Kostenstruktur der Luftverkehrsunternehmen wesentlich von der Struktur der direkten Betriebskosten beeinflußt, die damit die Grundlage für die Vorschläge zur Tariffestsetzung bilden.[586] Die Kosten für Treib- und Schmierstoffe variieren von Land zu Land und von Flugzeugtyp zu Flugzeugtyp. Bspw. hat die B 747 gegenüber der B 707 - 330 B einen um 20 % geringeren spezifischen Kraftstoffverbrauch.

Insgesamt kann man sagen, daß vom Fluggerät der wesentliche Teil der hier betrachteten Kosten abhängt. Daher bieten sich auch hier die größten Möglichkeiten zur Rationalisierung und Kostensenkung. Betrachten wir nun einige Beispiele für den Zusammenhang zwischen der Entwicklung der Betriebskosten und verschiedenen Einflußgrößen.

Beispiel 1:

Die direkten Betriebskosten sinken, wenn die Reisegeschwindigkeit steigt. Dadurch, daß die Produktivität der Flugbesatzung zunimmt, sinken die Lohnkosten pro Flug. Je länger der Aufenthalt eines Flugzeuges am Boden ist, umso mehr verringert sich die Reisegeschwindigkeit. Grundsätzlich erhöhen also längere Flugstrecken die Durchschnittsgeschwindigkeit.

Abb. 56 : Die Abhängigkeit der direkten Betriebskosten von der Reisegeschwindigkeit verschiedener Fluggesellschaften (Daten 1964)

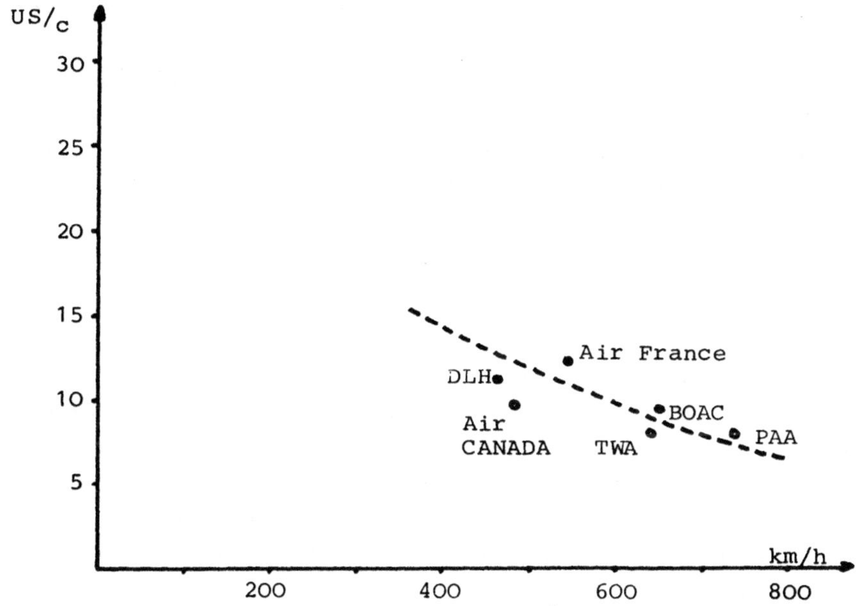

Quelle: ICAO Circular 77-AT/12: Air Transport Operating Costs, Montreal 1966, S. 34

In der vorstehenden Abbildung wurden die einzelnen Fluggesellschaften entsprechend ihrer durchschnittlichen Fluggeschwindigkeit eingetragen. Die Daten von 1964 sind zwar heute überholt, dürften aber dennoch die tendenzielle Aussage richtig wiedergeben. Es ist festgestellt worden, daß die Gesellschaften mit den niedrigsten direkten Betriebskosten im überwiegenden Teil der Fälle auch die höchste Durchschnittsgeschwindigkeit fliegen. 587)

Beispiel 2:

Die direkten Betriebskosten sinken, wenn die Flugzeuge leichter zu warten sind. Bspw. führen neue Triebwerke zu Kostensenkungen in der Wartung. Sie haben außerdem einen spezifisch geringeren Treibstoffverbrauch. Doch gerade der Treibstoff und seine Preissteigerungen haben jüngst die Flugtarife in Bewegung gebracht.

Waren zwar schon in den letzten Jahren die Treibstoffkosten ständig gestiegen, so daß sie ihren Anteil an den Gesamtkosten von 11 % auf 26 % ausweiteten, so war doch erst der Preisanstieg seit dem Herbst 1973 außerordentlich hoch. Um die Mehrbelastungen für die Gesellschaften aufzufangen, die infolge der Preiserhöhungen für Flugzeugtreibstoffe namentlich seit der OPEC-Politik eintraten[588], wurden verschiedentlich Zuschläge zu den Tarifraten erhoben.

2. Indirekte Betriebskosten

Unter den indirekten Betriebskosten wollen wir die Stationierungs- und Bodenkosten, die Kosten der Verkaufsförderung und der Verwaltungstätigkeiten verstehen.[589] Die Höhe der indirekten Kosten im Atlantikverkehr beträgt z.B. 45 % der Gesamtkosten. Man spricht aber auch von einem Zuschlag zu direkten Kosten von 50 - 100 % je nach dem Anteil des Nurfrachtverkehrs einer Gesellschaft.[590]

Tab.70 : Kostenstruktur einer B 707 - 320 c für das Jahr 1968

	pro angebotenem Tonnenkilometer		%	
Direkte Kosten		3,29		51
- Abschreibung	0,71		11	
- Flugkosten	1,81		28	
- Wartung etc.	0,77		12	
Indirekte Kosten		3,23		49
- Verkehrsdienst	0,96		15	
- Flugdienst	1,20		18	
- Reservierung, Verkauf etc.	0,81		12	
- Verwaltung etc.	0,26		4	
Gesamtkosten	6,52	6,52	100	100

Quelle: ICAO-Circular 97-AT/18: Air Freight Europe-Miditerranean Region, Montreal 1970, S. 120

In diesem Bereich sind die Abfertigungskosten ein bedeutsamer Posten, deren Höhe nicht zuletzt von der Qualität der Frachtterminals abhängt. Mechanische Terminals ermöglichen den verstärkten Einsatz von Containern. Die Einsparungen bei den Verladungskosten können bis zu 25 % betragen.

3. Betriebsleistung und Kosten

Die Zuordnung der direkten und indirekten Kosten auf die Verkehrsleistungen im Luftfrachtverkehr ist bei gemischten Diensten problematisch. In den vergangenen Jahren hat man versucht, die Kosten der Luftfrachtbeförderung bereits aus den Einnahmen aus der Passagiertransportleistung zu decken. Das bedeutet, daß bspw. die direkten Betriebskosten mit Null % der beförderten Fracht zugerechnet wurden. Die indirekten Betriebskosten, die bei einem gemischten Dienst entstehen, müssen in einen Teil passagierbezogener und einen Teil frachtbezogener Kosten aufgeteilt werden. Gerade die mit der Ermittlung der zusätzlichen indirekten Betriebskosten verbundene Problematik der Grenzkostenbestimmung ist schwierig.

Die Grenzkosten der Frachtbeförderung eines gemischten Fluges müßten theoretisch durch das Verhältnis von Mehrverbrauch an Treibstoff zur Nutzlast - das die Treibstoffmenge pro Einheit des Transportgutes - sowie anderer zusätzlicher Kosten - bspw. Versicherung - bestimmt werden.

Es ist anzunehmen, daß die Entwicklung der Kostenrechnung als Grundlage der Preisstellung besonders im gemischten Flugdienst dahin gehen wird, daß die zusätzlichen Kosten der Luftfrachtbeförderung in Form einer Grenzkostenanalyse berechnet werden. Die Grenzkostenrechnung steckt hier allerdings noch in den Anfängen, wie die von der IATA erstellten Studien zeigen, die den Charakter von Denkanstößen haben.

Im Nur-Frachtdienst ist die Zuordnung der Betriebskosten unproblematischer. Hier empfielt sich eine proportionale Anlastung der direkten Betriebskosten. Die Anwendung der Grenzkostenkalkulation setzt letztlich auch im Nur-Frachtverkehr die Kenntnis der variablen Kosten voraus.

4. Streckenlänge und Kosten

Je länger die Flugstrecke ist, desto niedriger sind die indirekten Betriebskosten. Mit der Zahl der Zwischenlandungen steigen sowohl die direkten als auch die indirekten Betriebskosten, weil die Unterhaltungskosten zunehmen und weil Starts und Landungen mehr Treibstoff verbrauchen als die normale Flugzeit.

Abb. 57 : Der Zusammenhang zwischen den Stückkosten einer B 707 - 320 C und der Streckenlänge

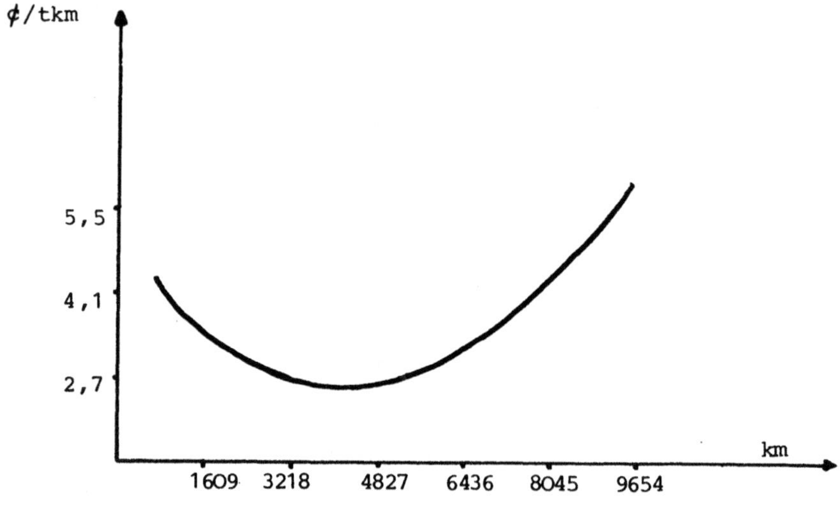

Quelle: Boeing Company: Boeing 707 - 320 C, General Description, o.O., o.J., S. 59

Aus der Abbildung wird deutlich, daß ab ca. 4800 km die direkten Stückkosten wieder ansteigen, weil entweder die maximale Nutzlast nicht mehr verfügbar ist oder weil mit steigender Streckenlänge größere Treibstoffmengen zugeladen werden müssen, was auf Kosten der Nutzlast geht. Die Nordatlantikrelationen liegen im Bereich leicht ansteigender Stückkosten.

B. Die praktischen Ausformungen der Preisgestaltung im internationalen Luftverkehr

Bei der Untersuchung der Preisbildung im Luftverkehr empfielt es sich, zwischen freien und festen Preisen zu unterscheiden. Freie Preise ergeben sich aus der privaten Preisbildung, während man von festen Preisen spricht, wenn sie von öffentlichen Körperschaften festgelegt werden oder wenn sie durch staatliche Preisregulierungsmaßnahmen entstehen. Unter der Rubrik der freien Preise sind daher auch die privaten Preisabsprachen zu nennen, die schließlich zu Kartellpreisen führen. Damit verwischt sich aber die Grenze zwischen freien und festen Preisen. Wir zählen allerdings die Kartellpreise zu den privaten festen Preisen im Gegensatz zu staatlich festgesetzten. Die Tarife ordnen wir der zweiten Gruppe zu, da hier die staatliche Einflußnahme wesentlich ist.

I. Freie Preise

a. Freie Preisbildung

Freie Preisbildung liegt dann vor, wenn der Preis durch einen oder beide Marktteilnehmer aus eigenem Entschluß bestimmt wird oder wenn eine Marktorganisation den Preis nach gewissen Regeln aus dem Kauf- und Verkaufsverhalten der Marktteilnehmer herleitet.[591)]

Als wesentliche Formen der freien Preisbildung wollen wir unterscheiden[592)]:

- Das Flugunternehmen setzt den Preis fest, die Nachfrage wird zu dieser Preishöhe realisiert.
- Der Nachfrager setzt den Preis fest, während das Luftfahrtunternehmen die Angebotsmenge bestimmen kann.

- Keiner der beiden Marktteilnehmer setzt den Preis; vielmehr wird durch Aushandeln versucht, einen Gleichgewichtspreis zu verwirklichen.
- Die Preisbildung wird einem neutralen Apparat, bspw. der Luftfrachtbörse, überlassen.

Die genannten Unterformen der freien Preisbildung treffen im Luftverkehr nur auf den Gelegenheits- und Bedarfsverkehr zu, die nicht an direkt festgesetzte Preise gebunden sind. Die relevanten Märkte sind von stark schwankenden Preisbewegungen gekennzeichnet.

b. Preisabsprachen

"Privat gebundene Preise entstehen als Folge von Abreden unter den Verkäufern oder Käufern."[593)] Diese Preisabsprachen können informell erfolgen oder sich als rechtlich feste Formen herausbilden. Die Form der privat gebundenen Preisbildung trifft für die der IATA zu einem Preis- und Konditionenkartell zusammengeschlossenen Luftverkehrsunternehmen zu. Obwohl die auf den Verkehrskonferenzen der IATA ausgehandelten Preise von staatlichen Stellen überwacht werden, kann von freien Preisen gesprochen werden, da sie nur auf Einhaltung allgemeiner Wettbewerbsgrundsätze hier überprüft werden.[594)]

II. Feste Preise

a. Staatliche Preisbildung

Von staatlicher Preisbildung spricht man, " wenn der Staat für alle Verkehrsunternehmen eines Verkehrszweiges verbindliche Preise festsetzt oder sich die Genehmigung von Transportentgelten nicht nur unter rein wettbewerbspolitischen Gesichtspunkten vorbehält."[595)] Gründe nicht rein wettbewerbspolitischer Natur sind z.B. solche des allgemeinen Wohls oder öffentlicher Interessen.

b. Das Tarifsystem

Tarife sind bindende Einheitspreise.[596] Sie werden von den Verkehrsunternehmen für bestimmte Personen- und Gütergruppen festgesetzt und gelten für gleichartige, regelmäßig wiederholbare Verkehrsleistungen für eine gewisse Zeit. Tarife sind "ein Tabellarium von - je nach Erfordernis - Fest-, Richt-, Höchst- oder Mindestpreisen für die vielen nach Menge, Dauer, Qualität, Entfernung usw. differenzierten Möglichkeiten der Erstellung von Transportleistungen."[597]

Die Tarife, die wie die freien Preise nach Angebot und Nachfrage gebildet werden, sind für den Anbieter verbindlich und sichern deshalb die sachliche Gleichbehandlung der Verkehrsnachfrager. Da die Tarife in der Regel veröffentlicht werden müssen, schaffen sie damit auch ein relativ hohes Maß an Markttransparenz. Voraussetzung für das Zustandekommen und das Bestehen des Tarifes ist es, daß die Anbieter, die den Tarif festsetzen, über ein ausreichendes Maß an Marktmacht verfügen. Im Falle der in der IATA zusammengeschlossenen Luftverkehrsunternehmen tritt der Tarif in den verschiedensten Erscheinungsformen auf, je nachdem, welche Prinzipien der Preisforderung für bestimmte Leistungen zugrunde liegen und mit welcher Differenziertheit die Leistungseinheiten bewertet werden.[598]

1. Preisdifferenzierung als Grundlage der Tarifbildung

Nach den IATA-Resolutionen unterscheidet man bei den Passagiertarifen zwischen publizierten Haupttarifen (specified fares) und konstruierten Tarifen (constructed fares).[599] Man spricht dann von einem publizierten Haupttarif, wenn für eine bestimmte Flugverbindung der Flugpreis von einer IATA-Konferenz genau festgelegt und von den betreffenden Regierungen genehmigt worden ist. Da es aber nicht möglich ist, alle Flugverbindungen der Nachfrage vorauszusehen, ist es vielfach erforderlich, Preise zu konstruieren.[600] Dazu sind von der IATA Bestimmungen erlassen worden, an die sich die einzelnen Gesellschaften zu halten haben, wenn der Flugpreis nach genau vorgeschriebenen Regeln von den Gesellschaften zu berechnen ist. Um der individuellen Wettbewerbssituation der IATA-Gesellschaften auf einzelnen Teilmärkten Rechnung tragen zu können, sind verschiedene Formen der Preisdifferenzierung entwickelt worden.

Erhebliche saisonale Nachfrageschwankungen und die Nichtlagerfähigkeit von Luftverkehrsleistungen in Verbindung mit hoher Fixkostenbelastung beschäftigen die Luftverkehrsunternehmen mit dem Problem der Kapazitätsauslastung.[607)] Zum Ausgleich der Nachfrageschwankungen für eine Steigerung des Verkehrsaufkommens sowie als Wettbewerbsinstrument gegenüber nicht der IATA angeschlossenen Luftverkehrsgesellschaften und der Oberflächenkonkurrenz wird das Instrument der Preisdifferenzierung verwendet.

Unter Preisdifferenzierung versteht man im allgemeinen den Verkauf des gleichen Gutes resp. der gleichen Dienstleistung zu unterschiedlichen Preisen. Bezweckt wird damit eine Gewinnsteigerung gegenüber der Situation, in der nur ein einziger Preis für ein bestimmtes Gut oder eine Dienstleistung existiert. KRELLE[602)] formuliert die Voraussetzungen des Wirksamwerdens der Preisdifferenzierung folgendermaßen: "Zerfällt der Absatzmarkt einer Firma aus natürlichen Gründen in mehrere, voneinander getrennte Teilmärkte, (z.B. kontinentaler, Überseemarkt) oder kann eine solche Trennung künstlich herbeigeführt werden..., so ist oft eine Preisdifferenzierung für die Firma zum Vorteil." Das bedeutet, daß auf der Angebotsseite ein monopolistischer Preisbildungsspielraum bestehen muß, d.h. daß ein Anbieter den Preis als Absatzparameter wählen kann, und daß der Anbieter in der Lage sein muß, den Markt in verschiedene Teilmärkte unter Ausnutzung verschiedener Nachfrageelastizitäten aufteilen zu können.

Der Anbieter setzt die Preise auf den Teilmärkten so, daß der Gesamtgewinn maximiert wird, d.h. daß der Cournot'sche Punkt realisiert wird, bei dem für jeden Teilmarkt die Bedingung gilt: Grenzerlös = Grenzkosten. Nach der Amoroso-Robinson-Relation[603] hängt das Verhältnis der gewinnmaximalen Preise von den Verhältnissen der Nachfrageelastizitäten auf den einzelnen Teilmärkten ab. Daraus folgt bspw. bei der Preisdifferenzierung im Passagierverkehr, daß die Flugpreise im Geschäftsverkehr, der von einer relativ starren Preiselastizität der Nachfrage gekennzeichnet ist, höher angesetzt werden können als im Urlaubsverkehr.

(A) Preisdifferenzierung nach Entfernungen

Die von GUTENBERG allgemein herausgestellten Formen der Preisdifferenzierung[604], die räumliche und preisliche Zeitdifferenzierung sowie Preisdifferenzierungen nach Absatzmengen nach dem Verwendungszweck und nach sozialen Gesichtspunkten findet man auch bei der Preisbildung im Luftverkehr. Bei der an dieser Stelle zunächst zu besprechenden Preisdifferenzierung nach Entfernungen kann weiter unterschieden werden zwischen reinen Entfernungstarifen, Zonentarifen und Streckenkombinationen.[605] Die reinen Entfernungstarife tragen dem Sachverhalt Rechnung, daß mit zunehmender Entfernung in der Regel die Kosten und damit auch die Preise steigen. Der Entfernungstarif im engeren Sinne - ein linearer Proportionaltarif mit einem durchgehenden einheitlichen Satz pro Streckenkilometer - ist von dem sog. Entfernungsstaffeltarif zu unterscheiden, der sich auf der Gesamtstrecke nicht gleichmäßig verändert.

Im internationalen Luftverkehr gibt es weder einheitlich aufgebaute Proportionaltarife noch systematisch abgestufte Entfernungsstaffeln. Vielmehr versucht man, die Beförderungspreise den heterogenen Marktgegebenheiten anzupassen, indem man sie für die einzelnen Verkehrsverbindungen als Relationstarife von Ort zu Ort festlegt. Aus den Berechnungen von

DIRLEWANGER[606] geht zwar hervor, daß tendenziell die totalen Flugpreise mit zunehmender Distanz steigen und die Durchschnittspreise fallen, daß aber die Abweichungen von dieser Tendenz eine Marge bis zu 30 % erreichen. Für die Abweichungen nach oben und unten könnten neben den Kosten, der Nachfrageintensität und der Wettbewerbssituation verschiedene andere Faktoren wesentlich sein. Hieraus erklärt es sich, daß für kürzere Distanzen bisweilen absolut höhere Preise berechnet werden als für längere Reisen.

Im Unterschied zum reinen Entfernungstarif hebt der sogenannte Zonentarif innerhalb größerer Regionen oder Distanzen Unterschiede in der Flugpreishöhe auf. Die Tarifsätze dieser Berechnungsform unterliegen tendenziell einer verzögerten Degression, weil ein einheitlicher Preis jeweils für einzelne Entfernungsstufen festgesetzt wird. Die im Luftverkehr verwendeten Zonentarife gelten dabei für Punkte zwischen zwei Wirtschaftsgebieten, die innerhalb bestimmter Grenzen um die Hauptorte oder die von einem Punkt aus auf derselben Querachse liegen.[607]

Kriterium für die Ausdehnung der jeweiligen Zone ist einerseits das Vorhandensein gleicher kostenmäßiger Bedingungen innerhalb größerer Wirtschaftsgebiete, andererseits natürlich auch die Länge der Distanz des Fluges. Diese Zonentarife kommen umso häufiger zur Anwendung, je größer die Entfernung zwischen den verschiedenen Regionen ist. So können aus den USA verschiedene Flughäfen in Europa, dem mittleren Osten und Afrika zum gleichen Tarif angeflogen werden. Demgegenüber sind die Flüge ab London zu diesen Orten tariflich genau gestuft.[608]

Fassen wir die verschiedenen Erscheinungsformen der räumlichen Preisdifferenzierung zusammen, so können wir allgemein sagen, daß diese Art der Preisdifferenzierung grundsätzlich dann vorliegt, wenn ein Unternehmen oder eine Organisation auf regional abgegrenzten Märkten seine Güter, hier die Beförderungsleistungen, zu verschieden hohen Preisen anbietet und absetzt. Die regionale Abgrenzung der Märkte ist dabei im allgemeinen auf bestrittene und unbestrittene Gebiete zurückzuführen. Aufgrund der unterschiedlichen Elastizität der Nachfrage auf in- und ausländischen Märkten können gerade im internationalen Verkehr verschieden hohe Preise gefordert werden.

(B) Zeitliche Preisdifferenzierung

Mit dem Instrument der zeitlichen Preisdifferenzierung sollen die erheblichen saisonbedingten Nachfrageschwankungen möglichst ausgeglichen werden, indem man je nach der zeitlichen Inanspruchnahme des Leistungsangebots verschieden hohe Preise fordert. Hier spaltet sich somit der Markt innerhalb des gleichen Wirtschaftsraumes zeitlich auf. Im Luftverkehr ist die Elastizität der Nachfrage nach Beförderungsleistungen in den verschiedenen Jahreszeiten unterschiedlich groß. Zusätzlich sollen unter Ausnutzung unterschiedlicher Nachfrageelastizitäten neue Käuferschichten, insbesondere Touristen, erschlossen werden. Mit dieser zeitlichen Preisdifferenzierung, die fast ausschließlich im Personenverkehr zu finden ist, versuchen die Luftverkehrsunternehmen, einen möglichst hohen Nutzgrad bei der Umwandlung von Betriebsleistungen in Marktleistungen zu erreichen.

(C) Preisdifferenzierung nach Absatzmengen

Die absatzmengenbezogene Preisdiffernzierung findet sich überwiegend im Luftfrachtverkehr. Aber auch im Personenverkehr hat sie bspw. in Form der Gruppenreisen an Bedeutung gewonnen. Sie resultiert vor allem aus dem Druck des Wettbewerbs der Linienfluggesellschaften mit den Bedarfsluftverkehrsgesellschaften.

(D) Preisdifferenzierung nach dem Verwendungszweck

Von der Möglichkeit, den Preis nach dem Zweck, zu dem der Flug durchgeführt wird, zu staffeln, wird im Personen- wie im Frachtluftverkehr Gebrauch gemacht. Genannt seien hier die Ermäßigungen der Normaltarife im Falle der Auswanderung im Personenverkehr und im Luftfrachtverkehr bestimmte Warenklassentarife, die nur für die Beförderung bestimmter Waren und Warengruppen in bestimmten Relationen gelten.[609)]

(E) Personelle Preisdifferenzierung

Eine weitere Preisdifferenzierung liegt vor, wenn Preise unter personellen Gesichtspunkten nach Passagierkategorien gestaffelt sind. Diese Form ist bei den Flugtarifen der IATA weit verbreitet. Genannt seien hier Schüler-, Kinder- und Studententarife sowie Sondertarife für Militärangehörige.

Eine Preisdifferenzierung liegt dagegen nicht vor, wenn unterschiedliche Preise auch verschiedenen Qualitätsstufen entsprechen. Auf den Luftverkehr übertragen, bedeutet dies, daß z.B. die verschieden hohen Preise für die Erste Klasse, Touristen- und Economyklasse darauf zurückzuführen sind, daß zwischen diesen Klassen eine qualitätsmäßige Differenzierung besteht, der die Tarife entsprechen. Demgegenüber wendet LOCHNER[610)] den Begriff der Preisdifferenzierung auch auf das Klassensystem an. Er schränkt allerdings seine Aussage insoweit ein, als er das Klassensystem als Leistungsdifferenzierung zum Zwecke der Preisdifferenzierung nicht völlig ausschließt.

2. Die Tarifarten im Personenverkehr

Wie DIRLEWANGER[611)] mit empirischem Zahlenmaterial belegt, dienen dem Geschäftsreiseverkehr in erster Linie die Normaltarife, dem preiselastischen Touristenverkehr die Spezialtarife und die Sonderermäßigungen.

(A) Normaltarif

Unter einem Normaltarif im Personenluftverkehr versteht man im allgemeinen das Beförderungsentgelt für einen einfachen Flug bzw. einen Retourflug auf einer regulären Linie in der Ersten oder in der Economy-Klasse. Der Normaltarif ist als Grundlage für alle preisstrategischen Einzelmaßnahmen im Sinne von Spezialtarifen und Sonderermäßigungen einzustufen.

Die Ermäßigung im Falle des Buchens eines Retourfluges begründet sich in der Absicht, die Unpaarigkeit der Verkehrsströme abzubauen. Der Preisnachlaß ist allerdings während der letzten Jahrzehnte mehr und mehr abgebaut worden und beläuft sich nunmehr auf 5 %.Unterarten des Retourfluges sind gemäß den JATA-Resolutionen 150 ff. erstens die Rundreise und zweitens der Gabelflug.[612)] Unter dem Begriff des Normaltarifs ist für den Bereich des Nordatlantik- und Mittellandverkehr auch der Saisontarif einzustufen.

(B) Spezialtarife

Mit dem Instrument der Spezial- und Ausnahmetarife (vgl. die breite Darstellung der Ausnahmetarife der Deutschen Bundesbahn, S. 217) wird versucht, den Besonderheiten der Verkehrsnachfrage Rechnung zu tragen und gleichzeitig die Verkehrsspitzen abzuflachen.

Die wichtigsten Spezialtarife sind die sog. Exkursionstarife, mit denen der Reiseverkehr auf bestimmten Relationen gefördert werden soll, und die Nachttarife, über deren Berechtigung die Meinungen mehr oder weniger deutlich auseinandergehen.

(C) Sonderermäßigungen

Unter Sonderermäßigungen versteht man allgemein Vergünstigungen, die im Sinne einer personellen Preisdifferenzierung Kindern, Jugendlichen, Familien, Studenten, Auswanderern, Reisegruppen, Schiffsbesatzungen, Militärpersonen sowie Reiseführern und anderen Personen zugestanden werden, die den Luftverkehrsgesellschaften nahestehen[613]. Zur personellen Differenzierung kommt hier noch der Aspekt der Mengenstaffel hinzu, wenn es sich um Tarife für Reisegruppen etc. handelt.

3. Die Tarifarten im Luftfrachtverkehr

Zunächst sind mehrere technische Bestimmungsgründe der Preisbildung in der Luftfracht zu unterscheiden. Dazu gehören das Gewicht-Raum-Verhältnis, die Art der Beförderung und die damit verbundene Auslastung des Flugzeuges. Zu erwähnen sind weiterhin die Art und der technische Stand der verwendeten Flugzeuge.[614]

Ein Teil der Luftverkehrsgesellschaften führt neue Flugzeuge jeweils frühzeitig ein, während andere Gesellschaften den vorhandenen Maschinenpark weiterbenutzen. Bisweilen werden im Luftfrachtverkehr auch umgebaute, an sich veraltete, Passagiermaschinen als Nur-Frachtflugzeuge verwendet.

Neben der Beschaffenheit des Transportmittels ist auch die Art des Transportgutes eine Komponente der Tarifbildung im Luftfrachtverkehr. Es darf bspw. das zu befördernde Gut eine gewisse Größe und ein gewisses spezifisches Gewicht nicht überschreiten. So lastet ein sperriges Gut das Flugzeug gewichtsmäßig nicht aus, es beansprucht aber viel Frachtraum. Folglich werden das Volumen und die Dichte des zu transportierenden Gutes als Bemessungsgrundlage zur Tarifbildung herangezogen. Die beiden Größen werden zu einer Gewichtsraummaßzahl, der Dichterate, zusammengefaßt.[615)]

Ohne noch einmal näher auf die Problematik der Nachfrageelastizität eingehen zu wollen, können wir festhalten, daß die Spezialfrachtraten dazu dienen, die je nach Warenart und -gruppe unterschiedlichen Preiselastizitäten abzutasten.[616)]

Da die Elastizität der Nachfrage kaum exakt festzulegen ist, wird die Änderung der Luftfrachtraten aufgrund von Änderungen in der Marktlage oft nach der Methode des "trial and error" bestimmt. Zusammenfassend kann gesagt werden, daß die Preiselastizität der Nachfrage bis heute nicht zur Steigerung der Nachfrage gezielt ausgenutzt worden ist. Dies wäre zweifellos angesichts der jüngst vorgenommenen Kapazitätserweiterungen von Vorteil gewesen.[617)]

Eine der entscheidenden Fragen, die sich bei der Beurteilung und der Konzeption einer jeden Preisbildung stellen, lautet, ob die Kosten eine exakte Determinante für die Preisbildung sein können.

(A) Allgemeine Frachtraten

Das Ergebnis des Preisbildungsprozesses auf den IATA-Verkehrskonferenzen ist ein umfangreiches System von Tarifen. Die erste Hauptgruppe, die allgemeinen Frachtraten, läßt sich wiederum in drei Untergruppen teilen.

- Die Normalfrachtraten werden entweder nach dem Gewicht oder nach dem Volumen des Transportgutes berechnet. Normaltarife gelten für Sendungen bis 45 kg.[618)]

- Die Gewichtsstufenraten werden für Gewichte von 45 kg und mehr als Mengenrabatte gewährt. Besonders die Sammellader versuchen dieses System für sich zu nutzen. Nachteilig ist zu werten, daß die Gewichtsstufenraten bei Variation der Faktoren der Preisbildung weniger anpassungsfähig ist.[619)]

- Bei den Mindestfrachten wird unabhängig vom Gewicht der Sendung ein Betrag berechnet. Er wird mit dem hohen Fixkostenblock begründet.[620)]

(B) Klassenraten

Neben den allgemeinen Frachtraten existieren noch Warenklassenraten. Sie bestehen aus Zuschlägen oder Ermäßigungen auf die Normalraten. Zu den Warenraten zählen Zeitschriften, Bücher und unbegleitetes Reisegepäck. Die Ermäßigungen betragen bis zu 60 % und sollen Neuverkehr induzieren.

(C) Spezialfrachtraten

Bei den Spezialfrachtraten handelt es sich um stark ermäßigte Raten auf bestimmten Strecken und für bestimmte Güter. Sie werden in den "Commodity rate boards" auf Antrag der auf den betreffenden Relationen tätigen Gesellschaften festgelegt. Ihre Einführung soll ebenfalls Neuverkehr induzieren bzw. allgemein gerechtfertigt sein. Bei der Festlegung der Spezialfrachtraten werden grundsätzlich folgende Faktoren berücksichtigt: der Wettbewerb der IATA-Gesellschaften mit den Nichtmitgliedern und den Bodenverkehrsmitteln, der Wert der beförderten Ware, die Abfertigungskosten, die Dringlichkeit der Beförderung und die Höhe der Versicherungsprämien. Das Instrument der Spezialfrachtraten dient dazu, besondere ökonomische Gegebenheiten, wie sie in der Nachfrageelastizität, der Wettbewerbsintensität und den unterschiedlichen Kostenstrukturen zum Ausdruck kommen, in den Tarifaufbau einzubeziehen.[621)]

C. Die Analyse des preispolitischen Verhaltens der IATA

Die IATA wird häufig als ein Preis- und Konditionskartell bezeichnet, da für alle der IATA angeschlossenen Gesellschaften die Beförderungspreise und die Transportbedingungen auf den Verkehrskonferenzen festgelegt werden.[622] Bekanntlich ist das Kartell eine Absprache, welche die Konkurrenz zwischen einer Gruppe rechtlich und wirtschaftlich selbständiger Unternehmen begrenzt oder reguliert. Bei der IATA handelt es sich um ein horizontales Kartell, da alle Mitglieder als Anbieter von Luftverkehrsleistungen auftreten.[623] Für die Untersuchung der Preispolitik der IATA sind zwei verschiedene Betrachtungsweisen möglich. Der erste Fall beschäftigt sich damit, daß die IATA-Mitglieder geschlossen als Anbieter auftreten und im Wettbewerb mit den anderen Luftverkehrsgesellschaften oder dem Oberflächenverkehr stehen. Es ist dies die externe Preispolitik der IATA. Im zweiten Fall ist das Verhalten der einzelnen Mitglieder innerhalb des Verbandes zu untersuchen, wobei es sich um eine oligopolistische Preispolitik handelt. Aus dieser, wie wir sie nennen wollen, internen Preispolitik, einen dem eigentlichen Marktgeschehen vorgelagerten Wettbewerb, resultiert dann der IATA-Tarif, den die Mitglieder als Kollektiv festsetzen.

I. Die externe Preispolitik der IATA

Der Einfluß der IATA auf die Preisbildung wird durch den Anteil am Gesamtangebot bestimmt, der auf die Gesamtheit der einzelnen Mitglieder entfällt. Da sich alle am Kartell beteiligten Gesellschaften verpflichtet haben, den gleichen Preis für gleiche Leistungen zu fordern, ist der Gesamtabsatz nur noch von einem Preis abhängig.[624] Die Preishöhe wird von dem Elastizitätsgrad der Nachfrage und dem Wettbewerbsmaß auf der Angebotsseite bestimmt. Selbstverständlich können diese Größen auf jedem Teilmarkt unterschiedlich sein.

Die IATA wird sich also bei der Feststellung der Preise je nach den besonderen Gegebenheiten der Regionalmärkte entweder monopolistisch verhalten oder die Konkurrenzbeziehungen zu berücksichtigen haben.[625] Konkurrenzbeziehungen zwischen einer Gruppe von Anbietern bestehen immer dann, wenn die Absatzmengen der einzelnen Anbieter nicht allein von ihren eigenen Aktionsparametern und den Verhaltensweisen der Nachfrager, sondern auch von den Aktionsparametern der anderen Anbieter abhängen.

Zusätzlich stehen die IATA-Gesellschaften auch im Wettbewerb mit dem bodengebundenen Verkehr. Inwieweit die IATA bei ihrer Preisstrategie die Konkurrenz hier zu berücksichtigen hat, hängt von dem jeweiligen Grad der Substituierbarkeit zwischen der Luftverkehrsleistung und der Transportleistung des Oberflächenverkehrs ab. Der Grad der Substituierbarkeit variiert über die Regionalmärkte.

Zur theoretischen Faßbarkeit dieser Substituierbarkeit wollen wir das Werkzeug der Kreuzpreiselastizität anwenden. Das Symbol η [626] sagt aus, daß eine Preiserhöhung der Transportleistung des Oberflächenverkehrs (P_O) ceteris paribus zu einer Erhöhung der mengenmäßigen Nachfrage nach Luftverkehrsleistungen (X_L) führt. Die einzelnen Transportleistungen wären umso eher ersetzbar, je mehr der Wert von η gegen ∞ tendiert.

Da es wegen der Unzulänglichkeit der Ceteris-Paribus-Bedingung kaum möglich ist, reale Werte zu bestimmen, sind wir darauf angewiesen, das vergleichsweise unexakte, aber praktikable Kriterium der Gewohnheit des Durchschnittsverbrauchers zu verwenden, um η grob zu schätzen.[627]

Strebt $\eta \rightarrow 0$, kommt es zu den sog. Substitutionslücken zwischen den einzelnen Transportleistungen. Mit deren Hilfe wird es möglich, den Gesamtmarkt in die jeweilig relevanten Teilmärkte zu trennen und diese sodann simultan zu trennen, was nach KRELLE für die Preisbildung mitentscheidend ist.[628]

ROBINSON faßt einen abgegrenzten Markt als eine Kette von engen Substitutionsgütern auf und legt die Marktgrenzen dort fest, wo in der Kette eine Lücke auftritt.[629] Je stärker die Marktanteile der konkurrierenden Anbieter des Luft- und Oberflächenverkehrs sind, umso mehr muß in unserem Fall die IATA von einer monopolistischen Verhaltensweise zu einer oligopolistischen Strategie übergehen und bei ihrer Preispolitik die Aktionen und Reaktionen ihrer Konkurrenten in größerem Umfang berücksichtigen. Auf den Teilmärkten können verschiedene Konstellationen auftreten.

a. Der Fall der Monopolstellung

Die Situation, daß die IATA auf einigen Relationen als alleiniger Anbieter auftritt, ist im Personenverkehr insbesondere bei eiligen Reisen über lange Strecken und im Frachtverkehr bei Gütern mit spezifischen Eigenschaften gegeben.[630] Die monopolistische Verhaltensweise ist nun dadurch gekennzeichnet, daß die IATA davon ausgeht, daß die Nachfrage zwischen ihr und anderen Fluggesellschaften sowie Unternehmen des Oberflächenverkehrs nicht fühlbar beweglich ist, das bedeutet, daß die IATA in diesem Fall keine nennenswerten Konkurrenten hat und bei ihrer Preispolitik nur die Reaktion der Nachfrager nach Luftverkehrsleistungen zu berücksichtigen hat und nicht die anderer Anbieter. Nach der Theorie im Sinne Cournot's ist die Bestimmung eines für einen Monopolisten optimalen Preis bekannt. Danach wird der Monopolist eine solche Menge produzieren und einen solchen Preis verlangen, daß seine Grenzkosten gleich seinem Grenzerlös werden. Der Monopolist erreicht sein Gewinnmaximum, wenn die Differenz zwischen seinem Gesamterlös und seinen Gesamtkosten am größten ist.

Die Nachfragekurve gibt dann den optimalen Preis an. Wenn es der IATA gelingt, Nachfrage- und Kostenfunktionen auf den einzelnen Teilmärkten zu bestimmen, so daß die dazugehörigen Grenzerlös- und Grenzkostenkurven abgeleitet werden können, ist es relativ unproblematisch, die theoretisch optimale Preishöhe zu bestimmen. Ob nun in der Praxis die IATA das Gewinnoptimum realisieren wird, muß bezweifelt werden, da die Mitgliedsgesellschaften Maßnahmen und Reaktionen der den Preis genehmigenden staatlichen Behörden zu befürchten haben. Daraus ist zu folgern, daß die Preisbildung nicht mehr durch die Gleichheit von Grenzerlös und Grenzkosten bestimmt wird; vielmehr müssen zu den Grenzkosten noch sog. Grenznachteile hinzugerechnet werden.[631)]

Bisher haben wir von einem reinen Angebotsmonopol gesprochen. Diese Form ist jedoch nur selten anzutreffen.[632)] Häufiger ist es so, daß auf den Teilmärkten neben der IATA weitere Anbieter auftreten, so daß von einem Teilmonopol ausgegangen werden kann. Die Unabhängigkeit der IATA ist zwar nicht mehr uneingeschränkt, ihr Markteinfluß ist aber groß genug, um ihre Preise weiterhin autonom festzusetzen.

b. Der Fall zunehmender Fühlbarkeit der Konkurrenz

Zu Oligopolsituationen kommt es immer dann, wenn auf einzelnen Teilmärkten nur wenige Fluggesellschaften in der Lage sind, Luftverkehrsleistungen anzubieten. Dies gilt in besonderer Weise für den Charterverkehr. In diesem Bereich hat es ein Anbieter in der Hand, z.B. durch eine Preisvariation Nachfrage der Mitanbieter an sich zu ziehen.

Unter der vereinfachenden Annahme, daß alle Beteiligten homogene Luftverkehrsleistungen anbieten, kann es nach der Theorie keine Preisunterschiede bei den einzelnen Anbietern geben. Es stellt sich aber die Frage, welcher der Anbieter die Preisleitlinie angibt.[633)]

Bestehen keine Nachfragepräferenzen, so folgt daraus, daß die Preiselastizität der Nachfrage für alle Anbieter gleich ist. Aus der Amoroso-Robinson-Relation leitet sich ab, daß bei Abstellung auf den gleichen Preis auch der Grenzerlös der gleiche ist. Ergeben sich für alle Anbieter die gleichen Grenzkosten, so folgt wie im Falle des Monopols nur ein optimaler Preis. Bei divergierenden Grenzkosten wird der Preis von dem Anbieter bestimmt, dessen Optimalpreis der niedrigste ist. Damit ist jener Preisführer für alle anderen Anbieter.

Bei genügend großen Kapazitäten kann im Oligopol die einzelne Fluggesellschaft den Versuch unternehmen, die Zahl der Konkurrenten durch die Einleitung eines Preiskrieges zu reduzieren. Grundsätzlich haben zwar die Gesellschaften mit der solidesten Kostenstruktur die besten Überlebenschancen, allerdings wird die Kostenstruktur bei den IATA-Gesellschaften verfälscht, da sie im allgemeinen mit staatlichem Rückhalt rechnen können.

Ein solcher Preiskrieg führt in der Regel zu volkswirtschaftlich schweren Verlusten, so daß eine Verdrängungsstrategie mit ruinöser Konkurrenz wegen des staatlichen Mitspracherechts in der praktischen Preisbildung kaum vorkommen dürfte.

II. Der Preisbildungsprozeß im Innern des IATA-Kartells

Die Untersuchung der internen Preispolitik der IATA-Mitglieder ist als Vorstufe der nach außen wirkenden Strategie von wesentlicher Bedeutung. Bei der internen Festlegung der Tarife für jeden einzelnen Teilmarkt weist die IATA eine durchaus oligopolistische Angebotsstruktur auf, so daß sich die anschließende theoretische Bestimmung der Preisbildung grundsätzlich auf die für diese Angebotsform typischen Kriterien stützen muß.[634]

Bestimmend für die Preisbildung wird der Einfluß derjenigen Mitgliedsgesellschaften sein, die die niedrigsten Durchschnitts- oder Grenzkosten haben, sofern man diese für die einzelnen Teilmärkte ermitteln kann.

Preisstrategien können dadurch bedingt sein, daß Gesellschaften, die bei einem gegebenen Tarif über Überkapazitäten verfügen, bestrebt sein werden, den Tarif zu senken, um zusätzliche Nachfrage zu realisieren. Andere Gesellschaften können demgegenüber bestimmte Leistungen nur zu höheren Kosten und somit zu höheren Preisen erbringen. Diese versuchen regelmäßig, das Risiko des Ausscheidens der auf eine Tarifsenkung zielenden Gesellschaft bei Ablehnung der Senkung und den anschließenden Ratenkampf gegen die Gewinneinbuße abzuwägen, die eine Tarifsenkung mit sich bringt.[635)]

Häufig ist es so, daß die Mitglieder zu Konzessionen bereit sind und dafür äquivalente Zugeständnisse bei der Konditionengestaltung oder bei der Preisfestlegung auf anderen Teilmärkten sich einräumen lassen.

Eine Einigung kommt zumeist so zustande, daß nicht nur wirtschaftliche Gesichtspunkte entscheiden, sondern daß auch die psychologische Verhandlungsführung mit Bluff, Drohung, allgemeinem Geschick eine Rolle spielt.

So hat bereits SCHREIBER[636)] auf die Möglichkeiten einer Anwendung von NEUMANN-MORGENSTERN[637)] entwickelten Spieltheorie auf den Preisbildungsprozeß innerhalb der IATA hingewiesen. Danach ließe sich das wirtschaftliche Verhalten der einzelnen IATA-Mitglieder mit dem Verhalten von Teilnehmern bei einem strategischen Spiel gleichsetzen. SCHREIBER ist zwar der Auffassung, daß eine mathematisch noch so exakte Formulierung den tatsächlichen Vorgängen der Preisbildung im Verkehr nicht gerecht werden könne, daß aber dennoch der spieltheoretische Ansatz eine ausgezeichnete Möglichkeit böte, die allgemeinen Grundsätze aufzuzeigen,nach denen sich die Preisbildung innerhalb der IATA vollzieht.[638)]

Ein strategisches Spiel wird von einer Anzahl von Spielern, hier den einzelnen IATA-Gesellschaften, durchgeführt, von denen jeder einzelne Spieler seinen maximal möglichen Nutzen anstrebt. Hierbei wird der Vorteil der einen Gesellschaft häufig zu Lasten der anderen Gesellschaften ermöglicht. Das wesentliche Element beim strategischen Spiel ist der Tatbestand, daß es sich bei dem (oder den) Gegenspieler(n) um (eine) bewußt handelnde Person(en) handelt, deren Strategiewahl von rationalen Entscheidungen abhängt, so daß Wahrscheinlichkeiten dafür nicht a priori angegeben werden können.[639)]

Das Verhalten der Gesellschaften hängt von mehreren Variablen ab, hier von den Preisvorstellungen aller Konkurrenten innerhalb des Kartells. Jeder Spieler versucht nun eine andere Funktion der Variablen zu maximieren, wobei er nur seine Variable beherrscht und die anderen für ihn Parameter sind, die er nicht beeinflussen kann. Das Ergebnis für jeden hängt aber von den Werten aller Variablen ab.[640)]

Solange zwischen den einzelnen Gesellschaften ein absoluter Interessengegensatz besteht, sind Koalitionsbedingungen ausgeschlossen. In diesem Falle wäre für jede Gesellschaft das Ziel der eigenen Vorteilmaximierung identisch mit dem Vorhaben, den Vorteil der anderen Gesellschaften zu minimieren. Die Tatsache aber, daß über den IATA-Konferenzen immer das Gespenst der Open-Rate-Situation steht und ein Ausscheren aus dem Kartell für das einzelne Mitglied langfristig von Nachteil ist, zwingt die einzelnen Gesellschaften dazu, den Interessengegensatz aufzuheben. Daraus folgt, daß der sicherste Weg zum größtmöglichen Vorteil nicht mehr darin bestehen kann, den anderen IATA-Gesellschaften größtmöglichen Schaden zuzufügen, vielmehr wird sich jede Gesellschaft im eigenen Interesse so verhalten, daß ihre Entscheidungen auch die Wünsche des Gegenspielers berücksichtigen. Da nun im Regelfalle die Interessenharmonie nicht für alle Strategiekombinationen besteht oder nicht für alle Strategiekombinationen gleich groß ist, wäre es für die Gesellschaften unvorteilhaft, ihre jeweiligen Strategien unabhängig voneinander zu wählen. Man kann nämlich nicht ausschließen, daß es Strategiekombinationen gibt, die dem gemeinsamen Interesse aller Gesellschaften besser entsprechen als die aus unabhängiger Strategiewahl der Gesellschaften resultierenden Kombinationen. Eine solche Vereinbarung bezeichnet man in der Spieltheorie als Kooperation. Die Lösung für ein kooperatives Spiel hat NASH[641)] entwickelt.

Unter der Annahme, daß sich auf den IATA-Konferenzen zwei Koalitionen bilden, deren Koalitionsmitglieder jeweils die gleichen Strategien verfolgen, lassen sich die Überlegungen von NASH insofern auf die IATA-Situation übertragen, als bspw. auf der Nordatlantikroute nordamerikanische bzw. europäische Gesellschaften als zwei Koalitionen auf den Konferenzen auftreten. Während der Verhandlungen wird sich jede Gruppe überlegen, wie ihre Lage sein würde, wenn man sich nicht auf eine gemeinsame Strategie, in diesem Falle auf einen gemeinsamen Tarif einigen wollte. Jede Koalition wird klarzumachen versuchen, daß diese Lage für die andere Koalition sehr negativ wäre. Die hiermit bezweckten Zugeständnisse sind allerdings nur dann zu erreichen, wenn die Mitglieder einer Koalition wirkungsvoll drohen, bei einer nicht zustande gekommenen Einigung eine solche Strategie zu ergreifen, die die andere Koalition ausgesprochen schlecht stellen würde. Aufgrund unvollständiger Informationen über die jeweiligen finanziellen Reserven, über die Kosten- und Absatzkurven, sowie wegen der Ungewißheit bezüglich etwaiger Zugeständnisse des anderen als Folge eines eigenen Zugeständnisses wird während der Verhandlungen durch gegenseitiges Abtasten versucht, den Verlauf der unbekannten Konzessionskurve abzuschätzen.[642)] Eine Einigung erfolgt regelmäßig dann, wenn jeder der beiden Beteiligten glaubt, mit seinen eigenen Zugeständnissen die Konzessionsgrenze der Gegenseite erreicht zu haben. Nach NASH ist dieser Punkt gleichzeitig Droh- und Ausgangspunkt für weitere Verhandlungen, um von hier ab die gemeinsamen Nutzen zu maximieren.

NASH nimmt an, daß beide Koalitionen ihre Strategien von diesem Ausgangspunkt laufend so verändern, daß beide einen Nutzen davon haben.[643] Dieser Prozeß wird solange fortgesetzt, bis ein paretooptimaler Punkt erreicht ist, der dadurch gekennzeichnet ist, daß sich hier die Grenzrate der Substitution ihrer Auszahlungen wie die Auszahlungen selbst verhält. Dann ist bei einer kleinen Änderung der relative Auszahlungsgewinn der einen Koalition gerade gleich dem relativen Auszahlungsverlust der anderen Koalition. Der paretooptimale Punkt stellt den Lösungspunkt dar: An diesem Punkt wird dann gerade das Produkt der beiden Auszahlungszuwächse, gerechnet vom Drohpunkt aus, maximiert.

Eine weitergehende Kooperationsform zeigt sich im Rahmen der IATA mit dem von der Schiffahrt übernommenen Poolsystem dar. Bei einem Pool, der von zwei oder auch mehr als zwei Luftgesellschaften auf gemeinsam betriebenen Strecken gebildet wird, wird das gesamte Verkehrsangebot von vornherein in einem bestimmten Verhältnis zwischen den beteiligten Gesellschaften angeboten. Die Gesamteinnahmen auf dieser Strecke werden in einem in vorher geführten Verhandlungen festgesetzten Verhältnis verteilt. Die Ausgleichszahlungen ermöglichen es, den Punkt einer maximalen Auszahlungssumme - im Gegensatz zu einem Spiel ohne Ausgleichszahlung, bei dem das Produkt der Auszahlungen maximiert wird - zu erreichen und dann den Gewinn unter die am Pool beteiligten Gesellschaften weiterzugeben.

Auch in diesem zweiten Beispiel wird der Drohpunkt bei den Vorverhandlungen ermittelt. In welchem Verhältnis dann der Gewinn verteilt wird, hängt von dem Drohmaterial der am Pool beteiligten Gesellschaften ab. In der Regel ergibt sich aber ein anderer Drohungspunkt und eine andere Gewinnverteilung als bei einem Spiel ohne Ausgleichszahlungen .

Die NASH'sche Lösung für kooperative Spiele ist ohne Zweifel eine starke Vereinfachung und Idealisierung des Handels und des Verhandelns innerhalb der IATA. Als Modelltyp bleibt dieser Ansatz jedoch durchaus interessant, vor allen Dingen dann, wenn man auf der Grundlage von zuverlässigem Zahlenmaterial feststellen könnte, daß das tatsächliche Verhalten um den NASH'schen Lösungspunkt streuen sollte.

5. Abschnitt: Die Preisbildung im Güterverkehr auf der Straße

A. Die Grundlagen der Preisbildung

Bevor wir auf die beiden Komponenten des gewerblichen Güterkraftverkehrs auf der Straße getrennt eingehen, scheint eine kurze definitorische und sachadäquate Abgrenzung zwischen beiden und zu verwandten Güterverkehrsformen notwendig.

Gemäß § 3 GüKG (Güterkraftverkehrs-Gesetz) fällt unter den gewerblichen und in Verbindung mit § 48 , III. GüKG unter den Werkfernverkehr mit Lastkraftwagen "jede Beförderung von Gütern mit einem Kraftfahrzeug für andere über die Grenzen der Nahzone hinaus oder außerhalb dieser Grenzen". Entscheidendes Abgrenzungskriterium ist also die Entfernung, die nach § 2, II. GüKG für den Nahbereich 50 km beträgt. Allerdings wurde im Zuge des Verkehrsänderungsgesetzes zum GüKG der Begriff der Nahzone 1961, unter dem "ein Gebiet innerhalb eines Umkreises von 50 km, gerechnet in der Luftlinie vom Mittelpunkt des Standortes des Kraftfahrzeuges (Ortsmittelpunkt)" zu verstehen, insofern etwas aufgelockert, als durch die Errichtung fiktiver Standorte die 50 km-Zone aufgehoben wurde. Diese als regionalpolitisches Instrument erlassene Regelung gilt aber nur für das Zonenrandgebiet, wirtschaftlich zurückgebliebene Gebiete der Bundesrepublik, in der Regel also auch für Gebiete mit minderwertiger verkehrsmäßiger Erschließung.[644] Auf eine detailierte Darstellung der Unterschiede zwischen Nah- und Fernverkehr, die sich aus den zeitbezogenen Eigenschaften ergeben, verzichten wir an dieser Stelle.

Zusammenfassend wollen wir festhalten, daß die wichtigste Komponente des Güternahverkehrs in der Versorgungsfunktion des Verteiler- und Sammelverkehrs zu sehen ist. Hinzu kommen Beschäftigungsformen im Station-Empfänger-Verkehr als Komplementärfunktion zum Fernverkehr sowie Betätigungen im Rahmen einer Erschließungsfunktion.[645] Vor allem die Versorgungsfunktion fällt im angesprochenen Sinne beim Güterfernverkehr weitgehend fort; hier kommt es entscheidend auf einen möglichst sicheren, pfleglichen, berechenbaren und schnellen Punkt-Punkt-Verkehr an. Anforderungen an die Netzbildungsfähigkeit und an die Massenleistungsfähigkeit treten beim Güterfernverkehr auf der Straße dagegen zurück.

Eine erneute Abgrenzung des gewerblichen Güterkraftverkehrs vom Werkverkehr können wir uns mit einem Hinweis auf die entsprechende Thematik bei der Analyse der Binnenschiffahrt ersparen.[646)] Ein Wort aber noch zum Speditionsverkehr, unter dem man solche Geschäfte versteht, bei denen der Beförderungsvorgang und die speditionelle Abwicklung eng verflochten sind. Sie laufen im allgemeinen durch das Instrument des Selbsteintritt durch den Spediteur ab. Die Bedeutung dieser besonderen Verkehrsform ist relativ gering.

I. Die Marktstruktur des Fernverkehrs

Die Darstellung der Marktstruktur des gewerblichen Güterfernverkehrs auf der Straße ist relativ kurz gehalten, da bei der Diskussion der Marktsituationen von Eisenbahn und Binnenschiffahrt bereits eine große Anzahl von Hinweisen, Parallelen und Abweichungen erkennbar geworden sind. Insbesondere bei der Analyse der Wettbewerbsbeziehungen dürfte dies in ausreichendem Maße der Fall gewesen sein.[647)]

Wegen der definitorischen Schwierigkeiten bezüglich des Unternehmensbegriffs und wegen der Unsicherheit über das Ausmaß der vertikalen und horizontalen Verflechtungen wollen wir uns nicht auf eine genaue Zahlenangabe darüber festlegen, wie viele Unternehmen im gewerblichen Güterverkehr auf der Straße tätig sind. Als Maßzahl sei für 1970 nach Angaben der Bundesanstalt für den Güterfernverkehr die Zahl von 9.614 Unternehmen genannt.[648)] Auf alle Fälle ist diese Zahl überhöht, da sich hinter ihr eine ganze Anzahl aufgekaufter Verkehrsunternehmen versteckt, die ihren ursprünglichen Firmennamen aus kaufmännischen und juristischen Gründen beibehalten haben.

Die Transportkapazitäten im Güterfernverkehr sind nicht so sehr in Hinblick auf die Anzahl der Fahrzeuge als vielmehr bezüglich der Ladekapazitäten ausgeweitet worden. Zwischen 1962 und 1971 stieg die Zahl der Lastkraftfahrzeuge incl. der Kraftfahrzeuganhänger zur Lastenbeförderung um rund 11% von 44.285 auf 49.159 Einheiten. Im gleichen Zeitraum erhöhte sich die Ladekapazität von 439.000 Tonnen auf 552.000 Tonnen. Dies entspricht einer Zunahme von 25,7% und erklärt sich aus der Steigerung der Ladekapazität pro Fahrzeug-Einheit von 9,9 auf 11,2 Tonnen.[649)]

Tab. 71; Das Straßennetz der BRD 1962-1973 (in km)

Jahr a)	überörtlicher Verkehr					Gemeindestraßen
	Autobahnen	Bundesstr.	Landesstr.	Kreisstr.	Insgesamt	
1962	2.936	29.206	63.205	48.772	144.119	-
1965	3.372	30.516	66.411	57.233	157.532	250.219
1967	3.617	31.987	65.253	58.794	159.651	-
1968	3.966	32.048	65.402	59.765	161.181	-
1970	4.461	32.616	65.367	62.025	164.469	-
1971	4.828	32.590	65.340	62.539	165.297	-
1972	5.258	32.696	65.390	63.324	166.668	-
1973 c)	5.481	32.703	65.458	63.810	167.452	282.000 b)

Quelle: Bundesverband des Deutschen Güterfernverkehrs e.V. (Hrsg.): Verkehrswirtschaftliche Zahlen, verschiedene Jahrgänge
a) jeweils 31.12. ; b) geschätzt; c) vorläufig

Wie Tab.71 zeigt, steht dem Güterverkehr auf der Straße ein weitverzweigtes Straßennetz zur Verfügung, das ihn in Hinsicht auf die Netzbildung gegenüber allen anderen Verkehrsträgern überlegen macht. Die weiträumige Streuung zeigt auch Abb. 59.

Abb. 58 : Die Verteilung der Güterhauptgruppen auf die Entfernungsstufen im Lkw - Fernverkehr 1972

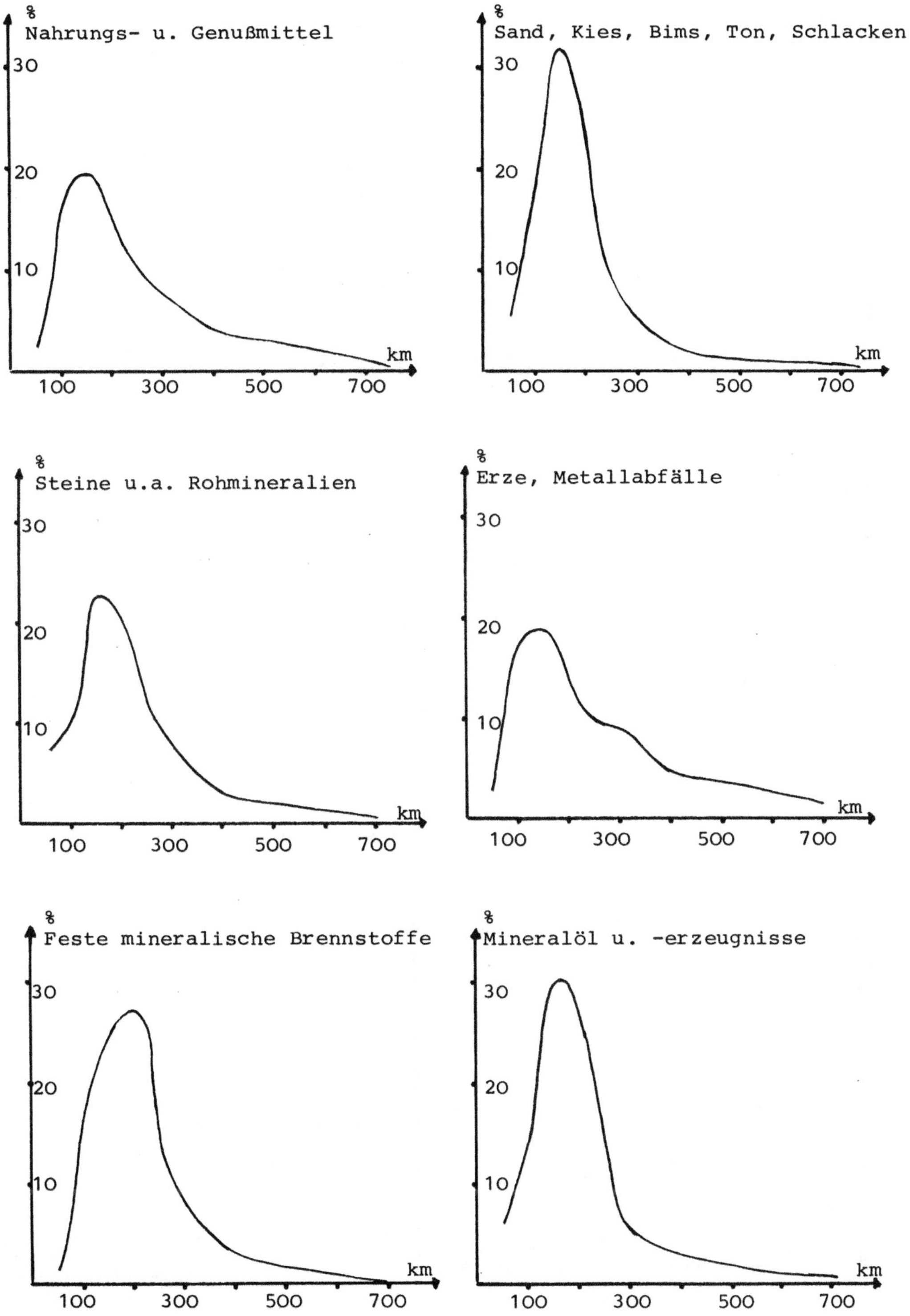

Forts. Abb. 58

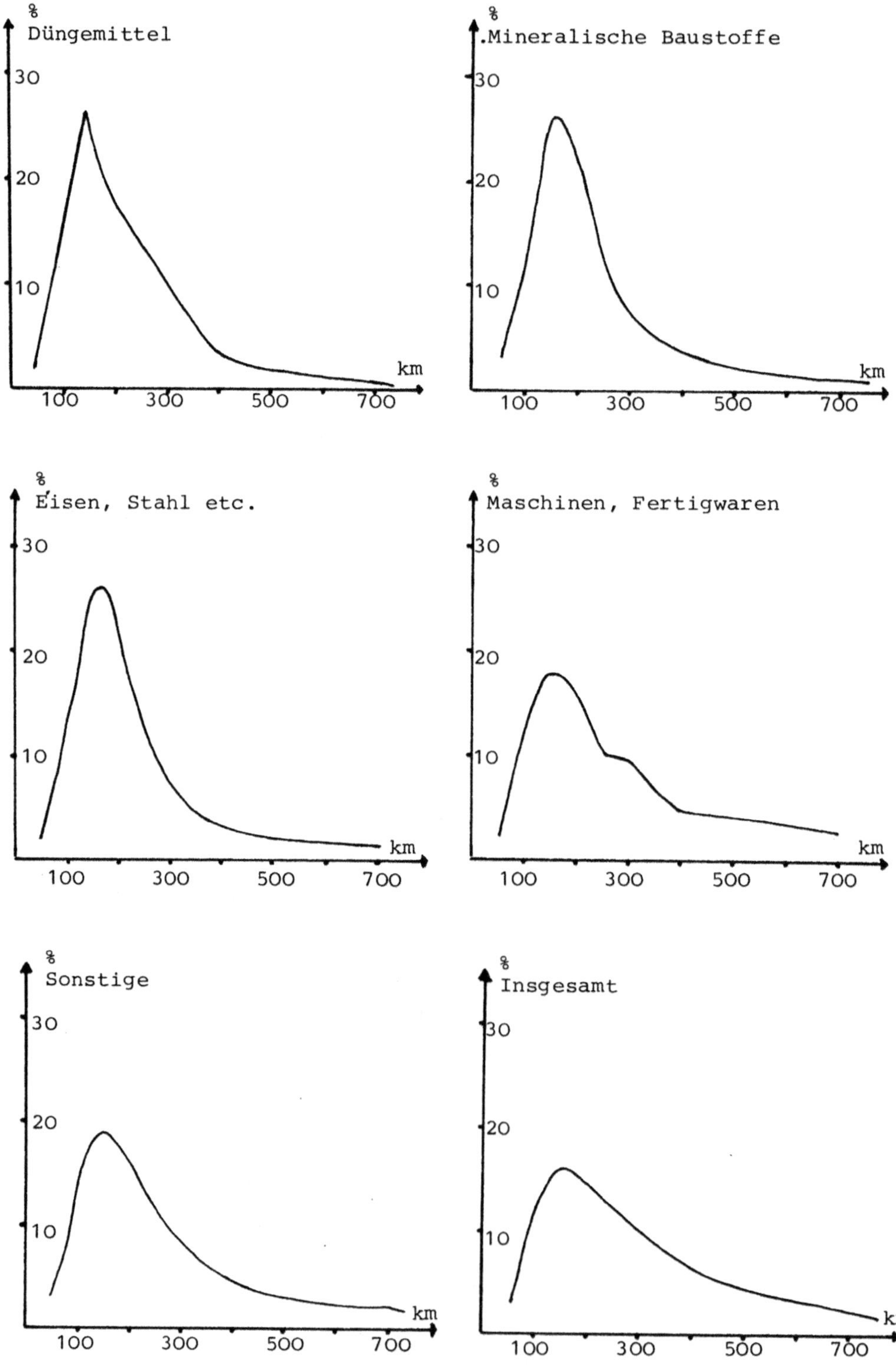
%
Düngemittel
30
20
10
km
100
300
500
700
%
.Mineralische Baustoffe
30
20
10
km
100
300
500
700
%
Eisen, Stahl etc.
30
20
10
km
100
300
500
700
%
Maschinen, Fertigwaren
30
20
10
km
100
300
500
700
%
Sonstige
30
20
10
km
100
300
500
700
%
Insgesamt
30
20
10
km
100
300
500
700

Abb. 59: Versand und Empfang der Verkehrsbezirke der BRD
mit Lastkraftwagen im Fernverkehr 1972

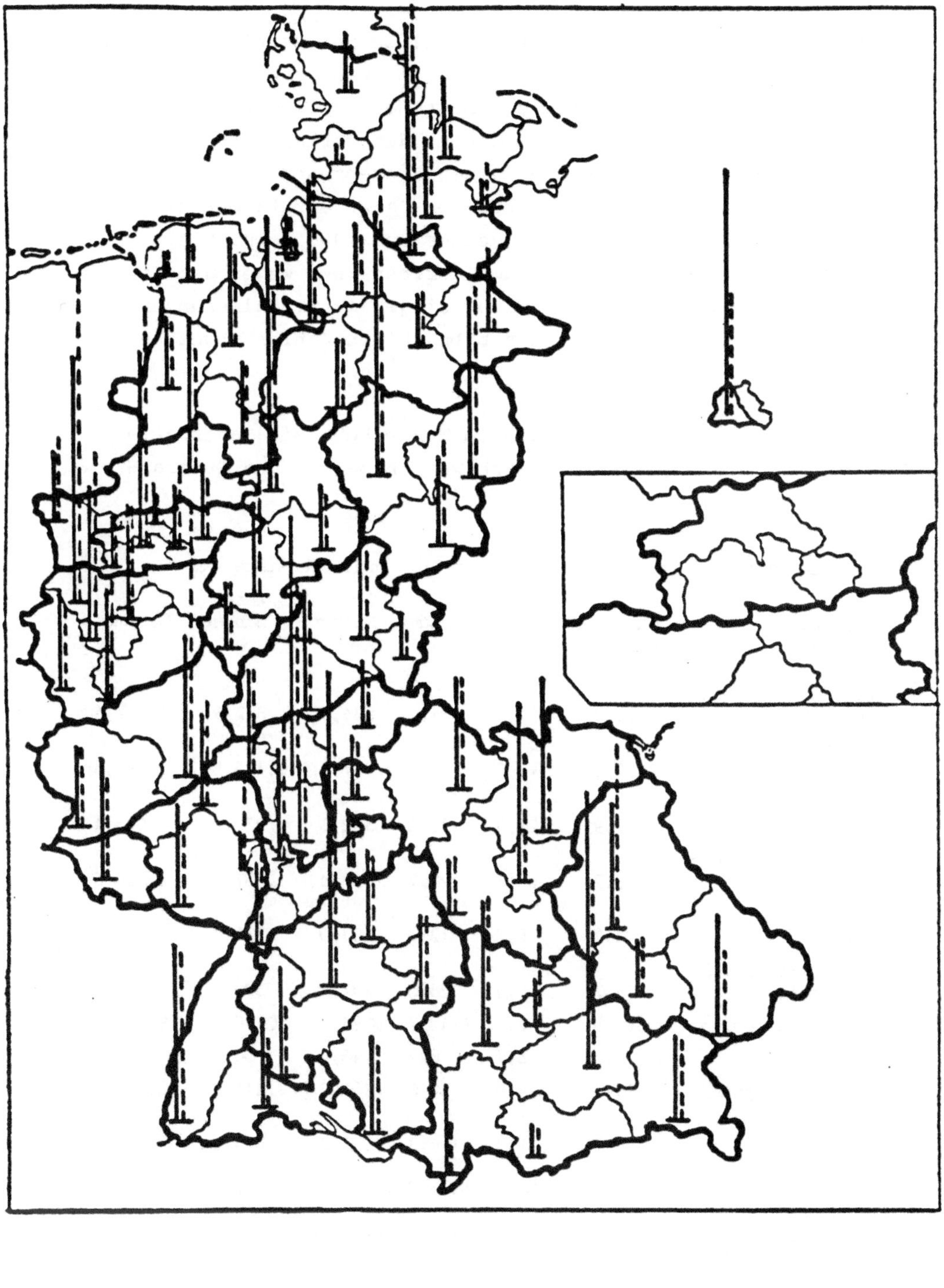

II. Die Marktstruktur des Nahverkehrs

Wie HAVLIČEK zeigt, besitzt die Hälfte der Betriebe des gewerblichen Güternahverkehrs nur ein Fahrzeug. Dies macht einen Anteil von 25% am Gesamtbestand der eingesetzten Fahrzeuge aus. [650)] Für die Gruppe der Verkehrsbetriebe mit 1-3 Fahrzeugen nennt er einen Prozentsatz von 89% des Gesamtbestandes. Die genannten Daten entstammen zwar den Ergebnissen des Verkehrszensus von 1962, sind also nicht mehr allzu jungem Datum, dürften aber wegen der Marktzugangsbeschränkung und sonstiger martregulierender Maßnahmen nicht sehr von den tatsächlich Zahlen abweichen.

Tab. 72: Verkehrsleistungen im Nahverkehr mit Lastkraftfahrzeugen 1970 nach Verkehrsarten und Güterabteilungen.

Verkehrsart / Güterabteilung	Mio. Beförderte Tonnen: Gewerbl. Nahverkehr	Werknahverkehr	Gesamt	Mrd.Geleistete tkm: Gewerbl. Nahverkehr	Werknahverkehr	Gesamt
Land-u.forstwirtschaftl. Erzeugnisse	19,8	31,4	51,2	834,5	872,9	1.707,4
Andere Nahrungs- u. Futtermittel	22,8	74,5	97,3	937,8	2.126,5	3.064,3
Feste mineralische Brennstroffe	17,9	21,3	39,2	352,5	272,9	625,4
Erdöl und -erzeugnisse	56,2	65,5	121,7	2499,3	1.557,3	4.056,6
Erze und Metallabfälle	4,1	8,2	12,3	69,0	135,1	204,1
Eisen, Stahl und NC-Metalle	15,7	12,3	28,0	691,4	338,3	1.029,7
Steine und Erden	546,5	796,2	1342,7	9026,3	10749,1	19.775,4
Düngemittel	2,5	5,7	8,2	46,4	80,7	127,1
Chem. Erzeugnisse	39,1	114,9	154,0	866,0	1.415,3	2.281,3
Fahrzeuge, Machinen usw.	44,5	72,7	119,3	1597,2	1.674,2	3,271,4
Summe [a)]	769,1	1202,7	1971,8	16920,1	19222,3	36.142,4

a) Geringfügige Differenz zur nachstehenden Quelle wegen Rundungsunterschieden.

Das Schwergewicht der Beschäftigung des Nahverkehrs liegt, wie Tab. 72 zeigt, eindeutig beim Transport von Steinen und Erden. Diese Güterabteilung vereinigt mit 1 342,7 Mio. Tonnen rund 68 % aller Transporte des Nahbereiches auf sich. Von den Gesamtmengen im Nahverkehr entfielen 1970 39,1 % auf den gewerblichen Nahverkehr und 60,9 % auf den Werknahverkehr. Bezogen auf geleistete Tonnenkilometer verschiebt sich die Prozentverteilung etwas mehr zum gewerblichen Kraftverkehr. Das Verhältnis beträgt hier 46,8 : 53,2 .

Aufgeschlüsselt nach Wirtschaftszweigen zeigt sich die besondere Bedeutung der Bereiche Verkehr und Nachrichten, in dem der gewerbliche Nahverkehr mit 93,3 % deutlich dominiert, und des Baugewerbes, in dem der Werknahverkehr genau so deutlich führt.

Tab. 73 : Verkehrsleistungen im Nahverkehr mit Lastkraftfahrzeugen 1970 nach Verkehrsarten und Wirtschaftzweigen

	Mio. beförderte Tonnen			Mrd. geleistete Tonnen		
	Gewerbl. Nahverkehr	Werknahverkehr	Gesamt	Gewerbl. Nahverkehr	Werknahverkehr	Gesamt
Land- und Forstwirtschaft	1,7	10,5	12,2	22,6	97,8	120,4
Energiewirtschaft u. Wasserversorgung	-	10,5	10,5	-	109,5	109,5
Verarbeitendes Gewerbe	9,7	349,9	359,6	180,7	6 279,2	6 459,9
Brauereiwesen	-	18,5	18,5	-	491,8	491,8
Baugewerbe	10,5	544,6	555,1	117,3	5 142,4	5 259,7
Handel	29,9	232,3	262,2	690,8	6 497,3	7 188,1
Verkehr u. Nachrichten	715,5	27,1	742,6	15 883,6	719,7	16 603,3
Dienstleistungen sonstiger Art	2,2	28,0	30,2	25,4	376,1	401,5

Quelle: Statistisches Bundesamt Wiesbaden (Hrsg.): Wirtschaft und Statistik 4/72:Verkehr (Güternahverkehr mit Lastkraftfahrzeugen 1970), a.a.O., S. 248 - 250, hier S. 249.

B. Die tarifpolitische Entwicklung im Überblick

Jahrelang war die Tarifbildung im Bereich des Lkw-Fernverkehrs fest an die Entwicklung bei der DB gekoppelt. Die im Gefolge der Verkehrsänderungsgesetze gebildete Tarifkommission bemühte sich zunächst, "durch die formelle Verselbständigung der Tarifteile im RKT die unerwünschte Automatik der Bindung an den DEGT zu beseitigen."[652)]

Die erste preiswirksame Maßnahme im Rahmen der Neugestaltung der RKT war aber eine Erhöhung der RKT-Tarife als Folge der Anhebung der Stückguttarife um 12,7 % durch die Bundesbahn im Jahre 1962.[653)] Das hieraus abgeleitete kartellmäßige Verhalten führte zu erheblichen Protesten der Verladerseite.[654)] Wie SCHLOTTERER[655)] zeigt, wären in dieser Situation Margen- anstatt Festfrachten gesamtwirtschaftlich wesentlich effizienter gewesen, vor allem was den angestrebten Preiswettbewerb zwischen den Verkehrsträgern angeht.

Gerade die Zeit zwischen 1962 und 1969 war es, in der es dem Güterverkehr auf der Straße gelang, der Bundesbahn erhebliche Marktanteile abzunehmen, insbesondere im Bereich der hochtarifierten Güterarten, die die DB eigentlich zur Kostendeckung unbedingt nötig gehabt hätte. Die vor allem vom Bundesverkehrsminister befürwortete Umlenkung bestimmter Gütermengen von der Straße auf die Schiene konnte trotz Beförderungssteuer nicht durchgesetzt werden.

Im Mai 1970 traten statt der zunächst in den Tarifanträgen des Straßengüterfernverkehrs vorgesehenen 8 - 10 %igen Tariferhöhung Tarifanhebungen von 12,2 % mit einer Marge von 6 % nach unten und oben in Kraft. Damit war erstmals das Prinzip der Margentarifierung verwirklicht. Ein knappes Jahr später machte die Kostenentwicklung eine erneute Anhebung der Tarife erforderlich. Doch auch hier wurde die erneute 12,2 %ige Erhöhung auf 9,1 % bei einer Marge von 6 % jeweils reduziert.[656)] Die ablehnende Haltung vor allem des Bundeswirtschaftsministeriums gegenüber den Tarifvorstellungen des Güterkraftgewerbes erklärt sich aus dem

Tab.: 74 : Beförderte Gütermengen, Verkehrsleistungen und mittlere Versandweiten nach Tarifklassen im gewerblichen Güterfernverkehr mit Kraftfahrzeugen aus dem Bundesgebiet[a)]

Tarifklasse	Beförderte Gütermenge 1960		1972		1973		Verkehrsleistungen 1960		1972		1963		Mittlere Versandweite 1972 km
	1000 t	%	1000 t	%	1000 t	%	Mill. tkm	%	Mill.tkm	%	Mio.tkm	%	
A/B	15 552	22,1	32 115	30,8	35 558	31,8	4 672	25,6	9 986	35,2	11 077	35,2	312
C/D	13 011	18,5	24 602	23,6	27 707	24,8	3 800	20,9	7 236	25,6	8 172	26,5	295
E	1 258	1,8	3 061	3,0	3 356	3,0	373	2,1	840	3,0	934	3,0	279
F	8 273	11,8	12 265	11,8	13 122	11,7	1 977	10,9	2 796	9,9	3 051	9,9	233
G	1 510	2,2	-	-	-	-	297	1,6	-	-	-	-	-
I-II	3 083	4,4	2 124	2,0	2 467	2,2	807	4,2	548	1,9	653	2,1	264
III-V	1 524	2,2	543	0,5	569	0,5	283	1,6	119	0,4	125	0,4	220
A/B-V	44 211	63,0	74 710	71,7	82 780	74,0	12 209	66,9	21 525	76,0	24 013	77,8	290
AT	23 591	34,1	26 553	25,5	26 139	23,4	5 646	31,0	6 223	22,0	6 281	20,3	240
Ladungsklassen	67 802	97,1	101 263	97,2	108 919	97,4	17 855	97,9	27 748	98,0	30 294	98,2	278
Stückgut	2 019	2,9	2 947	2,8	2 964	2,6	379	2,1	578	2,0	571	1,8	193
Insgesamt	69 821	100,0	104 210	100,0	111 883	100,0	18 234	100,0	28 326	100,0	30 865	100,0	276

Quelle: Bundesverband des Deutschen Güterfernverkehrs (Hrsg.): Verkehrswirtschaftliche Zahlen 1974, Frankfurt/Main 1974, S. 21

a) ab Nov. 1971 ohne grenzüberschreitenden Verkehr

Tab. 75 : Stückgutfrachten des RKT (261-264 km) in DM je Sendung

	Durchschnitt					Dez.
	1962	1970	1972	1973	1974	1974
50 kg	7,40	9,71	11,72	12,53	13,76	14,30
100 kg	13,50	16,46	19,91	21,33	23,51	24,40
250 kg	30,90	35,53	42,94	46,04	50,76	52,60
500 kg	52,40	59,33	71,70	76,84	84,76	87,90
750 kg	72,20	80,46	97,18	104,17	114,87	119,10
1000 kg	87,30	96,97	117,16	125,25	138,04	143,40
1500 kg	120,30	131,83	159,66	171,11	188,63	195,60

Quelle: Statistisches Bundesamt (Hrsg.): Fachserie M.: Preise, Löhne, Wirtschaftsrechnungen, Reihe 7: Preise für Verkehrsleistungen, verschiedene Vierteljahreshefte 1974/75, Stuttgart und Mainz 1974 und 1975

Tab. 76 : Frachtsätze des RKT für Wagenladungen (261-264 km) in DM je 100 kg

	Durchschnitt					Dez.
	1962	1970	1972	1973	1974	1974
I. 5-t-Klasse						
a. Regelgüterklasse						
A/B	4,52	5,72	6,97	7,50	8,27	8,39
C/D	4,28	5,58	6,66	7,17	7,98	8,14
E	3,95	5,16	6,37	6,85	7,62	7,78
F	3,35	4,88	5,55	5,98	6,65	6,79
b. Montangüterklasse						
I/II	4,28	5,58	6,66	7,17	7,98	8,14
III/IV/V	3,55	4,88	5,55	5,98	6,65	6,79
II. 20-t-Klasse						
a. Regelgüterklasse						
A/B	3,65	3,49	4,17	4,44	4,87	4,94
C/D	3,45	3,35	3,99	4,24	4,70	4,80
E	3,19	3,22	3,81	4,05	4,49	4,58
F	2,43	2,79	3,33	3,54	3,92	4,00
b. Montangüterklasse						
I/II	3,45	3,35	3,99	4,24	4,70	4,80
III/IV/V	2,67	2,79	3,33	3,54	3,92	4,00

Quelle: vgl. Tab. 75.

Bemühen um die Erhaltung der Preisstabilität. Ende 1971 waren die zurückgestauten Forderungen des Straßengüterfernverkehrs noch deutlicher. 15 % Tariferhöhung im Stückgutverkehr und 12,8 % im Wagenladungsverkehr wurden gefordert.[657)]

Ende des Jahres 1973 wurden neuartige, leistungsbezogene Kontrakttarife auf der Grundlage besonderer Verträge zwischen den Verladern und dem Güterfernverkehrsgewerbe eingeführt. Nach den Tarifbestimmungen des AT 205 für Treibstofftransporte zur Versorgung von Tankstellenketten und des AT 605 setzt sich die Gesamtfracht aus einer Jahrespauschale von 90.000 DM für das Fahrzeug und aus leistungsabhängigem Kilometergeld je Sendung zusammen.

In vergleichbarer Weise wie beim Binnenschiffsverkehr wirkte sich die Energiekrise Anfang 1974 auch auf die Transportkosten des Lkw-Fernverkehrs aus. Grundsätzlich auf alle Frachtsätze mit Ausnahme der eben genannten AT 605 sowie des RKT-Nebengebührentarifs wurde ein Zuschlag zum Ausgleich der stark gestiegenen Treibstoffkosten in Höhe von 5 % erhoben. Unabhängig davon wurden parallel zur Eisenbahn die Containertransportpreise der Transfracht um gleichfalls 9,5 % erhöht.

Am 1.Juni trat eine allgemeine Erhöhung der Frachtsätze des Reichskraftwagentarifs für Wagenladungen in Kraft, und zwar für die Regelgüterklasse A/B um 6,2 %, für die Regelgüterklassen C/D, E und F um 7,9 % sowie des Ausnahmetarifsektors um 9,5 %.

Am 1. Juli 1974 schloß sich eine Erhöhung der Richtsätze des Tarifs für den gewerblichen Güternahverkehr um durchschnittlich 7 % an. Gleichzeitig wurden die Treibstoffzuschläge bis zum 30.September 1974 verlängert, desgleichen am 1.August ein weiteres Mal auf unbestimmte Zeit. Am 25.August wurden die Frachtsätze und Frachten des RKT für den

Stückgutverkehr um 7,5 % angehoben. Am 30.9.74 wurde der 5 %ige Treibstoffzuschlag zu den Richtfrachtsätzen im gewerblichen Güternahverkehr aufgehoben und durch eine lineare Anhebung aller Tarifsätze um 4 % ersetzt. Die Regelung für den RKT im Güterfernverkehr wurde durch eine Ermäßigung des Treibstoffzuschlags von 5 auf 3 % abgelöst.

4. Kapitel
Ansatz eines qualitätsorientierten Preisbildungsmodells

A. Wertigkeit und Affinität als Modellgrundlage

Bei der bisherigen Argumentation haben wir uns auf die Grundlage der in der Verkehrswissenschaft allgemein akzeptierten und häufig angewandten Modelle und Methoden bezogen. In diesem Abschnitt wollen wir versuchen, ein neues Modell zu entwickeln, das auf den von VOIGT[658] konzipierten Begriffen und damit zusammenhängenden Denkvorstellungen der Verkehrswertigkeit und -affinität basiert.

Unter der Verkehrs<u>wertigkeit</u> $w = \begin{pmatrix} w_1 \\ \vdots \\ w_n \end{pmatrix}$, verstehen wir einen Vektor der Dimension n, der die Qualität des Verkehrssystems (eines Verkehrsmittels oder -trägers) charakterisiert; die einzelnen Komponenten w_i dieses Vektors bezeichnen wir als (Teil)ebenen der Wertigkeit oder als Teilwertigkeiten. Wir werden zunächst davon absehen, diese Qualitätsdimensionen mit Begriffen wie "Massenleistungsfähigkeit", "Schnelligkeit" etc. zu füllen, da dadurch zusätzliche Probleme entstehen, die an späterer Stelle erörtert werden sollen.

<u>Annahme 1</u>

Eine Verkehrsleistung, die auf einer bestimmten Relation zu einer bestimmten Zeit angeboten wird, ist durch ihre Wertigkeit w eindeutig charakterisiert.

Der Wertigkeit als Charakteristikum des Verkehrsleistungsangebots entspricht der Begriff der <u>Affinität</u> auf der Nachfrageseite. Die Affinität $a = \begin{pmatrix} a_1 \\ \vdots \\ a_n \end{pmatrix}$ wird definiert als die Bewertung der n Qualitätsdimensionen durch den Nachfrager, wobei wir o.B.d.A. zusätzlich $\sum_{i=1}^{n} a_i = 1$ voraussetzen, wodurch die Komponenten als Gewichte oder Wahrscheinlichkeiten interpretierbar werden.

Annahme 2

Jeder Nachfrager beschreibt die von ihm auf einer bestimmten Relation und zu einer bestimmten Zeit nachgefragte Verkehrsleistung eindeutig durch seine Affinität a.

Neben der Gewichtung der verschiedenen Dimensionen der Qualität der Verkehrsleistung spielen auch Mindestanforderungen an einzelne Dimensionen eine wichtige Rolle; so sind sicherlich manche Transportangebote, obwohl sie in (n - 1) Dimensionen hohe Wertigkeiten erreichen, für die Nachfrage dann nicht relevant, wenn sie in einer Dimension unter einer Mindestgrenze liegen.

VOIGT hat hierfür den Begriff der "Mindestaffinität" eingeführt, der in jeder Dimension einen kritischen Wert für die Teilwertigkeit angibt, bei dessen Unterschreiten die Nachfrage zusammenbricht. Da es sich hierbei um eine Größe handelt, die in den gleichen Dimensionen gemessen wird wie die Wertigkeit, wollen wir sie mit $\underline{w} = \begin{pmatrix} \underline{w}_1 \\ \vdots \\ \underline{w}_n \end{pmatrix}$ bezeichnen.

Annahme 3

Jeder Nachfrager kennzeichnet seine Mindestanforderung an die Transportleistung auf einer bestimmten Relation und zu einer bestimmten Zeit durch seine Mindestaffinität $\underline{w}$.

Nach dem Begriff des Marktes, wie er in der volkswirtschaftlichen Theorie definiert wird, könnten wir nur Verkehrsleistungen vergleichen, die homogen, d.h. durch dieselbe Wertigkeit w beschrieben, sind. In der Realität beruht jedoch etwa die unterschiedliche Verkehrsmittelwahl - auf einer Relation wirdzu einer bestimmten Zeit normalerweise von einem Verkehrsträger nur eine Verkehrsleistung angeboten - gerade auf dem Qualitäts- und erst in zweiter Linie auf dem Preiswettbewerb. In dieser Terminologie ist der Marktbegriff für unsere Analyse insofern sinnlos, als sich die Konkurrenzbeziehungen und der durch sie bewirkte Ausgleich von Angebot und Nachfrage gerade nicht innerhalb des "Marktes" abspielen, sondern als Substitutionsprozesse zwischen einer Vielzahl von Märkten. Dabei müßte jeder Verkehrsleistung ein eigener Markt zugeordnet werden. Wir wollen daher den Marktbegriff in der folgenden Weise benutzen:

Definition: Als (Verkehrsleistungs-) Markt bezeichnen wir den ökonomischen Ort an dem sich das durch seine Wertigkeiten gekennzeichnete (Verkehrsleistungs-)Angebot und die durch die Affinitäten und Mindestaffinitäten gekennzeichnete (Verkehrsleistungs-) Nachfrage ausgleichen.

Obwohl wir bisher noch nicht darauf eingegangen sind, welche konkrete Bedeutung die einzelnen Teilwertigkeiten in der Realität haben sollen, sind wir in der Definition der Affinitäten bereits entscheidend von der von VOIGT entwickelten und von KLATT[659] formalisierten Terminologie abgewichen.

Bei VOIGT entspricht der Verkehrswertigkeit als "objektive" Eigenschaft des Leistungsangebots die Affinität als Anforderung der Nachfrage an das Angebot. Bei ihm stehen sich somit zwei Vektoren gegenüber und als Entscheidungsregel dient ein Ähnlichkeitsvergleich der von KLATT als Vergleich von "Qualitätsprofilen" definiert wurde. Dadurch wird das Problem der Einführung einer Metrik auf dem Raum der Qualitäten aufgeworfen, das natürlich nur subjektiv lösbar ist. Dies stellt jedoch einen Kritikpunkt dar, den man gegen jedes Verfahren der Vektoroptimierung - und damit auch gegen unseren Ansatz - vorbringen kann. Die Vorteile, die uns veranlaßt haben, den Begriff der Affinität anders zu fassen, liegen in der Tatsache begründet, daß man auf diese Weise die Werte a_i als Bayes-Vorbewertung über die Qualitätsdimensionen auffassen kann, wodurch die subjektiven Einflüsse offenbar und kontrollierbar werden. Wir wollen diese unterschiedlichen Ansätze auch graphisch verdeutlichen, da man dabei besonders eindruckvoll die Vorteile erkennt.

Abb. 60: Wertigkeit und Affinität nach VOIGT

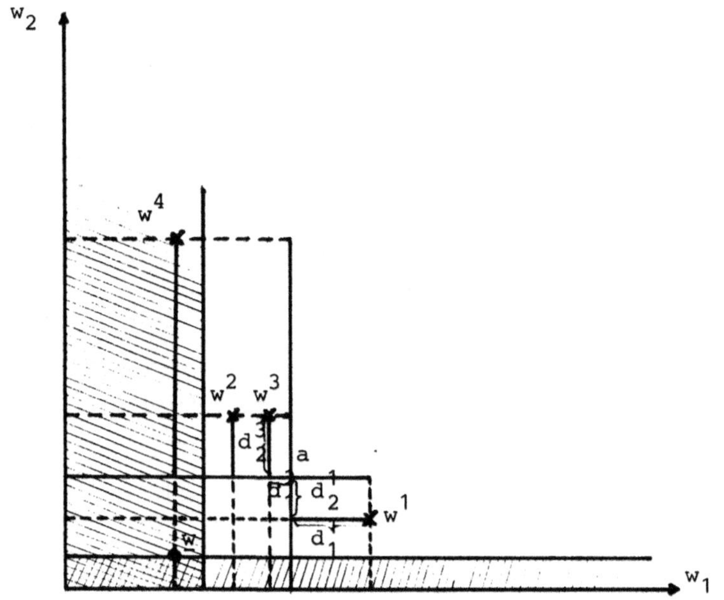

In Abb. 60 haben wir die Wertigkeiten (für zwei Teilwertigkeiten) von vier Verkehrsleistungsanbietern dargestellt (w^1, w^2, w^3, w^4) und die Affinität (nach VOIGT) und Mindestaffinität eines Nachfragers ($\underline{w}$,a). Jeder "Punkt",der in einer Koordinate (=Teilwertigkeit) kleiner als $\underline{w}$ ist - in unserem Beispiel träfe dies auf den Punkt w^4 zu, der das Angebot des vierten Anbieters charakterisiert, fällt als Entscheidungsalternative aus. Wir haben dies durch die Schraffierung der entsprechenden Bereiche dargestellt. Von den verbleibenden Alternativen würde man - unter Vernachlässigung der Preisunterschiede - w^2 ausschließen, da sie gegenüber w^3 in allen Teilwertigkeiten unterlegen ist, d.h. w^3 dominiert w^2. Wie aber kann man aufgrund der durch a gegebenen Anforderungen zwischen w^1 und w^3 eine rationale Entscheidung treffen? Dieses Problem hat KLATT ausführlich diskutiert und verschiedene Ähnlichkeitsmaße vorgeschlagen. Wir können hier nicht näher auf die verschiedenen Ansätze eingehen; die üblicherweise benutzte Metrik ist die der Euklidischen Norm: $d_{a,w} = \sqrt{\sum_i (a_i - w_i)^2}$. Dies würde in unserem Beispiel auf eine Berechnung der "Abstände" $\sqrt{(d_1^1)^2 + (d_1^1)^2}$ und $\sqrt{(d_1^3)^2 + (d_2^3)^2}$ hinauslaufen und es würde dann diejenige Alternative gewählt , die die geringere Abweichung aufweist.

Abb. 61: Wertigkeit und Affinität als Entscheidungsgrundlage

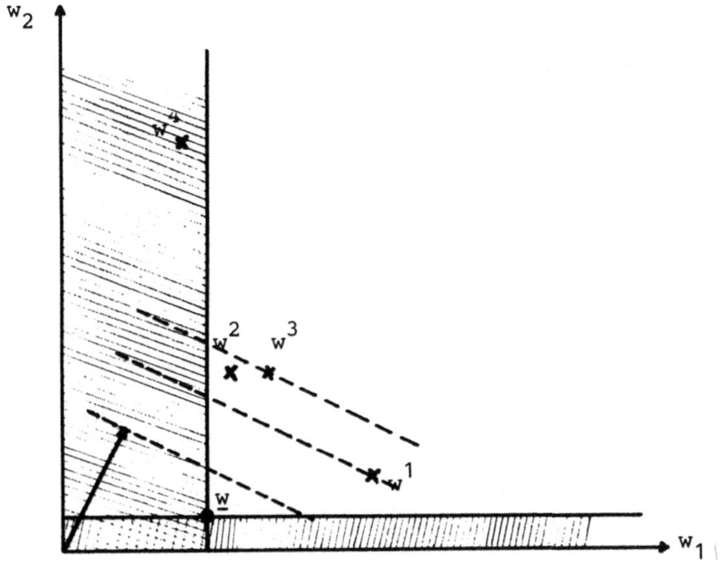

Nach der von uns gewählten Definition der Affinität als dimensionslose Größe, die als Gewicht der entsprechenden Dimensionen für die Entscheidung interpretiert wird, ergibt sich die in Abb. 61 dargestellte Situation. Wie oben

ausgeführt, wird auch hier durch die Vorgabe der Mindestaffinität $\underline{w}$ das Angebot, das durch die Wertigkeit w^4 charakterisiert ist, von der Entscheidung ausgeschlossen. Die Vorgabe einer bestimmten Affinität führt hier jedoch zu der folgenden Entscheidungsregel:

$$(81) \quad \sum_{i=1}^{n} a_i w_i \overset{!}{=} \text{Max} \qquad \text{unter der Nebenbedingung}$$

$$w_i \geq \underline{w}_i \qquad \text{für alle } i = 1,\ldots,n$$

Das Maximum läßt sich graphisch (für zwei Dimensionen) sehr einfach bestimmen. Durch $\alpha = \arctan\left(\frac{a_2}{a_1}\right)$ wird die "Entscheidungsrichtung" angegeben, die die Richtung gleichen Nutzenzuwachses für die Bewertung $a = \binom{a_1}{a_2}$ beschreibt. Durch Parallelverschiebungen findet man dann sehr einfach, wie in Abb. 61 skizziert, den optimalen Punkt.

B. Probleme der Skalierung

In der o.a. Entscheidungsregel haben wir eine gewichtete Summe von verschiedenen Qualitätsdimensionen gebildet, ohne darauf Rücksicht zu nehmen, daß diese Dimensionen nur dann sinnvoll zusammengefaßt werden können, wenn sie auf einer einheitlichen Skala gemessen wurden. Wir nehmen im folgenden daher an, daß jede Teilwertigkeit auf einer dimensionslosen Skala "gemessen" wird. Diese Annahme ist sicherlich problematisch, wenn man bedenkt, daß hinter den Bezeichnungen w_i Qualitätsdimensionen wie Massenleistungsfähigkeit, Schnelligkeit, Sicherheit etc. stehen, die sicherlich nicht dimensionslos sind.

Wollte man eine Bewertung verschiedener Verkehrsmittel oder -träger vornehmen, so müßte man für jede Qualitätsdimension eine Transformationsfunktion angeben, die jeder Qualität eine dimensionslose Zahl zuordnet.[660] Es ist offensichtlich, daß durch die Wahl dieser Funktionen die Ergebnisse einer Analyse entscheidend beeinflußt werden, so daß zu erwarten ist, daß bei der Interpretation der Affinitäten nur Effekte analysiert werden, die man vorher in die Daten hineingesteckt hat.

Ein weiteres Problem stellt sich insofern, als die verschiedenen Qualitätsdimensionen nicht unabhängig sind. Betrachtet man etwa die Teilwertigkeiten Geschwindigkeit, Massenleistungsfähigkeit und Berechenbarkeit, so stellt man fest, daß für jede dieser Dimensionen die Grunddimension Z e i t eine Rolle spielt und daher nicht zu erwarten ist, daß diese Teilwertigkeiten unabhängig sind. Die Vorbewertung a ist aber sinnlos - bzw. führt zu Fehlschlüssen - wenn die Qualitätsdimensionen Abhängigkeiten aufweisen, d.h. nicht orthogonal zueinander stehen. In Abb. 62 haben wir für "zwei abhängige Teilwertigkeiten diese Verzerrung in der Entscheidungsrichtung" graphisch dargestellt. Während der Winkel α die durch die Affinität beschriebene Entscheidungsrichtung angibt, bezeichnet φ die der Entscheidung tatsächlich zugrundeliegende Bewertung, die durch die Vernachlässigung der Abhängigkeiten zwischen w_1 und w_2 entsteht. Wäre als zusätzliche Alternative eine Verkehrsleistung angeboten worden, deren Qualitätsprofil durch den Punkt w^* gekennzeichnet ist, so sieht man, daß durch die Verzerrung ein nicht optimaler Punkt (w^3) gewählt würde.

Abb. 62 : Die Verzerrung der Entscheidung bei abhängigen Qualitätsdimensionen

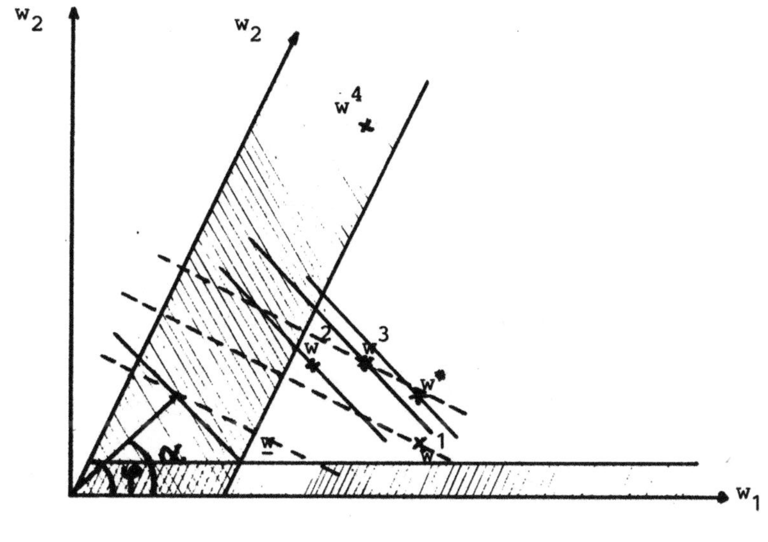

Diese Ausführungen beziehen sich auf den Begriff der linearen Abhängigkeit - im Sinne der Orthogonalität - und nicht auf die ökonomischen Abhängigkeiten zwischen den Qualitätsdimensionen, die wir durch die "Produktionsstruktur" der Verkehrsleistungsanbieter im folgenden beschreiben wollen.

C. Substitutionsbeziehungen zwischen den Qualitätsdimensionen

Bisher haben wir uns in erster Linie mit dem Verhalten der Nachfrageseite beschäftigt, die durch Affinität und Mindestaffinität gekennzeichnet wurde. In diesem Abschnitt wollen wir nun die Beziehungen zwischen verschiedenen Wertigkeitsdimensionen aus der Sicht der Verkehrsleistungs<u>anbieter</u> analysieren.

Wir betrachten das Angebot w als den Output eines Produktionsprozesses, der durch eine Produktionsfunktion f beschrieben werden soll:

$$(82) \quad w = f\ (x_1,\ldots,x_m).$$

Die Funktion f soll alle Beziehungen enthalten, die die Erzeugung des Outputs w aus den Inputmengen $x_1,\ldots,x_m$ determinieren, wobei x_i, $i = 1,\ldots,m$ irgendwelche Güter darstellen.

a auf der linken Seite von (82) ein Vektor steht $w = \begin{pmatrix} w_1 \\ \vdots \\ w_n \end{pmatrix}$

muß auch die Funktion f als Vektorfunktion mit den Komponenten $f_1,\ldots,f_n$ aufgefaßt werden:

$$(83) \quad w = \begin{pmatrix} w_1 \\ \vdots \\ w_n \end{pmatrix} = \begin{pmatrix} f_1 \\ \vdots \\ f_n \end{pmatrix} \ (x_1,\ldots,x_m).$$

Die einzelnen Komponenten f_i, f_j $i,j = 1,\ldots,n$, sind für $i = j$ ökonomisch und technisch durch bestimmte Transformationsbeziehungen verknüpft, die wir durch die (Funktionen)Matrix O beschreiben wollen:

(84)

$$\Phi := \begin{pmatrix} id & \Phi_{12} \cdots\cdots & \Phi_{1n} \\ \Phi_{21} & id & \\ \vdots & & \ddots \\ \Phi_{n1} & & id \end{pmatrix}$$

In dieser Matrix gibt die Funktion Φ_{ij} die Transformationsmöglichkeiten des Anbieters an, für gegebenen Output zwischen den Qualitätsebenen w_i und w_j Substitutionen durchzuführen; id soll die identische Abbildung bedeuten. Die Produktionsmöglichkeiten eines Anbieters für gegebenen Input können wir mit den obigen Bezeichnungen schreiben:

(85) $$\{ w \,/\, w = \Phi \cdot f(x_1,\ldots,x_m) \} ,$$

wobei die Verknüpfung die Anwendung aller möglichen Transformationen Φ_{ij} auf die Funktionen f_i, f_j bedeuten soll.

In Abb. 63 haben wir für drei verschiedene Anbieter mögliche "Angeboteskombinationen" für zwei Qualitätsdimensionen dargestellt, die den Funktionen Φ^1_{12}, Φ^2_{12}, Φ^3_{12} für ein gegebenes Inputniveau entsprechen.

Unter den Vorbehalten, die wir zu Beginn über die Wahl anschaulicher Begriffe für die Qualitätsdimensionen getroffen haben, könnte man die gewählten Kurven als Transformationsbeziehungen zwischen "Sicherheit = w_1" und Schnelligkeit = w_2" für die Verkehrsträger "Wasser = 1", "Luft = 2" und "Schiene = 3" auffassen.

Abb. 63 : Mögliche Transformationskurven zwischen verschiedenen Wertigkeitsebenen. $\bar{w}_2$ bezeichnet eine technische Obergrenze, die man als Funktion der Zeit auffassen kann.

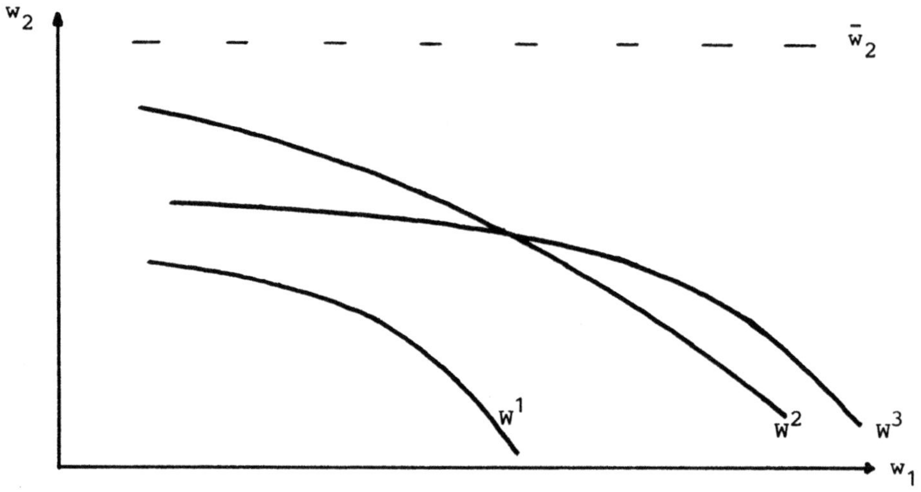

D. Preise und Kosten

Bisher haben wir uns bei unseren Überlegungen nur die verschiedenen Qualitätsdimensionen betrachtet. Wie soll nun der Preis einer Verkehrsleistung, der ja eine wichtige - viele behaupten die wichtigste - Rolle spielt, in das Modell aufgenommen werden? Dazu gibt es zwei mögliche Wege: Man kann den Preis als eine "Qualitätsdimension" interpretieren oder aber man betrachtet den Preis als zusätzliche Variable, die auf dem "Markt" der Qualitätsnachfrage und des Qualitätsangebots einen Ausgleich bewirken soll.

I. Der Preis als "endogene" Variable

Die Ausführungszeichen bei dem Begriff endogen sollen anzeigen, daß wir uns hier nicht mit einem ökonometrischen Modell beschäftigen und insofern dieser Begriff nicht zutrifft. In diesem Abschnitt fassen wir den Preis insofern als endogen auf, als wir ihn als (n+1)te Dimension des Qualitätsvektors $w^* = \begin{pmatrix} w_1 \\ \vdots \\ w_n \\ p \end{pmatrix}$ in unser Modell aufnehmen. Das hat den Vorteil, daß man alle relevanten Größen zusammengefaßt und damit operabler gemacht hat. Die Überlegungen über die Transformationsmöglichkeit der Anbieter zwischen den Dimensionen w_i und w_j, für $i \neq j$, $i, j \in \{1, \ldots, n\}$ lassen sich ohne Zusatzannahmen auch auf die Komponente p übertragen, die in diesem Fall die Kosten für z.B. eine Erhöhung einer Qualitätsdimension angibt.

Auch die Affinität, die jetzt ebenfalls um eine Dimension vergrößert wird, läßt sich gut interpretieren, da das Verhältnis $\frac{a_i}{a_{n+1}}$ für $i = 1, \ldots, n$ die Zahlungsbereitschaft des Nachfragers für eine (Verbesserung) der i-ten Qualitätsdimension angibt.

Der Nachteil dieser Einführung des Preises besteht darin, daß die Bezeichnungen nicht konsistent sind. Wie wir an früherer Stelle ausgeführt haben, besteht der Vektor w aus dimensionslosen Komponenten, und es wäre sicherlich sinnlos, den Preis als dimensionslos aufzufassen.

Außerdem liegen w und p auf völlig verschiedenen Ebenen, so daß eine getrennte Einführung des Preises sich als die bessere Lösung anbietet.

II. Der Preis als "exogene" Variable

Führt man den Preis als unabhängige Variable in das Modell ein, so ergibt sich die folgende Situation:

Die Nachfrage auf einer bestimmten Relation ist eine Funktion der Affinität, der Mindestaffinität und des Preises. Die Entscheidung des Nachfragers beruht jetzt also neben den qualitativen Kriterien zusätzlich auf dem Preis der angebotenen Verkehrsleistungen. Dazu bedarf es jedoch eines neuen Gewichtungskriteriums, daß die Bedeutung von Preis und Qualität für die Nachfrageentscheidung angibt.

Sei $\beta = \begin{pmatrix} \beta_1 \\ \beta_2 \end{pmatrix}$, mit $\beta_1 + \beta_2 = 1$ ein Vektor, der die Bedeutung von Preis (β_1) und Qualität (β_2) für die Nachfrageentscheidung bestimmt, so lautet die modifizierte Entscheidungsregel für den Nachfrager:

$$(86) \quad -\beta_1 \cdot p + \beta_2 \sum_{i=1}^{n} a_i w_i \overset{!}{=} \text{Max} \quad \text{mit den Nebenbedingungen}$$

$$\underline{w}_i \leq w_i \quad \text{für alle } i \in \{1,\ldots,n\}$$

oder

$$(87) \quad -\beta_1 p + \sum_{i=1}^{n} b_i \, w_i \overset{!}{=} \text{Max}$$

wobei die neuen Koeffizienten b_i als Produkt der Teilaffinitäten a_i und dem Gesamtgewicht der Qualität β_2 entstehen. Dabei ist jedoch nicht mehr die Bedingung erfüllt, daß die Koeffizienten sich zu 1 summieren; vielmehr gilt immer wenn der Preis ein positives Gewicht erhält, daß $\Sigma\, b_i = 1-\beta_1 < 1$.

Die Zahlungsbereitschaft eines Nachfragers für Verbesserungen einer Qualitätsdimension läßt sich durch den Quotienten

$$(88) \quad \frac{b_i}{\beta_1} = \frac{\beta_2}{\beta_1} \cdot a_i$$

erfassen. Indem man das Verhältnis $\frac{\beta_2}{\beta_1}$ als Qualitätspreis-Elastizität interpretiert, kann man durch (88) Preiselastizitäten bezüglich jeder Qualitätsdimension definieren.

Abb. 64: Die Konstruktion der "Entscheidungsrichtung" für eine Affinität a und die Gewichtsverteilung β.

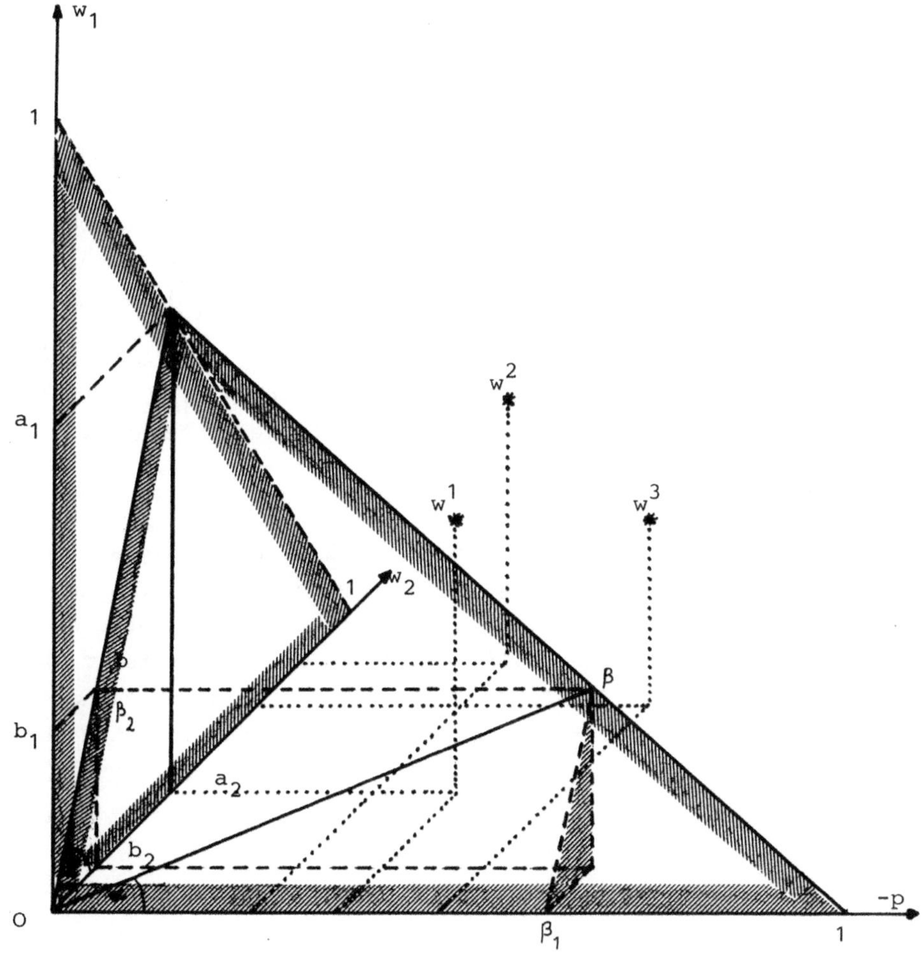

In Abb. 64 haben wir für zwei Qualitätsdimensionen die Entscheidungsrichtung konstruiert, die sich unter Einbeziehung des Preises p und der Gewichtung β ergibt.

Um in allen Dimensionen eine Maximierungsaufgabe zu erhalten, haben wir die Preisachse n e g a t i v aufgetragen. Dazu benötigt man die Festsetzung eines absoluten Höchstpreises $\bar{p}$, um auf der negativen Achse den Nullpunkt festlegen zu können. Da für unsere Überlegungen jedoch nur das Verhältnis von $ß_1$ zu $ß_2$ interessiert, kann man sich eine beliebig hohe positive Zahl als $\bar{p}$ vorgeben und die Achse entsprechend transformieren. Dabei bedeutet ein hoher Wert einen entsprechenden Preis-v o r t e i l für das Verkehrsleistungsangebot.

Durch die Affinität $a = \begin{pmatrix} a_1 \\ a_2 \end{pmatrix}$ wird in der (w_1/w_2)- Ebene ein Vektor festgelegt, der - wie oben ausgeführt - die Bedeutung der verschiedenen Qualitätsdimensionen für die Nachfrageentscheidung charakterisiert. Faßt man diesen Vektor als Koordinatenachse auf, so wird dadurch zusammen mit der $(-\bar{p})$- Achse eine Ebene festgelegt, auf der man den Vektor $ß = \begin{pmatrix} ß_1 \\ ß_2 \end{pmatrix}$ bestimmt, wobei $ß_1$ auf der (-p)- Achse und $ß_2$ auf der a- Achse abgetragen wird. Die $ß_2$- Koordinate gibt als Punkt in der (w_1/w_2)- Ebene die Koordinaten von $b = \begin{pmatrix} b_1 \\ b_2 \end{pmatrix}$, die die mit $ß_2$ gewichteten Affinitäten a_1 und a_2 darstellen.

Die Nutzenmaximierung des Nachfragers vollzieht sich graphisch in einer Parallelverschiebung von Hyperebenen, die durch den Vektor ß als Flächennormale gegeben sind, wobei der Entscheidungsraum durch die Mindestaffinitäten in den Qualitätsdimensionen beschränkt wird. Um die Darstellung übersichtlich zu halten, haben wir auf die Einbeziehung der Mindestaffinitäten verzichtet.

E. Zusammenfassung und Ausblick

Die vorliegende Analyse der Preisbildungsvorgänge im Verkehrssektor stellte sich die Aufgabe, die herkömmlichen preistheoretischen Modellansätze systematisch darzustellen und auf ihre Realitätsbezogenheit kritisch zu überprüfen.

Ein wesentliches Anliegen bestand darin, nicht nur die Preisbildungsprozesse bei einem typischen Verkehrsträger nachzuvollziehen, sondern die gerade im Verkehrssektor ausgesprochen ungleichen preispolitischen Aktivitäten am Beispiel von fünf Verkehrsträgern nachzuweisen. Es wurde dabei betont, daß eines der entscheidenen Kriterien für die jeweilige Ausprägung des Preisbildungsprozesses in der historisch gewachsenen spezifischen Organisationsform des betrachteten Verkehrsträgers zu sehen ist. Hieraus lassen sich auch die verschiedenen Unternehmensstrategien ableiten, die von der Zielsetzung der Gewinnmaximierung über angestrebte Kostendeckung bis hin zu Preisvorstellungen reichen, die nahe am Nulltarif liegen. Die Vielfalt der Erscheinungsformen läßt es nicht zu, ein für die Gesamtheit der Verkehrswirtschaft akzeptables Preisbildungsmodell im Sinne der herkömmlichen Preistheorie zu formulieren. Als Ausweg haben wir versucht, das vorstehende qualitätsorientierte Preisbildungsmodell zu bestimmen, das zwar noch nicht in der Lage ist, mathematisch exakt Verkehrspreise im Sinne von Optimalitätsbedingungen festzulegen, das aber eine Hilfe sein kann, den Entscheidungsprozeß quasi an der Basis der Verkehrsentstehung in seine Bestandteile zu zerlegen und als Aktionsparameter in ein Optimalpreis bestimmendes Gleichungssystem einzubauen.

ANMERKUNGEN

1) Vgl. VOIGT, F.: Verkehr, 1. Bd., 1.H. Die Theorie der Verkehrswirtschaft, Berlin 1973, S. 7
2) Vgl. ebenda, S. 9
3) Zu dieser Problematik siehe WINTER, D.: Induzierte Güterverkehrsnachfrage, in: Zeitschrift für Verkehrswissenschaft, 43. Jg. (1972), Heft 2/72, S.86 ff. sowie VOIGT,F.: Verkehr, 1.Bd., 1.H., a.a.O., S. 11
4) Vgl. BÜHLMANN,R.: Die Frage der Besonderheiten des Verkehrs, Diss. Bern 1969, S.48
5) Vgl. SAX,E.: Die Verkehrsmittel in Volks- und Staatswirtschaft, Bd.1, 2.Aufl., Berlin 1918, S. 13
6) Vgl. SEIDENFUS, H.St.: Verkehrsmärkte, Basel 1959, S.95
7) Vgl. WIEDENFELD, K.: Transportwesen, Tübingen 1930, S.5
8) Vgl. VOIGT, F.: Verkehr, 1. Bd.,1.H., a.a.O., S.12
9) SAX nannte ein Intensitätsgesetz, ein Integrationsgesetz, ein Richtungsgesetz, ein Kosten- und ein Preisgesetz des Verkehrs; vgl. SAX,E.: Die Verkehrsmittel in Volks- und Staatswirtschaft, 1.Bd., 2.Aufl., a.a.O., S.64 ff, 67 ff, 76 ff., 90 ff.
10) Vgl. MEYER, H.R.: Beziehungen zwischen den Theorien auf dem Gebiete der Verkehrswirtschaft und den allgemeinen Wirtschaftstheorien, in: Schweizerisches Archiv für Verkehrswissenschaft und Verkehrspolitik, Jg.1964, Nr.4, S. 325
11) Siehe bspw. Wissenschaftlicher Beirat beim Bundesverkehrsministerium: Grundsätze zur Verkehrspolitik, Heft 9, Bad Godesberg 1961, S. 12
12) Siehe S. 126 ff.
13) Vgl. SCHMITT,A.: Die Liberalisierung des innerdeutschen Wasserstraßenverkehrs, Duisburg 1954, S. 45 sowie BÜHLMANN, R.: Die Frage der Besonderheiten des Verkehrs, a.a.O., S. 84
14) HOFFMANN, H.: Der Ausflugs- und Wochenendausflugsverkehr in der BRD, in: DEIF. Deutsches Wirtschaftswissenschaft Institut für Fremdenverkehr an der Universität München, H.28 der Schriftenreihe, München 1973, S.51 f.
15) Vgl. ILLETSCHKO,L.L.: Transportbetriebslehre, 2.Aufl., Wien-NewYork 1966, S. 81
16) LEMPER hat diese Definition für den Verkehrssektor überprüft und auf die besondere Problematik hingewiesen; vgl. LEMPER, A.: Die preistheoretischen und preispolitischen Grundprobleme der Tarifgestaltung im Binnenverkehr. Verkehrswissenschaftliche Veröffentlichungen des Ministeriums für Wirtschaft, Mittelstand und Verkehr des Landes Nordrhein-Westfalen, H. 52, Düsseldorf 1962, S. 18
17) VOIGT, F.: Verkehr, 1.Bd., 1.H., a.a.O., S. 22 f.
18) Vgl. BÜHLMANN, R.: Die Frage der Besonderheiten des Verkehrs, a.a.O., S. 151 ff.
19) MELLEROWICZ, K.: Kosten und Kostenrechnung, Bd.1, 4.Aufl., Berlin 1963, S. 335

20) PIRATH, C.: Die Grundlagen der Verkehrswirtschaft, Berlin-Göttingen-Heidelberg 1949, S. 241
21) Vgl. MÜLLER,P.: Schiene-Straße und Schiene-Schiffahrt. Verkehrswissenschaftliche Veröffentlichungen des Ministeriums für Wirtschaft und Verkehr des Landes Nordrhein-Westfalen, F. 30, Düsseldorf, o.J., S. 46
22) PETERS,H.R.: Marktwirtschaftliche Verkehrsordnung und die Besonderheiten des Güterverkehrs, Bad Godesberg 1968, S.23
23) MELLEROWICZ, K.: Kosten und Kostenrechung, a.a.O.,S.335
24) PIRATH,C.: Die Grundlagen der Verkehrswirtschaft, a.a.O., S. 241
25) WÜSTEN,H., LAUTER,F., DEIST,H.: Gutachten über die Kosten, Erlöse und Frachten der Rheinschiffahrt in der britischen und amerikanischen Zone, Manuskript, a.O., 1947, S. 21 - Dies.: Gutachten über die Kosten, Erlöse und Frachten der westdeutschen Kanal- und Weserschiffahrt, Manuskript, o.O., 1947, S.30
26) KIRCHGÄSSER, W.: Lehren aus der Vergangenheit der Binnenschiffahrt für die Zukunft, in: DVZ v.6.1.1950
27) HULSTMANN, G.W.: Das Problem der fixen Kosten in der Binnenschiffahrt, Duisburg 1965, S. 124-127
28) PETERS,H.R.: Marktwirtschaftliche Verkehrsordnung und die Besonderheiten des Güterverkehrs, a.a.O., S. 23
29) PIRATH, C.: Die Grundlagen der Verkehrswirtschaft, a.a.O., S. 241
30) PRECHT, G.: Selbstkostenberechnungen für den Güterfernverkehr mit Kraftfahrzeugen, 3.Aufl., Nürnberg 1958
31) PETERS, H.R.: Marktwirtschaftliche Verkehrsordnung und die Besonderheiten des Güterverkehrs, a.a.O., S. 23
32) LEMPER, A.: Die preistheoretischen und preispolitischen Grundprobleme der Tarifgestaltung im Binnenverkehr, a.a.O., S. 18
33) Vgl. VOIGT,F.: Verkehr, 1. Bd., 1.H., a.a.O., S. 23
34) Die Auffassung, daß sich deshalb die Verkehrsmärkte nicht unbedingt mit der Mehrzahl der in einer Volkswirtschaft anzutreffenden Märkten vergleichen lassen, teilen u.a.: SEIDENFUS, H.St.: Die Eigengesetzlichkeit des Verkehrs, ein Anpassungsproblem, in: Zeitschrift für Verkehrswissenschaft, Jg. 1963, S. 167 sowie NAPP-ZINN, A.F.: Wirtschaftssystem und Verkehr, in: Der Verkehr in der wirtschaftlichen Entwicklung des Industriezeitalters, Düsseldorf 1961, S. 29
35) Vgl. hierzu die ausführliche Analyse und Beweisführung bei VOIGT, F.: Die volkswirtschaftliche Bedeutung des Verkehrssystems, Berlin 1960, S. 101-108
36) Vgl. KRELLE,W.: Preistheorie, Tübingen-Zürich 1961, S.22 ff. - SCHNEIDER,E.: Einführung in die Wirtschaftstheorie, II. Teil, 12. Aufl., Tübingen 1969, S. 59 ff. - OTT,A.E.: Grundzüge der Preistheorie, Göttingen 1970, S. 32 ff.
37) Vgl. Allgemeines Eisenbahngesetz v. 29.3.1951, BGBl I, S. 225
38) Vgl. zu dieser These VOIGT, F.: Verkehr, 1.Bd., 1.H., a.a.O., S. 196 ff.
39) VIETOR,A.: Prinzipien; Ziele und Leistungssysteme der Gemeinwirtschaft in unserer Zeit. Vortrag anläßlich der Eröffnung der Herbst- und Winterbildungsarbeit des Kreises Lübeck des Deutschen Gewerkschaftsbundes, Lübeck,29.Okt. 1974,S.4

40) RITSCHL,H.: Marktwirtschaft und Gemeinwirtschaft, in: Schriftenreihe Gemeinwirtschaft, Nr.9, Frankfurt/Main 1973, S. 7 f.
41) VIETOR,A.: Prinzipien, Ziele und Leistungssysteme der Gemeinwirtschaft in unserer Zeit, a.a.O., S. 5
42) Vgl. Cournot, A.A.: Recherches sur les principes mathématiques de la théorie des richesses, Paris 1838
43) Vgl. OTT, A.E.: Grundzüge der Preistheorie, a.a.O., S.185
44) Vgl. KRELLE,W.: Preistheorie, a.a.O., S. 210
45) Wir gehen daher nicht näher auf die Problematik ein, verweisen aber auf die Darstellung bei KRELLE, W.: Preistheorie,a.a.O., S. 214 ff.
46) Siehe vielmehr ebenda, S. 217 ff und S. 224 ff sowie OTT,A.E.: Grundzüge der Preistheorie, a.a.O., S. 189 ff.
47) Die Grundannahmen entsprechen den Prämissen der KRELLE'SCHEN Lösung für das heterogene Dyopol auf einem unvollkommenen Markt; vgl. KRELLE, W.: Preistheorie, a.a.O., S. 247 ff. - zusammengefaßt bei OTT, A.E.: Grundzüge der Preistheorie, a.a.O., S. 230
48) Vgl. OTT, A.E.: Grundzüge der Preistheorie, a.a.O., S. 231
49) Vgl. KRELLE, W.: Preistheorie, a.a.O., S. 277
50) Vgl. OTT, A.E.: Grunzüge der Preistheorie, a.a.O., S. 231
51) Vgl. SCHUMANN, J.: Grundlagen der mikroökonomischen Theorie, Berlin 1971, S. 228
52) Vgl. OTT, A.E.: Grundzüge der Preistheorie, a.a.O., S. 231
53) Ebenda
54) Vgl. SCHUMANN, J.: Grundlagen der mikroökonomischen Theorie, a.a.O., S. 257
55) Vgl. OTT, A.E.: Grundzüge der Preistheorie, a.a.O., S. 230
56) Vgl. OTT, A.E.: Grundzüge der Preistheorie, a.a.O., S.232 - SCHUMANN, J.: Grundlagen der mikroökonomischen Theorie, a.a.O., S. 275 f.
57) Vgl. OTT, A.E.: Grundzüge der Preistheorie, a.a.O., S.234 - SCHUMANN, J.: Grundlagen der mikroökonomischen Theorie, a.a.O., S. 277
58) Vgl. KRELLE, W.: Preistheorie, a.a.O., S. 277 ff. - OTT, A.E.: Grundzüge der Preistheorie, a.a.O., S. 234
59) Vgl. S. 36 ff.
60) Vgl. S. 29 ff.
61) Vgl. KRELLE, W.: Preistheorie, a.a.O., S. 392
62) Ebenda, S. 393
63) Ebenda, S. 370
64) Das Problem der Verteilung wird oft aus der Betrachtung ausgeklammert. Eine Übersicht über die verschiedenen Arten der Begriffsverwendung der "Wohlfahrtsökonomie" liefert LAUSCHMANN, E.: Grundlagen, Grenzen und Entwicklungsmöglichkeiten der Welfare Economics, in: Probleme der normativen Ökonomik und der wirtschaftspolitischen Beratung; Schriftenreihe des Vereins für Sozialpolitik, N.F. Bd. 29, Berlin 1963, S. 99 ff.
65) Vgl. KRELLE, W.: Präferenz- und Entscheidungstheorie, Tübingen 1968, S. 24 ff.
66) BOULDING, K.E.: Welfare Economics, in: A Survey of Contemporary Economics, Vol.II, Homewood 1952, abgedruckt in G. Gäfgen (Hrsg.): Grundlagen der Wirtschaftspolitik, Köln-Berlin 1966, S. 77-109, hier S. 86

67) Vgl. PARETO, V.: Manuel d' èconomie politique, Paris 1909, S. 617 - LERNER, A.P.: The Concept of Monopoly and the Measurement of Monopoly Power, in: Review of Economic Studies, Vol. 1 (1933/34) HICKS, J.R.: The Foundation of Welfare Economics, in: Economic Journal, Vol.49 (1939), S. 696 ff. sowie die neuere Literatur.
68) BOULDING, K.: Welfare Economics, a.a.O., S. 86
69) Vgl. KALDOR, N.: Welfare Propositions in Economics and Interpersonal Comparisons of Utility, in: The Economic Journal, Vol. 49 (1939), S. 549 ff.
70) Vgl. HICKS, J.R.: The Foundation of Welfare Economics, a.a.O., S. 696ff.
71) Vgl. SCITOVSKY, T.: A Note on Welfare Propositions in Economics, in: Review of Economic Studies, Vol.9 (1941/42), S. 77ff.
72) Vgl. KRELLE, W.: Präferenz- und Entscheidungstheorie, a.a.O., S. 102.
73) Ebenda
74) Vgl. ebenda, S. 103.
75) Vgl. S. 101 ff.
76) Vgl. auch MUSGRAVE, R.A.: Finanztheorie, 2.Aufl., Tübingen 1969, S. 9 und S. 18
77) Vgl. KRELLE, W.: Präferenz- und Entscheidungstheorie, a.a.O., S. 89ff.
78) Vgl. LEHMACHER, H.: Ökonomie der Stauung im Straßenverkehr von Ballungsräumen, Diss. Bonn 1973, S. 53 und den dortigen Hinweis.
79) Vgl. KRELLE, W.: Präferenz- und Entscheidungstheorie, a.a.O., S. 87.
80) Siehe HICKS, J.R.: The Foundation of Welfare Economics, a.a.O.,S. 696ff.
81) Zur analytischen Ableitiung vgl. SAMUELSON, P.A.: The Foundation of Economic Analysis, Cambridge 1947, S. 222ff.
82) Die Aufzählung der Bedingungen entspricht der von REDER gewählten Reihenfolge; vgl. REDER, M.: Studies in the Theory of Welfare Economies, New-York - London 1947, S. 74ff.
83) ABERLE,G.: Verkehrsinfrastrukturinvestitionen im Wachstumsprozeß entwickelter Volkswirtschaften, Düsseldorf 1972, S. 107.
84) SAMUELSON, P.A.: The Foundation of Economic Analysis, a.a.O., S. 203ff.- DE GRAAF, J.: Theoretical Welfare Economics, Cambridge 1956.- SCHNEIDER, H.K.: Über Grenzkostenpreise und ihre Anwendung im Energie- und Verkehrssektor, in: Jahrbuch für Sozialwissenschaft, Bd. 14, 1963, S. 206ff.- THIEMEYER, T.: Grenzkostenpreise bei öffentlichen Unternehmen, Köln - Opladen 1964.
85) ABERLE, G.: Verkehrsinfrastrukturinvestitionen im Wachstumsprozeß, a.a.O., S. 110.
86) Vgl. die angestrebte Verkehrsaufkommensreduktion von 20-25% der Smeed-Commission, Ministry of Transport: Road Pricing: The Economic and Technical Possibilities, London 1964, S. 36. - WALTERS weist auf die zu erwartenden Einnahmeüberschüsse im Stadtverkehr hin; WALTERS, A.A.: The Economies of Road User Charges, in: World Bank Occasional Papers, No. 5, Baltimore 1968, S. 83ff.

87) KRELLE, W.: Gesamtwirtschaftliche Optimalitätsbedingungen bei der Preisbildung. Preisbildung öffentlicher Unternehmen, 11. Kapitel eines unveröffentlichten Manuskripts über die Neufassung seiner "Preistheorie", Universität Bonn, im folgenden bezeichnet mit "Preistheorie (Manuskript)".

88) $T_n^{ind} = t_n^{ind} - F_n dp^n/dFj$ mit t_n^{ind} als indirekter Steuer

89) Vgl. KRELLE, W.: Preistheorie (Manuskript), a.a.O., S.65

90) Ebenda, S. 66

91) Vgl. ebenda, S. 68 f.

92) Zu den vielfältigen Formen der Preisdifferenzierung gerade beim Leistungsangebot von Verkehrsunternehmen vgl. S.

93) Vgl. KRELLE, W.: Preistheorie (Manuskript), a.a.O., S. 69

94) Vgl. KRELLE, W.: Preistheorie a.a.O., S. 131, S. 184

95) Vgl. ebenda, S. 157

96) Vgl. KRELLE, W.: Preistheorie (Manuskript), a.a.O., S. 75 f.

97) k_1 Grenzkosten für Produkt 1

98) Vgl. KRELLE, W.: Preistheorie (Manuskript), a.a.O., S. 77f

99) Ebenda, S. 78

100) Ebenda

101) KRELLE schlägt eine logarithmische Nutzenfunktion des Geldes vor.

102) Eine gezielte Untersuchung in deren Richtung läßt aber sicherlich einige interessante Ergebnisse erwarten.

103) Vgl. BOHLEY, P.: Für und Wider den Nulltarif, in: WiSt, Heft 5 (Mai 1974), München - Frankfurt 1974, S. 201-206, hier S. 201 f.

104) Vgl. AHNER, H.: Betriebs - und volkswirtschaftliche konsequenzen eines unentgeltlichen Angebots öffentlicher Nahverkehrsmittel in Ballungsräumen, o.O., 1970, S. 112

105) Vgl. BOHLEY, P.: Für und Wider den Nulltarif, a.a.O., S. 202

106) Vgl. ebenda

107) Ebenda

108) Vgl. ebenda sowie BUCHANAN, J.E.: Who should pay for common - access facilities? in: Public Finance, Vol. 27, S. 1 ff.

109) Vgl. KRELLE, W.: Preistheorie (Manuskript), a.a.O., S.86ff

110) Vgl. ebenda, S. 86 ff.

111) Vgl. BOHLEY, P.: Für und Wider den Nulltarif, a.a.O., S. 203 sowie den dortigen Hinweis auf eine Untersuchung der Charles River Associates, derzufolge der Nulltarif im Straßenverkehr zu einer Frequenzverminderung während der Spitzenzeiten von nur 6 - 9 % führt.

112) BOHLEY, P.: Für und Wider den Nulltarif, a.a.O., S. 203

113) Ebenda

114) ALBACH, H.: Die optimale Tarifstruktur öffentlicher Versorgungsunternehmen, in : Unternehmensforschung, Bd. 10 (1966), H. 3, S. 159

115) Vgl. KRELLE, W.: Preistheorie (Manuskript), a.a.O., S.91

116) Die Ableitungen brauchen nicht wiederholt zu werden, vgl. KRELLE, W.: Preistheorie (Manuskript), a.a.O., S. 91 f.

117) Vgl. ebenda

118) ALBACH, H.: Die optimale Tarifstruktur öffentlicher Versorgungsunternehmen, a.a.O., S. 160 f.
119) Vgl. ALLAIS, M. u.a.: Möglichkeiten der Tarifpolitik im Verkehr, Sammlung Studien, Reihe Verkehr Nr. 1, Brüssel 1965, S. 38 ff.
120) Vgl. ebenda, S. 20
121) Vgl. ebenda, S. 27 f. sowie in Auswertung der Originalquelle: LEHMACHER, H.: Ökonomie der Stauung im Straßenverkehr von Ballungsräumen, a.a.O., S. 226 f. oder auch BAUM, H.: Grundlagen einer Preis - Abgabenpolitik für die städtische Verkehrinfrstruktur, Buchreihe des Instituts für Verkehrswissenschaft an der Universität zu Köln, Nr. 28, Düsseldorf 1972, S. 77 f.
122) Nach ALLAIS, M. u.a.: Möglichkeiten der Tarifpolitik im Verkehr, a.a.O., S. 20 f.
123) Vgl. KRELLE, W.: Produktionstheorie, Tübingen 1969, S. 9
124) Vgl. BAUM,H.: Grundlagen einer Preis - Abgabenpolitik für die städtische Verkehrsinfrastruktur, a.a.O., S. 78
125) ALLAIS, M. u.a.: Möglichkeiten der Tarifpolitik im Verkehr, a.a.O., S. 52 - OORT, C.J.: Infrastructure and Transport Prices, in: KORMOOS, J.B.F. (Hrsg.) : les Chemins de Fer de l'Europe, Bd. 2 (1969), S.503 - 529, hier S. 508. — WALTERS, A.A. . The Economics of Road User Charges, a.a.O., S. 45
126) Vgl. EWG - Musteruntersuchung ...
127) LEHMACHER, H.: Ökonomie der Stauung im Straßenverkehr von Ballungsräumen, a,a.O., S. 228
128) Vgl. ALLAIS, M. u.a.: Möglichkeiten der Tarifpolitik im Verkehr, a.a.O., S. 44 sowie WALTERS, A.A.: The Economics of Road User Charges, a.a.O., S. 10
129) Vgl. ALLAIS, M.: Programme d'investissement et d'exploitation optimum d'une infrastructure de transport, in: Begrijfseconomische Verkenningen, Den Haag 1965, S. 199 - 238, hier: S. 204
130) Vgl. OORT, C.J.: De infrastructuur von het vervoer, Den Haag 1966, S. 114 sowie LEVY - LAMBERT, H.: Le Péage sur les Autoroutes et la Théorie Economique, in: Transports, 10. Jg. (1965), S. 325 - 346, hier: S. 326
131) Vgl. BAUM, H.: Grundlagen einer Preis - Abgabenpolitik für die städtische Verkehrsinfrastruktur, a.a.O., S. 78
132) Vgl. LEHMACHER, H.: Ökonomie der Stauung im Straßenverkehr von Ballungsräumen, a.a.O., S. 230 sowie den dortigen Hinweis auf die Problematik der Nutzen - und Präferenztheorie, bspw. bei KRELLE, W.: Präferenz - und Entscheidungstheorie, a.a.O., S. 28 ff.
133) Vgl. STOCKHAUSEN, D.: Infrastrukturpreispolitik in der EWG, in: H. St. Seidenfus (Hrsg.): Stand und Möglichkeiten einer gemeinsamen EWG - Politik, Göttingen 1971, S. 125 sowie ADAM, D.: Entscheidungsorientierte Kostenbewertung, Wiesbaden 1970, S. 98
134) Vgl. SCHNEIDER, H.K.: Grenzkostenpreise und ihre Anwendung im Energie- und Verkehrssektor, a.a.O., S. 215
135) Vgl. BAUM, H.: Grundlagen einer Preis - Abgabenpolitik für die städtische Verkehrsinfrastruktur, a.a.O., S. 82

136) Vgl. ALLAIS, M. u.a.: Möglichkeiten der Tarifpolitik im Verkehr, a.a.O., S. 85 - MALCOR, R.: Problèmes posés par l' Application d'une Tarification pour l' Utilisation des Infrastructures Routières, Rapport établi sur demande de la Commission des Communautés Européennes, DOK 10444-1/VII/67-F, Brüssel 1967, S.17 - ABERLE,G.: Verkehrsinfrastruktur, Preispolitik und optimale Verkehrskoordination, in: Zeitschrift für Verkehrswissenschaft, 40. Jg. (1969), S. 151-169, hier: S. 162

137) Vgl. vielmehr ALLAIS, M. u.a.: Möglichkeiten der Tarifpolitik im Verkehr, a.a.O., S. 85 und DAMMROFF, E.: Finanzierung der Infrastruktur; Staatswissenschaftliche Studien, Neue Folge, Bd. 59, Zürich 1970, S. 24 f.

138) Vgl. BAUM, H.: Grundlagen einer Preis-Abgabenpolitik für die städtische Verkehrsinfrastruktur, a.a.O., S.83 und die dort angegebene Literatur

139) Vgl. ebenda, S. 83-88

140) Vgl. OORT, C.J.: Criteria for Investment in the Infrastructure of Inland Transport in: Deuxième Symposium International sur la Théorie et la Pratique dans l'Economie des Transports, o.O. 1968, S.14-114, vor allem S. 34 ff. - derselbe: Decreasing Costs as a Problem of Welfare Economics, Amsterdam 1958, S. 105 ff.

141) Vgl. WILLEKE, R. und ABERLE, G.: Zur Lösung des Wegekostenproblems; Schriftenreihe des Verbandes der Automobilindustrie e.V., Nr.4, Frankfurt 1970, S. 19

142) Vgl. ABERLE, G.: Verkehrsinfrastruktur, Preispolitik und optimale Verkehrskoordination, a.a.O., S. 159 f.

143) ALLAIS, M.u.a., Möglichkeiten der Tarifpolitik im Verkehr, a.a.O., S. 29 und WALTERS, A.A.: The Economics of Road User Charges, a.a.O., S. 10

144) Vgl. GEORGI, H.: Cost-Benefit-Analysis als Lenkungsinstrument öffentlicher Investitionen im Verkehr, Göttingen 1970, S. 46-52 sowie LEHMACHER, H.: Ökonomie der Stauung im Straßenverkehr von Ballungsräumen, a.a.O., S. 217

145) Vgl. BAUM, H.: Grundlagen einer Preis-Abgabenpolitik für die städtische Verkehrsinfrastruktur, a.a.O., S. 89

146) Vgl. ebenda, S. 89 f.

147) Vgl. MALCOR, R.: Problèmes posés par L'Application d'une Tarification pour l'Utilisation des Infrastructures Routières, a.a.O., S. 135 ff.

148) Im folgenden auch als Wettbewerbstheorie bezeichnet.

149) Vgl. MALCOR, R.: Problèmes posés par l'Application d'une Tarification pour l' Utilisation des Infrastructures Routieres, a.a.O., S. 240-250

150) Vgl. S.

151) Vgl. BAUM, H.: Grundlagen einer Preis-Abgabenpolitik für die städtische Verkehrsinfrastruktur, a.a.O.,S.106

152) MALCOR, R.: Fragen im Zusammenhang mit der Anwendung eines Systems zur Abgeltung der Benutzung der Straßen; Sammlung Studien, Reihe Verkehr, Nr.2, Brüssel 1970, S. 141

153) Vgl. LEHMACHER,H.: Ökonomie der Stauung im Straßenverkehr von Ballungsräumen, a.a.O., S. 219 ff.

154) Die im folgenden verwendeten Symbole und Formeln stellen nur eine geringfügige Abänderung der von LEHMACHER zugrundegelegten Systematik dar; vgl. LEHMACHER, H.: Ökonomie der Stauung im Straßenverkehr von Ballungsräumen, a.a.O., S. 220 ff.

155) Die Verkehrsflußformel lautet: $v = v_o - aF$, für aF v_o, mit v als Durchschnittsgeschwindigkeit (in Meilen/h) eines Fahrzeugs und v_o als Geschwindigkeit ohne Stauung sowie a und F als Komponenten der Geschwindigkeitsminderung.

156) Vgl. BAUM, H.: Grundlagen einer Preis-Abgabenpolitik für die städtische Verkehrsinfrastruktur, a.a.O., S.105 und ders.: Die Theorie der Konkurrenz im System optimaler Preisstrategien für die Verkehrsinfrastruktur in: Zeitschrift für Verkehrswissenschaft, 41 Jg. (1970), S. 191-213, hier: S. 198 ff. - MALCOR, R.: Problèmes posés par Application d'une Tarification pour l'Utilisation des Infrastructures Routieres, a.a.O., S. 41 f. des Anhangs zur formalen Ableitung siehe besonders LEHMACHER,H.: Ökonomie der Stauung im Straßenverkehr von Ballungsräumen, a.a.O., S. 222 ff.

157) Vgl. BAUM,H.: Grundlagen einer Preis-Abgabenpolitik für die städtische Verkehrsinfrastruktur, a.a.O., S. 105

158) Vgl. ebenda, S. 106 f.

159) Vgl. LEHMACHER, H.: Ökonomie der Stauung im Straßenverkehr von Ballungsräumen, a.a.O., S. 226 f.

160) Vgl. BECKMANN, M., MC GUIRE, C.B., WINSTON, C.B.: Studies in the Economics of Transportation, New Haven 1956, S. 83 ff.

161) Die Ursache für dieses Phänomen liegt nach WALTERS in den zu niedrigen Fahrtkosten des Individualverkehrs: "...each of us, finding that vehicle journeys are too cheap is induced to use his car too much, to undertake too many journeys in congested traffic and to generate too much congestion". WALTERS, A.A.: Road Pricing, in: De Econimist, Vol. 116, 1968, S. 549.

162) BAUM, H.: Grundlagen einer Preis-Abgabenpolitik für die städtische Verkehrsinfrastruktur, a.a.O., S.92.

163) Zu den Marginal- und Totalbedingungen vgl. GIERSCH, H.: Allgemeine Wirtschaftspolitik, Wiesbaden 1961, S. 106-125, ebenso BAUM, H.: Grundlagen einer Preis-Abgabenpolitik für die städtische Verkehrsinfrastruktur, a.a.O., S. 92 f.

164) GIERSCH,H.: Allgemeine Wirtschaftspolitik, a.a.O., S.122.

165) Die Verkehrsdichte bestimmt zusammen mit der Durchschnittsgeschwindigkeit den Verkehrsdurchfluß; vgl. dazu WALTERS, A.A.: The Economics of Road User Charges, a.a.O., S. 25.

166) Den Beweis für diese Behauptung lieferte PIGOU. Vgl. zum "Pigou-Problem" u.a. BECKMANN, M., MC GUIRE, C.B., WINSTON, C.B.: Studies in the Economics of Transportation, a.a.O., S. 83-87 - BAUM, H.: Die Theorie der Konkurrenz im System optimaler Preisstrategien für die Verkehrsinfrastruktur, in: Zeitschrift für Verkehrswissenschaft, 41. Jg. (1970), S. 201 f.
167) BUCHANAN, J.M.: Überfüllung der öffentlichen Einrichtungen: Ein Argument für Staatseingriffe, in: ORDO, 22. Bd. (1969), S. 265.
168) BAUM, H.: Grundlagen einer Preis-Abgabenpolitik für die städtische Verkehrsinfrastruktur, a.a.O., S. 96 ff.
169) Der Allais-Bericht führt dazu aus:"...setzt die Berechnung der wirtschaftlichen Entgelte - im Gegensatz zum System der sozialen Grenzkosten - die bisherige Kenntnis der Nachfrageelastizitäten voraus". Vgl. ALLAIS, M.u.a.: Möglichkeiten der Tarifpolitik im Verkehr, a.a.O., S. 99.
170) MALCOR, R.: Problèmes posés par l'Application d'une Tarification pour l'Utilisation des Infrastructures Routieres, a.a.O., S. 187.
171) TANNER, J.C.: Pricing the Use of the Roads. A Mathematical and Numerical Study, in: OECD (Ed.): Proceedings of the Second International Symposium on the Theory of Traffic Flow, Paris 1965, S. 329 und S. 338 - WALTERS,A.A.: Road Pricing, a.a.O., S. 553 und S. 725 f.
172) BAUM, H.: Grundlagen einer Preis-Abgabenpolitik für die städtische Verkehrsinfrastruktur, a.a.O., S. 97
173) Smeed-Commission, Ministry of Transport: Road Pricing: The Economic and Technical Possibilities, a.a.O., S. 48 f. - BAUM, H.: Grundlagen einer Preis-Abgabenpolitik für die städtische Verkehrsinfrastruktur, a.a.O., S. 98 ff.
174) ABERLE, G.: Verkehrsinfrastruktur, Preispolitik und optimale Verkehrskoordination, a.a.O., S. 153.
175) BAUM, H.: Grundlagen einer Preis-Abgabenpolitik für die städtische Verkehrsinfrastruktur, a.a.O., S. 100.
176) Vgl. FUNCK, R.: Koordinierung und Harmonisierung der Transporttarife in wohlstandsökonomischer Sicht, in: Zeitschrift für Verkehrswissenschaft, 34. Jg. (1963), S. 72 f.
177) GIERSCH, H.: Allgemeine Wirtschaftspolitik, a.a.O., S.125
178) LIPSEY, R. und LANCASTER,R.K.: The General Theory of Second Best, in: Review of Economic studies, Vol. 24 (1956/57), S.11 - GIERSCH, H.: Zur Theorie des Bestmöglichen, in: ORDO, Bd. 11(1959), S. 258.
179) BAUM, H.: Grundlagen einer Preis-Abgabenpolitik für die städtische Verkehrsinfrastruktur, a.a.O., S. 102.
180) MEYER, J.R., KAIN, J.F., WOHL, M.: The Urban Transportation Problem, Cambridge 1965, S. 335 f.
181) BAUM,H.: Grundlagen einer Preis-Abgabenpolitik für die städtische Verkehrsinfrastruktur, a.a.O., S. 103.
182) ROTHENGATTER, W.: Kosten- und nachfrageorientierte Preisbildung im Verkehrssektor; Karlsruher Beiträge zur Wirtschaftspolitik und Wirtschaftsforschung, hrsg. v.R.Funck, Heft 1, Karlsruhe 1974, S. 107 ff.

183) Vgl. die von ROTHENGATTER aufgegriffenen Arbeiten von MARSHALL, A.: Principles of Economics, 7.Aufl.,London 1916 und HICKS, J.R.: The Rehabilitation of Consumers' Surplus, in: Review of Economic Studies, Vol. 3 (1940), S.108 ff.
184) Vgl. ROTHENGATTER, W.: Kosten- und nachfrageorientierte Preisbildung im Verkehrssektor, a.a.O., S. 107.
185) Wir schließen uns hier der von ROTHENGATTER verwendeten Terminologie an; vgl. ebenda, S. 108.
186) Vgl. ebenda, S. 108 f.
187) Wir verzichten auf eine mathematische Ableitung.
188) Diese grundsätzliche Problematik haben wir bereits im Rahmen der Marginaltheorie behandelt, vgl. S. 44 ff. Trotz einiger erheblicher Bedenken ist der hier kurz skizzierte Modellansatz vor allem in der angelsächsischen Literatur, die sich mit dem Road Pricing beschäftigt, häufig verwendet worden, so etwa von: Smeed-Commission, Ministry of Transport:Road Pricing: The Economic and Technical Possibilities, a.a.O. - SANCHEZ, L.: Theory and Implementation of Cost and Benefit Analysis of Transportation Systems, Bethesda/Maryland 1969 - WIGAN,M.R.: Benefit Assessment for Network Traffic Models and Application to Road Pricing, in: Road Research Laboratory, Rep. LR 417, 1971.
189) Vgl. ROTHENGATTER, W.: Kosten- und nachfrageorientierte Preisbildung im Verkehrssektor, a.a.O., S. 116 ff.
190) Ebenda, S. 117
191) Vgl. SAMUELSON, P.A.: The Monopolistic Competition Revolution, in: Kuenne, R.E. (Hrsg.): Monopolistic Competion Theory, Studies in Impact, New York-London-Sydney 1967, S. 105 ff.
192) Vgl. S. 23 ff.
193) Vgl. ROTHENGATTER, W.: Kosten- und nachfrageorientierte Preisbildung im Verkehrssektor, a.a.O., S. 118.
194) Vgl. HELLMANN, H.: Ballungsabgaben im innerstädtischen Verkehr; Karlsruher Studien zur Regionalwissenschaft, Heft 4, Karlsruhe 1972, S. 137 ff.
195) ROTHENGATTER, W.: Kosten- und nachfrageorientierte Preisbildung im Verkehrssektor, a.a.O., S. 119.
196) Vgl. ebenda, S. 122 ff.
197) Vgl. ebenda, S. 123.
198) Vgl. ebenda
199) Vgl. S. 11 ff.
200) ROTHENGATTER, W.: Kosten- und nachfrageorientierte Preisbildung im Verkehrssektor, a.a.O., S. 125 ff.
201) Vgl. ebenda, S. 132.
202) UEBERSCHAER, M.: Die Aufteilung der Verkehrsströme auf verschiedene Fahrtwege (Routen) in Stadtstraßennetzen aufgrund der Straßen- und Verkehrsbedingungen beim morgendlichen Berufspendelverkehr, in: Straßenbau und Straßenverkehrstechnik, Heft 85, Bonn 1969, S. 10 ff. - BEYERLE, G.: Ein Beitrag zur Anwendung der Verteilungsmodelle für den innerstädtischen Individualverkehr, Diss. Aachen 1973, S.5 ff. - VENTKER,R.: Die ökonomischen Grundlagen der Verkehrsnetzplanung, Göttingen 1970 - CARTER, E.L. und STOWERS, J.R.: Model for Funds Allocations for Urban Highway Systems, in: Highway Research Record, Nr. 20, 1963, S. 84 ff.

203) ROTHENGATTER,W.: Kosten- und nachfrageorientierte Preisbildung im Verkehrssektor, a.a.O., S. 133.
204) Vgl. ebenda, S. 134.
205) So z.B. HEINEMANN, K.: Externe Effekte der Produktion und ihre Bedeutung für die Wirtschaftspolitik, Berlin 1966 - MAY, H. und PLASSMANN, E.: Abgaseemissionen von Kraftfahrzeugen in Großstädten und industriellen Ballungsgebieten, Köln 1973.
206) ROTHENGATTER, W.: Kosten- und nachfrageorientierte Preisbildung im Verkehrssektor, a.a.O., S. 134.
207) Vgl. ebenda, S. 135.
208) Vgl. ebenda, S. 137.
209) BAUM, H.: Grundlagen einer Preis-Abgabenpolitik für die städtische Verkehrsinfrastruktur, a.a.O., S. 109.
210) WEISS, D.: Infrastrukturplanung; Ziele, Kriterien und Bewertung von Alternativen; Schriften des Deutschen Instituts für Entwicklungspolitik, Bd. 7., Berlin 1971, Vorwort.
211) Ebenda, S. 7.
212) WILLEKE, R. und ABERLE, G.: Zur Lösung des Wegekostenproblems, a.a.O., S. 10.
213) GIERSCH, H.: Allgemeine Wirtschaftspolitik, a.a.O.,S.97.
214) In Analogie zum Modell der vollständigen Konkurrenz sind Versuche unternommen worden, ein Modell der reinen Demokratie abzuleiten. Beide Modelle wollen eine paretooptimale Allokation der Ressourcen garantieren. Vgl. FREY, B.S.: Models of Perfect Competition and Pure Democracy, in: Kyklos, Vol. 23 (1970), S. 736 ff. - SCHUBIK, M.: A Two Party System, General Equilibrium and the Voters' Paradox, in: Zeitschrift für Nationalökonomie, Bd. 28 (1968), S. 341 ff.
215) GIERSCH, H.: Allgemeine Wirtschaftspolitik, a.a.O., S. 239. - FREY, B.S. und LAN, L.J.: Towards a Mathematical Model of Government Behavior, in: Zeitschrift für Nationalökonomie, Bd. 28 (1968), S. 357. Die Stimmenmaximierungshypothese ist ebenfalls eine idealtypische Abstraktion wie die Gewinnmaximierungshypothese.
216) BAUM, H.: Grundlagen einer Preis-Abgabenpolitik für eine städtische Verkehrsinfrastruktur, a.a.O., S. 113.
217) FITTER, J.C.: Die Bedeutung des Erlebnishorizontes und des virtuellen Aktionssektors im Entscheidungsprozeß der Entwicklungspolitik, in: Strukturwandel und makroökonomische Steuerung, Festschrift für Fritz Voigt, hrsg. v. S. Klatt, M. Willms, Berlin 1975, S. 227.
218) VOIGT, F.: Ausgewählte Probleme der Theorie der Wirtschaftspolitik, unveröffentlichtes Manuskript, Bonn 1968, S. 15.
219) VOIGT, F.: Theorie der Wirtschaftspolitik, unveröffentlichtes Manuskript, Bonn 1971, S. 28 f.
220) Ebenda, S. 28.
221) BAUM, H.: Grundlagen einer Preis-Abgabenpolitik für die städtische Verkehrsinfrastruktur, a.a.O., S. 122.
222) Vgl. z.B. VOIGT, F.: Verkehrspolitik, Raumordnung, Gemeinden, in: Deutscher Städtetag (hrsg.):Verkehrspolitik,Raumordnung, Gemeinden, Bad Godesberg 1965,, S. 49 - OETTLE,K.: Sind die Straßenbahnen zu teuer, in: Die Zeit,Nr.26 vom 27.6.1969, S. 33.

223) Vgl. hierzu u.a. WILLEKE, R.: Auf dem Wege zu einer neuen Nahverkehrskonzeption, in: Internationales Verkehrswesen, 21, Jg. (1969), S. 45 ff. - ABERLE, G.: Road Pricing - Möglichkeiten einer preispolitischen Beeinflussung des Individualverkehrs in Ballungsgebieten, in: Schweizerisches Archiv für Verkehrswissenschaft und Verkehrspolitik, 24. Jg. (1969), S. 315 - BELLINGER,B.: Optimale Fahrpreise im öffentlichen Personennahverkehr, Berlin 1970, S. 105 f. - SEIDENFUS, H.St.: Nulltarif versus Kundentarif, in: Verkehrsannalen, 19.Jg. (1972), S. 148 ff.

224) Vgl. hierzu die Studien von Deutsches Institut für Wirtschaftsforschung: Preispolitische Instrumente zur besseren Aufgabenteilung zwischen öffentlichem und privatem Personenverkehr, in: DIW-Wochenbericht, 36.Jg. (1969), Nr.6, S. 31 ff. - LANSING, J.B., HENDRICKS, G.: How People Perceive the Cost of the Journey to Work, in: Highway Research Record, No. 197, Washington 1967, S.44 ff. - AHNER, H.: Betriebs- und volkswirtschaftliche Konsequenzen eines unentgeltlichen Angebots der öffentlichen Nahverkehrsmittel in Ballungsräumen, a.a.O., S. 70 - PRIGGE, E.: Determinanten der Nachfrage und Ordnungsmöglichkeiten im Personennahverkehr;Beiträge aus dem Institut für Verkehrswissenschaft an der Universität Münster, Heft 45, Göttingen 1967, S. 64.

225) Vgl.MOSES, L.N. und WILLIAMSON, H.F.: Value of Time, - Choice of Mode and Subsidy in Urban Transportation in: Journal of Political Economy, Vol. 71 (1963), S. 211 ff. - EMNID-Institute: Analyse der qualitativen Nachfrage im Personen-Verkehr für den Generalverkehrsplan Nordrhein-Westfalen, Bielefeld 1964 - EMNID-Institute: Untersuchung bei Pendlern über Ursachen und Motive in der Wahl der Verkehrsmittel, Bielefeld 1964 - HARTENSTEIN, W.: Verkehrsmittel im Berufsverkehr. Eine Untersuchung des Instituts für angewandte Sozialwissenschaft, in: Schriftenreihe des Verbandes der Automobilindustrie e.V., Nr.10, Frankfurt 1971 - QUARMBY, D.A.: Choice of Travel Mode for the Journey to Work, in: Journal of Transport Economics and Policy, Vol. 1 (1967), S. 273 ff. - WICKERT - Institute: Befragung, Kurzfassung, in: Forschung Stadtverkehr des Bundesministers für Verkehr - Mitteilungen über Forschungen zur Verbesserung der Verkehrsverhältnisse der Gemeinden, Heft 4, Bonn - Bad Godesberg 1971, S. 48 ff. - HARVEY, E.A.: Impact of Fare Change on Railroad Commuter Ridership, in: Highway Research Record, Nr. 2/3, Washington 1968, S. 33 ff. - Gewerkschaft ÖTV (Hrsg.): Zur Funktion des öffentlichen Personennahverkehrs, unveröffentl. Manuskript, Stuttgart 1970.

226) Vgl. u.a. WAGNER, H.: Heutige Möglichkeiten gemeinwirtschaftlicher Verkehrsbedienung im öffentlichen Personennahverkehr, Diss. Köln 1965. - SCHENK, G.: Elemente des Park - and Ride - Systems aus der Sicht des Berufspendlers, in: Forschungsarbeiten des Verkehrswissenschaftlichen Instituts an der Universität Stuttgart, Bericht 4, Stuttgart 1968. - KUMMERT, H.J.: Erfahrungen mit dem Park - and - Ride - System in Hannover, in: Straßen-Verkehrs - Technik, 13.Jg. (1969), S. 112 ff.

- Charles River Associates: An Evaluation of Free Transit Service. Prepared for the Office of Economics, Department of Transportation, Cambridge 1968 - BEESLEY, M.E. und FOSTER, C.D.: The Victoria - Line: Social Benefit and Finances, in: Journal of the Royal Statistical Society, Vol. 128 (1965), S. 67 ff. - WABE, J.S.: Commuter Travel into Central London, in: Journal of Transport Econcmies and Policy, Vol. 3 (1969), S. 48 ff. - KUTTER, E.: Demographische Determinanten städtischen Personenverkehrs; Veröffentlichungen des Instituts für Stadtbauwesen an der TU Braunschweig, Heft 9, Braunschweig 1972. - RICHRATH, K.: Siedlungsstruktur und Nahverkehr in Agglomerationen zur Kritik städtebaulicher Planungskonzepte unter dem Aspekt des Personennahverkehrs, Diss. Karlsruhe 1974.

227) KLATT,S.: Die Eigenschaften einer Verkehrsleistung, Versuch einer Produktanalyse, in: Zeitschrift für Verkehrswissenschaft, 35. Jg. (1964), S. 127 ff.

228) Vgl. u.a. die Untersuchungen von: EMNID - Institute: Analyse der qualitativen Nachfrage im Personenverkehr für den Generalverkehrsplan Nordrhein - Westfalen, a.a.O., S. 94 ff.- AHNER, H.: Betriebs- und volkswirtschaftliche Konsequenzen eines unentgeltlichen Angebots der öffentlichen Nahverkehrsmittel in Ballungsräumen, a.a.O., S. 79 ff. - Ministry of Transport (hrsg.): Transport in London, London 1968. - SOSSLAM, A.B., HEANUE, K.E., BALEK, A.J.: Evaluation of a New Modal Split Procedure, in: Public Roads, Vol. 33 (1964), S. 5 ff. - MAHONEY, J.F.: A Survey to Determine Factors which Influence the Public´s Choice of Mode of Transportation, Boston 1964. - HILLE, S.J. und MARTIN, T.K.: Consumer Preference in Transportation, in: Highway Research Record, No. 197, Washington 1967. Ein Ansatz für eine exaktere Bestimmung könnte die Delphi - Methode liefern. Vgl. Hierzu bzw. ALBACH, H.: Informationsgewinnung durch strukturierte Gruppenbefragung. - Die Delphi - Methode, in: Zeitschrift für Betriebswirtschaft, 40.Jg. (1970), Ergänzungsheft, S. 11 ff.

229) Vgl. hierzu: BAUM, H.: Grundlagen einer Preis- Abgabenpolitik für die städtische Verkehrsinfrastruktur, a.a.O., S. 164 ff.

230) Ebenda, S. 171.

231) "Null-Tarife" oder günstige Marktpreise, in: Bus und Bahn, 3.Jg.(1969), Nr. 23, S. 2. - Nulltarif kostet 5 Milliarden DM, in: Frankfurter Allgemeine Zeitung, Nr. 205 vom 15.10.1970, S.10.

232) Vgl. z.B. BLEIBINGHAUS, H.: Planungs- und Finanzierungsschwierigkeiten beim Ausbau der Infrastruktur in einer wachesenden Stadt - am Beispiel München, in: Theorie und Praxis der Infrastrukturpolitik, hrsg. v. R. Jochimsen und U.E. Simonis: Schriften des Vereins für Sozialpolitik, Bd. 54, Berlin 1970, S. 295 ff.

233) WILLEKE, R.: Nulltarif führt in die Irre, in: Wirtschaftsdienst, 51.Jg.(1971), S. 447 ff.

234) MÖLLER, W.: Wann Null- Tarif, in : Metall, Zeitung der IG - Metall für die BRD, 21. Jg. (1969), Nr. 14, S.5 - AHNER, H.: Betriebs- und volkswirtschaftliche Konsequenzen eines unentgeltlichen Angebots der öffentlichen Nahverkehrsmittel in Ballungsräumen, a.a.O., S. 45 ff.

235) SCHNEIDER, L.M.: The Fallacy of Free Transportation, in: Havard Business Review, Jan. - Febr. 1969, S. 86 - SEIDENFUS, H.St.: Rationalisierung des öffentlichen Personen - Nahverkehrs, in: Vorträge und Studien aus dem Institut für Verkehrswissenschaft an der Universität Münster, Heft 11, Göttingen 1970, S. 21.

236) 1958 betrug der durchschnittliche Aufwand eines Arbeitnehmers für berufsorientierte Fahrten 3 - 5 v.H. des Einkommens; vgl. KINDT, V.: Die Tarifelastizität der Nachfrage im öffentlichen städtischen Personenverkehr, in: Verkehrswissenschaftliche Studien aus dem Institut für Verkehrswissenschaft der Universität Hamburg, Heft 15, Göttingen 1971, S. 35

237) Vgl. ANDREWS, R.B.: Urban Groth and Development, New York 1962, S. 132 - SEIBERT, P.: Zwischen Nulltarif und Rentabilität, in: Die öffentliche Wirtschaft, 19. Jg. (1970), S. 107 - SEIDENFUS, H.St.: Rationalisierung des öffentlichen Personen - Nahverkehrs, a.a.O., S. 20 f.

238) BAUM, H.: Grundlagen einer Preis - Abgabenpolitik für die Städtische Verkehrsinfrastruktur, a.a.O.,S. 181

239) Vgl. Verband öffentlicher Verkehrsbetriebe: Besserer Verkehr in Stadt und Region. Wege und Ziele des öffentlichen Personennahverkehrs, Köln 1970, S. 6; ebenso die ausführliche Darstellung bei BAUM, H.: Grundlagen einer Preis - Abgabenpolitik für die Städtische Verkehrsinfrastruktur, a.a.O., S. 185 f.

240) BELLINGER, B.: Optimale Fahrpreise im öffentlichen Personennahverkehr, a.a.O., S. 99 ff. und S. 131 ff.

241) BAUM, H.: Grundlagen einer Preis - Abgabenpolitik für die städtische Verkehrsinfrastruktur, a.a.O., S. 186

242) Ebenda, S. 187 f.

243) SEIDENFUS, P.: Entwurf eines Gesetzes zur Änderung des Einkommensteuergesetzes, in: Siller - Verkehrsbrief, 19. Jg. (1965), Nr. 20, S. 2 ff.

245) WILLEKE, R. und ABERLE, G.: Zur Lösung des Wegekostenproblems, a.a.O., S. 76 - Hollatz, J. W. und TAMMS, F.: Die kommunalen Verkehrsprobleme in der Bundesrepublik Deutschland. Ein Sachverständigenbericht und die Stellungnahme der Bundesregierung, Essen 1965, S. 155 ff. - FREEMAN, R.: Urban Transport - A World Wide Problem, in: Institute of Transport Journal, Vol. 33 (1970), S. 486 ff. - KLIMKE,U.: Determinanten einer gesteigerten des öffentlichen Personennahverkehrs in den Städten, in: Zeitschrift für Verkehrswissenschaft, 39. Jg. (1968), S. 217 ff.

246) Vgl. dazu TURNER, F.C.: Straßenbau und Straßenverkehr in den USA, in: Straße und Wirtschaft, 17. Jg. (1970), Nr. 1/2, S. 12 - EMNID - Institute: Untersuchungen bei Pendlern über Ursachen und Motive in der Wahl der Verkehrsmittel, Bielefeld 1968, S. 82 ff. - DECKERT,P. und

HARTENSTEIN, W.: Verkehrsmittel im Berufsverkehr. Eine Untersuchung des Instituts für angewandte Sozialwissenschaften, Schriftenreihe des Verbandes der Automobilindustrie e.V., Nr. 10, Frankfurt 1971, S.34 f.

247) BAUM, H.: Grundlagen einer Preis - Abgabenpolitik für die städtische Verkehrsinfrastruktur, a.a.O., S.197.

248) Europäisches Parlament (Hrsg.): Terminologische Liste volkswirtschaftlicher Begriffe mit besonderer Berücksichtigung der Kostfragen. Analyse zu Dokument. Nr. 106 vom 11.12.1961; Veröffentlichungsdienste der Europäischen Gemeinschaften 274/1/61/2, S.27.

249) Vgl. Wissenschaftlicher Beirat beim Bundesverkehrsministerium (Hrsg.): Grundsätze zur Verkehrspolitik; Schriftenreihe des Wissenschaftlichen Beirat beim Bundesverkehrsministerium, Heft 9, Bad Godesberg 1961, S.12.

250) Vgl. Europäisches Parlament (Hrsg.): Terminologische Liste volkswirtschaftlicher Begriffe mit besonderer Berücksichtigung der Kostenfragen, a.a.O., S.27.

251) Vgl. Der Bundesminister für Verkehr (Hrsg.): Deutsche Binnenschiffahrt 1973, Heft 2, Bonn 1973, S.24.

252) Vgl. OTTO, K.-P.: Die Preisbildung in der Binnenschiffahrt; Schriftenreihe des Instituts für Industrie- und Verkehrspolitik der Universität Bonn, hrsg. von Fritz Voigt, Bd. 16, Berlin 1966, S.135 f.

254) Vgl. EWERS, H.-J.: Wettbewerbspolitische Ansätze in der deutschen Verkehrspolitik seit den Verkehrsänderungsgesetzen; Beiträge aus dem Institut für Verkehrswissenschaft an der Universität Münster, hrsg. von H.St. Seidenfus, Heft 63, Göttingen 1971, S.153.

255) Vgl. "Gesetz zur Änderung des Gesetzes über den gewerblichen Binnenschiffsverkehr", BGBl. I, S.1163.

256) Vgl. SCHLOTTERER, P.: Verkehrspolitik und Güterverkehr seit 1961; Ordnungspolitische Konzeptionen und Auswirkungen auf Schiene, Straße und Binnenschiffahrt, Berlin 1974, S.159.

257) Vgl. ebenda sowie die dort zitierte Quelle: o.V.: Westfälische Transport Aktien-Gesellschaft, Dortmund, in: Zeitschrift für Binnenschiffahrt, 89. Jg. (1962), S.228 ff.

258) SCHLOTTERER stimmt PETERS zu, der das Verhalten der Frachtenausschüsse als verfehlt betrachtet, da die Branchenpreise der DB dazu verhelfen, ihre Marktmacht einzusetzen, da sie weiß, wie alle Konkurrenten reagieren. Vgl. SCHLOTTERER, P.: Verkehrspolitik und Güterverkehr seit 1961,..., a.a.O., S.160 - PETERS, H.R.: Das ferne Ziel Marktwirtschaft, in: Der Volkswirt, 17. Jg. (1963), S.2565.

259) Vgl. Neufassung des BschVG vom 8.1.1969, BGBl. I, S.65.

260) Vgl. Frerich, J.: Die Preisbildung in der Binnenschiffahrt der Bundesrepublik Deutschland, in: Zeitschrift für Verkehrswissenschaft, 44. Jg. (1973), S.191.

261) Vgl. KRELLE, W.: Preistheorie, a.a.O., S.27.

262) Vgl. ERBGUTH, H.: Möglichkeiten zur Feststellung von Marktbeherrschung im Verkehr, in: Marktmacht und marktbeherrschende Verhaltensweisen im Verkehr; Beiträge aus dem Institut für Verkehrswissenschaft an der Universität Münster, hrsg. von H.St.Seidenfus, Heft 42, Göttingen 1966, S.60.

263) Vgl. Tab. 5
264) Vgl. JÜRGENSEN, H.: Investitionen von heute - Marktanteile von morgen, in: Die Kanalschiffahrt im Jahre 1972/73, hrsg. vom Schiffahrtsverband für das Westdeutsche Kanalgebiet, Dortmund 1973, S.125.
265) Nach § 13 BschVG verfügt ein Partikulier über max. drei Schiffe.
266) Dieser Tonnageanteil verringert sich jedoch bei einer Gewichtung des Schiffsraumes nach der Leistungsfähigkeit (Kahn = 1, Motorschiff = 1,5, Schubleichter = 1,6), da die Partikuliere fast ausschließlich über Kähne und Motorschiffe verfügen. Vgl. Kapazitätsausschuß Binnenschiffahrt (Hrsg.): Untersuchung über die Entwicklung von Kapazität und Verkehrsleistungen der Deutschen Binnenflotte von 1970 - 1973 mit Ausblick auf das Jahr 1974, o.O.,o.J., S.5 f.
267) BRANDT, K.: Preistheorie, Ludwigshafen 1960, S.23.
268) KRELLE, W.: Preistheorie, a.a.O., S.41.
269) Vgl. STACKELBERG, F.v.: Markttests im Verkehr als Instrument zur Ermittlung und Messung marktstrategischer Verhaltensweisen, unveröffentlichtes Manuskript, Münster 1973, S.257 ff.
270) Nach Berichten des Prüfungsverbandes der Deutschen Verkehrsgenossenschaften e.V. über die Prüfung bei der Partikuliergenossenschaft Jus et Justitia und der Partikuliergenossenschaft Elbia - Eilfracht, Hamburg 1974.
271) Vgl. WULF, D.: Kooperation in der Binnenschiffahrt, in: Kooperation im Verkehr, hrsg. von Herbert Schmidt, Bad Godesberg 1969, S.403.
272) Vgl. ebenda, S. 402.
273) Nach Angaben des Bundesverbandes der Deutschen Binnenschiffahrt e.V.
274) Vgl. GEORGI, H.: Die Einordnung des Werkverkehrs auf Binnenwasserstraßen in die Verkehrswirtschaft, in: Die Einordnung des Werkverkehrs in die Verkehrswirtschaft; Beiträge aus dem Institut für Verkehrswissenschaft an der Universität Münster, hrsg. von H.St. Seidenfus, Heft 60, Göttingen 1970, S.102.
275) Vgl. § 5, I. des Gesetzes über den gewerblichen Binnenschiffsverkehr vom 1.10.1952 in der Neufassung des Gesetzes vom 8.1.1969, BGBl. I., S.66.
276) Vgl. WULF, D.: Werkverkehr in der Binnenschiffahrt, in: Fragen des Werkverkehrs; Schriftenreihe der DVWG e.V., Reihe B, Seminar Köln 1970, S.83.
277) Vgl. ebenda, S.87 sowie DONI, W.: Die Binnenschiffahrt in der Europäischen Integration; Vorträge und Beiträge aus dem Institut für Verkehrswissenschaft an der Universität Münster, hrsg. von H.St. Seidenfus, Heft 34, Göttingen 1965, S.49.
278) Vgl. OTTO, K.-P.: Die Preisbildung in der Binnenschiffahrt, a.a.O., S. 169 sowie GEORGI,H.: Die Einordnung des Werkverkehrs auf Binnenwasserstraßen in die Verkehrswirtschaft, a.a.O., S.113.
279) Vgl. WULF, D.: Werkverkehr in der Binnenschiffahrt, a.a.O., S.87.
280) Vgl. GEORGI, H.: Die Einordnung des Werkverkehrs auf Binnenwasserstraßen in die Verkerhswissenschaft, a.a.O., S.99.
281) Vgl. WULF, D.: Werkverkehr in der Binnenschiffahrt, a.a.O., S.87.

282) Vgl. Tab. 6
283) Vgl. KRAFFT, D.: Fragen des Werkverkehrs - Zusammenfassung der Diskussion, in: Fragen des Werkverkehrs, a.a.O., S.110.
284) Siehe hierzu: WULF, D.: Werkverkehr in der Binnenschifffahrt, a.a.O., S.86.
285) Vgl. WULF, D.: Kooperation in der Binnenschiffahrt, a.a.O., S.407.
286) Commerzbank (Hrsg.): Wer gehört zu wem?, 10. erweiterte Aufl., o.O., 1973, S.541 und S. 559.
287) Vgl. STACKELBERG, F.v.: Markttests im Verkehr als Instrument zur Ermittlung und Messung marktstrategischer Verhaltensweisen, a.a.O., S.257.
288) Geschäftsbericht der Partikuliergenossenschaft Jus et Justitia zum Geschäftsjahr 1973, Duisburg 1973, S.10.
289) Vgl. WULF, D.: Kooperation in der Binnenschiffahrt, a.a.O., S. 405.
290) Vgl. KRELLE, W.: Preistheorie, a.a.O., S.40.
291) Vgl. Hierzu SEIDENFUS, H.St.: Verkehrsmärkte, a.a.O., S.109 sowie LEMPER, A.: Die preistheoretischen und preispolitischen Grundprobleme der Tarifgestaltung im Binnenverkehr, a.a.O., S.52.
292) Ebenda, S.18.
293) Vgl. ebenda, S.73.
294) Vgl. BÖTTGER, W.: Kosten und Kostenrechnung bei Güterverkehrsbetrieben, a.a.O., S.118.
295) Vgl. WILKENLOH, F.: Kostenstruktur und Marktverhalten in der Binnenschiffahrt, in: Zeitschrift für Binnenschiffahrt, 95. Jg. (1968), S.349.
296) Ebenda.
297) Zusammengestellt nach HULSMANN, G.-W.: Das Problem der fixen Kosten bei nicht ausgenützter Kapazität in der Binnenschiffahrt, Diss. Köln 1964, S.121 - ALERS, E.: Die Anforderungen an die Leistungs- und Kostenrechnung in der Binnenschiffahrt vom Standpunkt der Programmrevision, Betriebspolitische Schriften, Bd. 5, Berlin 1970, S.81 ff.
298) Vgl. HULSMANN, G.-W.: Das Problem der fixen Kosten bei nicht ausgenutzter Kapazität in der Binnenschiffahrt, a.a.O., S.127.
299) Bei der Einbeziehung eines kalkulatorischen Unternehmerlohnes würde sich der Fixkostenanteil weiter erhöhen.
300) Vgl. DETTMER, G. : Zur Frage der marktwirtschaftlichen Ordnung in der Binnenschiffahrt, Diss. Zürich 1968, S.24.
301) Eine 1963 bei 21 Partikulieren durchgeführte Untersuchung ergab, daß diese zwar 64 Mitarbeiter beschäftigten, jedoch außer Pensionszahlungen, Rückstellungen für Pensionen, Beiträge an Pensions- und Unterstützungskassen keine anderen Vergütungen an das Personal leisteten. Vgl. Bundestagsdrucksache IV/1449 v. 2.8.1963: Bericht über die Verzerrungen der Wettbewerbsbedingungen im binnenländischen Güterverkehr nach Art und Ausmaß und Vorschläge zu seiner Beseitigung, Bonn 1963.

302) Vgl. ZUNKER, H.: Zur Frage der marktgerechten Preisbildung in der Rheinschiffahrt, Diss. Köln 1955, S. 42 sowie DONI, W.: Die Binnenschiffahrt in der europäischen Integration, a.a.O., S.61.
303) Vgl. MERL, H.-J.: Die Problematik starrer und konjunkturreagibler Preise bei Eisenbahn und Binnenschiffahrt; Beiträge aus dem Institut für Verkehrswissenschaft an der Universität Münster, hrsg. von H.St. Seidenfus, Göttingen 1968, S.90 f.
304) Die Fahrtgeschwindigkeit wird nach dem optimalen Verhältnis von Motordrehzahl und Brennstoffverbrauch ausgerichtet. Siehe dazu: OTTO, K.-P.: Die Preisbildung in der Binnenschiffahrt, a.a.O., S. 40.
305) Vgl. Dornier System GmbH Planungsberatung: Verfahren zur Ermittlung rentabler Betriebsgrößen in der Binnenschiffahrt unter besonderer Berücksichtigung der Partikulierschiffahrt, Studienergebnis Nr. 159, Friedrichshafen 1971, S.70.
306) Nach Aussagen von Herrn Jäger, Vorstandsmitglied der Partikuliergenossenschaft Jus et Justitia und Mitglied des Frachtenausschusses Rhein.
307) Vgl. BVM, Abtlg. Binnenschiffahrt (Hrsg.): Deutsche Binnenschiffahrt 1973, Heft 1, S.28.
308) Vgl. POLLEIT, H.: Zur Wettbewerbsfähigkeit der deutschen Binnenschiffahrt im Rahmen der gegenwärtigen Marktordnungsbestrebungen, a.a.O., Tab. A, B und C des Anhangs II.
309) Vgl. BÖTTGER, W.: Die betriebswirtschaftlichen Vorteile der Schubschiffahrt, in: Zeitschrift für Verkehrswissenschaft, Sonderdruck, 37. Jg. (1966), Heft 2, S.21.
310) Vgl. Polleit, H.: Zur Wettbewerbsfähigkeit der deutschen Binnenschiffahrt im Rahmen der gegenwärtigen Marktordnungsbestrebungen, a.a.O., S.145 ff. - Siehe dazu auch: BVM. Abtlg. Binnenschiffahrt (Hrsg.): Deutsche Binnenschiffahrt 1973, Heft 1, S.6 f.
311) Vgl. STACKELBERG, F.v.: Markttests im Verkehr als Instrument zur Ermittlung und Messung marktstrategischer Verhaltensweisen, a.a.O., S.215.
312) Vgl. OTTO, K.-P.: Die Preisbildung in der Binnenschiffahrt, a.a.O., S.72.
313) So z.B. SCHROFF, F.-J.: Zur verkehrspolitischen Gesamtsituation, in: Die Kanalschiffahrt im Jahre 1972/73, a.a.O., S.31.
314) Vgl. ERBGUTH, H.: Möglichkeiten zur Feststellung von Marktbeherrschung im Verkehr, a.a.O., S.84.
315) Nach Informationen durch den Bundesverband der deutschen Binnenschiffahrt.
316) Vgl. Bundesverband der Deutschen Binnenschiffahrt e.V. (Hrsg.): Geschäftsbericht 1972/73, in: Binnenschiffahrt 1973, o.O., S.16.
317) Vgl. ERBGUTH, H.: Möglichkeiten zur Feststellung von Marktbeherrschung im Verkehr, a.a.O., S.76.
318) Vgl. OTTO, K.-P.: Die Preisbildung in der Binnenschiffahrt, a.a.O., S.78.

319) Ebenda, S. 70.
320) STACKELBERG, F.v.: Markttests im Verkehr als Instrument zur Ermittlung und Messung marktstrategischer Verhaltensweisen, a.a.O., S.194 ff.
321) Diese und die in diesem Zusammenhang folgenden Zahlenangaben beziehen sich auf das Jahr 1972.
322) Zur theoretischen Ableitung der Preiselastizität vgl. KRELLE, W.: Preistheorie, a.a.O., S.5.
323) Vgl. NIEHANS, J.: Preistheoretischer Leitfaden für Verkehrswissenschaftler, in: Archiv für Verkehrswissenschaft und Verkehrspolitik, 11.Jg. (1965), S.300 f.
324) Vgl. LEMPER, A.: Die preistheoretischen und preispolitischen Grundprobleme der Tarifgestaltung im Binnenverkehr, a.a.O., S.16 f.
325) Vgl. VOIGT, F.: Verkehr und Industrialisierung, in: Zeitschrift für die gesamte Staatswissenschaft, Bd. 109 (1953), Heft 12, S.198 ff.
326) MERL, H.-J.: Die Problematik starrer und konjunkturreagibler Preise bei Eisenbahn und Binnenschiffahrt, a.a.O., S. 80 f.
327) Im Falle limitationaler Produktion stehen die Faktoreinsatzmengen in einem konstanten Verhältnis zur Anstrengung. Vgl. GUTENBERG, E.: Grundlagen der Betriebswirtschaftslehre, Bd. 1: Die Produktion, 18. Aufl., Berlin, Heidelberg, New York 1971, S.324 ff.
328) Vgl. SCHEELE, E.: Tarifpolitk und Standortstruktur; Forschungen aus dem Institut für Verkehrswissenschaft an der Universität Münster, hrsg. von Andreas Predöhl, Bd. 13, Göttingen 1959, S.104 ff. - WINTER, D.: Determinanten der Nachfrage nach Güterverkehrsleistungen, Diss. Bonn 1971, S. 122 ff. - DERSELBE: Induzierte Güterverkehrsnachfrage, in: Zeitschrift für Verkehrswissenschaft, 43. Jg. (1972), Heft 2, S.86 ff.
329) MERL, H.-J.: Die Problematik starrer und konjunkturreagibler Preise bei Eisenbahn und Binnenschiffahrt, a.a.O., S. 56.
330) Vgl. OTTO, K.-P.: Die Preisbildung in der Binnenschiffahrt, a.a.O., S.82.
331) Vgl. LANKES, W.: Nachfrageelastizitäten auf Güterverkehrsmärkten der Bundesrepublik Deutschland, Diss. Köln 1973, S.186.
332) Vgl. ebenda.
333) Vgl. S. 104 ff.
334) Vgl. LANKES, W.: Nachfrageelastizitäten auf Güterverkehrsmärkten der Bundesrepublik Deutschland, a.a.O., S. 145 ff.
335) Ebenda, S.145.
336) Bei einer 10%igen Tariferhöhung würde sie nur 8,7% des Transportvolumens verlieren, eine 10%ige Tarifsenkung jedoch eine Nachfragesteigerung von 25,5% induzieren; nach LANKERS, W.: Nachfrageelastizitäten auf Güterverkehrsmärkten der Bundesrepublik Deutschland, a.a.O., S.148 und S.160.
337) Vgl. STANDALI, R.: Ursachen für das Entstehen von Marktmacht im Verkehr, in: Marktmacht und marktbeherrschende Verhaltensweisen im Verkehr, Beiträge aus dem Institut für Verkehrswissenschaft an der Universität Münster, hrsg. v. H. St. Seidenfus, Heft 42, Göttingen 1966, S. 47.

338) Vgl. auch S. 152
339) Vgl. LEMPER, A.: Die preistheoretischen und preispolitischen Grundprobleme der Tarifgestaltung im Binnenverkehr, a.a.O., S.72 - vgl. auch Übersicht über Kostenarten auf S. 128
340) Eine genaue Aufschlüsselung findet sich in: WESKA '75. Westdeutscher Schiffahrts- und Hafenkalender, hrsg. vom Verein zur Wahrung der Rheinschiffahrtsinteressen, 42. Aufl., Duisburg 1975, S.361 ff.
341) Vom 1. Juni 1964, VkBl. 1970, S.850, in der Fassung des V. Nachtrags vom 21. Mai 1974.
342) Vgl. Frachten- und Tarifanzeiger der Binnenschiffahrt, Frachtenausschuß Rhein, FTB A 101/13.
343) Vgl. daselbst, FTB A 412/33, Nr. 6 vom 9.2.1974
344) Vgl. Tab. 15 auf S. 150.
345) Vgl. S. 148.
346) Vgl. Frachten- und Tarifanzeiger der Binnenschiffahrt, Frachtenausschuß Rhein, FTB A 412/35, Nr. 26 vom 29.6.1974.
347) Vgl. daselbst, FTB A 503/87, Nr. 6 vom 9.2.1974.
348) Vgl. SCHLOTTERER, P.: Verkehrspolitik und Güterverkehr seit 1961, a.a.O., S.160.
349) Vgl. ebenda, S.161 sowie den dortigen Hinweis auf: o.V.: Margenantrag für Kohle eingereicht, in: DVZ Nr. 115 vom 27.9.1966.
350) Vgl. SCHLOTTERER, P.: Verkehrspolitik und Güterverkehr seit 1961, a.a.O., S.162.
351) BGBl. I., S.1466, 1968.
352) Vgl. § 27c Zweites Gesetz zur Änderung des BschVG, BGBl.I. S.1467, 1968.
353) Vgl. hierzu auch FRERICH, J.: Die Preisbildung in der Binnenschiffahrt der Bundesrepublik Deutschland, a.a.O., S.190.
354) SCHLOTTERER, P.: Verkehrspolitik und Güterverkehr seit 1961, a.a.O., S.164.
355) Zusammengestellt nach: Statistisches Bundesamt (Hrsg.): Fachserie M: Preise, Löhne, Wirtschaftsrechnungen, Reihe 7: Preise für Verkehrsleistungen, verschiedene Vierteljahreshefte 1973 - 1975.
356) Vgl. Abschnitt 2: Die Preisbildung bei der Eisenbahn, S. 217 ff.
357) Vgl. insbesondere die Abb. 34 - 37
358) Zum besseren Nachweis der Qualitätskomponente vgl. das vorgeschlagene Preisbildungsmodell im 4. Kap. dieser Untersuchung.
359) Es tritt z.B. beim Umschlag von Kohle nach Erfahrungssätzen des Kohlehandels eine effektive Wertminderung von 5 - 10 % ein. Vgl. dazu HUPPERT, H.: Die Struktur des Frachtenmarktes der Rheinschiffahrt, Diss. Mannheim 1954, S.84.
360) Vgl. STACKELBERG, F.v.: Markttests im Verkehr als Instrument zur Ermittlung und Messung marktstrategischer Verhaltensweisen, a.a.O., S.207 und 236.
361) Vgl. LANKES, W.: Nachfrageelastizitäten auf Güterverkehrsmärkten der Bundesrepublik Deutschland, a.a.O., S. 216 ff.
362) Vgl. Partikuliergenossenschaft Jus et Justitia (Hrsg.): Geschäftsbericht 1973, a.a.O., S.4.
363) Vgl. GEORGI, H.: Die Einordnung des Rohrleitungsverkehrs in die Verkehrswirtschaft, in: Die Einordnung des Werkverkehrs in die Verkehrswirtschaft, a.a.O., S.128 - JÜRGENSEN, H.: Entwicklungstendenzen im Mineralölverkehr. Entscheidungshilfen für eine problemgerechte Verkehrspolitik, Göttingen 1972, S.37 ff.

364) Vgl. BAADER, W.:Gute Zukunftschancen für Binnenschiffahrt und Hafenwirtschaft, in: Zeitschrift für Binnenschiffahrt und Wasserstraßen, 98. Jg. (1971), Heft 4, S. 104.
365) Vgl. RÜTTER, W.: Der Wettbewerb der Verkehrsträger im Mineralölproduktentransport, in: Öl. Zeitschrift für die Mineralölwirtschaft, 1967, S.395 ff.
366) Vgl. Frachten- und Tarifanzeiger der Binnenschiffahrt, Frachtenausschuß Dortmund, FTB 606/11.
367) Vgl. Frachten- und Tarifanzeiger der Binnenschiffahrt, Frachtenausschuß Rhein, FTB 503/90.
368) Nach Angaben der Partikuliergenossenschaft Jus et Justitia.
369) Nach Angaben des Bundesverbandes der deutschen Binnenschiffahrt.
370) Vgl. Geschäftsbericht des Schiffahrtsverbandes für das Westdeutsche Kanalgebiet e.V., in: Die Kanalschiffahrt im Jahre 1972/73, a.a.O., S.47.
371) Einer Umfrage bei mehreren Großreedereien zufolge werden den Investitionsentscheidungen der Reeder entscheidend von Beschäftigungszusicherungen über einen längeren Zeitraum hinweg beeinflußt. Vgl. dazu: KNAGGE, B.: Unternehmerische Unternehmensentscheidungen im Verkehrssektor. Determinanten und staatliche Einflußmöglichkeiten; Beiträge aus dem Institut für Verkehrswissenschaft an der Universität Münster, hrsg. von H.St. Seidenfus, Heft 49, Göttingen 1968, S. 70 f.
372) Vgl. HULSMANN, G.-W. und SCHELLENBERGER, F.: Die Schubschiffahrt auf dem Mittelrhein, in: Zeitschrift für Binnenschiffahrt, 94. Jg. (1967), S.38 f.
373) Vgl. Frachten- und Tarifanzeiger der Binnenschiffahrt, Frachtenausschuß Rhein, FTB, A 513.
374) Wir werden im Rahmen der Analyse des Luftverkehrs auf das von NASH entwickelte kooperative Zweipersonenspiel näher eingehen (Vgl. S.364). Bereits hier sei verwiesen auf: NASH, J.F.: Two-Person Cooperative Games, in: Econometrica, Vol. 21 (1953) S. 128-140 sowie KRELLE, W.: Präferenz- und Entscheidungstheorie, a.a.O., S.373 ff.
375) Etwa durch den Ankauf billiger sog. Zahnarztschiffe. Im Rahmen des Berlinhilfegesetzes wurde Kapitalgebern die Möglichkeit eröffnet, steuerbegünstigt in Binnenschiffe zu investieren. Vielfach gelang es aber nicht, eine ausreichende Beschäftigung zu erzielen. Die Folge war und ist in nicht seltenen Fällen Konkurs und die Möglichkeit einer preisgünstigen Ersteigerung durch die großen Reedereien. Vgl. dazu: MORITZ, W.: Beim Amtsgericht jede Woche sechs Schiffe unter dem Hammer,in: Handelsblatt vom 9.8.1974.
376) Siehe hierzu auch FRERICH, J.: Die Preisbildung in der Binnenschiffahrt der Bundesrepublik Deutschland, a.a.O., S. 191.
377) Vgl. vielmehr S. 114 ff.
378) So etwa OTTO, K.-P.: Die Preisbildung in der Binnenschiffahrt, a.a.O., S.154 ff. - FRERICH, J.: Die Preisbildung in der Binnenschiffahrt der Bundesrepublik Deutschland, a.a.O., S. 187 ff.
379) Vgl. insbesondere S. 114 ff.
380) FRERICH, J.: Die Preisbildung in der Binnenschiffahrt der Bundesrepublik Deutschland, a.a.O., S.191.
381) OTTO, K.-P.: Die Preisbildung in der Binnenschiffahrt, a.a.O., S.156.

382) In der Regel ist dies der Eisenbahngütertransport. Wegen der auf den für die Betrachtung relevanten Wettbewerbsmärkten geltenden Ausnahmetarife der Bundesbahn, die vielfach Mengenrabatte vorsehen, steigt die substitutive Erlöskurve ähnlich wie die Erlöskurve der Binnenschiffahrt im oberen Bereich unterproportional an.

383) Vgl. KRELLE, W.: Preistheorie, a.a.O., S. 418, Anmerkung 1.

384) Vgl. FRERICH, J.: Die Preisbildung in der Binnenschiffahrt der Bundesrepublik Deutschland, a.a.O., S.194.

385) Vgl. ARNOLD, B.: Binnenschiffahrtspolitische Betrachtungen zum Jahreswechsel, in: Zeitschrift für Binnenschiffahrt und Wasserstraßen, 100. Jg. (1973), S.3.

386) Vgl. VOIGT, F.: Verkehr, 2.Bd., 1. Hälfte: Die Entwicklung des Verkehrssystems, Berlin 1967, S.251 ff.

387) Vgl. MOSER, G.F.: Die Entwicklung der Marktformen in der deutschen Rheinschiffahrt und deren Auswirkungen auf die Wettbewerbslage der Rheinschiffahrt, Diss. München 1959, S. 64 f.

388) Vgl. Schröter/Reichert: Die Schifferbörse zu Duisburg - Ruhrort, Duisburg 1911, S. 47 ff.

389) Vgl. insbesondere VOIGT, F.: Kosten und Preise in der Verkehrswirtschaft, a.a.O., §2 Die Preisbildung in der Binnenschiffahrt, S.28 uns darauf aufbauend: FRERICH, J.: Die Preisbildung in der Binnenschiffahrt der Bundesrepublik Deutschland, a.a.O., S.188 f.

390) JOLMES, L.: Geschichte der Unternehmungen in der deutschen Rheinschiffahrt, Köln 1960, S.64.

391) Vgl. VOIGT, F.: Kosten und Preise in der Verkehrswirtschaft, a.a.O., § 2 Die Preisbildung in der Binnenschiffahrt, S.28 f.

392) Vgl. HARMS, B., KUSKE, B., MOST, O.: Die deutsche Rheinschiffahrt; Gutachten der Rheinkommission. Über die Lage der Rheinschiffahrt und der in ihr beschäftigten Arbeitnehmer, Berlin 1930, S.266 f.

393) Vgl. BERNHOLD, J.: Der Einfluß konjunktureller Schwankungen auf die Unternehmensformen der Binnenschiffahrt, Diss. Hamburg 1962, S.82 ff.

394) Vgl. SCHROIFF, F.J.: Die Frachtenbildung der Kanalschiffahrt im Wechsel des Wirtschaftsablaufs, München 1948, S. 21 - Moll, R.: Die Entwicklung der Rheinschiffahrt seit der Weltwirtschaftskrise in organisatorischer, wirtschaftlicher und technischer Hinsicht, unter besonderer Berücksichtigung des internationalen Wettbewerbs, Diss. Köln 1954, S.48.

395) Vgl. S. 111 ff.

396) Wissenschaftlicher Beirat beim Bundesverkehrsministerium: Der Preiswettbewerb in der zukünftigen europäischen Verkehrspolitik, Hof/Saale 1963, S.16.

397) FROHNMEYER, A.: Stand und Entwicklungstendenzen der gemeinsamen Verkehrspolitik in der Europäischen Wirtschaftsgemeinschaft, in: Zeitschrift für Verkehrswissenschaft, 36. Jg. (1967), S.220 ff. - WILLEKE, R.: Margentarife - Ein Weg zur Wettbewerbsordnung des Verkehrs, in: Zeitschrift für Verkehrswissenschaft, 35. Jg. (1964), S. 74 und S. 78 f. - ZYNKLER, H.: Zum Fragenkreis Grenzkosten, Margentarife und Verkehrsteilung, in: Zeitschrift für Verkehrswissenschaft, 33. Jg. (1962), S.71 ff. - OTTO, K.-P.: Die Preisbildung in der Binnenschiffahrt, a.a.O., S. 182 ff.

398) Vgl. GÜNTHER, A.: Entwicklung und heutige Lage der schwedischen Staatseisenbahnen, in: Archiv für Eisenbahnwesen, 68. Jg. (1958), S.165 ff.
399) Vgl. VOIGT, F.: Kosten und Preise in der Verkehrswirtschaft, a.a.O., § 4 Der Tarifaufbau der Eisenbahn, S.2.
400) Vgl. VOIGT, F.: Die volkswirtschaftliche Bedeutung des Verkehrssystems, a.a.O., S. 40 ff.
401) Ebenda sowie derselbe: Kosten und Preise in der Verkehrswirtschaft, a.a.O., § 4 Der Tarifaufbau der Eisenbahn, S. 2 f.
402) Vgl. Statistisches Bundesamt Wiesbaden (Hrsg.): Fachserie H: Verkehr; Reihe 4: Eisenbahnverkehr 1973, Stuttgart und Mainz 1974, S.6.
403) Wie bereits LEMPER, A.: Die preistheoretischen und preispolitischen Grundprobleme der Tarifgestaltung im Binnenverkehr, a.a.O., S.42.
404) So auch STACKELBERG, F.v.:Markttests im Verkehr als Instrument zur Ermittlung und Messung marktstrategischer Verhaltensweisen, a.a.O., S. 101.
405) Vgl. S. 160 ff.
406) LEMPER, A.: Die preistheoretischen und preispolitischen Grundprobleme der Tarifgestaltung im Binnenverkehr, a.a.O., S. 43.
407) Vgl. auch Tab. 17 und Tab. 18.
408) Vgl. auch Tab. 20.
409) Vgl. im einzelnen STACKELBERG, F.v.: Markttests im Verkehr als Instrument zur Ermittlung und Messung marktstrategischer Verhaltensweisen, a.a.O., S.127.
410) Vgl. ebenda, S. 142.
411) Vgl. Abb. 24 und Tab. 21.
412) Vgl. hierzu und zu den folgenden Angaben Abb. 25.
413) Vgl. Tab. 24.
414) Vgl. Tab. 26.
415) Vgl. EHRHARDT, J.: Zur Problematik Schiene-Straße in Westdeutschland, Diss. Erlangen 1959, S.15.
416) Vgl. MISSELWITZ, A.: Der Wettbewerb zwischen Eisenbahn und Kraftwagen und die deutsche Verkehrspolitik, Diss. Basel 1957, S. 10 ff.
417) Vgl. Ehrhardt, J.: Zur Problematik Schiene-Straße in Westdeutschland, a.a.O., S.16.
418) Vgl. BINDER, P.: Die Bundesbahn und ihre Konkurrenten, 2. Aufl. Stuttgart 1961, S. 11 ff.
419) Vgl. LINDEN, W.: Die Aufgabenteilung als verkehrspolitisches Prinzip, in: Aufgabenteilung im Verkehr. Forschungs- und Sitzungsberichte der Akademie für Raumforschung und Landesplanung, Bd. XXIV, Raum und Verkehr 7, Hannover 1963, S. 15.
420) o.V.: Ausländische Eisenbahnen 1972, in: Die Bundesbahn; hrsg. von der Deutschen Bundesbahn, 46. Jg. (1972), Darmstadt 1972, S. 1277 ff. - SJÖBERG, A.: Rentable Eisenbahnen - Eine Utopie?, Göttingen 1967, S.21 ff.
421) So auch KELLER, H.: Die Funktionsfähigkeit des Wettbewerbs zwischen Schiene und Straße im Güterverkehr, Diss. Zürich 1970, S. 190 f.
422) Vgl. EHRHARDT, J.: Zur Problematik Schiene - Straße in Westdeutschland, a.a.O., S.16.

423) Vgl. WISSENBACH, K.: Tarifwesen, in: Eisenbahn-Lehrbücherei der Deutschen Bundesbahn, Bd. 54, 4. Aufl., Starnberg 1973, S. 45 f.
424) EVO = Eisenbahn - Verkehrsordnung.
425) Vgl. BGBl.I, S.955.
426) Vgl. BGBl.I, S.191.
427) Vgl. VOIGT, F.: Kosten und Preise in der Verkehrswirtschaft, a.a.O., § 4 Der Tarifaufbau der Eisenbahn, S. 19.
428) Vgl. § 16, IV BbG (=Bundesbahngesetz).
429) SCHLOTTERER, P.: Verkehrspolitik und Güterverkehr seit 1961, a.a.O., S. 92. Er bezieht sich auf EWERS, H.J.: Wettbewerbspolitische Ansätze in der deutschen Verkehrspolitik seit den Verkehrsänderungsgesetzen, a.a.O., S. 213.
430) So auch MOST, O.: Gutachten zu Begriffen der Verkehrsnovellen vom 1.August 1961; Schriftenreihe des Bundesministers für Verkehr, Heft 25, Bad Godesberg 1963, S. 15.
431) Vgl. Seidenfus, H.St.: Wettbewerbspolitik und Verkehrspolitik, in: Schweizerisches Archiv für Verkehrswissenschaft und Verkehrspolitik, 18.Jg. (1963), S.103-119, hier S. 117. - MOST, O.: Gutachten zu Begriffen der Verkehrsnovellen vom 1. August 1961, a.a.O., S. 15.
432) SCHLOTTERER, P.: Verkehrspolitik und Güterverkehr seit 1961, a.a.O., S. 92; vgl. zusätzlich STORSBERG, G.: Die Bedeutung der Kleinen Verkehrsreform für die Preis- und Tarifbildung im Güterverkehr, Universität Mainz, 10. Sept. 1963, S. 121.
433) Näheres hierzu bei VOIGT, F.: Kosten und Preise in der Verkehrswirtschaft, a.a.O., § 4 Der Tarifaufbau der Eisenbahn, S. 21.
434) Vgl. LEMPER, A.: Die preistheoretischen und preispolitischen Grundprobleme der Tarifgestaltung im Binnenverkehr, a.a.O., S. 51.
435) Zu den verschiedenen Tariftypen vgl. insbesondere: KLOTEN, N.: Die Eisenbahntarife im Güterverkehr; Veröffentlichungen der List-Gesellschaft e.V., Bd. 13, Basel, Tübingen 1959, S. 71.
436) Vgl. Abb. 28.
437) Vgl. LEMPER, A.: Die preistheoretischen und preispolitischen Grundprobleme der Tarifgestaltung im Binnenverkehr, a.a.O., S. 44.
438) Vgl. VOIGT, F.: Kosten und Preise in der Verkehrswirtschaft, a.a.O., § 4 Der Tarifaufbau der Eisenbahn, S.22.
439) Siehe hierzu: KLOTEN, N.: Die Eisenbahntarife im Güterverkehr, a.a.O., S. 84.
440) Das Beispiel bezieht sich auf MOORMANN, K.: Das Tarifwesen, Leitfaden für den Verkehrsdienst, Heft 1, 7. Aufl., Frankfurt 1951, S. 36.
441) Vgl. KLOTEN, N.: Die Eisenbahntarife im Güterverkehr, a.a.O., S. 84 f.
442) Vgl. LINDEN, W.: Neugestaltung des deutschen Gütertarifs. Studien zur Gütertarifreform, Dortmund 1955, S. 127.
443) Entnommen bei LEMPER, A.: Die preistheoretischen und preispolitischen Grundprobleme der Tarifgestaltung im Binnenverkehr, a.a.O., S. 45.

444) Vgl. LINDEN, W.: Neugestaltung des deutschen Gütertarifs, a.a.O., S.82 - SAMTLEBEN, K.F.: Zur Gütertarifpolitik der Deutschen Bundesbahn, in: Die Bundesbahn, 35. Jg. (1961), S. 196-206. - Deutsche Bundesbahn (Hrsg.): Deutscher Eisenbahn-Gütertarif, Teil III, Heft A, gültig v. 1. Juli 1974, a.a.O., S. 8 ff.
445) Vgl. LEMPER, A. : Die preistheoretischen und preispolitischen Grundprobleme der Tarifgestaltung im Binnenverkehr, a.a.O., S. 46.
446) Vgl. KLOTEN, N.: Die Eisenbahntarife im Güterverkehr, a.a.O., S. 88.
447) Vgl. VOIGT, F.: Kosten und Preise in der Verkehrswirtschaft, a.a.O., § 4 Der Tarifaufbau der Eisenbahn, S. 26.
448) Vgl. hierzu einige extrem unterschiedliche Beispiele bei VOIGT, F.: Kosten und Preise in der Verkehrswirtschaft, a.a.O., § 4 Der Tarifaufbau der Eisenbahn, S. 28.
449) Vgl. LINDEN, W.: Neugestaltung des deutschen Gütertarifs, a.a.O., S. 24.
450) Vgl. demgegenüber den Zonentarif mit besonders niedrigen Sätzen für weite Entfernungen bei der Österreichischen Bundesbahn.
451) Zusammengestellt nach einem Referat von M. KOCH, gehalten im Rahmen einer Vorlesung von Fritz Voigt, Universität Bonn: Die Personentarifpolitik der Deutschen Bundesbahn im Spannungsfeld zwischen Gesamtwirtschaftlichkeit und Eigenwirtschaftlichkeit, Bonn, den 20.6.1975.
452) Vgl. LAMPE-HELBIG, K.: Die neuen Personentarife bei der Deutschen Bundesbahn und ihre historische Entwicklung, in: Die Bundesbahn, 40. Jg. (1966), S. 129.
453) Vgl. AMMON, H.: Die finanzielle Lage der Deutschen Bundesbahn und ihre Entwicklung seit 1957,in: Die Bundesbahn, 36. Jg. (1962), S. 288 ff.
454) Vgl. Tab. 41. Quelle: Zusammengestelltnach: Statistisches Landesamt Nordrhein - Westfalen (Hrsg.):Beiträge zur Statistik des Landes Nordrhein - Westfalen: Sonderreihe Volkszählung 1970, Heft 12 a: Verkehrsmittel und Zeitaufwand der Pendelwanderer in Nordrhein - Westfalen am 27. Mai 1970, Düsseldorf 1974.
455) Vgl. VOIGT, F.: Kosten und Preise in der Verkehrswirtschaft, a.a.O., § 4 Der Tarifaufbau der Eisenbahn, S. 36.
456) Die Entwicklung vom Aufkommen der Eisenbahn bis zum Ersten Weltkrieg ist ausführlich dargestellt bei VOIGT, F.: Kosten und Preise in der Verkehrswirtschaft, a.a.O., § 4 Der Tarifaufbau der Eisenbahn, S. 14.
457) Vgl. Hierzu auch ZACHCIAL, M.: Der Kleingutverkehr der Deutschen Bundespost. Determinanten, Schätzprobleme und Prognose, Diss. Bonn 1974, S. 22 f.
458) Vgl. LINDEN, W.: Neugestaltung des deutschen Gütertarifs, a.a.O., S. 61.
459) Vgl. ebenda, S. 64.
460) Vgl. die Spannungsverhältnistabelle bei LEMPER, A.: Die preistheoretischen und preispolitischen Grundprobleme der Tarifgestaltung im Binnenverkehr, a.a.O., S. 68.
461) Vgl. VOIGT, F.: Kosten und Preise in der Verkehrswirtschaft, a.a.O., § 4 Der Tarifaufbau der Eisenbahn, S. 12.
462) Vgl. LINDEN, W.: Wendung in der Tatifpolitik?, in: Schiene und Straße, Dortmund 1960, S. 63.
463) VOIGT, F.: Kosten und Preise in der Verkehrswirtschaft, a.a.O., § 4 Der Tarifaufbau der Eisenbahn, S.15.
464) Vgl. hierzu auch Abb. 32.
465) Vgl. VOIGT, F.: Kosten und Preise in der Verkehrswirt-

schaft, a.a.O., § 4 Der Tarifaufbau der Eisenbahn, S. 15 sowie STACKELBERG, F.v.: Markttests im Verkehr als Instrument zur Ermittlung und Messung marktstrategischer Verhaltensweisen, a.a.O., S. 345.

466) Vgl. zur Problematik der Saartarife auch die Ausführungen auf S. 187 dieser Untersuchung.

467) Vgl. JÜRGENSEN, H.: Entwicklungstendenzen im Mineralölverkehr, a.a.O., S. 94.

468) Vgl. VOIGT, F.: Kosten und Preise in der Verkehrswirtschaft, a.a.O., § 4 Der Tarifaufbau der Eisenbahn, S. 15.

469) Nach Fishers Tarifnachrichten für Eisenbahn und Kraftwagen. Informationen für den Güterverkehr, 31. Jg. (1972), Heft 5, Düsseldorf 1972, S. 3.

470) Statistisches Bundesamt Wiesbaden (Hrsg.): Fachserie M: Preise, Löhne, Wirtschaftsrechnungen; Reihe 7: Preise für Verkehrsleistungen, Stuttgart und Mainz, verschiedene Vierteljahreshefte 1973 - 1975, insbesondere 1. Quartal 1975, S. 6.

471) Vgl. ebenda.

472) Vgl. KLOTEN, N.: Die Eisenbahntarife im Güterverkehr, a.a.O. S. 152 ff.

473) Ebenda, S. 154

474) Vgl. ebenda, S. 182 f. sowie die Übersicht über die tarifpolitischen Aktivitäten der DB auf S. 244.

475) Vgl hierzu die Ausführungen über die Entwicklung des RKT auf S. 376.

476) Siehe GUTENBERG, E.: Grundlagen der Betriebswirtschaftslehre, 2. Bd. Der Absatz, 14. Aufl., Berlin, Heidelberg, New York, 1973, S. 183 ff.

477) Vgl. SANMANN, H.: Seeverkehrsmärkte, Grundlegung einer Ökonomie des Seeverkehrs; Verkehrswissenschaftliche Studien aus dem Institut für Verkehrswissenschaft der Universität Hamburg, hrsg. von Harald Jürgensen, Heft 1, Göttingen 1965, S. 23.

478) Vgl. STACKELBERG, H.v.: Grundlagen der theoretischen Volkswirtschaftslehre, Tübingen, Zürich, 1951, S. 219 ff.

479) Vgl. SANMANN, H.: Seeverkehrsmärkte, a.a.O., S. 23, sowie vor allem S. 80 ff. Die Zusammenfassung von Elementar- zu Bedarfsmärkten bedarf jedoch einer kritischen Überprüfung.

480) SANMANN setzt sich mit der Auffassung Seidenfus' auseinander - vgl. SEIDENFUS, H.St.:Verkehrsmärkte,a.a.O., S. 96 - und kommt zu dem Schluß, daß er jenem nicht zu folgen vermag, weder in der Terminologie noch in der Sache. SANMANN sieht sachliche Differenzierungen als existent an, wenn"unterschiedliche Schnelligkeiten, Sicherheiten usw. der Transporte vorliegen". Abweichend von SEIDENFUS hält SANMANN daran fest, daß das, was jener allein als Leistungsdifferenzierung auffaßt, auch im Güterverkehr durchaus vorhanden ist. Vgl. SANMANN, H.: Seeverkehrsmärkte, a.a.O., S. 28 f.

481) VOIGT, F.: Kosten und Preise in der Verkehrswirtschaft, a.a.O., § 1 Die Preisbildung in der Hochseeschiffahrt, S. 1.

482) Vgl. Tab. 43.

483) TINBERGEN, J.: Ein Schiffsbauzyklus?, in: Weltwirtschaftliches Archiv, 34. Bd. (1931), S. 152 ff. - ferner: SCHNEIDER, J.: Empirische Untersuchungen über den Einfluß von Frachtraten, Frachteinnahmen und Schiffsbaupreisen

auf den Bau von seegehenden Güterschiffen 1900 - 1958, Berlin 1961, S. 38 ff.

484) Wir kommen hierauf noch einmal bei der Analyse der Frachtenmärkte zurück.

485) Vgl. hierzu auch die Ausführungen auf S.308 ff.

486) Vgl. VOIGT, F.: Kosten und Preise in der Verkehrswirtschaft, a.a.O., § 1 Die Preisbildung in der Hochseeschiffahrt, S. 11.

487) Vgl. ebenda, S. 12.

488) Vgl. SANMANN, H.: Seeverkehrsmärkte, a.a.O., S. 156, sowie HARFF, P.: Der Beitrag nationaler Handelsflotten zur wirtschaftlichen Entwicklung der lateinamerikanischen Länder, Göttingen 1970, S. 107.

489) Vgl. FASBENDER, K., WAGNER, W. u.a.: Shipping conferences, Rate Policy and Developing Countries. The Argument of Rate Discrimination, hrsg. vom HWWA-Institut, Hamburg 1973, S. 49.

490) Siehe ebenda die ausführliche Aufschlüsselung aller Konferenzen, S. 254-283. Die Verfasser stützen sich auf: Croners World Directory of Freight Conferences; Croner Publications Ltd., Surrey/New York, dec. 1971.

491) Vgl. ZACHCIAL, M.: Das Oszillationsphänomen in der Frachtratenentwicklung und sein Einfluß auf die Zahlungsbilanz der Entwicklungsländer, a.a.O., S. 313 - 333.

492) Vgl. die Ausführungen bezüglich der Preisbildungsmodelle auf S. 313, incl. der Preisfestsetzung innerhalb der "Ranges".

493) Vgl. NITTSCHER, W.: Schiffahrtskonferenzen und Abladeschaft, in: Wirtschaftsdienst 1960, S. 7.

494) Vgl. hierzu auch die Darstellung der Substitutionsbeziehungen zwischen den verschiedenen Beschäftigungsformen, insbesondere S.293

495) KÄSELAU, R.: Das optimale Transportkonzept in der Linienschiffahrt - Entscheidungstheoretische Analyse und Kostenvergleich; Verkehrswissenschaftliche Studien 16, Göttingen 1971, S. 58 f.

496) Vgl. ebenda.

497) Vgl. VOIGT, F.: Kosten und Preise in der Verkehrswirtschaft, a.a.O., § 1 Die Preisbildung in der Hochseeschiffahrt, S. 34.

498) Vgl. die ausführliche Darstellung bei METAXAS, B.N.: The Economics of Tramp Shipping, London 1971, S. 119 ff.

499) Siehe hierzu o.V.: Nach dem Stapellauf sofort zum Aufliegerplatz, in: Handelsblatt, vom 13.5.1975.

500) Vgl. BREUER, J.H.: Die Lage der deutschen Küstenschiffahrt; Vortrag auf der 24. Sitzung des Seeverkehrsbeirates am 3.9.1962 in Lübeck, in: Schriftenreihe des Seeverkehrsbeirates, Heft 18, S. 21-32, hier S.24.

501) Vgl. VOIGT, F.: Kosten und Preise in der Verkehrswirtschaft, a.a.O., § 1 Die Preisbildung in der Hochseeschiffahrt, S. 42.

502) Besonders die Nord- und Ostseefahrt steht unter verstärktem Druck der Landverkehrsmittel zwischen Skandinavien und dem Kontinent.

503) Vgl. BREUER, J.H.: Die Lage der deutschen Küstenschiffahrt; Vortrag auf der 22. Sitzung des Seeverkehrsbeirates am 13.6.1961 in Bremen, in: Schriftenreihe des Seeverkehrsbeirates, Heft 17, S. 26 - 35, hier S. 33.

504) Zur Problematik der Überkapazitäten vgl. den Abschnitt über den Umfang und die Struktur des Angebots, insbesondere S.
505) Vgl. METAXAS, B.N.: The Economics of Tramp Shipping, a.a.O., S. 103.
506) Vgl. die Ausführungen auf S. 284 sowie Tab. 59
507) Vgl. METAXAX, B.N.: The Economics of Tramp Shipping, a.a.O., S. 105.
508) Vgl. ebenda, S. 110.
509) Vgl. S. 262
510) FRANZ, R.: Schiffahrtsprotektionismus. Der Einfluß schiffahrtsprotektionistischer Maßnahmen auf die Preisbildung im Seeverkehr, in: Verkehrswissenschaftliche Forschungen, Schriftenreihe des Instituts für Industrie- und Verkehrspolitik der Universität Bonn, hrsg. von Fritz Voigt, Bd. 18, Berlin 1967, S. 31.
511) METAXAS, B.N.: The Economics of Tramp Shipping, a.a.O., S. 118.
512) Vgl. UNCTAD (Hrsg.): Conference Practices and Adequacy of Shipping Services - Aggregative Studies, TD IBIC. 4/38, Genf 1968, S. 45.
513) Vgl. HARTEN, D.: Die Konferenz der internationalen Linienschiffahrt und das gesetz gegen Wettbewerbsbeschränkungen, in: HANSA, Zentralorgan für Schiffahrt, Schiffsbau und Hafen, 107. Jg. (1970), Nr. 9.
514) Vgl. United Kingdom Committee of Inquiry into Shipping 1970.
515) Dieser Gedankengang wurde auf der UNCTAD III aufgegriffen und mit den Stimmen der Entwicklungsländer zum Code of Conduct erweitert und umformuliert.
516) Bremer Ausschuß für Wirtschaftsforschung (Hrsg.): Auswertung der Dokumentation der Dritten Welthandels- und Entwicklungskonferenz, Santiago de Chile 1972, Teil II, Bremen, April 1973, S. 546.
517) Vgl. ebenda, S. 547.
518) Vgl. S. 274 ff.
519) Der Bundesminister für Verkehr/Abt. Seeverkehr (Hrsg): Deutsche Seefrachtenindices, August 1974.
520) Vgl. Abb. 47.
521) Siehe hierzu BÖHME, H.: Weltseeverkehr 1973: Märkte zwischen Frachtenboom und Ölboykott; in: Die Weltwirtschaft, 1973, Heft 2, S. 165.
522) ZACHCIAL, M.: Das Ozillationsphänomen in der Frachtratenentwicklung und sein Einfluß auf die Zahlungsbilanz der Entwicklungsländer, a.a.O., S. 316.
523) Vgl. ebenda, S. 317.
524) BÖHME, H.: Weltseeverkehr 1973, a.a.O., S. 180.
525) Vgl. Abb. 48.
526) Vgl. BETH, H.L.: The World Tanker Market Situation 1974 - 1976, Nr. 8 der Vorträge und Beiträge aus dem Institut für Seeverkehrswirtschaft Bremen, Bremen 1975, S. 5.
527) Vgl. ebenda, S. 9 ff.
528) Vgl. ebenda, S. 10 ff.
529) Vgl. MIYASHITA, K.: Über die Theorie der Preisbildung in der Linienschiffahrt, in: The Annals of the School of Business Administration, Kobe University, 1972, S.85-104.
530) Vgl. STURMEY, S.G.: Some Aspects of Ocean Liner Economics, Manchester 1964 - DERSELBE: Economics and International Liner Services, in: Journal of Economics and Transport, Vol. 1, No.2, London 1967

531) Vgl. BENNATHAN, E. und WALTERS, A.A.: The Economics of Ocean Freight Rates, New York 1969.
532) Vgl. MIYASHITA, K.: Über die Theorie der Preisbildung in der Linienschiffahrt, a.a.O., S. 85.
533) Vgl. MIYASHITA, K.: Über die Theorie der Preisbildung in der Linienschiffahrt, a.a.O., S. 85 ff.
534) Vgl. Sturmey, S.G.: Economics and International Liner Services, a.a.O.- DERELBE: Some Aspects of Ocean Liner Economics, a.a.O., S. 17.
535) STURMEY, S.G.:Economics and International Liner Services, a.a.O., S. 198 - DERSELBE: Some Aspects of Ocean Liner Economics, a.a.O., S. 17.
536) Ebenda, S. 17 f.
537) MIYASHITA, K.: Über die Theorie der Preisbildung in der Linienschiffahrt, a.a.O., S. 89.
538) Vgl. Sturmey, S.G.: Economics and International Liner Services, a.a.O., S. 198 f.
539) Vgl. ebenda, S. 203.
540) Vgl. MIYASHITA,K.: Über die Theorie der Preisbildung in der Linienschiffahrt, a.a.O., S. 92, vor allem aber die kritische Stellungnahme von HEAVER, T.D.: A Theory of Shipping Conference Pricing and Policies, in: Scientechnica (Publishers) Ltd.: Maritime Studies 1973, S. 17 - 30, hier S. 17.
541) Vgl. BENNATHAN, E. und WALTERS, A.A.: The Economics of Ocean Freight Rates, a.a.O., S. 10 ff.
542) Ebenda, S. 15.
543) MIYASHITA, K.: Über die Theorie der Preisbildung in der linienschiffahrt, a.a.O., S. 95.
544) Vgl. EVANS, J.J. und BEHNAM, A.: A Fork Tarif System for Liner Freight Rates, in: Journal of Transport Economics & Policy, Vol. IX, Jan. 1975, S. 62 - 66.
545) Vgl. ebenda, S. 63 f.
546) Vgl. ebenda, S. 66.
547) Vgl. HEAVER, T.D.: A Theory of Shipping Conference Pricing and Policies, a.a.O., S. 17 - 30.
548) STURMEY, S.G.: Economics and International Liner Services, a.a.O., S. 190 - 203.
549) BAUMOL, W.J.: Business Behavior, Value and Growth, New York 1967.
550) Vgl. SIMON, H.S.: Theories of Decision Making in Economics, in: American Economic Review, Vol. 49 (1959), No. 3, S. 253 - 280.
551) Vgl. HEAVER, T.D.: A Theory of Shipping Conference Pricing and Policies, a.a.O., S. 19.
552) So auch BAUMOL, W.J.: Business Behavior, Value and Growth, a.a.O., S. 14 und HEAVER, T.D.: A Theory of Shipping Conference Pricing and Policies, a.a.O., S. 20.
553) MIYASHITA, K.: Ökonometrische Annalyse der kettenmäßigen Substitutions- und Wahlhandlungen der Anbieter und Nachfrager nach Seeverkehrsleistungen 1961 - 1968, in: Forschungsjahresbericht der japanischen Seeschiffahrtsgesellschaft. Zusammenfassung 1973, als Manuskript zur Verfügung gestellt.
554) Vgl. ebenda, S. 5 f.

555) Vgl. SEIDENFUS, H.St.: Verkehrsmärkte, a.a.O., S. 142.
556) Siehe hierzu BERENDT, G.: Die Entwicklung der Marktstruktur im internationalen Linienluftverkehr, Berlin 1961, S. 11.
557) Ermittelt nach: ABC World Airways Guide, London, Dec. 1970.
558) Ermittelt nach: JATA World Air Transport Statistics, Nr. 13, Montreal 1969.
559) Vgl. BERENDT, G.: Die Entwicklung der Marktstruktur im internationalen Luftlinienverkehr, a.a.O., S. 146.
560) Vgl. z. B. S.
561) Vgl. ABBOT,L.: Qualität und Wettbewerb, München und Berlin, 1958, S. 123.
562) Siehe insbesondere VOIGT, F.: Verkehr und Industrialisierung, in: Zeitschrift für die gesamte Staatswissenschaft, Bd. 109, Heft 12, 1953, S. 198 ff.
563) Vgl. KRAMER, F.: Zur Marktforschung im Luftverkehr, Zürich 1968, S. 77.
564) Vgl. Schreiber, R.: Die Tarife im Luftverkehr, Nürnberg 1959, S. 16.
565) Vgl. HÜBENTHAL,K.: Kritische Beurteilung des Tarifgefüges für den planmäßigen internationalen Personenluftverkehr unter besonderer Berücksichtigung der Marktstruktur, Köln 1970, S. 63.
566) Vgl. RÖSSGER, E. und HÜNERMANN, K.-B.: Einführung in die Luftverkehrspolitik, Mannheim und Zürich, 1968, S. 8 ff.
567) Vgl. S.
568) Die Zahlenangaben beziehen sich auf: BÖHME, H. und SICHELSCHMIDT, H.: Weltluftverkehr. Neue Wettbewerbsregeln für Liniendienste und Chartermärkte,in: Die Weltwirtschaft, a.a.O., S. 186.
569) Vgl. ICAO - Bulletin, Montreal, Vol. 28 (1973), No. 5, S. 31.
570) So auch WOLF, G.: Die Entwicklung des Weltluftverkehrs nach dem Zweiten Weltkrieg, Tübingen 1967, S. 33.
571) Vgl. HOFF, G.: Entwicklung und Bedeutung des Luftfrachtverkehrs in der Bundesrepublik Deutschland; Schriftenreihe des Instituts für Industrie- und Verkehrspolitik der Universität Bonn, hrsg. von Fritz Voigt, Bd. 25, Berlin 1972, S.118 - IATA (Hrsg.): Fares and Demand Elasticity in Air Transport,o.O., 1964, S. 5.
572) Vgl. ALLEN, W.B.: A Model of the Demand for Transportation: The Case of Freight, Ann Harbour/Michigan 1969, S. 4 - HOFF, G.: Entwicklung und Bedeutung des Luftfrachtverkehrs in der Bundesrepublik Deutschland, a.a.O., S. 119 - SCHREIBER, R.: Die Tarife im Luftverkehr, a.a.O., S. 129 f.
573) Die angegebenen Werte beziehen sich auf das Luftfrachtaufkommen auf den Flughäfen Düsseldorf und Köln/Bonn.
574) Vgl. BREUER, S.H.: The Complexities of Air Cargo Pricing, Washington 1967, S. 1 und S. 17.
575) Vgl. HOFF,G: Entwicklung und Bedeutung des Luftfrachtverkehrs in der Bundesrepublik Deutschland, a.a.O., S. 46 - SNOEK, G.: Wettbewerbs- und Wachstumsprobleme im internationalen Luftfrachtverkehr, Tübingen 1967, S. 44.- PRAXMARER, W.: Zur Tarifierung im Luftfrachtverkehr, in: Schweizerisches Archiv für Verkehrswissenschaft und Verkehrspolitik, 13. Jg. (1958), S. 149.
576) So z.B. Ersatzteile für hochwertige Maschinen.

577) Vgl. HOFF, G.: Entwicklung und Bedeutung des Luftfrachtverkehrs in der Bundesrepublik Deutschland, a.a.O., S. 47.
578) Vgl. DIRLEWANGER, G.: Die Preisdifferenzierung im internationalen Luftverkehr, Bern 1969, S. 267.
579) Vgl. BERENDT, G.: Die Entwicklung der Marktstruktur im internationalen Linienluftverkehr, a.a.O., S.192.
580) Siehe hierzu KNEIFEL, J.L.: Der Wettbewerb im Nordatlantischen Luftverkehr, München 1967, S. 56.
581) Vgl. BÖHME, H.: Der Weltluftverkehr. Steigende Leistung, sinkende Gewinne, in: Die Weltwirtschaft, a.a.O., S. 189.
582) Vgl. BÖHME, H. und SICHELSCHMIDT, H.: Weltluftverkehr: Neue Wettbewerbsregeln für Liniendienste und Chartermärkte, a.a.O., S. 185.
583) Vgl. ebenda.
584) Siehe ebenda.
585) Vgl. ICAO, Circular 77-AT/12:Air Transport Operating Costs, Montreal, Mai 1966, S. 6 f.
586) Vgl. IATA Financial and Economics Studies Sub-Committee Economics of Air Cargo, Carriage and Service, Montreal 1969, S. 17 sowie SCHREIBER, R.: Die Tarife im Luftverkehr, a.a.O., S. 77.

587) Vgl. ICAO Cirlular 77- AT/12: Air Transport Operating Costs, a.a.O., S. 26 f. - DIRLEWANGER, G.: Die Preisdifferenzierung im internationalen Luftverkehr, a.a.O., S. 227.
588) Vgl. BÖHME, H. und SICHELSCHMIDT, H.: Weltluftverkehr. Neue Wettbewerbsregeln für Liniendienste und Chartermärkte, a.a.O., S. 187 und den dortigen Hinweis auf: Neue Züricher Zeitung, Zürich,, Fernausgabe vom 8. Mai 1974, derzufolge die durchschnittlichen Treibstoff-Beschaffungskosten je Liter nach Angaben der SWISSAIR von 0,124 sfrs. im 1. Quartal 1973 über 0,169 sfrs. im November 1973 auf 0,314 sfrs. im Februar 1974 gestiegen sind.
589) Vgl. BONGERS, H.U.: Deutscher Luftverkehr, Bad Godesberg 1967, S.206. - STAHLENBRecher, H.: Die Preisbildung im internationalen Linienluftverkehr, Hamburg 1964, S. 109. - IATA Financial and Economic Studies Sub - Committee: Economics of Air Cargo, Carriage and Service, a.a.O., S.8.
590) Siehe hierzu BONGERS, H.U.: Deutscher Luftverkehr, a.a.O., S.185. - LOCHNER, N. und WILTS, J.: Wachstum und Wettbewerb im Nordatlantischen Personenverkehr, in: Forschungen aus dem Institut für Verkehrswissenschaftan der Universität Münster, Heft 11, Göttingen 1956, S. 80 f.
591) Vgl. KRELLE, W.: Preistheorie, a.a.O., S. 16.
592) Vgl. ebenda, S. 16 ff.
593) Vgl. ebenda.
594) Vgl. HAMM, W.: Preise als verkehrspolitisches Ordnungsinstrument, Heidelberg 1964, S. 17.
595) Vgl. ebenda.
596) Vgl. PIRATH, C.: Die Grundlagen der Verkehrswirtschaft, 2. Aufl., Berlin, Göttingen, Heidelberg, 1949, S. 253.
597) Vgl. LINDEN, W.: Grundzüge der Verkehrspolitik, Wiesbaden 1961, S. 151.
598) Siehe hierzu ILLETSCHKO,L.: Transport-Betriebswirtschaft im Grundriß, Wien 1957, S. 151 ff. sowie STAHLENBRECHER, H.: Die Preisbildung im internationalen Linienluftverkehr, a.a.O., S. 67 ff.

599) Vgl. DIRLEWANGER, G.: Die Preisdifferenzierung im internationalen Luftverkehr, a.a.O., S. 47.
600) Vgl. Schreiber, R.: Die Tarife im Luftverkehr, a.a.O., S. 97.
601) Vgl. HÜBENTHAL, K.: Kritische Beurteilung des Tarifgefüges für den planmäßigen internationalen Personenluftverkehr unter besonderer Berücksichtigung der Marktstruktur, a.a.O., S. 74
602) KRELLE, W.: Preistheorie, a.a.O., S. 217.
603) Die Amoroso-Robinson-Relation lautet bekanntlich: $E' = p(1 - 1/\varepsilon)$. Daraus folgt, daß sich die Preise auf den Teilmärkten umgekehrt wie die betreffenden Elastizitäten verhalten.
604) GUTENBERG, E.: Grundlagen der Betriebswirtschaftslehre, Bd. II, 7. Aufl., Berlin, Göttingen, Heidelberg 1964, S. 335 ff.
605) Diese Klassifizierung findet sich auch bei DIRLEWANGER,G.: Die Preisdifferenzierung im internationalen Luftverkehr, a.a.O., S. 47 ff.
606) Vgl. ebenda, S. 50 ff.
607) Vgl. ebenda, S. 62 ff.
608) Ebenda sowie die nachfolgende Tabelle, S.63.
609) Vgl. SNOEK, G.: Wettbewerbs- und Wachstumsprobleme im internationalen Luftfrachtverkehr, a.a.O., S. 50.
610) Vgl. LOCHNER, N.: Wachstumsbedingungen und Entwicklung des Nordatlantischen Luftverkehrs, Diss. Münster 1956, S. 90.
611) DIRLEWANGER, G.: Die Preisdifferenzierung im internationalen Luftverkehr, a.a.O., S. 100 sowie S. 137 ff.
612) Zu den Definitionen vgl. im einzelnen ebenda, S. 101 f.
613) Vgl. ebenda, S. 116 ff.
614) Vgl. SCHREIBER, R.: Die Tarife im Luftverkehr, a.a.O., S. 129 f. - BREUER, S.H.: The Complexities of Air Cargo Pricing, a.a.O., S. VII.
615) Zur Zeit rechnet man nach der Maßzahl 7 dm^3 = 1 kg. Die ideale Dichterate ist: erreichbare Netzlast/effektivem Volumen des Flugzeuges; vgl.IATA Financial and Economics Studies Sub-Committee: Economics of Air Cargo, Carriage, and Service, a.a.O., S. 41.
616) Vgl. VOIGT, F.: Kosten und Preise in der Verkehrswirtschaft, a.a.O.,§ 3 Die Preisbildung in der Luftfahrt, S. 71 ff.
617) Vgl. ebenda.
618) Siehe DIRLEWANGER, G.: Die Preisdifferenzierung im internationalen Luftverkehr, a.a.O., S. 161 f. - SNOEK, G.: Wettbewerbs- und Wachstumsprobleme im internationalen Luftfrachtverkehr, a.a.O., S. 95.
619) Vgl. DIRLEWANGER, G.: Die Preisdifferenzierung im internationalen Luftverkehr, a.a.O., S. 164 - PRAXMARER, W.: Zur Tarifierung im Luftfrachtverkehr, a.a.O., S. 143 f.
620) Vgl. DIRLEWANGER, G.: Die Preisdifferenzierung im internationalen Luftverkehr, a.a.O., S. 167 - PRAXMARER, W.: Zur Tarifierung im Luftfrachtverkehr, a.a.O., S. 143 f.
621) Vgl. HOFF, G.: Entwicklung und Bedeutung des Luftfrachtverkehrs in der Bundesrepublik Deutschland, a.a.O., S. 54 - DIRLEWANGER, G.: Die Preisdifferenzierung im internationalen Luftverkehr, a.a.O., S.169.
622) Vgl. ILLETSCHKO, L.: Transport-Betriebswirtschaft im Grundriß, a.a.O., S. 96 sowie BERENDT, G.: Die Entwicklung der Marktstruktur im internationalen Linienluftverkehr, a.a.O., S. 80.

623) Vgl. MUNTHE, P.: Horizontale Kartelle, Berlin 1969, S. 9.
624) Vgl. SCHREIBER, R.: Die Tarife im Luftverkehr, a.a.O., S. 35.
625) Vgl. ebenda, S. 35 f.
626) $\eta = \frac{dx_L}{dp_o} \frac{p_o}{x_L}$
627) Siehe hierzu BUSSMANN, L.: Der Einfluß der Konzentration auf Preise und Gewinne, Köln 1965, S. 42.
628) KRELLE, W.: Preistheorie, a.a.O., S. 25.
629) Vgl. Robinson, J.: The Economics of Imperfect Competition, London 1950, S. 17.
630) Insbesondere hochwertige Güter.

631) Vgl. BUSSMANN, L.: Der Einfluß der Konzentration auf Preise und Gewinne, a.a.O., S. 42.
632) Vgl. SCHREIBER, R.: Die Tarife im Luftverkehr, a.a.O., S. 37.
633) Vgl. KRELLE, W.: Preistheorie, a.a.O., S. 377 ff.
634) Vgl. HÜBENTHAL, K.: Kritische Beurteilung des Tarifgefüges für den planmäßigen internationalen Personenluftverkehr unter besonderer Berücksichtigung der Marktstruktur, a.a.O., S. 138.
635) Vgl. KNEIFEL, J.L.: Der Wettbewerb im Nordatlantischen Luftverkehr, a.a.O., S. 105.
636) Vgl. SCHREIBER,R.: Die Tarife im Luftverkehr, a.a.O., S. 51 f.
637) NEUMANN, J.v. und MORGENSTERN, O.: Theory of Games and Economic Behavior, 3. Aufl., Princeton 1953, in der deutschen Übersetzung:Spieltheorie und wirtschaftliches Verhalten, Würzburg 1961.
638) Vgl. SCHREIBER, R.: Die Tarife im Luftverkehr, a.a.O., S. 51.
639) Vgl. KRELLE, W.: Präferenz- und Entscheidungstheorie, a.a.O., S. 120.
640) Vgl. KRELLE, W.: Preistheorie, a.a.O., S. 226.
641) NASH, J.F.: Two-Person Cooperative Games, in: Econometrica, Vol. 21 (1953), S. 128-140.
642) Vgl. KRELLE, W.: Preistheorie, a.a.O., S. 440 ff. sowie die Ausführungen im Rahmen der hier vorgelegten Untersuchung über Preisbildung der Binnenschiffahrt, S.
643) Vgl. NASH, J.F.: Two-Person Cooperative Games, in: Econometrica, a.a.O., S. 128 ff.

644) Vgl. HAVLICEK, D.: Die Preisbildung im gewerblichen Güternahverkehr auf der Straße. Verkehrswissenschaftliche Forschungen, Schriftenreihe des Instituts für Industrie- und Verkehrspolitik der Universität Bonn, hrsg. von Fritz Voigt, Bd. 26, Berlin 1973, S. 49.
645) Vgl. ebenda, S. 56.
646) Vgl. S. 114 ff.
647) Vgl. S. 160 ff.
648) Vgl. Bundesanstalt für den Güterfernverkehr (Hrsg.): Die Struktur des Güterfernverkehrsgewerbes, a.a.O.

649) Siehe hierzu auch STACKELBERG, F.v.: Markttests im Verkehr als Instrument zur Ermittlung und Messung marktstrategischer Verhaltensweisen, a.a.O., S. 102.
650) Vgl. Havlicek, D.: Die Preisbildung im gewerblichen Güternahverkehr auf der Straße, a.a.O., S. 61.
651) Vgl. Tab. 73.
652) SCHLOTTERER, P.: Verkehrspolitik und Güterverkehr seit 1961, a.a.O., S. 167.
653) Vgl. STUKENBERG, H.: Zur Tarifpolitik der Bundesbahn, a.a.O., S. 586.
654) Vgl. HEIMES, A.: Tarifpolitik in Bewegung, in: Der Güterverkehr, 11. Jg. (1962), S. 299.
655) Vgl. SCHLOTTERER, P.: Verkehrspolitik und Güterverkehr seit 1961, a.a.O., S. 168.
656) Vgl. o.V.: Spiegel des Weltgeschehens, in: Der Güterverkehr, 20. Jg. (1971), S. 89.
657) Die vorstehenden Zahlenangaben entstammen den Vierteljahresberichten des Statistischen Bundesamtes sowie Fischers Tarifnachrichten.
658) Vgl. VOIGT, F.: Verkehr, 1. Bd., 1. H., a.a.O., S. 69 ff.
659) Vgl. KLATT, S.: Die ökonomische Bedeutung der Qualität von Verkehrsleistungen, in: Verkehrswissenschaftliche Forschungen, Bd. 11., Berlin 1965, S. 31 ff.
660) Vgl. ebenda, S. 33 f. sowie ENGELMANN, H.: Ansätze für die Bestimmung der Verkehrswertigkeit, in: DDR-Verkehr, 1970, S. 456 - 459.

Literaturverzeichnis

I. Monographien

ABBOT, L. — Qualität und Wettbewerb, München und Berlin 1958

ABERLE, G. — Verkehrsinfrastrukturinvestitionen im Wachstumsprozeß entwickelter Volkswirtschaften, Düsseldorf 1972

ADAM, D. — Entscheidungsorientierte Kostenbewertung, Wiesbaden 1970

AHNER, H. — Betriebs- und volkswirtschaftliche Konsequenzen eines unentgeltlichen Angebots öffentlicher Nahverkehrsmittel in Ballungsräumen, o.O., 1970

ALERS, E. — Die Anforderungen an die Leistungs- und Kostenrechnung in der Binnenschiffahrt vom Standpunkt der Programmrevision, Betriebspolitische Schriften, Bd. 5, Berlin 1970

ALLAIS, M.u.a. — Möglichkeiten der Tarifpolitk im Verkehr, Sammlung Studien, Reihe Verkehr Nr. 1, Brüssel 1965

ALLEN, W.B. — A Model of the Demand for Transportation. The Case of Freight, Ann Harbour/Michigan 1969

ANDREWS, R.B. — Urban Growth and Development, New York 1962

BAUM, H. — Grundlagen einer Preis-Abgabenpolitik für die städtische Verkehrsinfrastruktur, Buchreihe des Instituts für Verkehrswissenschaft an der Universität zu Köln, Nr. 28, Düsseldorf 1972

BAUMOL, W.J. — Business Behavior, Value and Growth, New York 1967

BECKMANN, M., MC GUIRE C.B., WINSTON, C.B. — Studies in the Economics of Transportation, New Haven 1956

BELLINGER, B. — Optimale Fahrpreise im öffentlichen Personennahverkehr, Berlin 1970

BENNATHAN, E., WALTERS, A.A. — The Economics of Ocean Freight Rates, New York 1969

BERENDT, G. — Die Entwicklung der Marktstruktur im internationalen Linienluftverkehr, Berlin 1961

BERNHOLD, J. — Der Einfluß konjunktureller Schwankungen auf die Unternehmensformen der Binnenschiffahrt, Diss., Hamburg 1962

BETH, H.L. — The World Tanker Market Situation 1974-1976, Nr. 8 der Vorträge und Beiträge aus dem Institut für Seeverkehrswirtschaft Bremen, Bremen 1975

BEYERLE, G. — Ein Beitrag zur Anwendung der Verteilungsmodelle für den innerstädtischen Individualverkehr, Diss., Aachen 1973

BINDER, P. — Die Bundesbahn und ihre Konkurrenten, 2. Aufl. Stuttgart 1961

BÖTTGER, W. — Kosten und Kostenrechnung bei Güterverkehrsbetrieben, Düsseldorf 1967

BONGERS, H.U. — Deutscher Luftverkehr, Bad Godesberg 1967

BOULDING, K.E. — Welfare Economics, in: A Survey of Contemporary Economics, Vol.II, Homewood 1952, abgedruckt in G.Gäfgen (Hrsg.): Grundlagen der Wirtschaftspolitik, Köln-Berlin 1966

BRANDT, K. — Preistheorie, Ludwigshafen 1960

Bremer Ausschuß für Wirtschaftsforschung (Hrsg.) — Auswertung der Dokumentation der Dritten Welthandels- und Entwicklungskonferenz, Santiago de Chile 1972, Teil II, Bremen, April 1973

BREUER, S.H. — The complexities of Air Cargo Pricing Washington 1967

BÜHLMANN, R. — Die Frage der Besonderheiten des Verkehrs, Diss., Bern 1969

BUSSMANN, L. — Der Einfluß der Konzentration auf Preise und Gewinne, Köln 1965

CHARLES RIVER ASSOCIATES — An Evaluation of Free Transit Service. Prepared for the Office of Economics, Department of Transportation, Cambridge 1968

DAMMROFF, E. — Finanzierung der Infrastruktur; Staatswissenschaftliche Studien, Neue Folge, Bd. 59, Zürich 1970

DECKERT, P. und HARTENSTEIN, W. — Verkehrsmittel im Berufsverkehr. Eine Untersuchung des Instituts für angewandte Sozialwissenschaften; Schriftenreihe des Verbandes der Automobilindustrie e.V., Nr. 10, Frankfurt 1971

DE GRAAF, J. — Theoretical Welfare Economics, Cambridge 1956

DETTMER, G. — Zur Frage der marktwirtschaftlichen Ordnung in der Binnenschiffahrt, Diss., Zürich 1968

DIRLEWANGER, G. — Die Preisdifferenzierung im internationalen Luftverkehr, Bern 1969

DONI, W. — Die Binnenschiffahrt in der Europäischen Integration; Vorträge und Beiträge aus dem Institut für Verkehrswissenschaft an der Universität Münster, hrsg. H.St.Seidenfus, Heft 34, Göttingen 1965

DORNIERSYSTEM GmbH PLANUNGSBERATUNG — Verfahren zur Ermittlung rentabler Betriebsgrößen in der Binnenschiffahrt unter besonderer Berücksichtigung der Partikulierschiffahrt, Studienergebnis Nr. 159, Friedrichshafen 1971

EHRHARDT, J. — Zur Problematik Schiene-Straße in Westdeutschland, Diss., Erlangen 1959

EMNID-INSTITUTE — Analyse der qualitativen Nachfrage im Personen-Verkehr für den Generalverkehrsplan Nordrhein-Westfalen, Bielefeld 1964

EMNID-INSTITUTE — Untersuchungen bei Pendlern über Ursachen und Motive in der Wahl der Verkehrsmittel, Bielefeld 1968

ERBGUTH, H. — Möglichkeiten zur Feststellung von Marktbeherrschung im Verkehr, in: Marktmacht und marktbeherrschende Verhaltensweisen im Verkehr; Beiträge aus dem Institut für Verkehrswissenschaft an der Universität Münster, hrsg. von H.St. Seidenfus, Heft 42,Göttingen 1966

EUROPÄISCHES PARLAMENT (Hrsg.) — Terminologische Liste volkswirtschaftlicher Begriffe mit besonderer Berücksichtigung der Kostenfragen. Analyse zu Dokument Nr. 106 vom 11.12.1961; Veröffentlichungsdienste der Europäischen Gemeinschaften 274/1/61/2

EWERS, H.-J. — Wettbewerbspolitische Ansätze in der deutschen Verkehrspolitik seit den Veränderungsgesetzen; Beiträge aus dem Institut für Verkehrswissenschaft an der Universität Münster, hrsg. von H. St. Seidenfus, Heft 63, Göttingen 1971

FASBENDER, K. WAGNER, W. u.a. — Shipping Conferences, Rate Policy and Developing Countries. The Argument of Rate Discrimination, hrsg. vom HWWA-Institut, Hamburg 1973

FRANZ, R. — Schiffahrtsprotektionismus. Der Einfluß schiffahrtsprotektionistischer Maßnahmen auf die Preisbildung im Seeverkehr; Verkehrswissenschaftliche Forschungen, Schriftenreihe des Instituts für Industrie- und Verkehrspolitik der Universität Bonn, hrsg. von Fritz Voigt, Bd. 18, Berlin 1967

GEORGI, H. Cost-Benefit-Analysis als Lenkungsinstrument öffentlicher Investitionen im Verkehr, Göttingen 1970

GEWERKSCHAFT ÖTV (Hrsg.) Zur Funktion des öffentlichen Personennahverkehrs, unveröffentl. Manuskript, Stuttgart 1970

GIERSCH, H. Allgemeine Wirtschaftspolitik, Wiesbaden 1961

GUTENBERG, E. Grundlagen der Betriebswirtschaftslehre, Bd. 1: Die Produktion. 18. Aufl., Berlin, Heidelberg, New York 1971

GUTENBERG, E. Grundlagen der Betriebswirtschaftslehre, Bd. 2: Der Absatz, 14. Aufl., Berlin, Heidelberg, New York 1973

HAMM, W. Preise als verkehrspolitisches Ordnungsinstrument, Heidelberg 1964

HARFF, P. Der Beitrag nationaler Handelsflotten zur wirtschaftlichen Entwicklung der lateinamerikanischen Länder, Göttingen 1970

HARMS, B., KUSKE, B., MOST, O. Die deutsche Rheinschiffahrt; Gutachten der Rheinkommission über die Lage der Rheinschiffahrt und der in ihr beschäftigten Arbeitnehmer, Berlin 1930

HARTENSTEIN, W.: Verkehrsmittel im Berufsverkehr. Eine Untersuchung des Instituts für angewandte Sozialwissenschaft, in: Schriftenreihe des Verbandes der Automobilindustrie e.V., Nr. 10, Frankfurt 1971

HAVLIČEK, D. Die Preisbildung im gewerblichen Güternahverkehr auf der Straße; Verkehrswissenschaftlichen Forschungen; Schriftenreihe des Instituts für Industrie- und Verkehrspolitik der Universität Bonn, hrsg. v. Fritz Voigt, Bd. 26, Berlin 1973

HEINEMANN, K. Externe Effekte der Produktion und ihre Bedeutung für die Wirtschaftspolitik, Berlin 1966

HELLMANN, H. Ballungsabgaben im innerstädtischen Verkehr; Karlsruher Studien zur Regionalwissenschaft, Heft 4, Karlsruhe 1972

HOFF, G. Entwicklung und Bedeutung des Luftfrachtverkehrs in der Bundesrepublik Deutschland, Verkehrswissenschaftliche Forschungen, Schriftenreihe des Instituts für Industrie- und Verkehrspolitik der Universität Bonn, hrsg. von Fritz Voigt, Bd. 25, Berlin 1972

HOFFMANN, H. Der Ausflugs- und Wochenendausflugsverkehr in der BRD, in: DEIF. Deutsches wirtschaftswissenschaftliches Institut für Fremdenverkehr an der Univerität München, Heft 28 der Schriftenreihe, München 1973

HOLLATZ, J.W., TAMMS, F. Die kommunalen Verkehrsprobleme in der Bundesrepublik Deutschland. Ein Sachverständigenbericht und die Stellungnahme der Bundesregierung, Essen 1965

HÜBENTHAL, K. Kritische Beurteilung des Tarifgefüges für den planmäßigen internationalen Personenluftverkehr unter besonderer Berücksichtigung der Marktstruktur, Köln 1970

HULSMANN, G.-W. Das Problem der fixen Kosten bei nicht ausgenützter Kapazität in der Binnenschiffahrt, Diss., Köln 1964

HULSMANN, G.-W. Das Problem der fixen Kosten in der Binnenschiffahrt, Duisburg 1965

HUPPERT, H. Die Struktur des Frachtenmarktes der Rheinschiffahrt, Diss., Mannheim 1954

IATA (Hrsg.) Fares and Demand Elasticity in Air Transport, o.O., 1964

ICAO (Hrsg.) Bulletin, Montreal, Vol. 28 (1973), No. 5

ICAO, CIRCULAR 77-AT/12 Air Transport Operating Costs, Montreal, Mai 1966

ILLETSCHKO, L.L. Transportbetriebslehre, 2. Aufl., Wien, New York 1966

JOLMES, L. Geschichte der Unternehmungen in der deutschen Rheinschiffahrt, Köln 1960

JÜRGENSEN, H. Entwicklungstendenzen im Mineralölverkehr. Entscheidungshilfen für eine problemgerechte Verkehrspolitik, Göttingen 1972

JÜRGENSEN, H. Investitionen von heute - Marktanteile von morgen, in: Die Kanalschiffahrt im Jahre 1972/73, hrsg. vom Schiffahrtsverband für das Westdeutsche Kanalgebiet, Dortmund 1973

KÄSELAU, R. Das optimale Transportkonzept in der Linienschiffahrt - Entscheidungstheoretische Analyse und Kostenvergleich; Verkehrswissenschaftliche Studien aus dem Institut für Verkehrswissenschaft der Universität Hamburg, Heft 16, Göttingen 1971

KAMER, F. Zur Marktforschung im Luftverkehr, Zürich 1968

KAPAZITÄTSAUSSCHUSS BINNENSCHIFFAHRT (Hrsg.) — Untersuchung über die Entwicklung von Kapazität und Verkehrsleistungen der Deutschen Binnenflotte von 1970-1973 mit Ausblick auf das Jahr 1974, o.O.,o.J.

KELLER, H. — Die Funktionsfähigkeit des Wettbewerbs zwischen Schiene und Straße im Güterverkehr, Diss., Zürich 1970

KINDT, V. — Die Tarifelastizität der Nachfrage im öffentlichen städtischen Personenverkehr; Verkehrswissenschaftliche Studien aus dem Institut für Verkehrswissenschaft der Universität Hamburg, Heft 15, Göttingen 1971

KLATT, S. — Die ökonomische Bedeutung der Qualität von Verkehrsleistungen; Verkehrswissenschaftliche Forschungen; Schriftenreihe des Instituts für Industrie- und Verkehrspolitik der Universität Bonn, hrsg. von Fritz Voigt, Berlin 1965

KLOTEN, N. — Die Eisenbahntarife im Güterverkehr; Veröffentlichungen der List-Gesellschaft e.V., Bd. 13, Basel, Tübingen 1959

KNAGGE, B. — Unternehmerische Unternehmensentscheidungen im Verkehrssektor. Determinanten und staatliche Einflußmöglichkeiten; Beiträge aus dem Institut für Verkehrswissenschaft an der Universität Münster, hrsg. von H.St. Seidenfus, Heft 49, Göttingen 1968

KNEIFEL, J.L. — Der Wettbewerb im nordatlantischen Luftverkehr, München 1967

KRELLE, W. — Präferenz- und Entscheidungstheorie, Tübingen 1968

KRELLE, W. — Preistheorie, Tübingen-Zürich 1961

KRELLE, W. — Preistheorie, 2.Aufl., in Vorbereitung

KRELLE, W. — Produktionstheorie, Tübingen 1969

KUTTER, E. — Demographische Determinanten städtischen Personenverkehrs; Veröffentlichungen des Instituts für Stadtbauwesen an der TU Braunschweig, Heft 9, Braunschweig 1972

LANKES, W. — Nachfrageelastizitäten auf Güterverkehrsmärkten der Bundesrepublik Deutschland, Diss., Köln 1973

LAUSCHMANN, E. — Grundlagen, Grenzen und Entwicklungsmöglichkeiten der Welfare Economics, in: Probleme der normativen Ökonomie und der wirtschaftspolitischen Beratung; Schriftenreihe des Vereins für Sozialpolitik, N.F. Bd.29, Berlin 1963

LEHMACHER, H. — Ökonomie der Stauung im Straßenverkehr von Ballungsräumen, Diss. Bonn 1973

LEMPER, A. — Die preistheoretischen und preispolitischen Grundprobleme der Tarifgestaltung im Binnenverkehr; Verkehrswissenschaftliche Veröffentlichungen des Ministeriums für Wirtschaft, Mittelstand und Verkehr des Landes Nordrhein-Westfalen, Heft 52, Düsseldorf 1962

LINDEN, W. — Neugestaltung des deutschen Gütertarifs; Studien zur Gütertarifreform, Dortmund 1955

LOCHNER, N. — Wachstumsbedingungen und Entwicklung des Nordatlantischen Luftverkehrs, Diss., Münster 1956

LOCHNER, N.
WILTS, J. — Wachstum und Wettbewerb im Nordatlantischen Personenverkehr; Forschungen aus dem Institut für Verkehrswissenschaften der Universität Münster, Heft 11, Göttingen 1956

MAHONEY, J.F. — A Survey to Determine Factors which Influence the Public's Choice of Mode of Transportation, Boston 1964

MALCOR, R. — Problèmes poses par l'Application d'une Tarification pour l'Utilisation des Infrastructures Routières, Rapport établi sur demande de la Commission des Communautés Européennes, DOK 10444-1/VII/67-F, Brüssel 1967

MARSHALL, A. — Principles of Economics, 7. Aufl., London 1969

MAY, H.,
PLASSMANN, E. — Abgasemissionen von Kraftfahrzeugen in Großstädten und industriellen Ballungsgebieten, Köln 1973

MELLEROWICZ, K. — Kosten und Kostenrechnung, Bd. 1, 4. Aufl., Berlin 1963

MERL, H.-J. — Die Problematik starrer und konjunktureagibler Preise bei Eisenbahn und Binnenschiffahrt; Beiträge aus dem Institut für Verkehrswissenschaft an der Universität Münster, hrsg. von H.St. Seidenfus, Heft 51, Göttingen 1968

METAXAS, B.N. — The Economics of Tramp Shipping, London 1971

MEYER, J.R., KAIN, J.F., WOHL, H. — The Urban Transportation Problem, Cambridge 1965

MINISTRY of TRANSPORT (Hrsg.) — Transport of London, London 1968

MISSELWITZ, A. — Der Wettbewerb zwischen Eisenbahn und Kraftwagen und die deutsche Verkehrspolitik, Diss., Basel 1957

MOLL, R. — Die Entwicklung der Rheinschiffahrt seit der Weltwirtschaftskrise in organisatorischer, wirtschaftlicher und technischer Hinsicht, unter besonderer Berücksichtigung des internationalen Wettbewerbs, Diss., Köln 1954

MOORMANN, K. — Das Tarifwesen; Leitfaden für den Verkehrsdienst, Heft 1, 7. Aufl., Frankfurt 1951

MOSER, G.F. — Die Entwicklung der Marktformen in der deutschen Rheinschiffahrt und deren Auswirkungen auf die Wettbewerbsanlage der Rheinschiffahrt, Diss., München 1959

MOST, O. — Gutachten zu Begriffen der Verkehrsnovellen vom 1. August 1961; Schriftenreihe des Bundesministers für Verkehr, Heft 25, Bad Godesberg 1963

MÜLLER, P. — Schiene-Straße und Schiene-Schiffahrt. Verkehrswissenschaftliche Veröffentlichungen des Ministeriums für Wirtschaft und Verkehr des Landes Nordrhein-Westfalen, F.30, Düsseldorf, o.J.

MUNTHE, P. — Horizontale Kartelle, Berlin 1969

MUSGRAVE, R.A. — Finanztheorie, 2. Aufl., Tübingen 1969

NEUMANN, J.V., MORGENSTERN, O. — Theory of Games and Economic Behavior, 3. Aufl., Pinceton 1963, in der deutschen Übersetzung: Spieltheorie und wirtschaftliches Verhalten, Würzburg 1961

OORT, C.J. — Decreasing Costs as a Problem of Welfare Economics, Amsterdam 1958

OORT, C.J. — De infrastructuur von het vervoer, Den Haag 1966

OTT, A.E. — Grundzüge der Preistheorie, Göttingen 1970

OTTO, K.-P. — Die Preisbildung in der Binnenschiffahrt; Verkehrswissenschaftliche Forschungen, Schriftenreihe des Instituts für Industrie- und Verkehrspolitik der Universität Bonn, hrsg. von Fritz Voigt, Bd. 16, Berlin 1966

PARETO, V. — Manuel d' économie politique, Paris 1909

PETERS, H.R. — Marktwirtschaftliche Verkehrsordnung und die Besonderheiten des Güterverkehrs, Bad Godesberg 1968

PIRATH, C. — Die Grundlagen der Verkehrswirtschaft, Berlin-Göttingen-Heidelberg 1949

POLLEIT, H. — Zur Wettbewerbsfähigkeit der deutschen Binnenschiffahrt im Rahmen der gegenwärtigen Marktordnungsbestrebungen unter besonderer Berücksichtigung der modernen Transportformen, Münster 1970

PRECHT, G. — Selbstkostenberechnungen für den Güterfernverkehr mit Kraftfahrzeugen, 3. Aufl., Nürnberg 1958

PRIGGE, E. — Determinanten der Nachfrage und Ordnungsmöglichkeiten im Personennahverkehr; Beiträge aus dem Institut für Verkehrswissenschaft an der Universität Münster, hrsg. von H.St. Seidenfus, Heft 45, Göttingen 1967

REDER, M. — Studies in the Theory of Welfare Economics, New York-London 1947

RICHRATH, K. — Siedlungsstruktur und Nahverkehr in Agglomerationen.Zur Kritik städtebaulicher Planungskonzepte unter dem Aspekt des Personennahverkehrs, Diss., Karlsruhe 1974

RITSCHEL, H. — Marktwirtschaft und Gemeinwirtschaft, in: Schriftenreihe Gemeinwirtschaft, Nr. 9, Frankfurt/Main 1973

ROBINSON, J. — The Economics of Imperfect Competition London 1950

RÖSSGER, E.
HÜNERMANN, K.-B. — Einführung in die Luftverkehrspolitik, Mannheim und Zürich 1968

ROTHENGATTER, W. — Kosten- und nachfrageorientierte Preisbildung im Verkehrssektor; Karlsruher Beiträge zur Wirtschaftspolitik und Wirtschaftsforschung, hrsg. v. R. Funck, Heft 1, Karlsruhe 1974

SAMUELSON, P.A. — The Foundation of Economic Analysis, Cambridge 1947

SANMANN, H. — Seeverkehrsmärkte, Grundlegung einer Ökonomie des Seeverkehrs; Verkehrswissenschaftliche Studien aus dem Institut für Verkehrswissenschaft der Universität Hamburg, hrsg. von Harald Jürgensen, Heft 1, Göttingen 1965

SANCHEZ, L. — Theory and Implementation of Cost and Benefit Analysis of Transportation Systems, Bethesda/Maryland 1969

SAX, E. — Die Verkehrsmittel in Volks- und Staatswirtschaft, Bd. 1, 2. Aufl., Berlin 1918

SCHEELE, E. — Tarifpolitik und Standortstruktur; Forschungen aus dem Institut für Verkehrswissenschaft an der Universität Münster, hrsg. von Andreas Predöhl, Bd. 13, Göttingen 1959

SCHENK, G. — Elemente des Park- and Ride-Systems aus der Sicht des Berufspendlers; Forschungsarbeiten des Verkehrswissenschaftlichen Instituts an der Universität Stuttgart, Bericht 4, Stuttgart 1968

SCHLOTTERER, P. — Verkehrspolitik und Güterverkehr seit 1961; Ordnungspolitische Konzeptionen und Auswirkungen auf Schiene, Straße und Binnenschiffahrt, Berlin 1947

SCHMITT, A. — Die Liberalisierung des innerdeutschen Wasserstraßenverkehrs, Duisburg 1954

SCHNEIDER, E. — Einführung in die Wirtschaftstheorie, II. Teil, 12. Aufl., Tübingen 1969

SCHNEIDER, J. — Empirische Untersuchungen über den Einfluß von Frachtraten, Frachteinnahmen und Schiffsbaupreisen auf den Bau von seegehenden Güterschiffen 1900-1958; Verkehrswissenschaftliche Forschungen; Schriftenreihe des Seminars der Universität Hamburg, hrsg. von F. Voigt und H. Jürgensen, Bd. 6, Berlin 1961

SCHREIBER, R. — Die Tarife im Luftverkehr, Nürnberg 1959

SCHRÖTER/REICHERT — Die Schifferbörse zu Duisburg-Ruhrort, Duisburg 1911

SCHROIFF, F.J. — Die Frachtenbildung der Kanalschiffahrt im Wechsel des Wirtschaftsablaufs, München 1948

SCHUMANN, J. — Grundlagen der mikroökonomischen Theorie, Berlin 1971

SEIDENFUS, H.St. — Verkehrsmärkte, Basel 1959

SEIDENFUS, H.St. — Rationalisierung des öffentlichen Personen-Nahverkehrs; Vorträge und Studien aus dem Institut für Verkehrswissenschaft an der Universität Münster, Heft 11, Göttingen 1970

SJÖBERG, A. — Rentable Eisenbahnen - Eine Utopie? Göttingen 1967

SMEED-COMMISSION, MINISTRY OF TRANSPORT — Road Pricing: The Economic and Technical Possibilities, London 1964

SNOEK, G. — Wettbewerbs- und Wachstumsprobleme im internationalen Luftfrachtverkehr, Tübingen 1967

STACKELBERG, H.v. — Grundlagen der theoretischen Volkswirtschaftslehre, Tübingen, Zürich 1951

STACKELBERG, F.v. Markttests im Verkehr als Instrument zur Ermittlung und Messung marktstrategischer Verhaltensweisen; Beiträge aus dem Institut für Verkehrswissenschaft an der Universität Münster, hrsg. v.H.St. Seidenfus, Heft 75, Göttingen 1974

STANDALI, R. Ursachen für das Entstehen von Marktmacht im Verkehr,in: Marktmacht und marktbeherrschende Verhaltensweisen im Verkehr; Beiträge aus dem Institut für Verkehrswissenschaft an der Universität Münster, hrsg. von H.St. Seidenfus, Heft 42, Göttingen 1966

STORSBERG, G. Die Bedeutung der Kleinen Verkehrsreform für die Preis- und Tarifbildung im Güterverkehr, Universität Mainz, 10. Sept. 1963

STURMEY, S.G. Some Aspects of Ocean Liner Economics, Manchester 1964

TANNER, J.C. Pricing the Use of the Roads. A Mathematical and Numerical Study, in: OECD (Ed.):Proceeding of the Second International Symposium on the Theory of Traffic Flow, Paris 1965

THIEMEYER, T. Grenzkostenpreise bei öffentlichen Unternehmen, Köln-Opladen 1964

UEBERSCHAER, M. Die Aufteilung der Verkehrsströme auf verschiedene Fahrtwege (Routen) in Stadtstraßennetzen aufgrund der Straßen- und Verkehrsbedingungen beim morgendlichen Berufspendelverkehr, in: Straßenbau und Straßenverkehrstechnik, Heft 85, Bonn 1969

UNCTAD (hrsg.) Conference Practices and Adequacy of Shipping Services-Aggregative Studies, TD IBIC. 4/38, Genf 1968

VENTKER, R. Die ökonomischen Grundlagen der Verkehrsnetzplanung, Göttingen 1970

VERBAND ÖFFENTLICHER VERKEHRSBETRIEBE (Hrsg.) Besserer Verkehr in Stadt und Region. Wege und Ziele des öffentlichen Personennahverkehrs,Köln 1970

VOIGT, F. Die volkswirtschaftliche Bedeutung des Verkehrssystems, Berlin 1960

VOIGT, F. Verkehrspolitik, Raumordnung, Gemeinden, in: Deutscher Städtetag (Hrsg.): Verkehrspolitik, Raumordnung, Gemeinden, Bad Godesberg 1965

VOIGT, F. Verkehr, 1.Bd., 1. H.: Die Theorie der Verkehrswirtschaft, Berlin 1973

VOIGT, F. — Verkehr, 2.Bd., 1.Hälfte: Die Entwicklung des Verkehrssystems, Berlin 1967

VOIGT, F. — Ausgewählte Probleme der Theorie der Wirtschaftspolitik, unveröffentlichtes Manuskript, Bonn 1968

WAGNER, H. — Heutige Möglichkeiten gemeinwirtschaftlicher Verkehrsbedienung im öffentlichen Personennahverkehr, Diss., Köln 1965

WEISS, D. — Infrastruktur; Ziele, Kriterien und Bewertung von Alternativen; Schriften des Deutschen Instituts für Entwicklungspolitik, Bd. 7., Berlin 1971

WICKERT-INSTITUTE — Befragung, Kurzfassung, in: Forschung Stadtverkehr des Bundesministers für Verkehr - Mitteilungen über Forschungen zur Verbesserung der Verkehrsverhältnisse der Gemeinden, Heft 4, Bonn-Bad Godesberg 1971

WIEDENFELS, K. — Transportwesen, Tübingen 1930

WINTER, D. — Determinanten der Nachfrage nach Güterverkehrsleistungen, Diss., Bonn 1971

WISSENBACH, K. — Tarifwesen, in: Eisenbahn-Lehrbücherei der deutschen Bundesbahn, Bd. 54, 4. Aufl., Starnberg 1973

WISSENSCHAFTLICHER BEIRAT BEIM BUNDESVERKEHRSMINISTERIUM — Grundsätze zur Verkehrspolitik, Heft 9, Bad Godesberg 1961

WISSENSCHAFTLICHER BEIRAT BEIM BUNDESVERKEHRSMINISTERIUM — Der Preiswettbewerb in der zukünftigen europäischen Verkehrspolitik, Hof/Saale 1963

WOLF, G. — Die Entwicklung des Weltluftverkehrs nach dem Zweiten Weltkrieg, Tübingen 1967

WÜSTEN, H., LAUTER, F., DEIST, H. — Gutachten über die Kosten, Erlöse und Frachten der Rheinschiffahrt in der britischen und amerikanischen Zone, Manuskript, o.O., 1947

WÜSTEN, H., LAUTER, F., DEIST, H. — Gutachten über die Kosten, Erlöse und Frachten der westdeutschen Kanal- und Weserschiffahrt, Manuskript, o.O.,1947

WULF, D. — Werkverkehr in der Binnenschiffahrt, in: Fragen des Werkverkehrs; Schriftenreihe der DVWG e.V.,Reihe B, Seminar Köln 1970

ZACHCIAL, M. — Der Kleingutverkehr der Deutschen Bundespost. Determinanten, Schätzprobleme und Prognose, Diss., Bonn 1974

ZUNKER, H. — Zur Frage der marktgerechten Preisbildung in der Rheinschiffahrt, Diss., Köln 1955.

II. Aufsätze

ABERLE, G. Road Pricing - Möglichkeiten einer preispolitischen Beeinflussung des Individualverkehrs in Ballungsgebieten, in: Schweizerisches Archiv für Verkehrswissenschaft und Verkehrspolitik, 24. Jg.(1969), S. 303 - 316

ABERLE, G. Verkehrsinfrastruktur, Preispolitik und optimale Verkehrskoordination, in: Zeitschrift für Verkehrswissenschaft, 40. Jg. (1969), S. 151 - 169

ALBACH, H. Die optimale Tarifstruktur öffentlicher Versorgungsunternehmen, in: Unternehmensforschung, Bd. 10 (1966), Heft 3

ALBACH, H. Informationsgewinnung durch strukturierte Gruppenbefragung. - Die Delphi - Methode, in: Zeitschrift für Betriebswirtschaft, 40. Jg. (1970), (Ergänzungsheft)

ALLAIS, M.: Programme d' investissement et d' exploitation optimum d' une infrastructure de transport, in: Begrijfseconomische Verkenningen, Den Haag 1965, S. 199 - 238

AMMON, H. Die finanzielle Lage der Deutschen Bundesbahn und ihre Entwicklung seit 1957, in: Die Bundesbahn, 36. Jg. (1962), S. 288 - 289

ARNOLD, B. Binnenschiffahrtspolitische Betrachtungen zum Jahreswechsel, in: Zeitschrift für Binnenschiffahrt und Wasserstraßen, 100. Jg.(1973), S.1 - 3

BAADER, W. Gute Zukunftschancen für Binnenschiffahrt und Hafenwirtschaft, in: Zeitschrift für Binnenschiffahrt und Wasserstraßen, 98.Jg.(1971), Heft 4, S. 99 - 105

BAUM, H. Die Theorie der Konkurrenz im System optimaler Preisstrategien für die Verkehrsinfrastruktur,in: Zeitschrift für Verkehrswissenschaft, 41. Jg. (1970), S. 191 - 213

BEESLEY, M.E. FOSTER, C.D. The Victoria - Line: Social Benefit and Finances, in: Journal of the Royal Statistical Society, Vol. 128 (1965), S. 67 ff.

BLEIBINGHAUS, H. — Planungs- und Finanzierungsschwierigkeiten beim Ausbau der Infrastruktur in einer wachsenden Stadt - am Beispiel München, in: Theorie und Praxis der Infrastrukturpolitik, hrsg. v. R. Jochimsen und U.E. Simonis: Schriften des Vereins für Sozialpolitik, Bd. 54, Berlin 1970, S. 295 ff.

BÖHME, H. — Weltseeverkehr 1973: Märkte zwischen Frachtenboom und Ölboykott; in: Die Weltwirtschaft, 1973, Heft 2,S.158 - 193

BÖTTGER, W. — Die betriebswirtschaftlichen Vorteile der Schubschiffahrt, in: Zeitschrift für Verkehrswissenschaft, Sonderdruck, 37. Jg. (1966), Heft 2

BOHLEY, P. — Für und Wider den Nulltarif, in: WiSt, Heft 5 (Mai 1974), München - Frankfurt 1974, S. 201 - 206

BREUER, J.H. — Die Lage der deutschen Küstenschifffahrt; Vortrag auf der 22. Sitzung des Seeverkehrsbeirates am 13.6.1961 in Bremen, in: Schriftenreihe des Seeverkehrsbeirates, Heft 17, S. 26 - 35

BREUER, J.H. — Die Lage der deutschen Küstenschiffahrt; Vortrag auf der 24. Sitzung des Seeverkehrsbeirates am 3.9.1962 in Lübeck, in: Schriftenreihe des Seeverkehrsbeirates, Heft 18, S. 21 - 32

BUCHANAN, J.M. — Überfüllung der öffentlichen Einrichtungen: Ein Argument für Staatseingriffe, in: ORDO, 2o. Bd. (1969), S. 261 - 276

Bundestagsdrucksache IV/1449 v. 2.8.1963 — Bericht über die Verzerrungen der Wettbewerbsbedingungen im binnenländischen Güterverkehr nach Art und Ausmaß und Vorschläge zu seiner Beseitigung, Bonn 1963

CARTER, E.L.
STOWERS, J.R. — Model for Funds Allocations for Urban Highway Systems, in: Highway Research Record, Nr. 20, 1963, S. 84 ff.

Deutsches Institut für Wirtschaftsforschung — Preispolitische Instrumente zur besseren Aufgabenteilung zwischen öffentlichem und privatem Personenverkehr, in: DIW-Wochenbericht, 36. Jg. (1969), Nr. 6, S. 31 ff.

ENGELMANN, H. — Ansätze für die Bestimmung der Verkehrswertigkeit, in: DDR-Verkehr 11, 1970, S. 456 - 459

EVANS, J.J.
BEHNAM, A. — A Fork Tarif System for Liner Freight Rates, in: Journal of Transport Economics & Policy, Vol. IX.,Jan. 1975, S.62 - 66

FITTER, J.C. — Die Bedeutung des Erlebnishorizontes und des virtuellen Aktionssektors im Entscheidungsprozeß der Entwicklungspolitik, in: Strukturwandel und makroökonomische Steuerung, Festschrift für Fritz Voigt, hrsg. v. S. Klatt, M. Willms, Berlin 1975

FREEMAN, R. — Urban Transport - A World Wide Problem, in: Institute of Transport Journal, Vol. 33 (1970), S. 486 ff.

FRERICH, J. — Die Preisbildung in der Binnenschifffahrt der Bundesrepublik Deutschland, in: Zeitschrift für Verkehrswissenschaft, 44. Jg. (1973), S. 187 - 197

FREY, B.S. — Models of Perfect Competiton and Pure Democraty, in: Kyklos, Vol. 23 (1970), S. 736 - 755

FREY, B.S.
LAN, L.J. — Towards a Mathematical Model of Government Behavior, in: Zeitschrift für Nationalökonomie, Bd. 28 (1968)

FROHNMEYER, A. — Stand und Entwicklungstendenzen der gemeinsamen Verkehrspolitik in der Europäischen Wirtschaftsgemeinschaft, in: Zeitschrift für Verkehrswissenschaft, 36. Jg. (1965), S. 219 - 231

FUNCK, R. — Koordinierung und Harmonisierung der Transporttarife in wohlstandökonomischer Sicht, in: Zeitschrift für Verkehrswissenschaft, 34. Jg. (1963), S. 71 - 85

GEORGI, H. — Die Einordnung des Werkverkehrs auf Binnenwasserstraßen in die Verkehrswirtschaft, in: Die Einordnung des Werkverkehrs in die Verkehrswirtschaft; Beiträge aus dem Institut für Verkehrswissenschaft an der Universität Münster, hrsg. von H.St. Seidenfus, Heft 60, Göttingen 1970

GEORGI, H. — Die Einordnung des Rohrleitungsverkehrs in die Verkehrswirtschaft, in: Die Einordnung des Werkverkehrs in die Verkehrswirtschaft; Beiträge aus dem Institut für Verkehrswissenschaft an der Universität Münster, hrsg. von H.St. Seidenfus, Heft 60, Göttingen 1970

GIERSCH, H. — Zur Theorie des Bestmöglichen, in: ORDO, Bd. 11 (1959), S. 257 - 278

GÜNTHER, A. — Entwicklung und heutige Lage der schwedischen Staatseisenbahnen, in: Archiv für Eisenbahnwesen, 68. Jg. (1958), S. 165 ff.

HARTEN, D. Die Konferenz der internationalen Linienschiffahrt und das Gesetz gegen Wettbewerbsbeschränkungen, in: HANSA, Zentralorgan für Schiffahrt, Schiffsbau und Hafen, 107. Jg. (1970), Nr.9

HARVEY, E.A. Impact of Fare Change on Railroad Commuter Ridership, in: Highway Research Record, Nr. 2/3, Washington 1968, S. 33 ff.

HEAVER, T.D. A Theory of Shipping Conference Pricing and Policies, in: Scientechnica (Publishers) Ltd.: Maritime Studies 1973, S. 17 - 30

HICKS, J.R. The Foundations of Welfare Economics, in: Economic Journal, Vol. 49 (1939), S. 696 ff.

HULSMANN, G.-W., SCHELLENBERGER, F. Die Schubschiffahrt auf dem Mittelrhein, in: Zeitschrift für Binnenschiffahrt, 94. Jg. (1967), S. 38 - 39

KALDOR, N. Welfare Propositions in Economics and Interpersonal Comparisons of Utility, in: The Economic Journal, Vol. 49 (1939), S. 549 ff.

KESSEL, P. Verhaltensweisen im werktäglichen Personenverkehr, in: Straßenbau und Straßenverkehrstechnik, Heft 132, hrsg. vom Bundesminister für Verkehr, Bonn 1972

KIRCHGÄSSER, W. Lehren aus der Vergangenheit der Binnenschiffahrt für die Zukunft, in: DVZ v. 6.1.1950

KLATT, S. Die Eigenschaften einer Verkehrsleistung, Versuch einer Produktanalyse, in: Zeitschrift für Verkehrswissenschaft, 35. Jg.(1964), S. 125 - 138

KLIMKE, U. Determinanten einer gesteigerten Attraktivität des öffentlichen Personennahverkehrs in den Städten, in: Zeitschrift für Verkehrswissenschaft, 39.Jg.(1968), S. 217 - 226

KOCH, M. Die Personentarifpolitik der Deutschen Bundesbahn im Spannungsfeld zwischen Gemeinwirtschaftlichkeit und Eigenwirtschaftlichkeit, Vortrag im Rahmen einer Vorlesung von Fritz Voigt an der Universität Bonn, 20.6.1975

KRAFFT, D. Fragen des Werkverkehrs - Zusammenfassung der Diskussion, in: Fragen des Werkverkehrs, Schriftenreihe der Deutschen Verkehrswissenschaftlichen Gesellschaft e.V., Reihe B, Seminar Köln 1973

KUMMERT, H.J. — Erfahrungen mit dem Park - and - Ride - System in Hannover, in: Straßen - Verkehrs - Technik, 13.Jg. (1969), S. 112 ff.

LAMPE-HELBIG, K. — Die neuen Personentarife bei der Deutschen Bundesbahn und ihre historische Entwicklung, in: Die Bundesbahn, 40. Jg.(1966),S.126 - 131

LANSING, J.B., HENDRICKS, G. — How People Perceive the Cost of the Journey to Work, in: Highway Research Record, No. 197, Washington 1967, S. 44 ff.

LERNER, A.P. — The Concept of Monopoly and the Measurement of Monopoly Power, in: Review of Economic Studies, Vol. 1 (1933/34)

LEVY - LAMBERT, H. — Le Péage sur les Autoroutes et la Théorie Economique, in: Transports, 10. Jg. (1965), S. 325 - 346

LINDEN, W. — Die Aufgabenteilung als verkehrspolitisches Prinzip, in: Aufgabenteilung im Verkehr. Forschungs- und Sitzungsberichte der Akademie für Raumforschung und Landesplanung, Bd. XXIV, Raum und Verkehr 7, Hannover 1963

LINDEN, W. — Wendung in der Tarifpolitik?, in: Schiene und Straße, Dortmund 1960, S. 63

LIPSEY, R., LANCASTER, R.K. — The General Theory of Second Best, in: Review of Economic Studies, Vol. 24 (1956/57), S.11

MEYER, H.R. — Beziehungen zwischen den Theorien auf dem Gebiete der Verkehrswirtschaft und den allgemeinen Wirtschaftstheorien, in: Schweizerisches Archiv für Verkehrswissenschaft und verkehrspolitik, Jg. 1964, Nr. 4, S. 325 - 342

MIYASHITA, K. — Ökonometrische Analyse der kettenmäßigen Substitutions- und Wahlhandlungen der Anbieter uns Nachfrager nach Seeverkehrsleistungen 1961 - 1968, in: Fo-schungsjahresbericht der japanischen Seeschifffahrtsgesellschaft. Zusammenfassung 1973

MIYASHITA, K. — Über die Theorie der Preisbildung in der Linienschiffahrt, in: The Annals of the School of Business Administration, Kobe University, 1972, S. 85 - 104

MÖLLER, W. Wann Null-Tarif, in: Metall, Zeitung der IG - Metall für die BRD, 21. Jg. (1969), Nr. 14, S.5

MORITZ, W. Beim Amtsgericht jede Woche sechs Schiffe unter dem Hammer, in: Handelsblatt vom 9.8.1974

MOSES, L.N., WILLIAMSON, H.F. Value of Time, - Choice of Mode and Subsidy in Urban Transportation, in: Journal of Political Economy, Vol. 71 (1963), S. 247 - 264

NASH, J.F. Two-Person Cooperative Games, in: Econometrica, Vol. 21 (1953), S. 128 - 140

NITTSCHER, W. Schiffahrtskonferenzen und Abladeschaft, in: Wirtschaftsdienst 1960, S. 75 - 90

OETTLE, K. Sind die Straßenbahnen zu teuer, in: Die Zeit, Nr. 26 vom 27.6.1969, S.33

OORT, C.J. Criteria for Investment in the Infrastructure of Inland Transport, in: Deuxième Symposium International sur la Théorie et la Pratique dans l' Economie des Transports, o.O. 1968, S. 14 - 114

OORT, C.J. Infrastructure and Transport Prices, in: KORMOOS, J.B.F.(Hrsg.): Les Chemins de Fer de L' Europe, Bd. 2 (1969), S. 503 - 529

o.V. Ausländische Eisenbahnen 1972, in: Die Bundesbahn; hrsg. von der Deutschen Bundesbahn, 46. Jg. (1972), Darmstadt 1972, S. 1261 - 1297

o.V. Japan's costpush move into foreign flags, in: Seatrade, Nov. 1974. S.3 ff.

o.V. Margenantrag für Kohle eingereicht, in: DVZ Nr. 115 vom 27.9.1966

o.V. Nach dem Stapellauf sofort zum Aufliegerplatz, in: Handelsblatt, vom 13.5.1975

o.V. "Null-Tarife" oder günstige Marktpreise, in: Bus und Bahn, 3.Jg. (1969), Nr. 23, S. 2

o.V. Nulltarif kostet 5 Milliarden DM, in: Frankfurter Allgemeine Zeitung, Nr. 205 vom 15.10.1970, S. 10

o.V. Westfälische Transport Aktien-Gesellschaft, in: Zeitschrift für Binnenschiffahrt, 89.Jg. (1962),S.228 - 230

PETERS, H.R. — Das ferne Ziel Marktwirtschaft, in: Der Volkswirtschaft, 17.Jg.(1963), S. 2565

PRAXMARER, W. — Zur Tarifierung im Luftfrachtverkehr, in: Schweizerisches Archiv für Verkehrswissenschaft und Verkehrspolitik, 13. Jg (1958), S. 139 - 155

QUARMBY, D.A. — Choice of Travel Mode for the Journey to Work, in: Journal of Transport Economics and Policy, Vol. 1 (1967), S. 273 - 314

RÜTTER, W. — Der Wettbewerb der Verkehrsträger im Mineralölproduktentransport, in: Öl. Zeitschrift für die Mineralölwirtschaft, 1967, S. 395 ff.

SAMTLEBEN, K.F. — Zur Gütertarifpolitik der Deutschen Bundesbahn, in: Die Bundesbahn, 35. Jg. (1961), S. 196 - 206

SAMUELSON, P.A. — The Monopolistic Competition Revolution, in: Kuenne, R.E. (Hrsg.): Monopolistic Competition Theory, Studies in Impact, New York-London-Sydney 1967, S. 105 ff.

SCHNEIDER, H.K. — Über Grenzkostenpreise und ihre Anwendung im Energie- und Verkehrssektor, in: Jahrbuch für Sozialwissenschaft, Bd. 14, 1963, S. 206 - 236

SCHNEIDER, L.M. — The Fallacy of Free Transportation, in: Havard Business Review, Jan. - Feb. 1969, S. 86

SCHROIFF, F.J. — Zur verkehrspolitischen Gesamtsituation, in: Die Kanalschiffahrt im Jahre 1972/73

SCHUBIK, M. — A Two Party System, General Equilibrium and the Voters' Paradox, in: Zeitschrift für Nationalökonomie, Bd. 28 (1968)

SCITOVSKY, T. — A Note on Welfare Propositions in Economics, in: Review of Economic Studies, Vol. 9 (1941/42), S. 77 ff.

SEIBERT, P. — Zwischen Nulltarif und Rentabilität, in: Die öffentliche Wirtschaft, 19. Jg. (1970), S. 107

SEIDENFUS, P. — Entwurf eines Gesetzes zur Änderung des Einkommenssteuergesetzes, in: Siller - Verkehrsbrief, 19. Jg. (1965), Nr. 20

SEIDENFUS, H.St. — Nulltarif versus Kundentarif, in: Verkehrsannalen, 9.Jg. (1972), S. 148 - 164

SEIDENFUS, H.St. — Wettbewerbspolitik und Verkehrspolitik, in: Schweizerisches Archiv für Verkehrswissenschaft und Verkehrspolitik, 18. Jg. (1963), S. 103 - 119

SIMON, H.A. — Theories of Decision Making in Economics, in: American Economic Review, Vol. 49 (1959), No. 3, 253 - 280

SOSSLAM, A.B., HEANUE, K.E., BALEK, A.J. — Evaluation of a New Modal Split Procedure, in: Public Roads, Vol. 33 (1964), S. 5 ff.

STURMEY, S. G. — Economics and International Liner Services, in: Journal of Economics and Transport, Vol. 1, No. 2, London 1967

TINBERGEN, J. — Ein Schiffsbauzyklus?, in: Weltwirtschaftliches Archiv, 34. Bd. (1931), S. 152 ff.

TURNER, F.C. — Straßenbau und Straßenverkehr in den USA, in: Straße und Wirtschaft, 17.Jg. (1970),Nr. 1/2, S. 12

VIETOR, A. — Prinzipien,Ziele und Leistungssysteme der Gemeinwirtschaft in unserer Zeit. Vortrag anläßlich der Eröffnung der Herbst- und Winterbildungsarbeit des Kreises Lübeck des Deutschen Gewerkschaftsbundes, Lübeck, 29.Okt. 1974

VOIGT, F. — Verkehr und Industrialisierung, in: Zeitschrift für die gesamte Staatswissenschaft, Bd. 109 (1953), S. 193 - 239

WABE, J.S. — Commuter Travel into Central London, in: Journal of Transport Economics and Policy, Vol. 3 (1969), S. 48 - 68

WIGAN, M.R. — Benefit Assessment for Network Traffic Models and Application to Road Pricing, in: Road Research Laboratory, Rep. LR 417, 1971

WALTERS, A.A. — Road Pricing, in: De Economist, Vol. 116, 1968, S. 549

WILLEKE, R. — Margentarife - Ein Weg zur Wettbewerbsordnung des Verkehrs, in: Zeitschrift für Verkehrswissenschaft, 35. Jg. (1964), S. 71 - 81

WILLEKE, R. — Auf dem Wege zu einer neuen Nahverkehrskonzeption, in: Internationales Verkehrswesen, 21. Jg. (1969), S. 45 ff.

WILLEKE, R. — Nulltarif führt in die Irre, in: Wirtschaftsdienst, 51. Jg. (1971), S. 447 ff.

WILKENLOH, F. — Kostenstruktur und Marktverhalten in Binnenschiffahrt,in: Zeitschrift für Binnenschiffahrt, 95. Jg. (1968), S. 347 - 353

WINTER, D. | Induzierte Güterverkehrsnachfrage, in: Zeitschrift für Verkehrswissenschaft, 43. Jg. (1972), Heft 2/72, S. 86 - 106

WULF, D. | Kooperation in der Binnenschiffahrt, in: Kooperation im Verkehr, hrsg. von Herbert Schmidt, Bad Godesberg 1969

ZACHCIAL, M. | Das Oszillationsphänomen in der Frachtratenentwicklung und sein Einfluß auf die Zahlungsbilanz der Entwicklungsländer, in: Probleme der Wirtschaftspolitik. Beiträge zu einer erklärungsrelevanten Ökonomie; Schriftenreihe zur Industrie- und Entwicklungspolitik, Bd. 16, hrsg. von S. Jokl. M. Schönemann, F. Walcher, Berlin 1975, S. 313 - 332

ZÜNKLER, H. | Zum Fragenkreis Grenzkosten, Margentarife und Verkehrsteilung, in: Zeitschrift für Verkehrswissenschaft, 33. Jg. (1962), S. 71 - 81

III. Statistiken, Geschäftsberichte, Übersichten

Bundesanstalt für Güterfernverkehr Köln (Hrsg.) | Der Fernverkehr deutscher Lastkraftfahrzeuge im Jahre ... in seiner Bewegung nach Verkehrsgebieten, Güterhauptgruppen und wichtigeren Güterhauptgruppen , Köln, verschiedene Jahrgänge

Bundesminister für Verkehr (Hrsg.) | Deutsche Binnenschiffahrt 1973, Heft 2, Bonn 1973

Bundesminister für Verkehr/Abt. Seeverkehr (Hrsg.) | Deutsche Seefrachtenindices, verschiedene Monate und Jahrgänge

Bundesverband des Deutschen Güterfernverkehrs (Hrsg.) | Verkehrswirtschaftliche Zahlen 1974, Frankfurt/Main 1974

Bundesverband der Deutschen Binnenschiffahrt e.V. (Hrsg.) | Geschäftsbericht 1972/73, in: Binnenschiffahrt 1973, o.O.

Commerzbank (Hrsg.) | Wer gehört wem?, 10. erweiterte Aufl., o.O., S. 1973

Croner Publications Ltd. (Hrsg.) | Croner's World Directory of Freight Conferences, Survey/New York, Dec. 1971

Deutsche Bundesbahn (Hrsg.) | Zahlen von der Deutschen Bundesbahn 1974, Frankfurt 1975

Deutsche Bundesbahn (Hrsg.) — Deutscher Eisenbahn-Gütertarif, Teil II, Heft A, Frachtentafel und Frachtsatzanzeiger für Stückgut und Wagenladungen - Regeltarif - gültig v. 1. Juli 1974 an, o.O.1974

Deutsche Bundesbahn (Hrsg.) — Deutscher Eisenbahn-Gütertarif, Teil II, Heft C, verschiedene Ausnahmetarife, o.O., verschiedene Jahrgänge

Fairplay — International Shipping Weekly, 9.1.1975

Fairplay — World Ships on Order, v. 23.5.1974 und v. 24.2.1975

Fairplay & Egers Chartering Co. Ltd. (Hrsg.) — Review 1973, Oslo 1974

Fairplay & Egers Chartering Co. Ltd. (Hrsg.) — Review 1974, Oslo 1975

Fishers Tarifnachrichten für Eisenbahn und Kraftwagen — Information für den Güterverkehr, verschiedene Monatshefte, verschiedene Jahrgänge

Frachtenausschuß Rhein (Hrsg.) — Frachten- und Tarifanzeiger der Binnenschiffahrt, verschiedene Jahrgänge

IATA (Hrsg.) — IATA World Air Transport Statistics. No. 13, Montral 1969

Institut für Seeverkehrswirtschaft Bremen (Hrsg.) — Statistik der Schiffahrt, Bremen, verschiedene Monatshefte und Jahrgänge

Lloyd Anversois — Antwerpen, 16.9.1971

NAUTICUS — Jahrbuch der Deutschen Seeinteressen, verschiedene Jahrgänge

Norwegian Shipping News — No. 2 A, Oslo 1974 und No. 1, Oslo 1975

Partikuliergenossenschaft Jus et Justitia (Hrsg.) — Geschäftsbericht zum Geschäftsjahr 1973, Duisburg 1973

Statistisches Bundesamt Wiesbaden (Hrsg.) — Statistisches Jahrbuch für die Bundesrepublik Deutschland, Stuttgart und Mainz, verschiedene Jahrgänge

Statistisches Bundesamt Wiesbaden (Hrsg.) — Wirtschaft und Statistik, Heft 6/74, Stuttgart und Mainz 1974

Statistisches Bundesamt Wiesbaden (Hrsg.) — Fachserie H: Verkehr, Reihe 1: Binnenschiffahrt, Stuttgart und Mainz, verschiedene Jahrgänge

Statistisches Bundesamt Wiesbaden (Hrsg.) — Fachserie H: Verkehr, Reihe 4: Eisenbahnverkehr, Stuttgart und Mainz, verschiedene Jahrgänge

Statistisches Bundesamt Wiesbaden (Hrsg.) — Fachserie M: Preise, Löhne, Wirtschaftsrechnungen, Reihe 7: Preise für Verkehrsleistungen, Stuttgart und Mainz, verschiedene Vierteljahreshefte

Statistisches Landesamt Nordrhein-Westfalen (Hrsg.) — Beiträge zur Statistik des Landes Nordrhein-Westfalen: Sonderreihe Volkszählung 1970, Heft 12 a: Verkehrsmittel und Zeitaufwand der Pendelwanderer in Nordrhein-Westfalen am 27. Mai 1970, Düsseldorf 1974

United Nations (Hrsg.) — Statistical Yearbook, verschiedene Jahrgänge

Verein zur Wahrung der Rheinschiffahrtsinteressen (Hrsg.) — WESKA '75. Westdeutscher Schiffahrts- und Hafenkalender, 42. Aufl., Duisburg 1975

Forschungsberichte des Landes Nordrhein-Westfalen

Herausgegeben im Auftrage des Ministerpräsidenten Heinz Kühn
vom Minister für Wissenschaft und Forschung Johannes Rau

Sachgruppenverzeichnis

Acetylen · Schweißtechnik
Acetylene · Welding gracitice
Acétylène · Technique du soudage
Acetileno · Técnica de la soldadura
Ацетилен и техника сварки

Arbeitswissenschaft
Labor science
Science du travail
Trabajo científico
Вопросы трудового процесса

Bau · Steine · Erden
Constructure · Construction material · Soilresearch
Construction · Matériaux de construction · Recherche souterraine
La construcción · Materiales de construcción · Reconocimiento del suelo
Строительство и строительные материалы

Bergbau
Mining
Exploitation des mines
Mineria
Горное дело

Biologie
Biology
Biologie
Biologia
Биология

Chemie
Chemistry
Chimie
Quimica
Химия

Druck · Farbe · Papier · Photographie
Printing · Color · Paper · Photography
Imprimerie · Couleur · Papier · Photographie
Artes gráficas · Color · Papel · Fotografía
Типография · Краски · Бумага · Фотография

Eisenverarbeitende Industrie
Metal working industry
Industrie du fer
Industria del hierro
Металлообработывающая промышленность

Elektrotechnik · Optik
Electrotechnology · Optics
Electrotechnique · Optique
Electrotécnica · Optica
Электротехника и оптика

Energiewirtschaft
Power economy
Energie
Energía
Энергетическое хозяйство

Fahrzeugbau · Gasmotoren
Vehicle construction · Engines
Construction de véhicules · Moteurs
Construcción de vehículos · Motores
Производство транспортных средств

Fertigung
Fabrication
Fabrication
Fabricación
Производство

Funktechnik · Astronomie
Radio engineering · Astronomy
Radiotechnique · Astronomie
Radiotécnica · Astronomía
Радиотехника и астрономия

Gaswirtschaft

Gas economy
Gaz
Gas
Газовое хозяйство

Holzbearbeitung

Wood working
Travail du bois
Trabajo de la madera
Деревообработка

Hüttenwesen · Werkstoffkunde

Metallurgy · Materials research
Métallurgie · Matériaux
Metalurgia · Materiales
Металлургия и материаловедение

Kunststoffe

Plastics
Plastiques
Plásticos
Пластмассы

Luftfahrt · Flugwissenschaft

Aeronautics · Aviation
Aéronautique · Aviation
Aeronáutica · Aviación
Авиация

Luftreinhaltung

Air-cleaning
Purification de l'air
Purificación del aire
Очищение воздуха

Maschinenbau

Machinery
Construction mécanique
Construcción de máquinas
Машиностроительство

Mathematik

Mathematics
Mathématiques
Matemáticas
Математика

Medizin · Pharmakologie

Medicine · Pharmacology
Médecine · Pharmacologie
Medicina · Farmacologia
Медицина и фармакология

NE-Metalle

Non-ferrous metal
Metal non ferreux
Metal no ferroso
Цветные металлы

Physik

Physics
Physique
Física
Физика

Rationalisierung

Rationalizing
Rationalisation
Racionalización
Рационализация

Schall · Ultraschall

Sound · Ultrasonics
Son · Ultra-son
Sonido · Ultrasónico
Звук и ультразвук

Schiffahrt

Navigation
Navigation
Navegación
Судоходство

Textilforschung

Textile research
Textiles
Textil
Вопросы текстильной промышленности

Turbinen

Turbines
Turbines
Turbinas
Турбины

Verkehr

Traffic
Trafic
Tráfico
Транспорт

Wirtschaftswissenschaften

Political economy
Economie politique
Ciencias economicas
Экономические науки

Einzelverzeichnis der Sachgruppen bitte anfordern

Westdeutscher Verlag GmbH
– Auslieferung Opladen –
567 Opladen, Postfach 1620

GPSR Compliance

The European Union's (EU) General Product Safety Regulation (GPSR) is a set of rules that requires consumer products to be safe and our obligations to ensure this.

If you have any concerns about our products, you can contact us on ProductSafety@springernature.com

In case Publisher is established outside the EU, the EU authorized representative is:

Springer Nature Customer Service Center GmbH
Europaplatz 3
69115 Heidelberg, Germany

Batch number: 10809636

Printed by Printforce, the Netherlands